Karl Kälble

Die Entwicklung der Kausalität im Kulturvergleich

Karl Kälble

Die Entwicklung der Kausalität im Kulturvergleich

Untersuchung zur historischen Entwicklungslogik der Kognition

Westdeutscher Verlag

Die Deutsche Bibliothek - CIP-Einheitsaufnahme

Kälble, Karl:
Die Entwicklung der Kausalität im Kulturvergleich : Untersuchung
zur historischen Entwicklungslogik der Kognition / Kurt Kälble. –
Opladen : Westdt. Verl., 1997
ISBN 978-3-531-13150-4   ISBN 978-3-322-90229-0 (eBook)
DOI 10.1007/978-3-322-90229-0

Vorwort

Die hiermit als Dissertation vorgelegte Studie "Die Entwicklung der Kausalität im Kulturvergleich" steht im Kontext der am Freiburger Institut für Soziologie betriebenen Forschungen zu den ontogenetischen und historischen Entwicklungsprozessen des Geistes, die in der historisch-genetischen Theorie der Geistesgeschichte ihren Ausdruck gefunden haben. Aus diesem Forschungszusammenhang heraus sind in den letzten Jahren mehrere kulturvergleichende Untersuchungen entstanden. Sie wurden nicht um ihrer selbst willen durchgeführt, sondern in der Absicht, die erwähnte Theorie und die in ihr formulierte These einer historischen Entwicklungslogik des Denkens empirisch zu unterfüttern. Dem gleichen Zweck dient die in dieser Arbeit präsentierte, von mir durchgeführte und ausgewertete kulturvergleichende Untersuchung zur Entwicklung des Kausalverständnisses bei Erwachsenen in der ländlichen Türkei, mit der diese Forschungstradition und Studienreihe fortgesetzt wird. Während die kulturvergleichenden Studien der ersten Generation die Entwicklung der operationalen Kompetenz zum Gegenstand hatten, befassen sich die Arbeiten der zweiten Generation, zu der auch die hier unterbreitete Studie zählt, mit der Entwicklung der kategorialen Logik, jenen Strukturen des menschlichen Erkennens also, mit denen die Materialität der vorfindlichen Wirklichkeit erfaßt wird. Hatten die Arbeiten der ersten Phase neben der Volumenkonstanz, deren Verständnis in Indien überprüft wurde, in der Hauptsache das operationale Verständnis und die Struktur der Zeit zum Thema, die in ihren frühen Entwicklungsstadien bei Erwachsenen in den traditionalen Gesellschaften Brasiliens und Indiens untersucht wurde, so untersuchen die Arbeiten der zweiten Phase die Struktur und den Entwicklungsstand der Kategorie der Kausalität. Zusätzlich zu der von mir vorgenommenen Untersuchung in der Türkei wurde in zwei weiteren Untersuchungen das Kausalverständnis von erwachsenen Bewohnern aus ländlichen Regionen Spaniens und Indiens überprüft. Beide Untersuchungen werden derzeit ausgewertet.

Der Entstehungsprozeß einer wissenschaftlichen Arbeit - und darin unterscheidet sie sich nicht von ihrem Gegenstand - erfolgt immer unter spezifischen Bedingungen und Voraussetzungen, günstigen wie ungünstigen. Sowohl bei der unter meiner Federführung durchgeführten kulturvergleichenden Untersuchung in der Türkei als auch bei der nachfolgenden Auswertung und Interpretation der Daten war für mich von Vorteil, daß ich bereits auf diesbezügliche Erfahrungen aus der schon erwähnten

Untersuchung zum Zeitverständnis in Indien, an deren Durchführung und Auswertung ich beteiligt war, zurückgreifen konnte.

Die Erschließung des Themas, die Aufbereitung der Untersuchung und das abschließende Verfassen der Arbeit erfolgten andererseits neben den zusätzlichen Belastungen und Anforderungen meiner parallel laufenden beruflich-wissenschaftlichen Tätigkeit an der Abteilung für Medizinische Soziologie bei der hiesigen Albert-Ludwigs-Universität. Durch diese Beschäftigung, die, abgesehen vom Interesse an den damit verbundenen soziologischen Forschungsaufgaben, auch der Sicherstellung meiner ökonomischen Situation dient, war zum einen die für die Erstellung der Dissertation zur Verfügung stehende tägliche Arbeitszeit begrenzt. Zum andern war eine kontinuierliche Arbeit oft nur mit Einschränkungen möglich. Dadurch bedingt war das Niederschreiben der Arbeit erwartungsgemäß ein langwieriger Prozeß. Andererseits hoffe ich jedoch, daß die in der wissenschaftlichen Praxis der Medizinsoziologie erworbene Erfahrung empirischen Arbeitens nutzbringend in das Werk eingeflossen ist. Nichtsdestotrotz hat der Gegenstand dieser Untersuchung über die gesamte Dauer dieser Arbeit hinweg nie etwas von seiner Faszination verloren.

Die Erstellung einer solchen Arbeit bedarf neben der schon erwähnten, weiterer günstiger Voraussetzungen. Hier habe ich vielen zu danken. Mein Dank gilt insbesondere den aktiven Mitlesern Ulrich Wenzel und Tilmann Sutter, die eine frühere Version dieses Manuskriptes kritisch kommentierten. Von manch wichtiger Anregung ihrerseits habe ich, wie ich hoffe, mit Gewinn Gebrauch gemacht. Annette Hauck-Janssen und Thomas Haury habe ich für ihre sprachlichen Hinweise und Korrekturvorschläge zu danken. Nicht unerwähnt bleiben soll Uwe Gerber, dessen Anregungen zur formalen Gestaltung des Textes sowie Ratschläge und Hilfestellungen am Computer es mir ermöglichten, das Manuskript in seiner jetzigen Form zu erstellen. Nicht zuletzt bin ich Jutta Volderauer zu Dank verpflichtet, die mit Toleranz und Nachsicht die Erstellung dieser Arbeit begleitet hat.

Freiburg, im Breisgau   Karl Kälble

INHALT

Einleitung 13

1. Historische und fremde Kausalvorstellungen und das Problem ihres
   Verstehens 13
2. Der Zugang zum Verständnis der Kausalität in einer historisch-
   genetischen Theorie 17
3. Gegenstand und Zweck der Untersuchung 21
4. Überblick über den inhaltlichen Aufbau 25

Erster Teil:
Zur Theorie der kognitiven Entwicklung in der Geschichte und der
Zugang zur historischen und fremden Kausalität aus der Sicht einer
historisch-genetischen Theorie 27

1. Die Frage nach dem Zugang und dem Verständnis der historischen
   Kausalität 27
2. Zur Kontroverse um die Universalität oder Relativität der
   kognitiven Entwicklung 31
   2.1 Zur Position und Kritik des Kulturrelativismus 32
   2.2 Zur Position und Kritik des apriorisch-absolutistischen
       Universalismus 39
3. Parallelen zwischen der ontogenetischen und historischen
   Entwicklung des Denkens und ihre Deutungen 45
4. Die Rekonstruktion der kognitiven Entwicklung in der Geschichte
   aus der Perspektive einer historisch-genetischen Theorie 51
   4.1 Die Geistesgeschichte als Gattungsgeschichte und das Denken vom
       Vorrang der Natur 51
   4.2 Der Anfang in der Ontogenese 52
   4.3 Die Universalität der frühen kognitiven Strukturen 58
   4.4 Das Verständnis der Kognition bei Erwachsenen 58
   4.5 Das Verständnis der Geistesgeschichte 60

4.6 Zum Wechsel in der Erklärungsstruktur: Von der Begründungs-
zur Prozeßlogik 63
4.7 Der erkenntnistheoretische Gewinn: Der Zugang zum Denken in
Geschichte und fremden Kulturen 64
5. Die Leitthesen zur Untersuchung der vormodernen Kausalentwicklung 66

Zweiter Teil:
Die ontogenetische Entwicklung der Kausalität und die Ergebnisse der
empirisch-kulturvergleichenden Forschung 70

I. Die Entwicklung der Kausalität in der Ontogenese 72

1. Die Kategorie der Kausalität im Werk Piagets 72
2. Konzeptionen der Kausalitätsentstehung und ihre Kritik aus der
Perspektive der genetischen Theorie 74
3. Das Verhältnis von Realität und Konstruktivität der Kausalität
in der genetischen Theorie 77
4. Die vier ontogenetischen Entwicklungsstadien der Kausalität 80
   4.1 Die Kausalität im sensomotorischen Stadium 80
   4.2 Die Kausalität im präoperationalen Stadium 83
   4.3 Die Kausalität im konkretoperationalen Stadium 86
   4.4 Die Kausalität im formaloperationalen Stadium 89
   4.5 Resümee 90
5. Theoretische Konsequenzen 91
   5.1 Die Universalität der ontogenetisch frühen Kausalitätsstrukturen 91
   5.2 Der Zugang zur historischen Kausalität 92
6. Die Grundmuster der Kausalität in der Geschichte: Das
   subjektivisch-handlungslogische und das funktional-relationale
   Kausalschema 93
   6.1 Das historisch frühe Grundmuster der Kausalität: Das
       subjektivisch-handlungslogische Kausalschema 93
   6.2 Der Übergang zum neuzeitlichen funktional-relationalen
       Kausalverständnis 94

II. Die Entwicklung der Kausalität im Lichte der empirisch-kulturver-
gleichenden Forschung - Versuche der Replikation und Widerlegung 98

1. Die Leitfragen der Analyse 98
2. Untersuchungen zur ontogenetischen Entwicklung der
   Kausalität in Industriegesellschaften 99
   2.1 Replikationsuntersuchungen in der Tradition Piagets 99

2.2 Untersuchungen im Rahmen der Piaget-kritischen
"Early-Competence-Bewegung" 102
3. Kausalität in fremden Kulturen - Kulturvergleichende
Untersuchungen zur ontogenetischen Entwicklung der
Kausalität in traditionalen Gesellschaften 108
4. Empirische Untersuchungen zum kausalen Denken von Erwachsenen 112
4.1 Relikte magisch-mythischer Kausalvorstellungen bei
Erwachsenen in Industriegesellschaften 112
4.2 Kausalität in fremden Kulturen - Kulturvergleichende
Untersuchungen zum kausalen Denken von Erwachsenen in
traditionalen Gesellschaften 113
4.3 Resümee und offene Fragen 115

Dritter Teil: Textanalysen
Die Struktur der Kausalität bei Aristoteles und Impetustheoretikern,
untersucht am Beispiel der Bewegungserklärung 117

1. Die Aristotelische Bewegungslehre und das ihr
zugrundeliegende Kausalverständnis 118
1.1 Das finalistische Naturverständnis 118
1.2 Die Aristotelische Erklärung der Fallbewegung 119
1.3 Die Aristotelische Erklärung der Projektilbewegung 122
1.4 Die Struktur des Aristotelischen Kausalverständnisses 126
2. Die Bewegungslehre der mittelalterlichen Impetustheorie
und das ihr zugrundeliegende Kausalverständnis 127
2.1 Zu den antiken Wurzeln des mittelalterlichen Naturverständnisses ... 127
2.2 Zum Verständnis der mittelalterlichen Physik der Impetustheorie 128
2.3 Die impetustheoretische Erklärung der Projektilbewegung 131
2.4 Die impetustheoretische Erklärung der Fallbewegung 138
2.5 Der Übergang zum neuzeitlich-mechanistischen
Naturverständnis bei Oresme und Kepler 140
2.6 Die Struktur des impetustheoretischen Kausalverständnisses 142
3. Die Bewegungsvorstellung der Impetustheorie in Relation
zur Bewegungsvorstellung von Aristoteles und klassischer Mechanik 143

Vierter Teil: Die empirische Studie
Das physikalische Kausalitätsverständnis analphabetischer und
alphabetisierter Erwachsener in der ländlichen Türkei, untersucht am
Beispiel der Bewegungserklärung 146

1. Einführung 146

I.   Exkurs: Die Türkei - Eine traditionale Gesellschaft im Umbruch ... 150

1. Die Wirtschafts- und Sozialstruktur der Türkei und die
   türkische Dorfgesellschaft 150
2. Die Welt des traditionellen Dorfs: Versuch eines Porträts 153
   2.1   Zur dörflichen Infrastruktur 154
   2.2   Zum dörflichen Alltag 155
   2.3   Zu den kulturellen Fremdeinflüssen in den Dörfern: Tourismus,
         Fernsehen und Migration 156
   2.4   Der Islam und die Dorfgesellschaft 157
   2.5   Zu den Familien und den zentralen Werten der traditionalen
         Dorfgesellschaft 159
   2.6   Resümee: Sozialstruktur und Deutungsmuster 160
3. Zum Weltbild der Bauern in der Türkei 161

II. Die Untersuchung: Rahmenbedingungen, Ethnie, Themen der
     Befragung und Methoden 167

1. Die Probleme bei der Planung und Durchführung der Untersuchung 167
   1.1   Die Planung der Untersuchung und Probleme im Vorfeld 167
   1.2   Die Bedingungen und Schwierigkeiten im Feld 168
2. Die Orte und die Ethnie der Untersuchung 172
3. Die Methode der Stichprobenziehung und die Zusammensetzung
   der Stichprobe 173
   3.1   Das Verfahren der Stichprobengewinnung: Die gezielte Auswahl 173
   3.2   Die Zusammensetzung der Stichprobe 176
4. Die Themen der Befragung und das Erkenntnisinteresse 180
   4.1   Methodische Vorüberlegungen zum Gegenstand der Befragung 180
   4.2   Die Fragenkomplexe und die zu überprüfenden kausalen
         Erklärungsmuster 184
5. Erhebungsmethode und die Datenerhebung 194
   5.1   Zur Methode der Datenerhebung in der genetischen
         Psychologie: Das "klinische Interview" 194
   5.2   Die klinische Methode in der kulturvergleichenden Forschung 197
   5.3   Das methodische Vorgehen bei der Datenerhebung 199
6. Die Methode der Datenauswertung 202

III. Die Ergebnisse der Befragung - Die Kausalerklärungen und ihr
     strukturlogisches Fundament 207

1. Zur Präsentation der Ergebnisse 207

2. Anmerkungen zur Qualität des Datenmaterials 208
3. Die Untersuchung zum Animismus bei Erwachsenen 209
   3.1   Das Ergebnis der Befragung zum Bewegungsbewußtsein der Wolken . 210
   3.2   Das Ergebnis der Befragung zum Bewußtsein des Steins beim Fall . . . 213
   3.3   Das Ergebnis der Befragung zum Leben von Sonne und Mond 215
   3.4   Das Ergebnis der Befragung zum Bewegungsbewußtsein von
          Sonne und Mond 218
   3.5   Zusammenfassung 221
4. Die Kausalität der Wolkenbewegung und die Ursachen der
   Wind- und Wolkenentstehung 222
   4.1   Das Ergebnis der Befragung zu den Ursachen der Wolkenbewegung . 223
   4.2   Das Ergebnis der Befragung zu den Ursachen der Windentstehung . . . 230
   4.3   Das Ergebnis der Befragung zu den Ursachen der Wolkenentstehung . 234
   4.4   Zusammenfassung 237
5. Die Kausalität der Bewegung von Sonne und Mond 239
6. Die Kausalität der Aufwärtsbewegung des Rauches 242
   6.1   Das Ergebnis der Befragung 242
   6.2   Das Handlungsmuster als Grundstruktur der Bewegungserklärung . . . 244
7. Die Kausalität der Fallbewegung 248
   7.1   Das Ergebnis der Befragung 248
   7.2   Die Struktur der Kausalerklärungen 250
   7.3   Das dominante kausale Erklärungsmuster und der
          Vergleich mit der Aristotelischen Fallerklärung 253
8. Die Kausalität der Projektilbewegung 255
   8.1   Probleme der Interpretation 255
   8.2   Das Ergebnis zur Projektilbewegung - Die Erklärungen auf die
          Frage, warum ein geworfener Stein fliege 258
   8.3   Die Diskussion 259
          8.3.1   Die Handlung als Primärursache 259
          8.3.2   Die Kraft als direkte Ursache der Bewegung 261
          8.3.3   Die Kraft als außen am Projektil ansetzender Beweger 263
          8.3.4   Der Wind als möglicher Beweger oder
                 Bewegungsunterstützer 264
          8.3.5   Wurfkörperimmanente Kräfte als Mitbeweger:
                 Die Vorstellung des doppelten Antriebs 265
          8.3.6   Das Medium als Beweger 266
          8.3.7   Eine Bewegungserklärung nach der Impetustheorie 269
          8.3.8   Der Abschwung der Bewegung: Die Erschöpfung der Kraft . . . 271
          8.3.9   Die fehlende relationale Verknüpfung von horizontaler
                 und vertikaler Bewegung 272
   8.4   Zusammenfassung 273

9. Bewegungsübertragung durch unbewegte Zwischenglieder 274
   9.1   Zur Fragestellung 274
   9.2   Zur vermuteten Reaktion der passiven Kugeln 276
   9.3   Das Ergebnis 278
   9.4   Diskussion der Erklärungen für das Auslenken der letzten Kugel 280
10.   Kompaktdarstellung der Ergebnisse aus den Teiluntersuchungen 284

Schluß: Die Evaluation der Ausgangsthesen 288

1. Die Ausgangsthesen der Untersuchung 288
2. Der Entwicklungsstand des Kausalverständnisses in der
   türkischen Dorfgesellschaft 289
3. Die Deutung des freien Falls und Projektilbewegung in der Türkei
   im Vergleich mit Aristoteles und der Impetustheorie 290

Literaturverzeichnis 293

Einleitung

1. Historische und fremde Kausalvorstellungen und das Problem ihres Verstehens

Das Verständnis der Kausalität, die jene zentrale Kategorie des menschlichen Erkennens ist, über die das dynamische Geschehen in der Außenwelt erklärt wird, hat sich im Laufe der Geschichte fundamental gewandelt. In modernen Industriegesellschaften wird sie grundlegend anders verstanden, als sie in historischen Zeiten und Gesellschaften begriffen wurde oder wie sie noch heute in rezenten traditionalen Gesellschaften erfaßt wird. Das ist leicht festzustellen.

Moderne Kausalerklärungen sind funktional-relational. Physikalische Ereignisse und Vorgänge in der Welt werden erklärt, indem komplexe, systemisch organisierte Bedingungszusammenhänge angeführt werden, die als Determinanten ein bestimmtes System so beeinflussen und verändern, daß ein Systemzustand in einen anderen Systemzustand transformiert wird. Das Erklärungsmuster gilt dabei sowohl für den "Common-sense" wie für die Naturwissenschaften. Allerdings sind alltagssprachliche physikalische Erklärungen in der Regel weniger komplex und auch weniger systematisch angelegt als naturwissenschaftliche Erklärungen. Bei letzteren werden zudem die Randbedingungen, auf denen eine Kausalaussage beruht, entweder als konstant gesetzt oder explizit angegeben, bei ersteren meist stillschweigend dem jeweiligen Kontext überlassen (vgl. Ballweg 1981, S. 147ff). Ereignisse und physikalische Vorgänge werden im heutigen kausal-mechanistischen Weltbild unter Absehung jeglicher Teleologie als Zustandsänderungen eines Systems begriffen. Das Naturgeschehen wird als ein Kontinuum von stetigen und differenzierbaren Funktionen gefaßt, als eine Ordnung, die vollständig determiniert und deshalb auch berechenbar ist. Natur wird nicht subjekthaft, sondern sinnfrei als Materie verstanden, als ein energetisches System, welches nach einheitlichen Gesetzen aufgebaut ist.[1]

Zwischen dieser grob umrissenen systemisch-mechanistischen Naturauffassung und dem funktional-relationalen kausalen Erklärungsmuster auf der einen und dem

---

[1] Das kausal-mechanistische Welbild der klassischen Physik Newtons ist durch die Physik des 19. und 20. Jahrhunderts, durch die Thermodynamik, die Quantenphysik Plancks und die Heisenbergsche Unschärferelation zwar auf den mesokosmischen Bereich eingeschränkt, aber nicht widerlegt worden. Vgl. Prigogine/Stengers 1990, S. 74 und Breuer 1992, S. 8.

Naturverständnis und den Kausalerklärungen historischer Gesellschaften wie auch traditionaler Gesellschaften der Gegenwart auf der anderen Seite liegen Welten. Insbesondere die ethnologische Literatur aber auch die literarischen Zeugnisse aus historischen Gesellschaften sind reich an Belegen für kausale Denkweisen, die grundlegend verschieden sind zu der Vorstellung, die zuvor skizziert wurde und die in allen modernen Zivilisationen gängig ist.[2] Diese Behauptung läßt sich leicht belegen, insbesondere durch die Gegenüberstellung der Erklärungen bestimmter physikalischer Sachverhalte. Zwei Beispiele zur Veranschaulichung sollen genügen. In dem einen Beispiel wird eine historische Erklärung, in dem anderen eine Erklärung aus einer heutigen Stammesgesellschaft mit der modernen Erklärung in Parallele gesetzt.

Frankfort und Frankfort, die sich mit den Denkgepflogenheiten der alten Hochkulturen Ägyptens und Mesopotamiens beschäftigten, bemerken hinsichtlich der Kausalität: "Wir würden z.B. auseinandersetzen, wie gewisse atmosphärische Veränderungen eine Dürre beendet und Regen hervorgerufen hätten; die Babylonier haben zwar die gleichen Tatsachen beobachtet, darin aber das Eingreifen des Riesenvogels Imdugud gesehen, der ihnen zu Hilfe kam, den Himmel mit den schwarzen Gewitterwolken seiner Schwingen bedeckte und den Himmelsstier verschlang, dessen heißer Atem die Saaten versengt hatte." Die beiden Autoren stellen dazu fest, daß die Erklärung derartiger Vorgänge und Ereignisse für den Mensch der Frühzeit "nur als Handlung denkbar ist", weshalb die entsprechenden Berichte "zwangsläufig die Gestalt einer darstellenden Geschichte" annehmen (Frankfort u.a. 1981, S. 13).[3] An anderer Stelle versuchen sie die Differenz zwischen der Perspektive der modernen Wissenschaft und der des mythologischen Bewußtseins zu bestimmen als die Differenz zwischen einer Interpretation der Welt als "Es" oder "Du": "Was die Einstellung des modernen Menschen zu seiner Umwelt grundsätzlich von der des Menschen des Altertums zur seinigen unterscheidet, ist folgendes: dem heutigen, wissenschaftlich denkenden Menschen ist die Erscheinungswelt in erster Linie ein 'Es'; für den antiken - und ebenso für den Primitiven von heute - ist sie ein 'Du'" (Frankfort

---

2   Für historische Gesellschaften ist dies unschwer festzustellen, wenn man sich etwa das Kausaldenken der alten Völker des Orients vergegenwärtigt. Vgl. dazu Frankfort u.a. 1981, S. 9ff. Das Kausaldenken in einfachen Gesellschaften der Gegenwart veranschaulicht etwa Shelton am Beispiel afrikanischer Gesellschaften. Vgl. Shelton 1968, S. 157ff.

3   Auch die historische Kultur des Islam kennt vergleichbare Kausalauffassungen. In dem Band "Die Wunder des Himmels und der Erde", einer Auswahl aus der berühmten Kosmographie des Al-Qazwînî (ca. 1203-1283), jahrhundertelang eines der meistgelesenen Werke der islamischen Welt, findet sich ein schönes Beispiel für eine teleologische Kausalitätsvorstellung. Al-Qazwînî schreibt in dem Kapitel "Die Bewohner der Himmelssphären: Die Engel": "Man behauptet, daß das, was geschieht, mit einigen von ihnen in Verbindung zu bringen ist, so daß gesagt wird: Selbst das kleinste Körnchen der Welt wird von einem Engel verwaltet oder von mehreren Engeln, und es gibt kein Regentröpfchen, mit dem nicht ein Engel von den Wolken herniedersteigt und es an den Platz ruft, den Gott der Erhabene dafür bestimmt hat" (Al-Qazwînî 1988, S. 65).

u.a. 1981, S. 10f).[4] Kurz: Alle ungewöhnlichen Erscheinungen in der Natur, aber nicht nur dort, werden individualisiert und als "Du" gefaßt, niemals aber als "Es".[5]

Um den Unterschied im Kausalverstehen an einem Beispiel aus einer heutigen Stammesgesellschaft zu belegen, sei auf Evans-Pritchard und die südsudanesischen Azande zurückgegriffen. In den Wohngebieten der Zande geschieht es zuweilen, daß ein alter Getreidespeicher einstürzt. Da im Sommer während der Mittagshitze häufig Menschen darunter sitzen, kann ein solcher Einsturz fatale Folgen haben. "Wir haben keine Erklärung dafür", schreibt Evans-Pritchard, "warum die beiden Kausalketten sich zu einem bestimmten Zeitpunkt und an einem bestimmten Ort überschnitten, da es keine Interdependenz zwischen ihnen gibt. Die Philosophie der Zande kann das fehlende Glied liefern. Ein Zande weiß, daß die Stützen von Termiten unterhöhlt waren und daß Leute unter dem Speicher saßen, um der Hitze und dem gleißenden Sonnenlicht zu entgehen. Aber er weiß außerdem, warum diese beiden Ereignisse zur gleichen Zeit und am gleichen Ort eintraten. Es war eine Folge der Wirkung von Hexerei. Hätte es keine Hexerei gegeben, hätten die Leute unter dem Speicher gesessen, ohne daß er auf sie gefallen wäre; oder er wäre eingestürzt, ohne daß sich jemand zu diesem Zeitpunkt darunter befunden hätte. Hexerei erklärt die Koinzidenz dieser beiden Ereignisse" (Evans-Pritchard 1978, S. 65f). Für die Bezeichnung dieser 'mystischen' Kausalität haben die Zande eine Metapher aus der Jagd: die des zweiten Speers. Wenn ein Mann durch einen Elephanten getötet wird, so sagen die Zande, daß der Elephant der erste Speer, die Hexerei der zweite Speer sei und daß sie gemeinsam den Mann getötet haben (Evans-Pritchard 1978, S. 69). Diese letzte Kausalerklärung ist typisch für Mitglieder einfacher Gesellschaften: Zum einen ist für bestimmte Ereignisse und Ereignisabfolgen sicheres Regelwissen ausgebildet worden, das durch die Erfahrung vielfach bestätigt wird (wenn die Stützen von Termiten unterhöhlt sind, dann stürzt der Getreidespeicher ein). Zum andern aber werden unerwartete und ungewöhnliche Ereignisse und Ereignisabfolgen, über die kein sicheres Wissen vorliegt, auf das Eingreifen übernatürlicher Mächte (Hexerei) zurückgeführt, die als Ursache für das Eintreten des Ereignisses einstehen müssen. Der Zufall als die moderne Erklärung für das Zusammentreffen der beiden Ereignisse wird ausgeschlossen. Er hat in diesem Denken keinen Platz. Derartige Beispiele ließen sich beliebig vermehren.

---

4   Kritik an der These des Personalismus primitiver Deutungssysteme äußert Döbert. Er ist der Ansicht, daß der Gegensatz persönlich/unpersönlich für das mythologische Bewußtsein nicht nur von untergeordneter Bedeutung ist, sondern daß diese Disjunktion die kategorialen Möglichkeiten der primitiven Glaubenssysteme übersteigt. Vgl. Döbert 1973, S. 97ff.

5   Oft wurde das Agens eines Ereignisses als Gott, Dämon oder Geist namhaft gemacht. "So fanden die Griechen für das unliebsame Ereignis, daß beim Pferderennen die Pferde schreckten, einen Pferde-Schreck-Dämon: *Taraxippos*. Um die Fliegen abzuwehren, die die Pferde schreckten, erfanden sie einen weiteren: *Myiagros*." Zitiert nach Dux 1993, S. 55.

Vergegenwärtigt man sich den Tatbestand der verschiedenartigen physikalischen Erklärungen, so stellt sich für eine Soziologie der Erkenntnis die grundsätzliche Frage, ob die differenten kausalen Denkweisen, die in der Literatur unter den Kategorien Religion, Magie, Mythologie aber auch Wissenschaft und Philosophie abgehandelt werden, als je einzigartige und daher unvergleichbare Entwürfe derer verstanden und erklärt werden müssen, die sie jeweils zum Ausdruck gebracht haben, oder ob ihnen eine gemeinsame Struktur, eine gemeinsame Logik unterliegt, welche sich allerdings jeweils auf einem, vom spezifischen gesellschaftliche Entwicklungsniveau abhängigen, unterschiedlichen Stand der Entwicklung befindet. Sind die von den Babyloniern und Azande zitierten kausalen Erklärungen einerseits und die in der griechischen Antike, im Mittelalter oder in verschiedenen anderen fremden Kulturen anders ausfallenden Kausalvorstellungen andererseits je einmalige historische Phänomene, oder basieren sie auf bestimmten universalen Strukturen, die in Abhängigkeit von gesellschaftlichen Entwicklungen, insbesondere unter den Bedingungen moderner Industriegesellschaften weiterentwickelt wurden? Träfe letzteres zu, würde dies auf eine Struktur- und Prozeßlogik im Kausalverstehen hinauslaufen. Die These einer Strukturlogik meint, daß den semantisch verschieden ausfallenden kausalen Erklärungen in den jeweiligen Weltbildern der Gesellschaften einer bestimmten Epoche möglicherweise eine gemeinsame Struktur der Kausalerklärung unterliegt. Prozeßlogik bedeutet, daß die Struktur, die den kausalen Erklärungen einer bestimmten Epoche unterliegt, sich in Abhängigkeit von gesellschaftlichen Entwicklungen ändert, besonders dann, wenn Gesellschaften ein neues sozialstrukturelles Organisationsniveau erreichen. Sollte die Annahme einer Struktur- und Prozeßlogik zu bejahen sein, die Entwicklung des Kausalitätsverständnisses tatsächlich einen Verlauf genommen haben, der strukturell einer einzigen Verlaufslinie folgt, so könnte die These einer historischen Entwicklungslogik im Kausalverstehen formuliert werden. Genau diese These, die natürlich theoretisch begründet sein will und auch im folgenden begründet wird, unterliegt den nachher noch vorzustellenden Untersuchungen zur vormodernen Kausalität und soll durch diese einer empirischen Überprüfung unterzogen werden.

Hinter der Frage nach der historischen Entwicklung der Kausalität steht die grundlegende, derzeit allerdings kontrovers diskutierte Frage, ob die Entwicklung der Kognition in der Geschichte strukturell einer einzigen, auch nachweisbaren Verlaufslinie folgt, oder ob stattdessen auf der Basis objektiv verschiedener Kulturen von einer Pluralität von eigenwertigen Kognitionen auszugehen ist. Beide Sichtweisen, die kulturrelativistische und die evolutionistische, bestimmen die derzeitigen wissenschaftlichen Auseinandersetzungen um das Verständnis der Kognition in Geschichte und insbesondere in fremden Kulturen.[6] Die kulturrelativistische Position, die heute dominiert, geht davon aus, daß jede Gesellschaft ihr eigenes Weltbild und

---

6   Siehe dazu die Einleitung und die Beiträge in dem Sammelband von Schöfthaler/Goldschmidt 1984.

ihre eigene Logik des Wirklichkeitsbegreifens aufbaue. Sie bezichtigt die evolutiven Entwicklungstheorien des Ethnozentrismus, da diese die Denkweise der westlichen Industriegesellschaften an die Spitze der evolutiven Entwicklung setzten und das Denken in anderen Ethnien und Kulturen auf dieser Folie interpretierten. Dies habe zur Folge, daß das fremde Denken als defizitär abqualifiziert werde.[7] In diesem breiteren Kontext ist das spezielle Problem einer historischen Entwicklung der Kausalität verankert. Sich mit der aufgeworfenen grundlegenden Frage zu befassen und in der hierüber geführten Grundsatzdebatte Position zu beziehen ist insbesondere dann unvermeidlich, wenn, wie in dieser Arbeit, die Absicht besteht, das Kausalverständnis in bestimmten historischen Gesellschaften und einer fremden Ethnie zu untersuchen. Das bedeutet, sich Rechenschaft darüber abzulegen, wie ein Zugang zum Verständnis der Kognition in Geschichte und in fremden Kulturen und damit auch zu den differenten "fremden" Kausalvorstellungen möglich ist. Es ist vor allem zu klären, auf welchen Voraussetzungen ein Verstehen überhaupt möglich ist.

Der hier gewählte Zugang zum Verständnis der Kausalität und die daraus abzuleitenden Thesen für die Kausalität in Geschichte und fremden Kulturen sollen im nächsten Abschnitt perspektivisch so weit entwickelt werden, daß danach der Gegenstand der Untersuchung eingegrenzt und der Zweck der Arbeit samt den zu überprüfenden Thesen einleitend vorgestellt und verständlich gemacht werden kann. Erst dann werden auch die Erwartungen plausibel, die mit den dazu durchgeführten Untersuchungen verbunden sind.

2. Der Zugang zum Verständnis der Kausalität in einer historisch-genetischen Theorie

Um das Problem der Kausalvorstellungen in vorindustriellen Gesellschaften angehen zu können, ist nichts dringlicher als den erkenntnistheoretischen Zugang zum Verständnis der historisch differenten Kausalkonstrukte offenzulegen. Dies erfordert eine soziologische Erkenntnistheorie, die insofern gattungsgeschichtlich angelegt ist, als sie das neuzeitliche Wissen ernst nimmt, daß sich die menschlichen, d.h. geistig-kulturellen Lebensformen als Anschlußorganisation an eine naturgeschichtliche Evolution gebildet haben, und die zweitens berücksichtigt, daß die sozialstrukturellen und geistigen Lebensformen vom Menschen selbst geschaffene Lebensformen sind. Das bedeutet, daß der an die Naturgeschichte anschließende Prozeß der Geistesgeschichte vom Vorrang der Natur aus zu denken und begreiflich zu machen ist.

---

7 So wurde von Irvine/Berry der relativierende Vorwurf erhoben, die von der kulturvergleichenden Forschung in fremden Kulturen festgestellten kognitiven Defizite seien auf Testfehler zurückzuführen. Vgl. Irvine/Berry 1988, S. 3ff.

Die von Dux konzipierte historisch-genetische Theorie der Kognition, die den nachfolgenden Untersuchungen zugrundegelegt wird, hat diese Einsicht aufgenommen, indem sie den Bildungsprozeß der Kognition aus den Bedingungen heraus rekonstruiert und verständlich zu machen sucht, unter denen er stattgefunden hat.[8] Die Ausgangslage der Rekonstruktion wird dabei von den naturalen Bedingungen bestimmt, die naturgeschichtlich heraufgeführt wurden. Naturgeschichtlich heraufgeführt aber wurde ein Organismus, dessen anthropologische Verfassung diesseits des Tier-Mensch-Übergangsfeldes weitgehend freigesetzt ist von genetisch fixierten Verhaltensweisen. Das bedeutet, daß die subjekteigenen elementaren Strukturen des Handelns ebenso wie die einer handlungsrelevant organisierten Natur und Sozialwelt vom nachwachsenden Menschen selbst erst aufgebaut werden müssen. Der Bildungsprozeß sozio-kultureller Lebensformen beginnt daher notwendig in der frühen Ontogenese, im Umgang mit der sorgenden Bezugsperson. Die Mutter-Kind-Interaktion, in der die Mutter ihr Verhalten an das des Kindes ankoppelt, ist die Bedingung dafür, daß seitens des Nachwachsenden der aktive Konstruktionsprozeß der kognitiven Formen überhaupt einsetzen kann. Dieser Prozeß muß so weit vorangetrieben werden, daß das nachwachsende Gattungsmitglied bis zum Eintritt ins Erwachsenenalter überlebensfähig wird und sich in seiner je vorfindlichen Lebenswelt zurechtfinden kann. Diese Feststellung gilt nicht nur für unsere Zeit und unsere Gesellschaft; sie gilt für alle Gesellschaften und alle Zeiten. Denn weder hat sich in den letzten 40.000 Jahren die biophysische Ausstattung des Neugeborenen verändert noch seine Aufgabe, eine handlungsrelevant organisierte Natur und Sozialwelt aufbauen zu müssen. Auch sind die Bedingungen unverändert, unter denen der Erwerbsprozeß steht. Er erfolgt immer und überall im Umgang mit immer schon kompetenteren Anderen. Daraus folgt, daß die frühen Grundstrukturen der Kognition, also auch die Struktur der Kausalität, zu allen Zeiten und in allen Gesellschaften auf gleiche Weise aufgebaut werden, da die Bedingungen ihrer Ausbildung überall identisch sind und der Einfluß der je differenten gesellschaftlichen Rahmenbedingungen in dieser frühen Entwicklungsphase noch keinerlei Einfluß gewinnt.

Die soziale Konstruktion schlägt sich im Resultat nieder. Objekte werden im Schema des Subjekts, Ereignisse im Schema der Handlung konstruiert. Das hat zur Folge, daß Objekte so verstanden werden, als wäre ihnen eine Art aktionsmächtiges Handlungszentrum eingebildet. Ereignisse werden wahrgenommen, als hätten sie in der Binnenlage eines Objekts ihren Anfang und wären ein vom Willen beeinflußbares zielgerichtetes Tun. Das heißt, die Ereignisstruktur wird als Handlungsstruktur ausgebildet. Das gilt sowohl für die Ereignisse der Sozialwelt wie für die der physikalischen Außenwelt. Kurz: Die primäre Art die Welt auzubauen, ist subjektivisch. Deshalb wird die Welt in der frühen Ontogenese auch aus dieser, wie Dux es nennt,

---

8   Zur historisch-genetischen Theorie der Kognition vgl. Dux 1982; Dux 1989, S. 23ff; Dux 1994, S. 173ff.

"subjektivischen Logik" heraus verstanden. Da die Bedingungen der Konstruktion zu allen Zeiten und in allen Gesellschaften gleich waren, ist davon auszugehen, daß sich überall eine subjektivische Logik als materiale Logik des Weltbegreifens ausgebildet hat, sie somit universal ist.[9]

Zu den elementaren Kategorien, die alle Menschen im Laufe ihrer Ontogenese aufbauen müssen und deren Genese später noch ausführlich erörtert werden wird, gehört zweifellos die Vorstellung von Kausalität. Sie ist eine der Grundstrukturen, durch die die Materialität der vorfindlichen Wirklichkeit erfaßt wird. Die Kausalität gehört zur Objektseite, muß aber als kognitives Konstrukt vom Subjekt aufgebaut werden. Über das Konstrukt der Kausalität wird insbesondere die Eigendynamik der Außenwelt begriffen, also die Wechselwirkungen zwischen den Objekten der Realität, und zwar so, daß für das Subjekt ein erfolgreiches Operieren mit der Realität möglich ist. Die subjektivische Logik bestimmt das ontogenetisch frühe Verständnis der Kausalität, darüber hinaus aber auch die physikalischen Erklärungen in einfachen Gesellschaften (vgl. dazu Dux 1982, S. 114ff und Hallpike 1990, S. 491ff). Kausalität wird hier über die Logik der Handlung gebildet und in der Struktur der Handlung gedacht. Innerhalb dieser Struktur wird jedes Ereignis dadurch erklärt, daß ein anfängliches Agens als Ursprung einer zielgerichteten Handlung benannt wird. Das Kausalverständnis in der frühen Ontogenese und in pristinen Gesellschaften ist deshalb immer ursprungslogisch und teleologisch ausgerichtet.

Diese Ausgangslage der Bildung kognitiver Systeme hat eine weitreichende Konsequenz für das Verständnis der Kognition in der Geschichte. Die kognitiven Systeme der Erwachsenen aller Gesellschaften und historischen Zeiten müssen folglich in der Verlängerung des ontogenetisch begonnenen Strukturbildungsprozesses liegen. Das aber heißt auch, daß die Strukturen der Kausalität der Erwachsenen in den historischen und gegenwärtigen Gesellschaften in der Verlängerung der ontogenetisch begonnenen Strukturen gelegen sind. Allerdings ist zu erwarten, daß sie entsprechend dem gesellschaftlichen Entwicklungsstand unterschiedlich weit vorangetrieben wurden. Die beiden grundlegenden Thesen der historisch-genetischen Theorie lauten daher:

(1) Die Strukturen des Denkens bilden sich zu allen Zeiten und in allen Gesellschaften bei jedem Individuum in der frühen Ontogenese in gleicher Weise aus und erreichen in allen Gesellschaften auf der Ebene der Erwachsenen ein das Überleben ermöglichendes Mindestniveau. (2) Der Prozeß der Weiterentwicklung der Strukturen erfolgt auf der Ebene der Erwachsenenwelt und hängt entscheidend vom jeweiligen Entwicklungsstand einer Gesellschaft ab.

---

9   Zur subjektivischen Logik und zum Aufbau der subjektivischen Objekt- und Ereignisstrukturen vgl. Dux 1982, S. 86ff.

Diese Theorie postuliert also, daß sich die Strukturen des Denkens zu allen Zeiten und in allen Gesellschaften in der frühen Ontogenese eines jeden Gattungsmitgliedes unter dem Zwang, in der vorfindlichen Welt lebensfähig zu werden, und unter den immer gleichen Anforderungen einer präexistenten sozietären Organisation in gleicher Weise ausbilden und sie somit universal sind, ihre spätere Weiterentwicklung über eine naturwüchsige Schwellenlage hinaus auf der Ebene der Erwachsenenwelt jedoch vom Entwicklungsstand der jeweiligen Gesellschaft abhängig ist. Die gesellschaftlichen Prozesse ziehen als Folge ontogenetische Weiterentwicklungen nach sich. Dies erklärt, warum kognitive Systeme in allen Gesellschaften zwar bis zu einer bestimmten, zum Überleben notwendigen Höhenmarke entwickelt wurden, sie sich aber nicht in allen Gesellschaften gleich weit entwickelt haben. Auf dieser Verzahnung von ontogenetischer und sozialstruktureller Entwicklung - wobei letztere mit der sie wechselwirkend durchdringenden ökonomischen und technischen Entwicklung verbunden ist - beruht die historisch-genetische Argumentation (vgl. Dux 1989, S. 70ff).

Hieraus folgt, daß die kognitiven Systeme der Erwachsenen in unterschiedlichen Gesellschaften nicht, wie die Kulturrelativisten meinen, auf völlig differenten Logiken beruhen. Sie entwickeln sich vielmehr über die gleichen Strukturen in der frühen Ontogenese, um hernach, abhängig vom jeweiligen gesellschaftlichen Entwicklungsstand, von weiterentwickelteren Strukturen abgelöst zu werden. Daher ist es auch möglich, "fremdes Denken" zu verstehen, sei es das Denken in historischen Gesellschaften oder das in heutigen traditionalen Gesellschaften. Der Zugang zu Magie, Mythos und Naturreligion ist uns deshalb nicht verschlossen, weil diese Vorstellungen aus derselben strukturellen Entwicklung heraus gebildet wurden, einer Entwicklung, die über die Ontogenese rekonstruiert werden kann.[10]

Weiterhin ist anzunehmen, daß kausale Strukturmuster der Erklärung, die in industrialisierten Gesellschaften als Durchgangsstadien der ontogenetischen Entwicklung auftauchen und später von weiterentwickelten Strukturmustern abgelöst werden, in historischen Gesellschaften als fixierte Endstadien der Entwicklung ihren Niederschlag gefunden haben. Wenn diese Annahme richtig ist, müssen sie als Ausdruck des erwachsenen Denkens auch im schriftlichen Material, das aus diesen Zeiten vorliegt, rekonstruier- und nachweisbar sein. Die These impliziert zudem, daß die erwachsenen Mitglieder der gegenwärtigen Sammler- und Jägergesellschaften sowie der einfachen und fortgeschrittenen Agrargesellschaften, die einen geringeren Organisationsgrad in der Sozialwelt und Naturbeherrschung aufweisen als Industrie-

---

10 Diesen genetischen Zugang zum magisch-mythischen Naturverständnis übersieht auch Gloy. Sie ist der Ansicht, das magisch-mythische Weltbild liege dem heutigen Menschen nicht nur historisch fern, es entziehe sich auch weitgehend seinem wissenschaftlichen Verständnis. Einzig dadurch, daß sich Relikte magisch-mythischer Vorstellungen und Verhaltensweisen bis in unsere Zeit hinein erhalten hätten, sieht sie den Zugang zu den menschheitsgeschichtlich frühen Naturvorstellungen gewährleistet. Vgl. Gloy 1995, S. 31ff.

gesellschaften, nicht die derzeit möglichen Endstadien der kognitiven Entwicklung erreichen. Es ist anzunehmen, daß auch in diesen Gesellschaften die ontogenetischen Übergangsstadien unserer Gesellschaft als noch unüberbietbare Endstadien firmieren. Solche ontogenetisch frühen Strukturmuster im erwachsenen Denken müssen sich durch kulturvergleichende Untersuchungen nachweisen lassen. Schließlich ist zu vermuten, daß sich in allen Gesellschaften, die einen vergleichbaren sozialstrukturellen Entwicklungsstand erreicht haben, die kategorialen Strukturen von Erwachsenen auch gleichweit entwickelt haben, seien es nun historische oder gegenwärtige Gesellschaften. Dies läßt sich überprüfen, indem die Strukturmuster von semantischen Erklärungen aus verschiedenen, sozialstrukturell gleichweit entwickelten Gesellschaften miteinander verglichen werden.

Vor dem Hintergrund dieser knapp konturierten Grundüberlegungen wurde die nachfolgend vorzustellende Untersuchung konzipiert. Mit ihr sollen die skizzierte Theorie und die sich daran anschließenden Thesen anhand historischer Materialien und insbesondere mit Hilfe einer kulturvergleichenden empirischen Untersuchung überprüft werden.[11]

3. Gegenstand und Zweck der Untersuchung

Wie wurden die zuvor skizzierten weitreichenden theoretischen Überlegungen in die Anlage der Untersuchung umgesetzt und thematisch eingegrenzt?

Die These einer Entwicklungslogik im Kausalverstehen wird dadurch überprüft, daß die strukturelle Entwicklung und der Entwicklungsstand der physikalischen Kausalität in drei Gesellschaften untersucht werden. Dazu werden physikalische Erklärungen sowohl aus zwei historischen Gesellschaften wie auch aus einer Gesellschaft unserer Zeit analysiert. Aus historischer Zeit werden physikalische Erklärungen der griechischen Antike einerseits und der Agrargesellschaft des europäischen Mittelalters des 13. und 14. Jahrhunderts andererseits untersucht.[12] Auf der Basis von historischen Dokumenten sollen die jeweiligen Bewegungslehren aus diesen beiden Gesellschaften auf die ihnen zugrundeliegenden kausalen Strukturmuster hin

---

11 Ein erster empirischer Beleg zur Stützung des Theorieansatzes sind die von Dux vorgelegten kulturvergleichenden Untersuchungen zur Struktur der Zeit. Vgl. Dux 1989, S. 103ff und S. 373ff. Inzwischen liegen auch zwei Untersuchungen zur Kausalität vor, die den Theorieansatz bestätigen. Wenzel hat das Aristotelische Kausalverständnis untersucht, Dux in Zusammenarbeit mit Kumari das Kausalverständnis von Kindern in Deutschland. Auf sie wird später noch zurückzukommen sein. Vgl. Wenzel 1994, S. 336ff und Dux/Kumari 1994, S. 436ff.

12 Europa war im Mittelalter noch dominant agrarisch strukturiert, obwohl schon in dieser Phase technische und ökonomische Entwicklungen einsetzten, die schließlich in die Etablierung der gewerblichen Produktion mündeten. Zur Ausbreitung der Technik vgl. White jr. 1968 und White jr. 1983, S. 91ff, zur Etablierung des mittelalterlichen Gewerbes Thrupp 1983, S. 141ff. Diese Entwicklungen führten dann am Beginn der Neuzeit zum Wandel im Naturverständnis, zur Mechanisierung des Weltbildes. Vgl. Dijksterhuis 1956, S. 319ff.

analysiert werden. Zur Untersuchung des Entwicklungsstandes der Kausalerklärung in einer gegenwärtigen, weitgehend agrarisch strukturierten Gesellschaft wurde eigens für diese Studie eine kulturvergleichende Untersuchung durchgeführt. Die mittels dieser erhobenen Bewegungserklärungen von ländlichen Bewohnern der heutigen Türkei sollen ebenfalls auf die ihnen zugrundeliegenden kausalen Strukturmuster hin analysiert werden.[13] Dabei ist auch beabsichtigt, die über die empirische Erhebung gewonnenen Bewegungserklärungen von Erwachsenen unter der Fragestellung zu überprüfen, ob sich in ihnen die Strukturen der historischen Erklärungsmuster wiederfinden lassen. Diese Überprüfung macht deshalb Sinn, weil zum einen angenommen wird, daß in den beiden historischen Bewegungslehren Kausalstrukturen zum Ausdruck kommen, die in der Verlängerung der ontogenetisch begonnenen Entwicklungslinie liegen, Kausalstrukturen, die erst in den neuzeitlichen Industriegesellschaften von weiterentwickelten Strukturmustern abgelöst worden sind. Zum anderen wird angenommen, daß die den historischen Bewegungserklärungen unterliegenden Strukturmuster universal sind, und sie deshalb in der sozialstrukturell vergleichbaren türkischen Gesellschaft im Denken der Erwachsenen auffindbar sein müssen. Sollten sie sich finden lassen, dann wäre dies eine Bestätigung dafür, daß den historischen Kausalitätsvorstellungen ein Muster unterliegt, daß einer einzigen Entwicklungslinie folgt und deshalb in anderen Gesellschaften wiederzufinden ist. Es wäre damit vor allem aber ein empirischer Beleg für die These, welche die historisch-genetische Theorie postuliert.

Die Untersuchung setzt ein auf dem sozialstrukturellen Entwicklungsstand der griechischen Antike und der Gesellschaft des europäischen Mittelalters, die gemäß dem entwicklungslogischen Ansatz der historisch-genetischen Theorie eine Schnittstelle bilden zwischen den Sammler- und Jägergesellschaften, den Ackerbaugesellschaften und den primären Hochkulturen einerseits und den modernen Industriegesellschaften andererseits (vgl. Dux 1982, S. 266ff). Die Untersuchung des historischen Kausalverständnisses in der griechischen Antike und im frühen Mittelalter erfolgt am speziellen Gegenstand der Bewegungserklärung. Das Problem der Bewegung und seine Erklärung, von dem Cassirer sagt, daß es das eigentliche Grundproblem gewesen sei, über welches das moderne Denken zur Klarheit über sich selbst gelangt sei (Cassirer 1969, S. 156), ist hierzu besonders geeignet, da es ein physikalisches Phänomen ist, mit dem sich die Naturphilosophie seit der Antike - die antike Physik fängt nach Dijksterhuis mit Thales von Milet (600 v. Chr.) an - intensiv beschäftigt hat und worüber zahlreiche historische Zeugnisse vorliegen (Dijksterhuis 1956, S. 3; vgl. auch Capelle 1968, S. 1ff). Die Untersuchung beschränkt sich auf die

---

13 Die türkische Gesellschaft ist die in ihrer ökonomischen, technischen und sozialstrukturellen Entwicklung - zumindest was die ländlichen Regionen des Landes betrifft - weniger weit fortgeschritten als moderne Industriegesellschaften. Die Erhebung zum Kausalverständnis wurde in agrarisch strukturierten ländlichen Regionen vorgenommen. Ich werde bei der Präsentation der Untersuchung auf die sozialstrukturellen Rahmenbedingungen ausführlicher eingehen.

Analyse der beiden schriftlich überlieferten Bewegungslehren, die die Geschichte der Physik bestimmten, bevor die klassische Trägheitsmechanik Newtons ihren Siegeszug antrat.[14] Es sind dies die Bewegungslehre des Aristoteles, die auf dem Prinzip der Berührungskausalität beruht, und die Bewegungslehre der Impetustheorie des 13. und 14. Jahrhunderts, die durch das Prinzip der Übertragungskausalität zu charakterisieren ist.[15] Insbesondere werden die Aristotelischen und impetustheoretischen Erklärungen des freien Falls und des Wurfs untersucht. Sie finden sich bei Aristoteles in dessen Physikvorlesung.[16] Die impetustheoretischen Fall- und Wurferklärungen, die im Mittelalter neben der dominanten Aristotelischen Erklärung existierten, wurden von einer kleinen Gruppe von Naturphilosophen vertreten, die ihre Theorie in Auseinandersetzung mit Aristoteles entwickelt hatten. Die klassische Variante wird mit dem Namen Buridan verbunden.[17] Die zu untersuchende Frage ist, ob die Strukturen der Kausalerklärungen in der antiken und mittelalterlichen Naturphilosophie in der aus der Ontogenese stammenden subjektivischen Logik, genauer, in der Logik der Handlung wurzeln und in etwa Entwicklungsständen entsprechen, die von Kindern aus Industriegesellschaften als Durchgangsstadien überwunden werden.

Wenn es stimmt, daß die Strukturmuster der historischen Bewegungserklärungen tatsächlich universale Entwicklungsstadien sind, die in der Verlängerung der ontogenetisch begonnenen Entwicklungslinie liegen, dann müssen sie sich auch in heutigen, sozialstrukturell vergleichbaren Gesellschaften im erwachsenen Denken auffinden lassen. Dies wird, neben der generellen Feststellung des Entwicklungsstands der Kausalität, anhand der empirischen Untersuchung in den agrarisch strukturierten Gebieten der heutigen Türkei nachzuweisen versucht. Bislang liegen meines Wissens keine systematischen neueren empirischen Untersuchungen zum Kausalverständnis in entwickelteren Agrargesellschaften vor.[18] In der von mir Ende 1990 durchgeführten kulturvergleichenden Untersuchung in der ländlichen Westtürkei

---

14 Zu den Etappen des naturwissenschaftlichen Denkens vgl. Koyre 1988, S. 33ff.

15 Die Impetustheorie, die vor allem im Verlauf des vierzehnten Jahrhunderts von der Pariser Schule Buridans (um 1297 bis um 1358) und nachher Oresmes (1320 bis 1382) ausgearbeitet wurde und die im Mittelalter in verschiedenen Ausarbeitungen kursierte, findet sich erstmals bei dem spätantiken Autor Philoponos (um 490 bis um 560). Zu Philoponos und zu der mittelalterlichen Impetustheorie vgl. Wolff 1971 und Wolff 1978.

16 Will man historische (Kausalitäts-) vorstellungen untersuchen, so ist es nötig, sich Flecks Forderung zu eigen zu machen, "originale Proben zu untersuchen und nicht moderne Inhaltsangaben alter Anschauungen." Vgl. Fleck 1994, S. 166. Ich werde mich an der von Zekl herausgegebenen Übersetzung der Physikvorlesung orientieren (Aristoteles 1987 und 1988).

17 Für die Impetustheorie wird, angesichts des Mangels an Übersetzungen der lateinisch-scholastischen Orginalschriften und Kommentare zur aristotelischen Physik und Bewegungslehre, hauptsächlich auf wissenschaftsgeschichtliche Arbeiten zurückgegriffen, in denen zumindest passagenweise Übersetzungen der Originalliteratur abgedruckt sind.

18 Hallpikes entwicklungslogische Reinterpretationsbemühungen gelten den in der ethnologischen Literatur zusammengetragen Kausalvorstellungen in primitiven Gesellschaften. Vgl. Hallpike 1990, S. 491ff. Die öfters zitierte Untersuchung von Peluffo in Sardinien behandelt das erwachsene Kausaldenken nur beiläufig. Vgl. Peluffo 1967, S. 187ff.

wurde ein Sample von 61 Probanden, bestehend aus analphabetischen und gering alphabetisierten erwachsenen Dorfbewohnern, um Erklärungen gebeten für alltäglich beobachtbare Naturereignisse. Die Fragen waren denen nachgebildet, die Piaget in den dreißiger Jahren Kindern stellte, auch um sie mit den Piagetschen Kinderantworten vergleichen zu können (vgl. Piaget 1970). Unter den Fragen, die den 61 Probanden damals vorgelegt wurden, befanden sich mehrere, die auf die Erklärung der Bewegung zielten, darunter auch die Frage nach der Erklärung des Wurfes, die das Kernstück der Bemühungen um Erklärungen bildete. Durch den Vergleich dieser Erläuterungen der Bewegung, insbesondere des Wurfes, mit den zuvor genannten historischen Erklärungen aus der Geschichte der Physik, soll geklärt werden, ob Erklärungen vorkommen, wie sie von Aristoteles und der Impetustheorie vorgetragen wurden, und ob die den Bewegungserklärungen unterliegenden kausalen Erklärungsmuster der befragten türkischen Laien strukturell mit denen identisch sind, die die früheren Naturphilosophen und -wissenschaftler formuliert haben.

In dieser Arbeit werden also zwei Annahmen der historisch-genetischen Theorie überprüft: Zum einen wird der Nachweis geführt werden, daß die untersuchten physikalischen Erklärungen in den beiden historischen Gesellschaften ebenso wie die in der türkischen Gesellschaft auf Strukturen beruhen, die verständlich zu machen sind als Weiterentwicklungen der ontogenetisch begonnenen Strukturen, ohne daß sie jedoch die Strukturidentität mit den pristinen Strukturen hinter sich gelassen haben. Zum andern wird geprüft werden, ob das Muster der Bewegungserklärung von Aristoteles, möglicherweise auch das der Impetustheorie, in den physikalischen Erklärungen der untersuchten Mitglieder der türkischen Gesellschaft nachweisbar ist, und zwar deshalb nachweisbar, weil die sozialstrukturelle Entwicklung dieser Gesellschaften in etwa vergleichbar ist und sie daher einen gleich weit realisierten kognitiven Entwicklungsstand erreicht haben. Kann dies bestätigt werden, wäre es ein weiterer Beleg dafür, daß die kategoriale Entwicklung einer einzigen Verlaufslinie folgt.

Für das skizzierte Vorhaben gilt, daß weder die im Zentrum stehende empirische kulturvergleichende Untersuchung zum Kausalitätsverständnis von analphabetischen und alphabetisierten Bewohnern ländlicher Gebiete der heutigen Türkei noch die beiden exemplarischen historischen Fallstudien Selbstzweck sind. Sie stehen vielmehr im breiten Kontext einer Rekonstruktion der Geistesgeschichte als Gattungsgeschichte aus der Perspektive einer strukturalistisch angelegten historisch-genetischen Theorie der Kognition, wie sie von Dux vorgeschlagen wurde. Sowohl die Untersuchung des historischen Materials als auch die Analyse der empirisch gewonnenen Daten haben den Zweck, für diese Theorie Belege zu erbringen, um über sie die Stichhaltigkeit und Erklärungskraft der Theorie selbst zu überprüfen.

4. Überblick über den inhaltlichen Aufbau

Die nachfolgende Abhandlung gliedert sich in in vier argumentative Teile. Im *ersten Teil* der Arbeit werden die wesentlichen theoretischen Grundpositionen zur kognitiven Entwicklung in der Geschichte vorgestellt. Es sind dies die Positionenen des Kulturrelativismus, des apriorisch-absolutistischen Universalismus und der Standpunkt einer prozessualen Entwicklungslogik der Kognition, wie er in der genetischen Theorie von Piaget und in der historisch-genetischen Theorie von Dux zum Ausdruck kommt. Nach der Darstellung und Kritik sowohl des Kulturrelativismus als auch des apriorisch-absolutistischen Universalismus wird auf das Parallelisierungstheorem von ontogenetischer und historischer Entwicklung eingegangen. Danach wird die historisch-genetische Theorie der kognitiven Entwicklung, die dieser Arbeit zugrunde liegt, in ihren Grundüberlegungen vorgestellt. Diese Theorie hat, wie im Vergleich mit den anderen zu sehen sein wird, den entscheidenden Vorzug, daß sie einen theoretisch einsichtigen Zugang zum Verständnis der Kausalität in Geschichte und fremden Kulturen eröffnet.

Im *zweiten Teil* der Abhandlung wird die ontogenetische Kausalitätsentwicklung aus der Perspektive der genetischen Theorie Piagets nachgezeichnet, um später überprüfen und verständlich machen zu können, inwiefern die Strukturen der Kausalvorstellungen in der Geschichte und in fremden Kulturen Weiterentwicklungen der ontogenetisch begonnenen Strukturen sind. Neben der Abgrenzung von anderen Kausalkonzeptionen werden empirische Replikationsstudien und kulturvergleichende Arbeiten zur ontogenetischen Kausalentwicklung bei Kindern und Erwachsenen diskutiert. Die ersteren werden dahingehend geprüft, ob sie die Universalität der frühen kognitiven Strukturen und die postulierte Universalität der Entwicklung bestätigen, die letzteren vor allem unter dem Blickwinkel des erreichten Entwicklungsstandes, von dem erwartet wird, daß er entsprechend dem erreichten sozialstrukturellen Entwicklungsstand der Gesellschaft differiert.

Im *dritten Teil*, den Textanalysen, werden die beiden in der Physikgeschichte vor Newton wesentlichen historischen Bewegungslehren auf die ihnen zugrundeliegenden Kausalstrukturen untersucht. Insbesondere soll der darin verwirklichte Entwicklungsstand der ontogenetisch begonnenen Kausalität bestimmt werden. Die Rekonstruktion der antiken Kausalitätsvorstellung erfolgt anhand der Untersuchung der Aristotelischen Bewegungslehre. Die spätantike und frühmittelalterliche Kausalitätsauffassung wird an der Bewegungslehre der Impetustheorie rekonstruiert. Beide Erklärungsansätze der Bewegung sind, so die These, von der unterliegenden Struktur der Handlung bestimmt, die das frühe ontogenetische Kausalverständnis prägt. Ihre Untersuchung ist auch deshalb notwendig, weil die Absicht besteht, die historischen Wurferklärungen mit den Wurferklärungen zu vergleichen, die ich bei einer Befragung von Erwachsenen in der Türkei zur Antwort erhalten habe.

Im *vierten Teil* steht die kulturvergleichende Untersuchung bei illiteraten und wenig gebildeten Erwachsenen in der Türkei im Zentrum. Erklärtes Untersuchungsziel ist es, über das in schriftlicher Form vorliegende Datenmaterial festzustellen, inwieweit das Kausalverständnis von Erwachsenen auf der postulierten universalen Entwicklungslinie vorangeschritten ist, die in der Ontogenese beginnt. Dabei wird insbesondere auch geprüft werden, ob in der Türkei die Wurferklärung vorzufinden ist, die von Aristoteles artikuliert wurde, oder gar die, welche von den Impetustheoretikern formuliert wurde. Die These ist, daß aufgrund des vergleichbaren sozialstrukturellen Entwicklungsstandes, der eine relativ identische kognitive Kompetenz verlangt - sowohl die türkische wie die antike griechische als auch die mittelalterliche Gesellschaft sind weitgehend agrarisch strukturiert - ein in seiner Struktur etwa gleich weit entwickeltes Kausalverständnis ausgebildet worden ist.

In der *Schlußbetrachtung* werden die Ausgangsthesen einer abschließenden Evaluation unterzogen. Es werden zunächst noch einmal die Ausgangshypothesen rekapituliert. Danach wird der empirisch festgestellte Entwicklungsstand des Kausalverständnisses in der türkischen Dorfgesellschaft als ein Ertrag der Untersuchung zusammenfassend resümiert. Im Anschluß daran werden die Ergebnisse des Vergleichs der historischen mit den türkischen Fall- und Wurferklärungen bewertet.

Erster Teil:

Zur Theorie der kognitiven Entwicklung in der Geschichte und der Zugang zur historischen und fremden Kausalität aus der Sicht einer historisch-genetischen Theorie

1. Die Frage nach dem Zugang und dem Verständnis der historischen Kausalität

Die Kausalität wurde in der Geschichte unterschiedlich verstanden. Die Unterschiede sind nicht nur semantischer Art, sondern reichen bis tief in die Struktur dieser Kategorie selbst, wie etwa ein Blick auf die Aristotelische Lehre von den Ursachen im Vergleich zu Galileis Vorstellung zeigt. Während der erstere - und, ihm folgend, die Philosophen des Mittelalters - die Natur teleologisch verstand und dem Begriff der Ursache noch einen vierfachen Sinn gab, den der causa materialis, der causa formalis, der causa finalis und der causa efficiens, hat der letztere insbesondere die Frage nach dem "Wodurch" und nach dem "Wozu" fallengelassen zugunsten der ausschließlichen Frage nach dem "Wie" (vgl. Bunge 1987, S. 34ff und Dijksterhuis 1956, S. 45f).[19] Dies zeigt sich auch im Vergleich der antiken und neuzeitlichen Bewegungserklärung. Nach der Aristotelischen Lehre wird für jede Bewegung eine wirkende Kraft benötigt, die sie aufrechterhalte. Sie werde nur so lange aufrechterhalten, wie die Kraft andauere, die die Bewegung verursacht habe. Zur Aufrechterhaltung der Bewegung sei dabei, dem Aristotelischen Verständnis zufolge, der Kontakt zwischen Beweger und Bewegtem notwendig. Beim Wurf, bei dem der Kontakt offensichtlich nicht mehr gegeben ist, nachdem das Projektil die Hand verlassen hat, übernehme das Medium die Funktion des Bewegers. Die Luft, die vom Werfer beim Abwurf des Projektils gleichzeitig angestoßen würde, sei als sekundärer Beweger für den weiteren Fortgang der Bewegung verantwortlich. Dadurch wird das der Bewegungslehre zugrundeliegende Prinzip, die Berührungskausalität, auch im Wurf aufrechterhalten (vgl.

---

19 Die Kenntnis des Grundgesetzes der klassischen Dynamik, der Proportionalität zwischen Kraft und Beschleunigung, wird Galilei hingegen abgesprochen. In seinen dynamischen Überlegungen bleibt er noch immer Aristoteles verhaftet. Vgl. Dijksterhuis 1956, S. 383ff.

Aristoteles 1988, VIII, 10, 267a).[20] Im Gegensatz zu dieser Bewegungserklärung geht die Galileische und Newtonsche Mechanik vom Prinzip der Trägheit aus. Es sei keine Kraft nötig, um ein Objekt in Bewegung zu halten, und ebensowenig werde Kraft benötigt, um es im Ruhezustand zu halten. Fehle die Einwirkung einer Kraft, bleibe das ruhende Objekt bewegungslos. Ein sich bewegendes Objekt dagegen bewege sich mit gleichbleibender Geschwindigkeit geradlienig weiter. Somit blieben Bewegung und Ruhe ewig unverändert, solange sie nicht durch etwas gestört würden. Es sei nicht nötig, nach der Ursache dieser Bewegungszustände zu fragen. Kurz: Im physikalischen Verständnis der Neuzeit dauert eine Bewegung an, bis sie durch die Einwirkung externer Kräfte verändert oder zum Stillstand gebracht wird.[21]

Der Unterschied zwischen der Aristotelischen und der neuzeitlich-mechanistischen Bewegungserklärung ist offensichtlich. Der Begriff eines unpersönlichen, mechanischen und zweckfreien Ablaufes von Naturereignissen nach allgemeinen Gesetzen, der in der bis heute gültigen Newtonschen Bewegungserklärung zum Ausdruck kommt, fehlt bei Aristoteles, der die Natur teleologisch versteht und das natürliche Geschehen mit Hilfe des Zweckbegriffs deutet.

Am Beispiel der Gegenüberstellung dieser beiden physikalischen Erklärungen können die Leitfrage der Untersuchung und weitere damit zusammenhängende und zu untersuchende Fragen zur Kausalität formuliert werden. Die Leitfrage, die später zu beantworten und auch theoretisch zu begründen sein wird, lautet: Sind - um einen vielzitierten Satz Leopold von Rankes zu variieren - die Kausalvorstellungen einer jeden Epoche unmittelbar zu Gott, wie dies zahlreiche Theorien wie etwa die Positionen des Historismus und Relativismus nahelegen,[22] oder gibt es in der Geschichte eine universale Entwicklungsabfolge im Kausalverständnis, die nicht nur beschreibbar, sondern auch versteh- und erklärbar ist? Sind, um am Beispiel zu bleiben, die beiden oben genannten differenten Vorstellungen der Kausalität jeweils einzigartige historische Konzepte, zwischen denen es keinerlei Verbindungen gibt, oder aber sind sie Ausdruck und Umsetzung unterschiedlich weit vorangetriebener kognitiver Strukturen, deren Entwicklungsstand auf bestimmte, historisch je unterschiedliche gesellschaftliche Bedingungen zurückgeführt werden kann? Anders formuliert: Gibt es eine einheitliche Entwicklungslogik des Denkens in der Geschichte, an deren bisherigen Ende das neuzeitliche Denken steht, und kann Geschichte als eine Abfolge von Lebensformen verstanden werden, in der der Mensch sich die Welt zugänglich macht

---

20 Auf die Aristotelische Bewegungslehre wird im dritten Teil der Arbeit ausführlich eingegangen werden.

21 Zu den Newtonschen Bewegungsgesetzen vgl. Dijksterhuis 1956, S. 519ff und Prigogine/Stengers 1990, S. 63ff.

22 Der Historismus, der von der Gleichwertigkeit aller historischen Epochen ausgeht, lehnt seiner Grundvoraussetzung nach jede Interpretation der Geschichte im Sinne einer Entwicklung ab. Er ist insofern eine "relativistische" Geschichtstheorie. Zur Position des Historismus vgl. Seiffert 1991, S. 59ff. Eine knappe Einführung in den "Relativismus" findet sich im Handlexikon zur Wissenschaftstheorie. Vgl. Seiffert/Radnitzky 1992, S. 287ff.

und sich selbst darin auslegt, oder trifft die These der Unvergleichbarkeit von Gesellschaften und Denkstrukturen zu, die der Historismus und die Vertreter des Kulturrelativismus behaupten? Basieren die epochal verschiedenen Kausalkonstrukte auf verschiedenen Wirklichkeiten, an die sinnvollerweise unterschiedliche Maßstäbe angelegt werden müssen, und wäre es daher verfehlt und ethnozentrisch, wenn der wissenschaftliche Wirklichkeitsbegriff unserer Zeit als universaler Maßstab genommen wird, an dem sich die Vorstellungen früherer Gesellschaften messen lassen? Oder ist das Gegenteil der Fall, beruhen der weitere Umfang, der geringere Phantasiegehalt und der größere Realismus unseres Naturwissens auf einer fortgeschritteneren Logik und einem weiterentwickelteren Wissen über eine immer schon vorgegebene Wirklichkeit?

Bei der nach dem neuzeitlichen naturwissenschaftlichen Verständnis unrichtigen Bewegungslehre des Aristoteles stellt sich zwangsläufig die Frage, wie er zu der uns heute kurios anmutenden a-mechanistischen Erklärung des Wurfes kam und woher das teleologische Naturverständnis bei ihm rührt. Die Teleologie wird in der Aristoteles-Rezeption ausführlich und kontrovers erörtert, aber weder bei Wieland, der zugibt, "daß die Teleologie im Rahmen der aristotelischen Naturwissenschaft zwar eine wichtige Rolle spielt", aber vehement bestreitet, daß sie "das universale und oberste Prinzip der aristotelischen Naturphilosophie" darstelle, noch bei Gloy, die das Gegenteil behauptet und nachweist, daß die Teleologie bei Aristoteles als strukturelles Prinzip der Naturzusammenhänge ein schlechthin universelles kosmologisches Prinzip ist, keine Als-ob-Teleologie oder methodisches Hilfsmittel, wie Wieland meint, sondern ein realistisches Universalprinzip, findet sich eine Erklärung dafür, woher die Struktur des teleologischen Naturverständnisses stammt (vgl. Wieland 1992, S. 256ff und Gloy 1995, S. 116ff). Weiter ist zu fragen, ob das heute überholte teleologische Naturverständnis und Erklärungsmodell von Aristoteles nur ein geringfügiger, "im günstigsten Fall interessanter und vielleicht sogar historisch begreiflicher Irrtum" ist, wie - laut Wieland - die moderne Forschung annehme (vgl. Wieland 1992, S. 256), oder ob es logisch-systematische Gründe hat und eine bestimmte Etappe in der historischen Entwicklung der Naturerklärung oder Kausalität markiert, in der bestimmte einfachere Formen der Kausalität zwar überwunden wurden, die aber von noch weiterentwickelteren und realitätsgerechteren Formen abgelöst wird, wie etwa Piaget vermutet (vgl. Piaget 1975d, S. 272ff).

Die Abkehr von der Aristotelischen Vorstellung und die Durchsetzung der Bewegungserklärung von Newton wirft auch die Frage nach den Prozessen auf, die dafür verantwortlich sind. Manifestiert sich in dem offensichtlich grundlegenden und tiefgreifenden Wandel in der Erklärung eines physikalischen Sachverhaltes eine zunehmende Entfaltung menschlicher Rationalität und Vernunft, so daß die wissenschaftliche Revolution des 17. Jahrhunderts und die damit verbundene Mechanisierung des Weltbildes als eine kognitive Transformation in einer endogenen Entwicklungsgeschichte intellektueller Strukturen aufgefaßt werden kann, wie dies etwa das Erklärungsprogramm von Dijksterhuis nahelegt? (Dijksterhuis 1956). Ist also die Entwicklung der Erkenntnisform eine unabhängige Variable in der kulturellen Entwicklung und haben die in der Geschichte verzeichneten Wissensfortschritte ihren Ursprung etwa in kognitiven Reifungsvorgängen, oder sind die Gründe für die Transformationen in der Naturerklärung in der technischen, ökonomischen und kulturellen Verfassung einer Gesellschaft und deren Wandel zu suchen, wie das konkurrierende Erklärungsprogrammm der auf externe Determinanten setzenden Wissenschaftsgeschichtsschreibung meint, ein Erklärungsansatz, der etwa von Zilsel, Grossmann und Büchel vertreten wird? (vgl. Zilsel 1976, S. 49ff; Grossmann 1935, S. 161ff; Büchel 1975).

Alle diese Fragen werden im Gang der Diskussion auftauchen. Um sie beantworten zu können, muß zuvor geklärt werden, ob und wie ein Zugang zum Verständnis der historisch divergenten Kausalkonstrukte und ein Verständnis der Kausalität in fremden Kulturen möglich ist. Denn nur dann besteht eine wirkliche Chance, die vielfach herausgearbeiteten Struktureigentümlichkeiten der physikalischen Erklärungen von Menschen in früheren Gesellschaften auch tatsächlich erklären zu können. Die Frage ist daher, ob es Erklärungsansätze gibt, welche zum einen den Entstehungsprozeß des Wissens verständlich machen und zum anderen die historischen Veränderungen im Wissen erklären und nicht nur beschreiben. Denn ein Verständnis der Kausalität in der Geschichte läßt sich nur erlangen, wenn Rechenschaft darüber abgelegt wird, wie überhaupt ein Zugang zu ihrem Verständnis möglich ist, und wenn dargelegt wird, wie ihr historischer Entwicklungsprozeß in seinen Grundzügen verstanden werden kann. Dabei ist auf die Beziehung zwischen menschlichen Wissensprozessen und gesellschaftlichen Entwicklungsprozessen einzugehen, also das Verhältnis von Ontogenese und Geschichte zu klären.

Die von vielen als Erklärung verstandene und oft vorgenommene einfache Etikettierung des Denkens der Menschen früherer Gesellschaften als "vorrational" oder "prälogisch" kann nicht erklären, warum Menschen in Gesellschaften auf einer früheren Entwicklungsstufe so denken wie sie denken, oder warum in allen bekannten Fällen die vorwissenschaftlichen Stufen des Wissens der wissenschaftlichen Stufe vorangehen. Eine Klassifizierung des Denkens in weniger entwickelten Gesellschaften durch die Feststellung von Unterschieden ohne die Feststellung von Beziehungen zu den entwickelteren Gesellschaften trägt kaum zu einem Verständnis dieser Gesellschaften bei. Ebensowenig überzeugen Vorstellungen, die etwa den Absprung in die neuzeitliche Naturwissenschaft allein als einen Wandel betrachten, der durch die brillanten Ideen einiger großer Männer initiiert wurde.[23] Denn diese Vorstellungen berücksichtigen zumindest kaum die sich verändernden gesellschaftlichen Rahmenbedingungen und ihren Einfluß auf die Strukturen des Denkens. Schließlich sind auch Erklärungen unbefriedigend, die die Abkehr vom vorwissenschaftlichen Weltbild und

---

23 So schreibt z.B. M. Mead, daß "Änderungen im Denken der Menschen (...) von besonders begabten, klugen Menschen" ausgingen. Vgl. Mead 1979, S. 204f.

die Annahme der mechanistischen Weltsicht einseitig auf einen additiven Wissenszuwachs zurückführen oder einfach als die Ablösung einer älteren durch eine neuere Theorie deuten, die besser mit Messungen und Berechnungen übereingestimmt habe. Hier müßte auch die Frage gestellt werden, ob im Zuge dieses Prozesses nicht auch die Struktur des Wissens und Denkens grundlegende Wandlungen erfahren hat, und wenn ja, wodurch diese bedingt sind.[24]

2. Zur Kontroverse um die Universalität oder Relativität der kognitiven Entwicklung

Hinter der in dieser Arbeit untersuchten speziellen Frage nach der Entwicklung der vorindustriellen Kausalität verbirgt sich eine umfassendere, derzeit kontrovers diskutierte Frage: Folgt die Entwicklung der Kognition in der Geschichte strukturell einer universalen, auch nachweisbaren Verlaufslinie, auf der auch die gegenwärtigen rezenten Gesellschaften verortet werden können (wobei der erreichte Entwicklungsendstand der Kognition entsprechend dem sozialstrukturellem Entwicklungsstand differiert), wie dies die Vertreter universalistisch angelegter kognitiver Entwicklungstheorien behaupten, der Standpunkt des *entwicklungslogischen Strukturalismus*. Oder aber ist stattdessen, auf der Basis objektiv verschiedener Kulturen, von einer Pluralität an verschiedenartigen und unvergleichbaren Kognitionen auszugehen, wie dies der Standpunkt des *Kulturrelativismus* postuliert? Eine dritte Möglichkeit der Erklärung bestünde darin, zwar die Universalität des Denkens zu behaupten, allem Denken identische Grundstrukturen zu attestieren, diesen Grundstrukturen auch zuzugestehen, daß sie sich kulturell unterschiedlich ausformen, nicht aber, daß sie sich evolutiv und qualitativ weiterentwickeln. Diese Position, die alle Entwicklungsbegriffe meidet, zwar Strukturen kennt, aber keine Genese, bezeichne ich im Gegensatz zum entwicklungslogischen Strukturalismus als Standpunkt des anti-evolutiven *apriorisch-absolutistischen Universalismus* der Kognition. Alle drei theoretischen Grundpositionen finden sich in der Literatur, wenn auch nicht immer in idealtypischer Form. Insbesondere die Standpunkte des Kulturrelativismus und anti-evolutiven Universalismus werden zum Teil von denselben Autoren vertreten.

Sollte die erstgenannte Möglichkeit einer unterschiedlich weit reichenden Entwicklung der Logik in der Kognition theoretisch plausibel zu machen und empirisch nachweisbar sein, dann müßte das Verständnis der Kausalität in sie eingebunden werden, diese generelle Entwicklung sich auch an der Entwicklung der Kausalität exemplifizieren lassen. Träfe die zweite These zu, müßte nachgewiesen werden, daß unterschiedliche gesellschaftliche Rahmenbedingungen unterschiedliche und inkomparable

---

24 Die letzteren Gedanken entstammen den entwicklungslogischen Überlegungen von Elias. Vgl. Elias 1987, S. 73ff, bes. S. 86-120.

Denkstrukturen und damit unterschiedliche und unvergleichbare Kausalstrukturen er-zeugen. Träfe die dritte These zu, müßte nachgewiesen werden, daß überall identische Kausalstrukturen aufgebaut werden, die sich allerhöchstens in ihrer inhaltlichen Ausgestaltung unterscheiden, aber eben nicht in ihrer Grundstruktur.

Im folgenden wird über die Auseinandersetzung mit dem Kulturrelativismus und dem statischen, absolutistischen Universalismus auf die der Arbeit zugrundeliegende historisch-genetische Theorie der Denkentwicklung hingearbeitet, auf eine Theorie, die in der Geschichte eine universale Entwicklungsabfolge von Denkstrukturen plau-sibel macht und die - über die Rekonstruktion der kognitiven Strukturbildungsprozes-se in der Ontogenese und deren strukturlogischer Weiterentwicklung unter Berück-sichtigung der sozialstrukturellen gesellschaftlichen Bedingungen - einen Zugang zu den historischen Denkformen ermöglicht, ohne dabei aber die ontogenetische und hi-storische Entwicklung in Parallele zu setzen, wie dies vielfach geschieht und worauf ebenfalls näher einzugehen sein wird.

2.1   Zur Position und Kritik des Kulturrelativismus

Über das Verständnis der Kognition in der Geschichte und in fremden Kulturen ist gegenwärtig, so scheint es, keine Einigung zu erzielen. Zu konträr sind die sich in der Diskussion gegenüberstehenden Grundpositionen. Insbesondere die mit dem Vorwurf des Ethnozentrismus belegte Vorstellung einer universalen Entwicklung oder gar Entwicklungslogik im Denken,[25] die von Piaget und im Anschluß an ihn heute von Dux und Hallpike vertreten wird (vgl. Dux 1982; Hallpike 1990) - und der hier ge-folgt werden soll - hat in der momentan geführten Diskussion alles andere als eine Hochkonjunktur. Schon die Frage danach erscheint ketzerisch angesichts dessen, daß der Postmodernismus, der sich mit seiner Philosophie des Pluralismus als Wahrer einer vielfältigen Wirklichkeit begreift, gegenwärtig das Feld der Geisteswissenschaf-ten zu beherrschen scheint.[26] Auch in den Sozialwissenschaften, insbesondere in Eth-nologie, Kulturanthropologie und kulturvergleichender Psychologie, wird eine Ent-wicklungslogik von vielen ihrer Fachvertreter bestritten.[27] Bestimmend in den zuletzt

---

25 Zum Ethnozentrismusvorwurf vgl. Buck-Morss, die meint, durch Darstellung des funktionalen Zu-
    sammenhangs von formalem Denken und Industriegesellschaft den Universalitätsanspruch der Theorie
    Piagets und die kulturvergleichenden Resultate widerlegen zu können. Dazu ist zu bemerken, daß diese
    Kritik nicht nur die Nichtexistenz formalen Denkens in traditionalen Gesellschaften konstatiert, sondern
    mit dem Verweis auf die gesellschaftlichen Bedingungen (Industriegesellschaft) auch noch eine in die
    richtige Richtung zielende Erklärung beisteuert. Buck-Morss 1978, S. 53ff.
26 Zur Philosophie der Postmoderne vgl. Welsch 1988.
27 Siehe dazu die Einleitung und die Beiträge in dem Sammelband von Schöfthaler/Goldschmidt 1984.

genannten Disziplinen sind zum einen relativistische Sichtweisen,[28] die die Einzigartigkeit jeder Kultur behaupten und damit die Vergleichbarkeit von Kulturen und Denkstrukturen weitgehend ablehnen, zum andern anti-evolutive, apriorisch-absolutistische universalistische Positionen, die jede Art von struktureller Entwicklung leugnen.

Die Verfechter des ersten Ansatzes, der auf den Kulturanthropologen Boas (1858 - 1942) zurückgeht,[29] betrachten jede Kultur als ein geschlossenes Ensemble spezifischer und unverwechselbarer Lebensformen, als ein in sich abgestimmtes Gefüge eigener Ordnung, das im Verlauf der Geschichte sein je eigenes Gepräge erhalten habe. Gefühlseinstellungen, Denkformen, soziale Verhaltensweisen und Wirklichkeitsauffassung werden als kulturspezifisch verstanden. Da jede Kultur darüber hinaus ihre eigenen Normen und Werte habe, impliziert der kulturelle Relativismus zugleich einen radikalen Wertrelativismus. Für ihn existieren auch keine objektiven Kriterien, die es erlaubten, entwickeltere und weniger entwickelte Kulturen voneinander zu unterscheiden.[30] Jedes kulturelle Phänomen könne daher nur in den Begriffen der jeweiligen Kultur verstanden und beurteilt werden (Kroeber 1952, S. 6; Jensen 1992, S. 38, S. 50ff u. S. 69f).[31] Die Vertreter des Kulturrelativismus bezweifeln grundsätzlich, daß es ein allgemeines Modell für die Genese der Erkenntnis gebe, dem das fremde Denken eingepaßt werden könne.[32] Für die postulierte kulturell unterschiedliche Entwicklung des Denkens werden insbesondere die objektiv diskrepanten Variablen Kultur, Sprache und Milieu verantwortlich gemacht. Beispielhaft seien dafür Whorf und Winch aufgeführt, die ihren Relativismus sprachtheoretisch begründet haben. Ihre These besagt, daß die Weltbilder und das Verständnis der Wirklichkeit durch die Spezifika der verschiedenen Sprachen determiniert seien. Und weil

---

28 "Recent volumes devoted to the study of intelligence are showing many new trends in theorizing about intellectual competence, yet no convincing paradigm has come to contradict the basic position of cultural relativism taken by cross-cultural psychologists over the last three decades", so Dasen 1984, S. 407.

29 Boas, der universelle Evolutionsgesetze weitgehend ablehnt und stattdessen von der Einzigartigkeit und Eigenwertigkeit einer jeden Kultur ausgeht, gilt als Begründer des kulturellen Relativismus. Vgl. Rudolph 1968, S. 24. Seine Schüler, vor allem Benedict, Kroeber und Herskovits, haben ihn dann später zu einer Art wissenschaftlicher Doktrin ausgebaut. Vgl. Kohl 1993, S. 146.

30 Zum Kulturrelativismus in der Ethnologie vgl. Kohl 1993, S. 145ff.

31 Auch Liebing/Ohler ziehen aus ihrer Diskussion einiger "Aspekte und Probleme des kognitionspsychologischen Kulturvergleiches" den Schluß, daß Kognition als Konstrukt angesehen werden muß, welches aus einer spezifischen Kultur stammt und somit kulturell und historisch relativ ist. Für das methodische Vorgehen in der kulturvergleichenden Psychologie bleibt aus ihrer Sicht somit nur die deskriptive Erfassung von Kulturprodukten und kognitiven Prozessen in ihren natürlichen Funktionskontexten. Die naheliegende Frage, wie aus einer solchen Perspektive eine interkulturelle Verständigung überhaupt zustande kommen kann, bleibt unbeantwortet. Vgl. Liebing/Ohler 1993, S. 251ff.

32 Siehe dazu die Einleitung und die Beiträge in dem Sammelband von Kippenberg/Luchesi (1987), in dem überwiegend Autoren zusammengeführt sind, die sich zumindest in der Kritik an der Universalisierung des wissenschaftlichen Wirklichkeitsbegriffs einig sind, dem sie das fremde Denken unterworfen sehen.

es so viele Wirklichkeiten wie Sprachen gebe, besteht ihrer Meinung nach keinerlei Berechtigung, unser wissenschaftliches Wirklichkeitsverständnis als Bewertungs- und Orientierungsmaßstab anzulegen.[33]

Empirische kulturvergleichende Untersuchungen, die das Denken in fremden traditionalen Gesellschaften mit dem in entwickelten Industriegesellschaften vergleichen und die nachweisen, daß Angehörige nicht-westlicher Kulturen bestimmte strukturelle Stufen der kognitiven Entwicklung nicht erreichen, und damit eine Entwicklung im Denken postulieren,[34] werden von den Kulturrelativisten als ethnozentristisch gebrandmarkt und dadurch relativiert, daß auf eine Fülle von situativen und kulturellen Variablen hingewiesen wird, die sowohl die Tests (Methode des Testens, benutztes Testmaterial, Sprache und Übersetzung) als auch die Getesteten beeinflussen (Bildungsniveau, Erziehung, Beruf) und deshalb die Aussagekraft dieser Ergebnisse fragwürdig erscheinen ließen (vgl. etwa Irvine/Berry 1988, S. 3ff). Der Ethnozentrismus, der Hauptvorwurf gegen Entwicklungstheorien des Denkens, manifestiert sich nach Ansicht der von einer relativistischen Position aus argumentierenden Kulturvergleichskritiker in einem vorwiegend etischen Vorgehen der Entwicklungstheorien, d.h. darin, daß die aus unserer Kultur stammenden Beschreibungskategorien und Beobachtungsinstrumente, in der Annahme, sie seien von universaler Gültigkeit, unverändert auf fremde Kulturen angewendet und übertragen würden.[35] Die je unterschiedlichen sozio-kulturellen Umwelten der fremden Gesellschaften und ihre Auswirkungen, die ein unterschiedliches Denken bedingen, würden ebenso unberücksichtigt gelassen wie die hypothetische Möglichkeit, daß es alternative und andersartige nicht-westliche kognitive Strukturen und Denkarten geben könnte; diese sind allerdings, das sei angemerkt, bis heute nirgends nachgewiesen worden. Es wird daher beanstandet, daß das Denken in fremden Kulturen fälschlicherweise am Standard unserer Kultur und unseres Vernunftgebrauchs gemessen werde (eine entwicklungslogische Interpretation der Befunde wird von den Kritikern aber nicht in Erwägung gezogen).[36]

---

33 Zum "Prinzip der linguistischen Relativität" (auch Sapir-Whorf-These genannt) vgl. Whorf 1988, S. 12 (Eine Zusammenfassung der Sapir-Whorf-Hypothesen findet sich in Berry et al. 1992, S. 101ff). Die entsprechende These von Winch findet sich in Winch 1987, S. 73ff und Winch 1974, S. 25. Zur Kritik an Winch vgl. Lukes 1987, S. 235ff, bes. S. 238ff. Zur Rolle der Sprache im Erkenntnisprozeß und zu der Frage: Was verbleibt vom linguistischen Relativitätsprinzip?, vgl. Meinefeld 1995, S. 162ff.

34 Nachweise dazu finden sich in Dasen/Heron 1981, S. 332ff.

35 So kritisiert Greenfield den Piagetschen Entwicklungsbegriff als den des westlichen Wissenschaftlers. Sie schlägt deshalb vor, daß man, wolle man die Entwicklung des Denkens untersuchen, zunächst den Endpunkt der Entwicklung untersuchen müsse, auf den sich der Entwicklungsprozeß hinbewege. Und dieser müsse in nicht-westlichen Kulturen nicht der des wissenschaftlichen Denkens sein. Sie fordert daher die kulturvergleichende Forschung auf, nach Äquivalenten zum Modell des wissenschaftlichen Denkens zu suchen. Vgl. Greenfield 1984, S. 100.

36 Mangan, der "two distinct modes of cognition rooted in culturally-based epistemological assumptions" identifiziert, "the mythicomagical" in traditionalen Gesellschaften und "the empiricoscientific" in modernen Industriegesellschaften, führt den Unterschied zwischen den beiden auf "cultural differences in basic beliefs and values" zurück. Er kommt zum Schluß: "Cultural differences in world view may be the root of cognitive differences". Er ist weiter der Meinung, daß die Piaget-Tests einem westlichen

34

Um zu vermeiden, daß fremde Kulturen am Maßstab unserer Kultur gemessen werden, bedürfe es eines emischen Vorgehens,[37] bei dem die Beschreibungskategorien in der entsprechenden fremden Kultur durch den Forscher entdeckt und nicht von außen herangetragen würden, ein Ansatz, der insbesondere in der Ethnologie präferiert wird, aber auch zunehmend in der kulturvergleichenden Psychologie zur Anwendung kommt (vgl. Berry et al. 1992, S. 232ff).[38] Ein radikal emischer Ansatz, der grundlegend differente kognitive Prozesse in den verschiedenen Kulturen annimmt und damit gleichbedeutend ist mit der Position des Relativismus, führt, wie Dasen zurecht bemerkt, in letzter Konsequenz zu einer "Piagetian psychology to each culture" und hat zur Folge, daß die Vergleichbarkeit der Resultate stark eingeschränkt wird (vgl. Dasen 1977a, S. 332ff, hier S. 336 u. Dasen 1988, S. 265ff, hier S. 267).

Andererseits wird - auch von Dasen - versucht, die bei Mitgliedern traditionaler Kulturen und Industriekulturen gefundenen qualitativen Unterschiede im Denken abzuschwächen. Für die Erklärung der empirisch gefundenen Unterschiede im Denken favorisiert etwa Dasen gegenüber dem auf der Kompetenz- oder Strukturebene ansetzenden entwicklungslogischen Ansatz von Hallpike und seiner auf das "primitive Denken" gemünzten "Defizitthese", die nach seiner Meinung Traditionalität mit Präoperationalität gleichsetze und für deren Stützung er sich von diesem zu unrecht in Anspruch genommen sieht, das stark relativistisch geprägte "Differenz-Modell" der Interpretation (vgl. Dasen 1984, S. 417). Diese Interpretation, die sich nach Meinung von Wassmann heute durchsetze (vgl. Wassmann 1988, S. 58ff), besagt, daß es zwar tatsächlich Unterschiede im Denken gebe, diese aber auf der Ebene der Performanz (mit Performanz ist die Ebene der empirisch beobachtbaren Äußerungen gemeint) anzusiedeln seien und nicht auf der Ebene der Kompetenz (Kompetenz meint die Ebene der tatsächlichen Fähigkeiten), die in allen Kulturen zumindest als konkretoperational angesetzt werden könne.[39] Fehlt beispielsweise die Fähigkeit, Invarianzen festzustellen, so bedeutet dies von dieser Warte aus lediglich, daß eine kulturelle Differenz vorliege und daß diese Fähigkeit im alltäglichen Leben der entsprechenden Kultur nicht

---

Bias unterliegen. Das formale Denken ist für ihn eine Funktion der Industriegesellschaft, das traditionale Denken ein damit unvergleichbares kognitives Paradigma. Vgl. Mangan 1978, S. 170ff, hier S. 186. Vgl. auch Buck-Morss 1978, S. 53ff.

37 Das Begriffspaar "emisch" und "etisch" wurde laut Wassmann von dem Linguisten Pike eingeführt. Er bildete die Begriffe anhand der in der Linguistik gebräuchlichen Unterscheidung zwischen "phonemics" und "phonetics". Sie werden heute vor allem von Berry und Dasen benützt. Vgl. Wassmann 1988, S. 23f und Berry et al. 1992, S. 232ff.

38 Auch Wober ist der Ansicht, daß "ein wirklicher kulturvergleichender Forschungsansatz" nicht von den Kriterien des westlichen Forschers argumentieren dürfe, sondern von den in einer fremden "Kultur gesteckten Zielen geistiger Entwicklung" auszugehen habe, was er in seinem Aufsatz einzulösen versucht. Vgl. dazu Wober 1984, S. 226f. Ähnlich die Forderung von Greenfield 1984, S. 100.

39 Die Unterscheidung von Kompetenz und Performanz ist aus der Linguistik bekannt. Vgl. Chomsky 1972, S. 14. Der These, das konkret-operationale Entwicklungsstadium sei universal, wird heute vielfach widersprochen. So sind einige Autoren, gestützt auf Untersuchungen, der Ansicht, daß nicht überall konkretoperationale Strukturen ausgebildet werden. Vgl. dazu etwa Dux 1989, S. 103ff und 373ff.

gebraucht werde. Dies schließe jedoch nicht aus, daß die Kompetenz nicht doch latent vorhanden und mit entsprechendem Training oder Schulbesuch auch aktualisiert werden könne (vgl. Dasen 1977b, S. 11ff). Dasen wendet sich deshalb gegen alle wertenden Interpretationen und gegen alle Versuche, ein Individuum oder gar eine ganze Population einem bestimmten "level of development" oder "development status" zuzuordnen, wie dies Hallpike tut.[40]

Dasen lehnt den extremen "relativist approach" ebenso ab wie die von Piaget ursprünglich vertretene These, daß sowohl die Sequenz wie der erreichte Endstand der Entwicklung in allen Gesellschaften identisch seien, eine Position die Dasen die "absolutist orientation" nennt. Jedoch schon Piaget hat unter dem Eindruck der ersten kulturvergleichenden Studien seine Auffassung dahingehend revidiert, daß er zwar die Sequenz der Entwicklung weiterhin für invariant hält, jedoch zugesteht, daß der Endpunkt der kognitiven Entwicklung, das formaloperationale Denken, in traditionalen Gesellschaften entweder nur partiell oder überhaupt nicht erreicht wird.[41] Dasen präferiert stattdessen eine "mid-line position", die er als "universalist orientation" bezeichnet und die auf das Differenztheorem hinausläuft (vgl. Dasen/de Ribaupierre 1987, S. 793ff, hier S. 795ff). Dieser Ansatz geht davon aus, daß die grundlegenden kognitiven Prozesse universal seien, die Bereichsspezifität ihrer Entwicklung aber den jeweiligen ökologischen und kulturellen Umwelten geschuldet sei (vgl. Dasen/de Ribaupierre 1987, S. 799). Damit nähert er sich stark der Position eines statisch-absolutistischen Universalismus, die etwa von Cole und Scribner vertreten wird. Diese geht davon aus, daß alle Individuen das gleiche Repertoire kognitiver Fähigkeiten besäßen, diese aber situationsspezifisch, in Entsprechung zu den jeweiligen kulturellen Anforderungen entwickelt würden. Daher würden nur jene Probanden gute Testergebnisse erzielen, die mit den angewandten Verfahren auch vertraut seien (vgl. Cole 1984, S. 291ff und Scribner 1984, S. 311ff).[42]

Dasen muß sowohl bezüglich der Möglichkeit bereichsspezifischer kognitiver Entwicklungen als auch bezüglich der Abhängigkeit der Kognition von den kulturellen Erfordernissen recht gegeben werden. Seine Deutung der Befunde, die sich außerhalb der ermittelten empirischen Tatsachen bewegt, ist allerdings in Zweifel zu ziehen. Zu fragen ist, ob nicht auch das bereichsspezifische Ausbleiben bestimmter kognitiver

---

40 Dazu und zu seiner Kritik an Hallpike vgl. Dasen 1984, S. 416f. Auch Wassmann kritisiert, daß gerade ein Ethnologe - Hallpike in 'Die Grundlagen primitiven Denkens' - "weiterhin ein allgemeines Kultur-Defizit-Modell vertritt. Nicht verwunderlich ist allerdings", so schreibt er weiter, "daß er dafür nur jene Resultate kulturvergleichender Forschung zur Kenntnis nimmt, die seine Thesen stützen oder notfalls gar, wie im Falle der von P. Dasen durchgeführten Tests, zu dessen Erstaunen (Dasen 1984: 417), die Ergebnisse völlig anders interpretiert als der Autor selbst." Vgl. Wassmann 1988, S. 59f.

41 Piagets Zugeständnis, daß das Denken in manchen Gesellschaften nicht über das Niveau der konkreten Operationen hinausgelangt, findet sich in Piaget 1984c, die These der "bereichsspezifischen" Erreichung der formaloperationalen Stufe in Piaget 1984e.

42 Auch die Munroes wollen das festgestellte Fehlen der formalen Operationen in traditionalen Gesellschaften nicht als qualitativen Unterschied zum Denken in westlichen Kulturen gelten lassen. Für sie sind die Unterschiede lediglich quantitativer Natur. Vgl. Munroe/Munroe 1975, S. 86ff.

Fähigkeiten als bereichsspezifisch fehlende Kompetenz gedeutet werden muß und nicht nur als Differenz auf der Performanzebene. Grundsätzlicher noch: Muß nicht überhaupt der von Dasen und anderen postulierte Unterschied von kognitiver Kompetenz und Performanz, insbesondere die Annahme einer empirisch tatsächlich auffindbaren Trennung, infrage gestellt werden? Zweifel sind vor allem deshalb angebracht, weil die kognitiven Kompetenzen doch nur in ihren Anwendungen, in den empirisch eingeholten sprachlichen Äußerungen erfaßt werden können. Mit der von Dasen vorgenommenen Unterscheidung werden im Grunde die Kompetenzen einer emprischen Überprüfbarkeit entzogen. Jenseits aller empirischen Äußerungen können sie dann einfach als vorhanden unterstellt werden. Diskrepanzen zwischen den theoretisch unterstellten, empirisch aber nicht direkt beobachtbaren Fähigkeiten werden dadurch aufgelöst und in Übereinstimmung gebracht, daß Plausibilitätsargumente zur Erklärung herangezogen werden (die Fähigkeit werde in der entsprechenden Kultur nicht gebraucht).

Weiter ist zu fragen, ob die Kultur- und Umweltabhängigkeit der Kognition - der Mensch entwickelt sie in Interaktion und in Auseinandersetzung mit seiner Umwelt - zwangsläufig zu einer kulturrelativistischen Position führen muß, die zwar oft in Anspruch genommen wird, aber empirisch nicht gedeckt ist. Denn eine kulturrelativistische Position kann nur dann begründet werden, wenn nachgewiesen wird, daß unterschiedliche Kulturen unterschiedliche und nicht vergleichbare Denkstrukturen erzeugen (nicht Performanzen), was aber auch nach Ansicht von Dasen und anderer relativistisch argumentierender Kritiker bislang nicht geschehen ist. Trifft nicht vielmehr die These zu, daß die kognitiven Ungleichheiten zwischen Mitgliedern traditionaler und industrialisierter Gesellschaften auch das Kompetenzniveau berühren, es Niveauunterschiede auf der Basis einer universalen kognitiven Entwicklung sind, wobei der Entwicklungsendstand der Kognition eben durch die Rahmenbedingungen der sozialstrukturellen Entwicklung determiniert wird? Sind fehlende Kompetenzen nicht darauf zurückzuführen, daß sie in der entsprechenden Gesellschaft nicht gebraucht und daher nicht entwickelt wurden? Kurz: Sind diese Ergebnisse nicht eher entwicklungslogisch zu deuten denn kulturrelativistisch?

Weiter wird von Relativisten bezweifelt, daß über die Aufgaben und Tests, die im Kulurvergleich eingesetzt werden, wirklich an die kulturell verschieden postulierten kognitiven Kompetenzen heranzukommen ist. So geht etwa der Kulturrelativist Berry davon aus, daß afrikanische Kulturen von westlichen so grundlegend verschieden seien, daß sogar kulturell angepaßte "faire" Tests nicht wirklich geeignet seien, die andersartigen kognitiven Kompetenzen bei den Afrikanern zu messen, weshalb der Begriff der Intelligenz oder sein Äquivalent in jeder Gesellschaft anders definiert werden müsse (Berry 1966, S. 207ff).[43] Die Unterschiede in der kognitiven Entwicklung unter dem Gesichtspunkt des jeweiligen sozialstrukturellen gesellschaftlichen Entwicklungsniveaus und seiner Anforderungen zu betrachten, steht jedoch nicht nur bei ihm, sondern bei fast allen Kulturrelativisten nicht zur Debatte.

Nähme man die Postion des Kulturrelativismus im Hinblick auf eine Untersuchung der Kausalität in Geschichte und fremden Kulturen ernst, wäre also von einer kulturbedingten Pluralität an Kausalitätsvorstellungen auszugehen, so müßte sich sowohl das historische wie das kulturvergleichende Erkenntnisinteresse in seinem Maximum darin bescheiden, das Kausalverständnis jeder Gesellschaft und jeder Kultur in der Logik ihres eigenen Verständnisses darzustellen. Damit aber wäre völlig unklar, wie erkenntnistheoretisch überhaupt noch ein Zugang zum fremden Denken sichergestellt werden könnte. Denn konsequent zu Ende gedacht, mündet der wie auch immer begründete kulturelle Relativismus letztendlich in eine Aporie. Wenn nämlich die Annahme tatsächlich zuträfe, daß die Kognition durch das jeweilige ökologisch-kulturelle Milieu oder durch die Sprache in einem solchen Maße konditioniert werden würden, daß alle unsere Anschauungen und Vorstellungen auch in der explikativen Struktur kulturabhängig wären, dann müßte ein Verstehen fremdkultureller Erscheinungsformen und deren Übersetzung in den eigenkulturellen Erfahrungshorizont eigentlich unmöglich sein. Mehr noch, die Disziplinen, die sich mit fremden Kulturen beschäftigen, hätten zumindest einen Teil ihrer Existenzberechtigung verloren. Ihre Aufgabe bestünde dann nur noch darin, auf die kulturbedingte Relativität aller menschlichen Erfahrung und allen menschlichen Denkens hinzuweisen.

Aber selbst die Vertreter des Kulturrelativismus, seien es Ethnologen oder Entwicklungspsychologen, beherzigen ihre eigenen Annahmen nicht. Denn praktisch zumindest, in ihren Untersuchungen zum Denken in anderen Kulturen, beharren sie gleichwohl darauf, fremde Kulturen verstehen zu können. Sie schweigen sich allerdings über die Bedingungen der Möglichkeit aus, wie sie, unter der Geltung ihrer eigenen theoretischen Annahmen, denn Zugang zum Verstehen fremder Kulturen finden. Den Ethnologen und Kulturanthropologen fehlt ein Verständnis darüber, wie sich kognitive Strukturen bilden und wie diese sich in der Geschichte und in den Kulturen weiterentwickelt haben. Dazu bedarf es, wie später gezeigt wird, einer Konstitutionstheorie, die darlegt, wie der Aufbau der Wirklichkeit vonstatten geht, und einer Theorie, die plausibel macht, unter welchen Bedingungen und über welche Transformationsprozesse das Wirklichkeitsverständnis fortschreitet. Kann dies geleistet werden, dann wird die Position des Kulturrelativismus obsolet.

Der empirisch-kulturvergleichenden Forschung in der Tradition Piagets wiederum kann zwar nicht unterstellt werden, daß sie sich über die Bildungsprozesse der Kogni-

---

43 Auch Irvine, für den die zu uns unterschiedlichen Denkformen in Afrika Produkt der Sprache und Sozialbeziehungen sind, vertritt die Meinung, daß es keine kognitiven Tests gibt, die das Denken angemessen erschließen. Vgl. Irvine 1969, S. 230f.

tion in der Ontogenese kein Bild zu machen vermag. Sie weiß um die strukturelle Entwicklung der Kognition in der Ontogenese. Allerdings mangelt es auch ihr an einer schlüssigen Theorie über die Weiterentwicklung der kognitiven Strukturen in Kultur und Gesellschaft, innerhalb derer sie ihre Befunde angemessen interpretieren könnte. Hieraus resultiert ihr Schwanken in den derzeit geführten Kontroversen um die kognitive Entwicklung im Kulturvergleich zwischen Kulturrelativismus einerseits und antievolutivem absolutistischem Universalismus andererseits. Auf den letzteren wird im Folgenden einzugehen sein.

2.2   *Zur Position und Kritik des apriorisch-absolutistischen Universalismus*

Ebenso bestimmend wie der Standpunkt des Relativismus sind zum anderen Positionen, die zwar einen Universalismus des Denkens propagieren, dabei aber davon ausgehen, daß alles Denken, ob wissenschaftlich oder mythisch, gleichzusetzen sei, weil der Akt des Strukturierens und die formalen kognitiven Erkenntnisprozesse allem Denken gemeinsam seien. Es wird angenommen, daß das sogenannte primitive Denken sich von dem in modernen Industriegesellschaften nur durch seinen Inhalt unterscheide, die kognitiven Strukturen des Denkens und die kognitiven Prozesse in allen Kulturen aber dieselben seien. Die Verstehbarkeit traditionalen Denkens gründet dann darauf, daß dieses von Strukturen bestimmt werde, die auch der modernen Wissenschaft und dem wissenschaftlichen Denken zugrundeliegen würden. Diese anti-entwicklungslogische Position unterstellt mit anderen Worten den Mitgliedern aller Kulturen gemeinsame und identische Grundstrukturen. Es wird zwar gesehen, daß sie in den einzelnen Gesellschaften - entsprechend ihren jeweiligen Anforderungen - inhaltlich unterschiedlich ausgestaltet werden. Entscheidend für diese Position jedoch ist, daß den unterliegenden Strukturen, insofern sie überhaupt wahrgenommen werden, keine Genese zuerkannt wird. In den Worten Lurias: "Im Verlauf der Jahrhunderte ist die klassische Psychologie zu der Auffassung gelangt, daß den menschlichen psychologischen Prozessen eine einheitliche und unveränderliche Struktur zugrunde liegt. (...) Von der Struktur dieser Prozesse ist gesagt worden, sie sei unabhängig von sozialhistorischen Bedingungen und bleibe zu jedem besonderen Zeitpunkt der Geschichte dieselbe" (Luria 1971, S. 259 [zitiert nach Hallpike 1990, S. 17]).

Für diese Position steht paradigmatisch Lévi-Strauss. Um keinem Ethnozentrismus Vorschub zu leisten, vertritt er die These, daß im mythischen Denken und im Denken der modernen Wissenschaften dieselbe Logik am Werke sei.[44] Seine in sich widersprüchliche Argumentation sieht wie folgt aus: Er unterstellt in einem ersten Argu-

---

44   Vgl. dazu das Kapitel "Die Wissenschaft vom Konkreten" (Lévi-Strauss 1973, S. 11ff), in dem dieser Gedanken entwickelt wird. Zur Kritik an der Position von Lévi-Strauss siehe für viele Piaget 1980a, S. 102ff und Elias 1987, S. 181, Fußnote 2.

ment denen, die auch er "Primitive" nennt, daß sie wie wir einen "Drang nach objektiver Erkenntnis" besäßen sowie dem wissenschaftlichen Denken "vergleichbare intellektuelle Verfahren und Methoden der Beobachtung" einsetzten (Lévi-Strauss 1973,
S. 13). Hierin ist ihm auch ohne weiteres zuzustimmen. Fragwürdig ist es aber, das
magische Denken und die rituellen Praktiken "als Ausdrucksformen eines Glaubens
an eine künftige Wissenschaft" zu deuten, wie Lévi-Strauss es im weiteren tut. Derart,
daß der Determinismus, der die Seinsweise der wissenschaftlichen Phänomene ist,
"im Ganzen vermutet und manipuliert würde, noch bevor man ihn erkennt und respek-
tiert" (Lévi-Strauss 1973, S. 23). Anstatt "Magie und Wissenschaft als Gegensätze zu
behandeln," so Lévi-Strauss' Schlußfolgerung, "wäre es besser, sie parallel zu setzen,
als zwei Arten der Erkenntnis, die zwar hinsichtlich ihrer theoretischen und praktischen Ergebnisse ungleich sind (denn unter diesem Gesichtspunkt hat die Wissenschaft ohne Zweifel mehr Erfolg als die Magie, obwohl die Magie insofern ein Keim
der Wissenschaft ist, als auch sie zuweilen Erfolg hat), nicht aber bezüglich der Art
der geistigen Prozesse, die die Voraussetzungen beider sind und sich weniger der Natur nach unterscheiden als aufgrund der Erscheinungstypen, auf die sie sich beziehen"
(Lévi-Strauss 1973, S. 25). An anderer Stelle betont er nochmals, daß es "zwei verschiedene Arten wissenschaftlichen Denkens gibt, die beide Funktion nicht etwa un-
gleicher Stadien der Entwicklung des menschlichen Geistes, sondern zweier strategi-
scher Ebenen sind, auf denen die Natur mittels wissenschaftlicher Erkenntnis ange-
gangen werden kann, wobei die eine, grob gesagt, der Sphäre der Wahrnehmung und
der Einbildungskraft angepaßt, die andere von ihr losgelöst wäre" (Lévi-Strauss 1973,
S. 27). Fragwürdig und widersprüchlich ist diese Argumentation, weil Lévi-Strauss
einerseits, um das wissenschaftliche Denken nicht als Fortschritt per se zu verabsolu-
tieren, das magische Denken durch den Hinweis auf die zugrundeliegenden geistigen
Prozesse mit dem wissenschaftlichen identifiziert, es als gleichwertig und parallel
setzt, und - wie er an späterer Stelle nochmals explizit betont - eine Entwicklung im
Denken völlig ausschließt. "Es handelt sich nicht um zwei Stadien oder Phasen der
Entwicklung des Wissens, denn beide Wege sind gleichermaßen gültig" (Lévi-Strauss
1973, S. 35).[45] Andererseits kann auch er nicht übersehen, daß beide Denkweisen
doch auf zwei verschiedenen Arten der Erkenntnis beruhen, wovon die eine auch
mehr Erfolg hat und wirklichkeitsangemessener ist als die andere. Sie deshalb prozes-
sual und entwicklungslogisch zu rekonstruieren und in ihrer - auch von ihm gesehe-
nen - strukturell fundamentalen Differenz präziser zu bestimmen und in einer Ent-
wicklungsreihe zu ordnen, kommt ihm aber nicht in den Sinn. Mehr noch, in der Ab-
lehnung jeder Entwicklung geht Lévi-Strauss sogar so weit zu behaupten, es gäbe in

---

45 Dem Standpunkt einer diachronischen Entwicklung ablehnend gegenüber steht auch Foucault. Fou-
    caults Begriff von "episteme" beschreibt zwar, wie ein System funktioniert, doch interessiert er sich
    kaum für die Prozesse, durch die es sich verändert. Insbesondere erklärt er nirgends, wie man von einer
    "episteme" zu einer anderen gelangt. Siehe dazu Foucault 1990.

keiner Gesellschaft strukturelle kognitive Unterschiede zwischen Kindern und Erwachsenen. Der einzige Unterschied bestehe ausschließlich darin, daß Erwachsene einen breiteren Fundus an Kenntnissen und Erfahrungen besäßen als Kinder.[46] Jedes
Kind bringt seiner Meinung nach "in embryonaler Form die Gesamtsumme der Möglichkeiten" und Denkinstrumente mit, "über die die Menschheit seit jeher verfügt, um
ihre Beziehungen zur Welt und ihre Beziehungen zu den anderen zu definieren". Das
Denken der Erwachsenen bestehe in nichts anderem, als daß in jeder Gesellschaft eine
bestimmte Anzahl dieser Strukturen "präzisiert, organisiert und entwickelt" würden,
die aber nur einen Bruchteil derjenigen ausmachten, die anfänglich im Denken des
Kindes vorhanden seien (Lévi-Strauss 1994, S. 159f).

Auch Malinowski wendet sich gegen jede Art von Entwicklungsschema. Vor allem
gegen die, die vor und während seiner Zeit in der älteren Kulturanthropologie vertreten wurden und mit den Namen Frazer, Tylor, Morgan und Lévy-Bruhl verbunden
werden. Insbesondere wendet er sich gegen Frazers These der Höherentwicklung des
Denkens von der Magie über die Religion zur Wissenschaft (vgl. Frazer 1989, S.
1032ff). Er beharrt auch - gegen Lévy-Bruhls These von der "Prälogik" - auf der Rationalität des primitiven Denkens, indem er behauptet, das Sakrale und das Profane,
mit andern Worten, Magie und Wissenschaft koexistieren in ein und derselben Kultur
(vgl. zum folgenden Malinowski 1983, S. 3 u. 11ff). Das magische Denken und die
magischen Praktiken in traditionalen Gesellschaften, die Malinowski komplementär
zum allseits anzutreffenden empirisch rationalen und damit wissenschaftlichen Denken und Handeln sieht und die er als - den Eingeborenen bewußtes - zweckrationales
Verhalten gegenüber den unberechenbaren Einflüssen übernatürlicher Mächte versteht, werden aber von ihm dadurch gegen das wissenschaftliche Denken herunterge-
spielt, indem er erklärt, daß der Eingeborene sie nur benutze, "wenn er die Unzuläng-
lichkeit seines Wissens und seiner rationalen Methoden anerkennen muß" (Malinowski 1983, S. 18). Unter Einklammerung der Magie, die er auch als zweckrational versteht, wenn auch nicht in einem inhaltlichen Sinn, wohl aber weil sie soziale Funktionen erfülle, indem jene Institutionen, in denen sie eine Rolle spiele, funktionierten,
kann er das Eingeborenendenken als "wissenschaftlich" klassifizieren und problemlos
dessen Universalität behaupten (vgl. Kramer 1983, S. 9ff, hier S. 24).

Zu diesen Überlegungen ist kritisch anzumerken, daß es äußerst fraglich ist, von
der Rationalität in der Lebensführung, von einem umweltangepaßten Handeln und
von effizienten Techniken der Jagd und des Bootsbaus (Kramer 1983, S. 11f) auf das
Vorhandensein von logisch-abstrakten Denkstrukturen und damit auf wissenschaftliches Denken zu schließen, wie Malinowskis Konzeption es nahelegt. Denn hier wird
übersehen, daß zum einen dies alles, vom entwicklungslogischen Standpunkt aus gesehen sehr wohl ohne den Aufbau von formalen kognitiven Strukturen möglich ist
und zum zweiten das wissenschaftliche Denken durchgängig auf Gesetzeswissen und

---

46 Vgl. dazu das Kapitel "Die archaische Illusion" in Lévi-Strauss 1994, S. 148ff.

einer funktional-relationalen Logik beruht, bei der die magischen Praktiken und das magische Denken gerade ausgeschlossen werden.

Auch für Ulrich Müller, der im Gegensatz zu Malinowski die neueren Entwicklungstheorien kennt, ist es unvorstellbar, daß beispielsweise die Technik der Großwildjagd in primitiven Gesellschaften ohne formales Denken möglich sein könne (Müller 1992, S. 66), was wiederum auf die These hinausläuft, daß dieses universal verbreitet sein müsse. Dem sind, worauf schon Oesterdiekhoff hingewiesen hat, die Untersuchungen von Lawick-Goodall entgegenzuhalten, die zeigen konnte, daß schon "Schimpansen bei der Jagd die ersten Ansätze eines Zusammenwirkens zeigen, wie es die menschlichen Jagdgemeinschaften charakterisiert" und von denen sicherlich nicht gesagt werden kann, daß sie formaloperational denken (van Lawick-Goodall 1979, S. 172; Oesterdiekhoff 1992, S. 85f). Kurz: Während Malinowski eine Theorie des Denkens und der kognitiven Entwicklung fehlt, mittels der er seine Befunde angemessen interpretieren kann, unterschätzt dagegen Müller die tatsächlichen Kompetenzen des präformalen Denkens.

Auch in der neueren kulturvergleichenden Forschung wird die Behauptung der Universalität kognitiver Strukturen in absolutistischer Manier aufrechterhalten. Insbesondere Cole und Scribner haben mit dieser anti-evolutiven Universalitätsthese seit Anfang der achziger Jahre die Diskussion um die Universalität kognitiver Strukturen erneut entfacht (vgl. Cole 1984, S. 291ff u. Scribner 1984, S. 311ff). In ihren Arbeiten kommen aber die empirischen Ergebnisse und ihre Interpretation nicht zur Deckung. Auf Scribners Aufsatz "Denkweisen und Sprechweisen", der "die Hauptergebnisse dieser Forschungsrichtung" betrachten und "einen ersten spekulativen Interpretationsrahmen" bieten will (312), soll deshalb im folgenden etwas genauer eingegangen werden.[47]

Anders als Piaget untersucht diese Forschungsrichtung "Prozesse verbal schlußfolgernden Denkens" (311), wobei in den Untersuchungen in der Regel einfache Syllogismen zur Anwendung kommen. Zunächst die Tatsachen: Das Hauptergebnis der Syllogismusforschung ist nach Scribner "eine Übereinstimmung" der Antwortmuster in allen untersuchten "traditionalen" Kulturen und bei allen "analphabetischen" Bevölkerungsteilen dergestalt (315f), daß das Schlußfolgern auf der Grundlage hypothetischer Annahmen und unter Wahrung des syllogistischen Schlusses, was Scribner als "theoretische Erklärung" bezeichnet, mißlinge. Die Testpersonen folgten stattdessen einem "empirischen Bias", indem sie "auf Wissen und Erfahrung von der wirklichen Welt" zurückgriffen und dabei den Syllogismus zerstörten und durch eine Reihe einzelner Feststellungen ersetzten (319f; 329). Doch sei dies keineswegs darauf zurückzuführen, daß "traditionale Menschen nicht logisch denken" oder "ihre logischen Fähigkeiten nicht auf verbales Material anwenden" (316f). Ein Beispiel aus dem Proto-

---

47 Die folgenden Seitenangaben beziehen sich auf Scribner 1984, S. 311ff.

koll eines analphabetischen Kpelle-Bauern soll den Sachverhalt des empirischen Bias verdeutlichen (P = Problem; T = Testperson; V = Versuchsleiter):

"(P): Alle Kpelle-Bauern sind Reisbauern. Mr. Smith ist kein Reisbauer. Ist er ein Kpelle-Mann?
(T): Ich kenne den Mann nicht persönlich. Ich habe den Mann noch nie gesehen.
(V): Denk einfach über die Aussage nach.
(T): Wenn ich ihn persönlich kenne, kann ich diese Frage beantworten, aber da ich ihn nicht persönlich kenne, kann ich diese Frage nicht beantworten.
(V): Versuche es und antworte aus deinem Gefühl eines Kpelle heraus.
(T): Wenn du eine Person kennst und Fragen über sie gestellt werden, kannst du antworten. Aber wenn du die Person nicht kennst und Fragen über sie gestellt werden, ist es schwer für dich, die Fragen zu beantworten" (321).

Der Kpelle-Bauer läßt sich ersichtlich nicht darauf ein, über hypothetisch "Postuliertes" nachzudenken, und auch nicht darauf, den Syllogismus als "einheitliches System" anzuerkennen, was das Kennzeichen der theoretischen Erklärung sei (329). Er bezieht sich in seiner Antwort nur auf den zweiten Satz des Syllogismus. Gleichwohl unterstellt Scribner in ihrer Interpretation, daß er "hypothetisch" denken könne, nämlich dort wo er erkläre, warum er die Frage nicht beantworten könne (Wenn du eine Person kennst,... kannst du antworten...). Sie kommt zu der Feststellung, sein Denken liege nur "innerhalb der empirischen Form", bleibe der Wirklichkeit verhaftet (321). Daß der Kpelle-Bauer dabei nicht einmal ihr eigenes Kriterium für die theoretische Erklärung einhält, die Bewahrung der Einheit des Syllogismus, hindert sie aber nicht an der allgemeinen Schlußfolgerung, "daß dort, wo sie ein Problem formal-'theoretisch' angehen, analphabetische Männer und Frauen ohne Schulbildung genau dieselbe Logik zeigen wie Erwachsene und Kinder unter den Einfluß von Schulen westlichen Typs" (326). Kurz: Die Lösungen beim syllogistischen Schließen bei den Kpelle seien nur dann falsch, wenn man sich oberflächlich am Maßstab des hypothetisch-abstrakten Denkens orientiere, nicht aber dann, wenn man sich auf ihr Denken einlasse und die von den Testpersonen dazugedachten Annahmen kenne. Denn dann stelle sich heraus, daß auch sie formallogisch denken würden.

Durch diese widersprüchliche und gewagte Interpretation kann sie die Theorie einer universalen Logik und Gleichheit menschlichen Denkens weiterhin aufrechterhalten (vgl. auch Oesterdiekhoff 1992, S. 56ff). Das ist auch der Grund dafür, daß sie nicht auf die Idee kommt, den Befund etwa im Piagetschen Sinne entwicklungslogisch zu deuten, obwohl dies geradezu auf der Hand liegt. Denn nach dessen Theorie bildet das gegenstandsgebundene anschauliche Denken, das auf den Kpelle geradezu in Reinform zutrifft, das Vorläuferstadium des formaloperationalen Denkens, dessen Kennzeichen die Fähigkeit zur Abstraktion und zum hypothetischen Schlußfolgern ist, was ersterem ja gerade fehlt.[48]

---

48 Zu Piagets Stadientheorie der kognitiven Entwicklung vgl. Piaget 1981c, S. 52ff; Piaget 1984a, S. 135ff.

Von Vertretern des universalistischen Standpunktes wird auch der Vorwurf erhoben, daß in vielen kulturvergleichenden Untersuchungen versäumt werde, die Tests und Aufgabenstellungen den untersuchten Kulturen anzupassen. Würden die Probanden aus fremden Kulturen mit relevantem und vertrautem Testmaterial konfrontiert werden, dann verschwänden auch die defizitären Leistungen, so Wassmanns Eindruck aus der Reinterpretation kulturvergleichender Studien, in denen mit unterschiedlichem Testmaterial gearbeitet worden war (Wassmann 1988, S. 36). Cole kritisiert, daß zudem oft vorschnell von einem schlechten Testresultat auf eine fehlende Kompetenz und auf Defizite im Denken geschlossen werde. Seiner Meinung nach erlaubten die Testergebnisse nur Aussagen darüber, was Probanden in einem spezifischen Test könnten oder nicht könnten, sie zeigten aber nicht, was sie darüber hinaus an kognitiven Fähigkeiten besäßen. Cole geht wie viele andere davon aus, daß über die entsprechenden Aufgaben nur Unterschiede in der Performanzleistung erfaßt würden.[49] Deshalb könne nach Meinung dieser Kritiker nicht ausgeschlossen werden, daß die Kompetenz trotzdem latent vorhanden sei. Sie werde vielleicht in der entsprechenden Testsituation nur nicht aktualisiert. Daher sei die Validität der kulturvergleichenden "Defizitresultate" zumindest in Frage zu stellen.[50] Es wird darum folgerichtig vorgeschlagen, nicht nur von der "Defizithypothese" auszugehen, sondern auch in Rechnung zu stellen, daß die festgestellten Unterschiede im Denken entweder methodenbedingt zustande kommen oder, wie oben bei Dasen schon erwähnt, auf kulturellen Differenzen der Performanz beruhen könnten. Einige Kritiker vertreten daher die Ansicht, daß die Testergebnisse, die Defizite in fremden Kulturen nachweisen, auf einem westlichen Bias zurückzuführen seien (vgl. Ashton 1984, S. 75ff; Ember 1984, S. 112ff).

Als abschließendes Fazit ist festzuhalten, daß der anti-evolutive Universalismus, der das Denken und die Ausdrucksformen des Denkens von Menschen in traditionalen Gesellschaften in deren Namen einer interpretativen Revision unterzieht und nachzuweisen versucht, daß die Menschen in primitiven und traditionalen Gesellschaften über eine ebenso anspruchsvolle und gleich weit entwickelte Logik verfügten wie wir, sie also vom Vorwurf weniger entwickelter Wirklichkeitsvorstellungen weitgehend freispricht, es versäumt, der tiefgreifenden und qualitativen Verschiedenheit zwischen magisch-mythischer und moderner Geistesverfassung Rechnung zu tragen. Im Namen eines toleranten Relativismus tut diese Position so, als seien alle kognitiven Systeme der Welt gleich. Während sie vorgibt, die Vielfalt der Systeme anzuerkennen, verwischt sie die wesentlichen und tiefgreifenden strukturellen und logischen

---

49 Cole hält die Wahrscheinlichkeit für größer, daß in Tests eher situativ bedingte Erfahrungs- und Wissensunterschiede gemessen werden denn Fähigkeits- und Kompetenzunterschiede. Vgl. Cole 1984, S. 299.

50 Vgl. dazu Wassmann, der in seinem Aufsatz die methodischen Probleme des Kulturvergleichs aufzuzeigen versucht, die sich in der Folge eines Ethnozentrismus einstellen. Wassmann 1988, S. 40f.

Unterschiede, um sie in einer Grundstruktur aufgehen zu lassen. Insbesondere aber übersieht sie dabei jede Möglichkeit einer Entwicklung.

Der Fehler aller bisher erörterten nicht entwicklungslogisch verfahrenden Theorieansätze besteht darin, daß sie nicht angeben können, wie sich tatsächlich die Strukturen des Denkens entwickeln. Deshalb wird hier der Standpunkt eines entwicklungslogisch verfahrenden Strukturalismus in der Kognitionsentwicklung präferiert, der genau dieses Defizit behebt. Diese nachher ausführlich zu erläuternde Theorie macht sich dabei die Einsicht zunutze, daß die kognitiven Strukturen zu allen Zeiten und in allen Gesellschaften aus der frühen Ontogenese heraus entwickelt wurden. Sie wird sich dadurch entschieden von einer kulturrelativistischen Sichtweise absetzen, daß sie die ontogenetischen Bedingungen und Prozesse ausweist und rekonstruiert, die zwar zu einer universalen kognitiven Entwicklung führen, nicht aber zu einem allerwärts gleich weit realisierten Endpunkt der Entwicklung. Von der Position des anti-evolutiven Universalismus wird sie sich insofern absetzen, als sie ihm gegenüber den Entwicklungsgedanken geltend macht. Kurz: Es wird davon ausgegangen, daß in der Geschichte ein aus der Ontogenese heraus zu führender Entwicklungsprozeß im Denken und damit im Kausalverständnis zu rekonstruieren ist. Dazu ist es nötig, das Verhältnis der ontogenetischen und historischen Entwicklung des Denkens näher zu bestimmen.

3. Parallelen zwischen der ontogenetischen und historischen Entwicklung des Denkens und ihre Deutungen

Bevor nun das Verhältnis der ontogenetischen und historischen Entwicklung der Kognition aus der Sicht einer historisch-genetischen Theorie erläutert wird, seien zunächst einige diesbezügliche ältere und neuere - aus unterschiedlichen Disziplinen stammende - Entwicklungsvergleiche und ihre Deutungen aufgeführt, deren Gemeinsamkeit darin besteht, daß sie Ontogenese und Geschichte lediglich in Parallele setzen.[51]

Homologien zwischen dem Denken von Kindern in Industriegesellschaften und dem Denken von Erwachsenen in traditionalen Kulturen der Gegenwart und historischen Gesellschaften der Vergangenheit sind schon seit langem bekannt. So schreibt etwa der Physiker E. Mach im Jahre 1900: "Das geistige Verhalten des Wilden ist sehr ähnlich jenem des Kindes. Der eine schlägt den Fetisch, der seiner Meinung nach ihn betrogen, das andere den Tisch, an dem es sich gestossen. Beide sprechen Bäume wie Personen an. Beide halten es für möglich, mit Hilfe eines hohen Baumes in den Himmel zu klettern; die Traumwelt des Märchens und die Wirklichkeit ist ihnen nicht

---

51 Der Zoologe Haeckel wies wohl als erster auf Parallelen in der ontogenetischen und phylogenetischen Entwicklung hin. Vgl. Haeckel 1874, S. 8f.

streng geschieden. Wir kennen diesen Zustand ganz wohl aus unserer Kindheit" (Mach 1900, S. 370). Abgesehen von den seit Ende des 19. Jahrhunderts in der ethnologischen Literatur häufig gemachten Vergleichen zwischen den Weltbildern früherer Gesellschaften und dem von Kindern,[52] haben auch Piagets feinsinnige empirisch-psychologischen Untersuchungen der kindlichen Vorstellungen von Raum, Zeit, Bewegungen oder der Welt überhaupt wiederholt auffällige Analogien und Parallelen zu den Vorstellungen von erwachsenen Mitgliedern einfacher Gesellschaften und den Naturphilosophen früherer Zeiten zutage gefördert, die so weit gingen, daß sich sogar die ontogenetische Entwicklung einer Aufeinanderfolge von Stufen in der Geschichte wiederfinden lasse.[53] Dies gilt insbesondere auch für Vorstellungen zur physikalischen Kausalität. Außerordentlich auffällig sind vor allem die von ihm berichteten Übereinstimmungen in der psychogenetischen und wissenschaftsgeschichtlichen Erklärung der Bewegung. Die schrittweise sich entwickelnden, in qualitativ unterscheidbare Stadien einteilbaren Erklärungen zur Bewegung und Bewegungsübertragung durch Kinder sind vergleichbar mit der sukzessiven Entwicklung der Bewegungsvorstellungen von Wissenschaftlern und Naturphilosophen, ausgehend von der griechischen Antike bei Aristoteles, über die mittelalterlichen Impetustheoretiker, etwa Buridan und Benedetti, bis hin zu Galilei und Newton, die den Beginn des modernen mechanistischen Naturverständnisses markieren.[54]

Aber nicht nur die Ethnologen und die Piaget-Schule wissen um ontogenetische und historische Entsprechungen.[55] Auch in Untersuchungen, die dem neueren physikdidaktischen Schrifttum zugrundeliegen, wird immer wieder darauf hingewiesen, daß Schülervorstellungen über Kraft und Bewegung häufig eine überraschende Ähnlichkeit mit der aristotelischen Vorstellung oder der im 14. bis 16. Jahrhundert vertretenen scholastischen Impetustheorie aufweisen.[56] Verbindungslinien zu kognitionspsychologischen Arbeiten sind jedoch in diesen Studien kaum auszumachen.

Daneben wird noch von der nicht in der Tradition Piagets stehenden Kognitionspsychologie auf solche Analogien aufmerksam gemacht, vor allem von den Vertretern der sogenannten "naiven" oder "intuitiven" Physik, die sich derzeit laut Krist als ein

---

52 Niemand geringerer als Lévi-Strauss selbst verweist auf diese Analogien. Er sieht eine "tiefe (wenn auch nicht bis zu ihren letzten Konsequenzen getriebene) Analogie zwischen der kindlichen Gesellschaft und den sogenannten primitiven Gesellschaften." Vgl. Levi-Strauss 1994, S. 153.

53 Piaget hat an vielen Stellen seines Werkes sowohl auf Parallelen und Analogien im Denken von Kindern und Mitgliedern einfacher Gesellschaften aufmerksam gemacht (vgl. Piaget 1981a, S. 82, 150, passim; Piaget 1975d, S. 48, 70, 74ff) als auch auf Analogien im Denken von Kindern und den alten Griechen hingewiesen (vgl. Piaget 1975d, S. 67, 78ff, 274, passim). Zu den analogen ontogenetischen und historischen Entwicklungsverläufen vgl. Piaget 1975c, S. 43; Piaget 1975d, S. 272ff.

54 Vgl. Piaget/Garcia 1989, S. 63ff und in der Piaget-Nachfolge Fetz 1982, S. 473ff.

55 Auf Parallelen in den ontogenetischen und historischen Entwicklungsverläufen aufmerksam gemacht wurde auch von den Entwicklungspsychologen Wygotski (1993, S. 74ff), Baldwin und Werner. Vgl. Langer 1994, S. 120ff.

56 Vgl. dazu die Dissertation von Schecker (1985). Mit einer über die pure Faktizität hinausweisenden Deutung ist er aber nicht befaßt.

eigenständiges entwicklungspsychologisches Forschungsgebiet zu etablieren beginne (Krist 1992, S. 171ff). Zu nennen ist in diesem Zusammenhang in erster Linie die Forschergruppe um den Amerikaner McCloskey (vgl. dazu McCloskey 1983a, S. 114ff sowie McCloskey/Kargon 1988, S. 49ff).[57] Der Tenor ihrer Arbeiten lautet, daß die Bewegungsvorstellungen von Schülern und Studenten oft analog zu den Vorstellungen der Impetustheorie seien, weniger aber der Theorie des Aristoteles entsprächen.[58]

Nicht unwichtig erscheint in diesem Zusammenhang, daß die drei zuletzt genannten Forschungsgebiete von einer ontogenetischen Grundlage und von systematisch-empirischen Untersuchungen ausgehen, wenn sie Vergleiche mit der Kognition in traditionalen oder historischen Gesellschaften vornehmen, während die Ethnologen umgekehrt von der Basis der frühen Gesellschaften ausgehen, und von hier aus ihre Vergleiche mit dem kindlichen Denken ziehen. Die Daten der letzteren beruhen dabei aber weniger auf systematischen und empirischen Untersuchungen des Denkens, sondern sie sind meist narrative Wiedergaben von Beobachtungen und Befragungen einzelner Informanten.[59]

Daß es einen irgendwie gearteten Zusammenhang zwischen der ontogenetischen und historischen Entwicklung gibt, scheint angesichts der Befunde wahrscheinlich. Das Problem besteht jedoch darin, zu erklären, woher die frappanten Homologien rühren und wie sie zu verstehen sind. Welche Deutungen finden sich in der angesprochenen Literatur?

Sichtet man dazu die oben zitierte Literatur, so ist festzustellen, daß die Physikdidaktiker zu dieser Fragestellung wenig Erhellendes beizutragen haben; sie belassen es meist bei der phänomenalen Darstellung der Befunde. Die Vertreter der "naiven Physik" dagegen glauben, daß sich in der Ontogenese eine intuitive Physik ausbilde, die das Alltagswissen über Kraft und Bewegung organisiere. McCloskey/Kargon, zwei Vertreter dieser Theorie, gehen mit Kuhn (1983) davon aus, daß ontogenetisch und historisch identische "vorparadigmatische" Stufen durchlaufen würden, an deren Ende dann das "gültige" Paradigma oder verbindliche Theoriemuster stehe. Sie vertreten

---

57 In beiden Aufsätzen werden zwar bis in Einzelheiten gehende Entsprechungen von "naiver" Physik und der mittelalterlicher Impetustheorie festgestellt, eine Theorie zur Erklärung des Sachverhalts wird aber nicht geboten.

58 Whitaker meint in seiner Untersuchung bei Studenten noch Elemente aristotelischer Bewegungsvorstellungen gefunden zu haben. Vgl. Whitaker 1983, S. 352ff. Unter Berücksichtigung der entsprechenden Literatur ist aber insgesamt eher Halloun und Hestenes zuzustimmen, die annehmen, daß die "belief systems of most students are closer to the medieval Impetus theory". Sie beruhen also eher auf dem Prinzip der Übertragungskausalität denn auf dem Prinzip der Berührungskausalität. Vgl. Halloun/Hestenes 1985, S. 1056.

59 Daraus läßt sich die Forderung ableiten, die ethnologischen Berichte zum Denken der Erwachsenen in traditionalen Gesellschaften um systematische kulturvergleichende Untersuchungen zu ergänzen, analog denen, die ontogenetisch zum Denken der Kinder durchgeführt wurden. Dies ist bis heute aber vergleichsweise wenig geschehen. Zur Methode und den Schwierigkeiten der ethnologischen Feldforschung vgl. Malinowski 1983, S. 225ff.

also die These der parallelen ontogenetischen und historischen Entwicklung, ohne daß sie aber die Beziehungen zwischen beiden Ebenen theoretisch erklären können (McCloskey/Kargon 1988, S. 64ff.)[60] Auch Wiser, die historische Erklärungen von Wärme und Temperatur aus dem 17. Jahrhundert untersuchte und mit den Erklärungen von Kindern verglich, konnte große Ähnlichkeiten zwischen beiden Erklärungsmustern feststellen, ohne dafür aber selbst eine Erklärung zu finden (vgl. Wiser 1988, S. 28ff).

Etwas anders sieht es in der Ethnologie aus. Dort provoziert schon die Tendenz, das Denken westlicher Kinder mit dem Denken von Erwachsenen aus Stammeskulturen zu vergleichen und dieses Denken an den Anfang der Entwicklung zu setzen, heftigen Widerspruch. Die wohl berühmteste Kritik an solchen Vergleichen stammt von dem Anthropologen Lévi-Strauss. Ihm geht es um zweierlei: Erstens weist er darauf hin, daß es größere Ähnlichkeiten zwischen primitivem und entwickeltem Denken gebe, als man gemeinhin glaube. Zum zweiten plädiert er dafür, existierende Unterschiede eher als einen Hinweis auf verschiedenartige, aber gleichwertige Formen der Auseinandersetzung mit verschiedenen Umwelten und nicht so sehr entwicklungslogisch als mehr oder weniger adäquate Formen des Umgangs mit der Welt im allgemeinen zu werten. Kurz: In der Ethnologie und Kulturanthropologie wurden diese Querverbindungen von Lévi-Strauss und vielen anderen dahingehend gedeutet, daß es in keiner Gesellschaft strukturelle kognitive Unterschiede zwischen Kindern und Erwachsenen gäbe und auch ebensowenig zwischen Erwachsenen sogenannter primitiver Gesellschaften und moderner Gesellschaften. Die Diskrepanz beruhe lediglich auf divergenten Kenntnissen und Erfahrungen.[61] Entwicklung wird also kategorisch abgelehnt. Dies ist allerdings mehr als eine zweifelhafte These, nimmt man die Erkenntnisse der kognitiven Entwicklungspsychologie ernst.

Auch Piaget hat sich, besonders in seiner späten Schaffensperiode, intensiv mit dem Problem der Ähnlichkeiten in der ontogenetischen und historischen Entwicklung der Kognition beschäftigt.[62] Bei der Deutung des Befundes läßt er allerdings Vorsicht walten. Seine Absicht "was not to describe term-by-term correspondences, and even less to propose a recapitulation of phylogenesis by ontogenesis, nor even to demonstrate the existence of analogies in sequencing. Instead they wished to see if the mechanisms mediating the transition from one historical period to the next, for particular notional systems, are analogous to those mediating transitions from one deve-

---

60 Eine stichhaltige Erklärung für gewisse Parallelen in der ontogenetischen, phylogenetischen und historischen Entwicklung fehlt auch bei Strauss. Vgl. dazu sein Einleitungskapitel in Strauss 1988.

61 Zur weitgehenden Identität zwischen kognitiven Strukturen von Kindern und Erwachsenen vgl. bei Lévi-Strauss (1994) besonders das Kapitel "Die archaische Illusion", S. 148ff, bes., S. 159f. Zur Analogie des Denkens primitiver Erwachsener und wissenschaftlichem Denken vgl. Lévi-Strauss 1973, S. 11ff. Zur Kritik dieser Position siehe Hallpike 1990, S. 54ff; Dux 1982, S. 116ff; LePan 1989, S. 3ff; Damon 1984, S. 25ff (vgl. dazu auch Teil I, Kapitel 2.2 in diesem Buch).

62 Der Ertrag seiner Forschungen findet sich in einem seiner letzten großen Werke. Vgl. Piaget/Garcia 1989.

lopmental stage to the next", so Piagets Mitarbeiterin Inhelder (vgl. Inhelder 1989, S. VIIff, bes. S. X). Konstatiert werden also strukturelle Isomorphien zwischen den Übergängen von einem niederen zu einem höheren Stadium auf historischer und psychogenetischer Ebene.[63] Beide Entwicklungen streben auf einen Gleichgewichtszustand hin (Piaget 1975c, S. 43). In seinem Entwicklungsmodell entsprechen die ontogenetisch prä-operationalen Strukturen grob den Strukturen in primitiven Gesellschaften, ohne daß er dabei aber das Kind mit dem "Primitiven" identifiziert (Piaget 1975d, S. 74f; Piaget 1975e, S. 243). Die historisch konkret-operationale Entwicklungsphase, für deren Erreichung er zum einen die "Auflösung der ursprünglichen sozialen Einheiten in größere und dichtere Totalitäten", die "sowohl zu einer ökonomischen Arbeitsteilung als auch zu einer psychologischen Unterscheidung der Individuen führt", und zum anderen den Fortschritt der mit der Arbeitsteilung und der geistigen Differenzierung verbundenen Techniken verantwortlich macht, sieht er erstmals bei den Chaldäern erreicht (Piaget 1975d, S. 77f). Problematisch wird aber dann die Einordnung des griechischen Denkens in sein Entwicklungsschema. Einerseits unterstellt Piaget den Griechen ein formal-operationales Denken, andererseits nimmt er diese Behauptung mit Blick auf das dahinter zurückfallende physikalische Weltbild des Aristoteles wieder zurück. Aristoteles würde in seiner Abwendung vom Atomismus der Vorsokratiker und vom Platonischen Mathematismus sowie mit seinem Rückgriff auf den "gesunden Menschenverstand" eine Regression im Denken in Richtung konkrete Operationen durchmachen, weshalb Piaget das griechische Denken schlußendlich "halbwegs" zwischen den konkreten und formalen Operationen ansiedelt (vgl. Piaget 1975d, S. 78ff u. S. 274).[64] Nimmt man dieses Schema ernst, so wäre

---

63 In beiden Arten von Entwicklungsprozessen besteht der Erkenntnisakt in einer Assimilation von Erfahrungen an vorhandene kognitive Strukturen und einer Akkommodation dieser Strukturen an die neuen Erfahrungsinhalte. In beiden Entwicklungen erfolgt die Konstruktion neuer Strukturen beim Übergang zur nächsten Entwicklungsstufe durch reflektierende Abstraktion von den Handlungen oder - auf den höheren Stufen der Entwicklung - von den kognitiven Operationen. Vgl. Piaget/Garcia 1989, S. 8. Krohn hat in diesem Sinne die im ontogenetischen Modell von Piaget explizierten drei Entwicklungsschritte beim Übergang von einer Stufe der kognitiven Entwicklung zur nächsten (Ausweitung der Objekterfahrung - Umstrukturierung der Erkenntnisschemata des Subjekts - vollzogene Akkomodation des Erkenntnissubjekts ermöglicht neue Objekterfahrungen) für die Beschreibung des Übergangs von der mittelalterlichen (über die Renaissance) zur neuzeitlichen Wissenschaft benützt. Vgl. Krohn 1977, S. 13ff.

64 In der von Piaget in Zusammenarbeit mit dem Physiker Garcia erarbeiteten Studie "Psychogenesis and the history of science" (1989) wird das in den 50er Jahren entstandene und oben skizzierte "Analogiemodell" der psychogenetischen und historischen Denkentwicklung weiter differenziert. Piaget/Garcia unterscheiden nun für jede Wissenschaft zwischen einer "vorwissenschaftlichen" und einer "wissenschaftlichen" Periode. In der vorwissenschaftlichen Periode stimmen nicht nur die Hauptmechanismen der Entwicklung, sondern darüber hinaus auch die inhaltliche Begriffsentwicklung in Ontogenese und Wissenschaftsgeschichte überein. Dies wird an der Entwicklung der Grundbegriffe der Mechanik demonstriert (vgl. Piaget/Garcia 1989, S. 30ff). In der wissenschaftlichen Phase fehlen allerdings diese inhaltlichen Übereinstimmungen zwischen ontogenetischer und historischer Entwicklung. Den Grund dafür sehen die beiden Autoren darin, daß das wissenschaftliche Niveau der Abstraktion über dem Niveau liegt, das Gegenstand der Entwicklungspsychologie ist (S. 30). Eine Folge dieses veränderten Theorieansatzes ist, daß sich Piaget/Garcia genötigt sehen, den Zeitpunkt des Übergangs von der vor-

nach den Griechen historisch einzig noch die volle formale Operationalität erreichbar. Wie Piaget mit diesem Schema dann die Fortschritte im neuzeitlichen Denken, besonders den Umbruch im Naturverständnis erklären will, bleibt zumindest offen.[65] Weitergehende Aufschlüsselungen, die über diese Analogien hinausreichen, sind aber auch bei Piaget nirgends zu finden. Insbesondere fehlt auch ihm eine theoretisch substantielle Erklärung der Strukturgleichheiten von ontogenetischen und historischen Deutungen. Diese Problematik steht allerdings auch nicht im Zentrum von Piagets epistemologischer Arbeit.[66] Die Frage ist zudem mit der psychogenetischen Theorie allein auch nicht zu beantworten.

Nicht zu vergessen sind auch die von Habermas in den siebziger Jahren unternommenen Anstrengungen, die ontogenetischen Forschungsergebnisse von Piaget soziologisch einzuholen. Allerdings haben auch sie keine überzeugende Lösung erbracht. Zu mehr als der Feststellung der schon von anderen konstatierten Parallelen in der Individual- und Weltbildentwicklung haben seine Überlegungen nicht geführt (vgl. Habermas 1982a, S. 9ff u. 144ff; Habermas 1982b, S. 72ff, bes. S. 104).[67]

Zusammenfassend läßt sich sagen, daß der eingangs festgestellte Befund in den jeweiligen Arbeiten alles andere als befriedigend erklärt worden ist. Die Aufarbeitung und Erklärung des Zusammenhangs von Ontogenese und Geschichte bedarf einer über das Parallelisierungstheorem hinausweisenden, systematischen historisch-genetischen Entwicklungstheorie, einer Theorie wie sie im Anschluß an Piaget von Dux vorgeschlagen worden ist (vgl. Dux 1982 u. Dux 1989, S. 23ff).

---

wissenschaftlichen in die wissenschaftliche Periode für die verschiedenen wissenschaftlichen Disziplinen (Geometrie, Algebra, Mechanik) in ganz verschiedene historische Epochen zu datieren. Vgl. dazu Damerow 1993, S. 206f.

65 Diese "Regressionshypothese" bei Piaget ist ein Produkt der fehlenden Differenzierung von Operationalität und Kategorialität. Er hat in seinen Arbeiten vor allem die strukturelle Entwicklung der Operationalität im Blick, die Fähigkeit zur relationalen Verknüpfung von Parametern. Dux unterscheidet davon die handlungslogisch aufgebauten kategorialen Strukturen, durch die die Materialität der vorfindlichen Wirklichkeit erfaßt wird (vgl. Dux 1989, S. 27ff). Während in der Geschichte die operationale Kompetenz beständig anwächst, bleibt die subjektivische Handlungslogik (Ereignisse werden auf einen subjekthaften Ursprung zurückgeführt) bis zum Beginn der Neuzeit als grundlegendes Deutungsmuster der Welt gültig. Historisch bildet sich eine "Schere" zwischen operationaler Kompetenz und der materialen Logik (ebd., S. 250ff; siehe dazu auch das nachfolgende Kapitel zur historisch-genetischen Theorie).

66 Den Verzicht, die historische Dimension der Erkenntnisentwicklung zu untersuchen, hat er mit dem fehlenden Wissen, vor allem aus der Frühzeit der Menschheitsentwicklung, begründet. Vgl. Piaget 1984d, S. 21.

67 Auf das parallele Modell individueller Entwicklung und sozialer Evolution bei Habermas verweisen auch Schöfthaler und Breuer. Vgl. dazu Schöfthaler 1984, S. 26 und Breuer 1993, S. 376f.

4. Die Rekonstruktion der kognitiven Entwicklung in der Geschichte aus der Perspektive einer historisch-genetischen Theorie

Evolutionär angelegte Geschichtskonzeptionen und Ansätze, die in der Geschichte eine universale Entwicklung des Denkens erkennen wollen, sind heute in der Soziologie selten. Noch 1974, auf dem 17. Deutschen Soziologentag, mußte Habermas konstatieren, daß Theorien, die die soziale Evolution erklären, bisher nicht vorlägen (vgl. Habermas 1982a, S. 129). Diese auf die Totalität der gesellschaftlichen Entwicklung bezogene Feststellung, gilt nicht minder für die historische Entwicklung der Kognition. "Es ist", wie Elias sagt, "nicht sehr üblich, wissenschaftliches mit vorwissenschaftlichem Wissen auf eine Weise zu vergleichen, die beide als sukzessive Stufen in einer gerichteten Abfolgeordnung begreift" (Elias 1987, S. 107). In den letzten zwei Dezennien sind in der Soziologie allerdings eine Reihe von Arbeiten mit theoretischen Überlegungen veröffentlicht worden, die die Diskussion über Geschichte und Kognition als universale Entwicklung neu entfacht haben. Systematische Theorieansätze, die die soziale und besonders die kognitive Entwicklung erklären oder auch nur angemessen konzeptualisieren, blieben jedoch eher die Ausnahme.[68]

Eine der neueren soziologischen Entwicklungs- und Erkenntnistheorien, die eine universalgeschichtliche Perspektive mit sich führt, ist die von Dux im Anschluß an Piaget entwickelte historisch-genetische Theorie. In ihr werden die Einsichten der ontogenetischen Kognitionsentwicklung so aufgegriffen, daß die historische Entwicklung der Kognition daraus einsichtig zu machen ist. Sie kommt damit über die gängige bloße Parallelisierung von Ontogenese und Geschichte hinaus. Da ihre theoretischen Annahmen dieser Arbeit zugrundeliegen, darüber hinaus die Absicht besteht, einige der damit verbundenen Thesen im Zuge einer empirischen Untersuchung der historischen Kausalitätsentwicklung zu überprüfen, sollen zuerst die Grundlagen der Theorie näher erläutert werden. Die Vorstellung der Theorie erfolgt, indem ihre theoretischen Grundüberlegungen auf sieben zentrale Thesen reduziert werden, von denen jede ausführlich erläutert wird.

4.1 Die Geistesgeschichte als Gattungsgeschichte und das Denken vom Vorrang der Natur

Die erste der Thesen, die das Grundgerüst der historisch-genetischen Theorie bilden, lautet:[69]

---

68 Eine evolutive entwicklungslogische Perspektive vertreten Habermas 1982a u. 1982b; Eder 1976; Elias, 1984 u. 1987; Dux 1982 u. 1989; Hallpike 1990; Kuhn 1983; Klix 1993.

69 Eine ausführlichere Darstellung der folgenden Thesen findet sich in Dux 1982 u. 1989, S. 23ff.

(1) Die historisch-genetische Theorie versteht die Geistesgeschichte als Gattungsgeschichte. Sie denkt sie vom Vorrang der Natur und entwicklungslogisch, als
Anschlußorganisation an die Naturgeschichte, und sie versteht die an die Naturgeschichte anschließenden menschlichen und damit geistig-kulturellen Lebensformen
als selbstgeschaffene Lebensformen.

Ein Verständnis der Geistesgeschichte als Gattungsgeschichte soll heißen: Der
Mensch hat sich als Gattung dadurch gebildet, daß er durch die Ausbildung geistiger,
sozio-kultureller Lebensformen im Anschluß an die Naturgeschichte zum Menschen
geworden ist. Das will sagen, daß sich im Verlaufe der Evolution eine anthropologische Verfassung ausgebildet hat, aus der heraus sich die sozio-kulturellen Lebensformen als geistige und deshalb als historische Lebensformen entwickeln konnten. Das
Bewußtsein, daß der Mensch aus der Natur heraus zu verstehen ist, wurde mit der naturwissenschaftlichen Revolution am Beginn der Neuzeit, die die Natur jeder Sinnhaf-
tigkeit und Geistigkeit entsetzte, evident. Mit der an die naturwissenschaftliche Revolution anschließenden Entdeckung der Evolution des Lebens durch Darwin ließ sich
dann verständlich machen, wie sich aus der geistfreien Natur heraus ein Lebewesen
entwickeln konnte, das auf geistig-kulturelle Lebensformen angewiesen ist. Dies impliziert, soll dieser Entwicklungsprozeß in seinen Strukturen rekonstruiert werden, ein
Denken vom Vorrang der Natur, aus der heraus die geistigen Lebensformen als Anschlußorganisation verständlich zu machen sind.

Die Historisierung der Natur, insbesondere die Evolution des Lebens aus der Natur
heraus, ist die Basis und Ausgangslage, die heute jede soziologische Argumentation
und damit auch das Geschichtsverständnis bestimmen muß. Menschliche, d.h. geistige
Lebensformen sind ein evolutiv heraufgeführtes Produkt und in ihrem Bildungsprozeß auch ohne die Annahme einer anfänglich in der Natur selbst gelegenen Geistigkeit verständlich zu machen als selbstgeschaffene Lebensformen. Der Bildungsprozeß
geistiger Lebensformen konvergiert auf den Menschen. Gemäß diesem neuzeitlichen
Verständnis, daß die Subjekte die eigentlichen Konstrukteure der sozialen und kognitiven Welten sind (vgl. Berger/Luckmann 1989), muß der Entwicklungsprozeß der
Kognition in der Geschichte von seinen Anfängen an, unter den Bedingungen betrachtet und rekonstruiert werden, unter denen er - nach allem was wir gegenwärtig
wissen - auch tatsächlich stattgefunden hat. Wie dies heute zu geschehen hat und womit der Anfang zu machen ist, das thematisiert die Anschlußthese.

4.2   Der Anfang in der Ontogenese

Eine Soziologie, die die Geistesgeschichte als Gattungsgeschichte versteht, muß verständlich machen können, wie sich im Übergang von der Naturgeschichte geistig-
kulturelle Lebensformen haben ausbilden können. Sie muß weiter darlegen können,

wie der Aufbauprozeß der geistig-kulturellen Lebensformen vonstatten geht. Wie beides zu geschehen hat, formuliert die nächste These.

(2) Der Übergang von der Naturgeschichte in die Kulturgeschichte ist nur aus der Ontogenese heraus zu begreifen. Das gilt insbesondere für die an die Naturgeschichte anschließende Geistesgeschichte. Der Aufbauprozeß der geistigkulturellen Lebensformen, vor allem der operationalen und kategorialen Formen des Wissens, ist zu allen Zeiten und in allen Gesellschaften aus der kulturellen Nullage der frühen Ontogenese heraus erfolgt.

Der gattungsgeschichtliche Enkulturations- und Wissenserwerbsprozeß und damit die Geistesgeschichte ist in ihren Anfängen über die Rekonstruktion der Strukturen aus der Ontogenese heraus zu begreifen. Weder verschwinden die Anfänge der Enkulturation irgendwo im Dunkeln der Vergangenheit der Menschheitsgeschichte, wie Elias meint,[70] noch ist der Übergang von der Natur in die Kultur der kooperativen Produktion geschuldet, wie dies Marx/Engels meinen (Marx/Engels 1981, S. 21; vgl. dazu auch Dux 1987, S. 204ff). Während die These des ersteren die Anfänge der Kultur für immer einer Rekonstruktion entzieht, kann die These der beiden letzteren nicht erklären, woher die kognitiven Kompetenzen stammen, die für die Kooperation doch unabdingbar sind. Auch Lévi-Strauss' These vom "Inzestverbot" als Bindeglied zwischen Natur und Kultur ist Spekulation (vgl. Lévi-Strauss 1994, S. 45ff). Er sieht in den Regeln das Kriterium der Kultur, in der Universalität das Kriterium der Natur. "Überall dort, wo eine Regel auftaucht, wissen wir mit Bestimmtheit, daß wir uns auf der Ebene der Kultur befinden. Symmetrisch dazu bereitet es keine Schwierigkeit, in der Universalität das Kriterium der Natur zu erkennen. Denn das, was bei allen Menschen konstant ist, entzieht sich zwangsläufig dem Bereich der Bräuche, Techniken und Institutionen, durch die ihre Gruppen sich unterscheiden und einander entgegentreten" (Lévi-Strauss 1994, S. 52). Da das Inzestverbot als "einzige unter allen gesellschaftlichen Regeln zugleich den Charakter der Universalität besitzt" (Lévi-Strauss 1994, S. 52f), es "sowohl die Universalität der Triebe und Instinkte als auch den zwingenden Charakter der Gesetze und Institutionen" umfasse (Lévi-Strauss 1994, S.

---

70 Daß die historische Entwicklung nur aus der Ontogenese heraus zu begreifen ist, verkennt noch Elias, der gleichwohl für eine evolutive Sichtweise plädiert. So wendet er sich zwar von den alten philosophischen Erkenntnistheorien ab, will ihnen, wie er in seinem Buch "Über die Zeit" schreibt, eine Theorie des menschlichen Wissens entgegenstellen, "die in engster Tuchfühlung mit der beobachtbaren Entwicklung des menschlichen Wissens bleibt und deren Grundannahmen dementsprechend überprüfbar und revidierbar sind." An diese naturalistische entwicklungslogische Sichtweise ist ohne weiteres anzuschließen, nicht aber an die weitere These, die seinem Buch zugrunde liegt. Er meint, menschliches Wissen "ist das Ergebnis des langen, anfangslosen Lernprozesses der Menschheit. Jeder einzelne Mensch, wie groß sein innovatorischer Beitrag auch sein mag, baut auf einem schon vorhandenen Wissenschatz auf und setzt ihn fort." Die Frage, woher dieser ursprüngliche "Wissenschatz" rührt, bleibt unbeantwortet, wird einfach an den Anfang der Evolution gesetzt. Vgl. Elias 1984, S. XII.

55), glaubt er in ihm die Verbindung von Natur und Kultur gefunden zu haben. Die Etablierung des Inzestverbots, die negative Formulierung des Gebotes, die Mitglieder der eigenen Gruppe (Frauen) nach außen zu geben, führt er darauf zurück, daß ohne diesen organisierten Austausch keine Gruppe und keine Gesellschaft existieren könne. Die Frage, woher die planerischen Kompetenzen rühren, die für die Gleichverteilung der Frauen notwendig waren, wird nicht gestellt.

Ein weiteres Problem, das den genannten Erklärungsansätzen gemeinsam ist, besteht darin, daß sie die anfänglichen geistigen Organisationsformen im Enkulturationsprozeß irgendwo in der Vergangenheit auf der Ebene der Erwachsenen beginnen lassen.[71] Wie auf dieser Ebene der Schritt von der subhumanen zur humanen Organisationsform des Lebens bewerkstelligt werden konnte, ist aber nicht nachvollziehbar. Die Frage bleibt offen, woher die kulturellen und geistigen Lebensformen des Menschen stammen, die sich diesseits des Tier-Mensch-Übergangsfeldes gebildet haben. Sie dem Menschen einfach zu unterstellen, ist keine Erklärung.

Der Bildungsprozeß dieser elementaren Formen kann einzig in der frühen Ontogenese einsetzen, phylogenetisch ebenso wie historisch. Dazu bedarf es einer Konstitutionstheorie, die diesen Prozeß in seinen Grundzügen darlegen kann.[72] Grundlegend für das Verständnis des Übergangs von Natur zur Kultur ebenso wie für die sich anschließende Geistesgeschichte ist also das Wissen, daß die Kognition, sowohl die operationalen als auch kategorialen Strukturen in allen Zeiten und Gesellschaften aus der kulturellen Nullage der frühen Ontogenese heraus, sowohl unter den Bedingungen einer gleichen anthropologischen Verfassung als auch in Interaktion mit einer immer schon vorgegebenen Wirklichkeit, genauer, über einen immer schon kompetenten Anderen entwickelt werden mußten und müssen. Warum?

Phylogenetisch entstand im Tier-Mensch-Übergangsfeld, also vor etwa zwei bis vier Millionen Jahren, evolutiv eine Konstellation, in welcher der durch den zunehmenden Abbau instinktiver Fixierungen entstandene Freiraum als Chance genutzt wurde, kulturelle Lebensformen auszubilden (vgl. Klix 1993, S. 171ff). Dies geschah durch einen im geschützten Binnenraum einer Sozietät stattfindenden, langandauernden Lernprozeß, in dem ontogenetisch früh entwickelte lebenssichernde Kompetenzen an die Stelle instinktiver Fixierungen traten.[73]

---

71 Auch in dem Werk "Das Verständnis der Natur", in dem die Philosophin Gloy eine Ideengeschichte des Naturverständnis vorlegt, die von den mythischen Anfängen (!) bis zu den technisch-naturwissenschaftlichen Vorstellungen der Gegenwart reicht, fehlt eine genetische Anthropologie, die die naturgeschichtliche Ausgangslage verständlich macht, von der aus der Aufbau- und Entwicklungsprozeß des menschlichen Naturbegreifens beginnen konnte. Vgl. Gloy 1995.

72 Auch Gellner, der, von einer materialistischen Position ausgehend, die Geschichte als Anschlußorganisation an die Naturgeschichte versteht, in ihr qualitativ zu unterscheidende sozialstrukturelle und geistige Entwicklungsstufen sieht und diesen Entwicklungsphasen und Umbrüchen auch nachgeht, fehlt eine Konstitutionstheorie der Erkenntnis. Vgl. Gellner 1993, S. 9ff.

73 Ausführlicher zur naturgeschichtlichen Evolution und zur Stellung des Menschen in der Natur Dux 1982, S. 26ff. Zur Sonderstellung des Menschen in der Natur vgl. auch Berger/Luckmann 1989, S. 49ff.

Die phylogenetische Entwicklung - die generell als ein Prozeß zu begreifen ist, in dem das Strukturprinzip jedweder Organisation von Leben, das Prinzip der Selbstregulation oder Autonomie ausgebaut und erhöht wird - wurde über das ontogenetische Mittel des Lernens, über das die Höherentwicklung sich vollzieht, bis zum humanen Organisationsniveau vorangetrieben und dort fortgesetzt (vgl. Piaget 1983, S. 27ff u. Maturana/Varela 1987, S. 39ff). Während Lernen in der subhumanen Entwicklungsphase noch darin bestand, die Ausbildung der im genetischen Code bereits vorstrukturierten Formen zu unterstützen, müssen auf der humanen Stufe der Entwicklung diese Formen erst ausgebildet werden. Der Organismus verfügt dem anthropologischen Organisationsplan zufolge weder über eine von Natur aus ausgebildete Handlungskompetenz noch über die Prinzipien der sozialen Organisation und des Wissen über die Außenwelt. Sie müssen erst aufgebaut werden. Ihr Aufbau und ihre Ausbildung geschieht in der frühen Mutter-Kind-Interaktion (vgl. Dux 1982, S. 54ff).

Diese Feststellung hat weitreichende Konsequenzen: Immer, zu allen Zeiten und in allen Gesellschaften, beginnt die spezifische kulturelle Entwicklung auf den frühen Stufen der Ontogenese. Immer gibt es eine Stufe Null der Geburt, in der der Mensch zwar als biologisches Lebewesen existiert, die geistig-kulturellen Lebensformen aber noch nicht ausgebildet hat. Zumindest seit der Zeit, als menschheitsgeschichtlich die biologische Organisationsform des homo sapiens sich definitiv ausgebildet hat, also seit etwa 40.000 Jahren, blieb die biologische Ausstattung des Säuglings unverändert. Folglich beginnt seither die Ausbildung kognitiver Strukturen ebenso wie der Aufbau einer Innen-, physikalischen Außen- und Sozialwelt auf gleichem Niveau, in der kulturellen Nullage. Insbesondere die basalen Strukturen des Denkens, wobei operationale und sachhaltige materiale (oder kategoriale) Grundstrukturen zu unterscheiden sind, werden zu allen Zeiten und in allen Gesellschaften zwangsläufig und immer wieder neu in der frühen Ontogenese eines jeden Nachwachsenden ausgebildet. Überall und zu allen Zeiten trifft ein spezifisch organisierter Organismus auf die Bedingungen einer societären Daseinslage und auf eine für ihn unstrukturierte Natur und Außenwelt, und überall muß er den gleichen Prozeß der Ausbildung der operationalen und kategorialen Strukturen in Gang setzen, und zwar zumindest so weit, daß er überlebensfähig wird. Der Konstruktionsprozeß der Erkenntnis ist, wie insbesondere Piaget gezeigt hat, subjektzentriert und nur vom praktisch agierenden Subjekt her zu denken. Das Fundament der Erkenntnis ist die Handlung (vgl. Piaget 1984a, S. 61ff; Kesselring 1988, S. 110ff). Führt man die sich bildenden kognitiven Strukturen aus der Ontogenese heraus, ergibt sich eine Entwicklungslinie der Erkenntnis, die der Entwicklungslogik folgt, der diese Strukturen verhaftet sind.

Der Konstruktionsprozeß läßt sich heute an jedem Neugeborenen beobachten. Mit dieser Feststellung ist die Chance verbunden, auch Aussagen über die frühen ontogenetischen Entwicklungsprozesse der Vergangenheit zu treffen, sie genetisch rekonstruieren zu können. Denn der Aufbauprozeß samt den Bedingungen, unter denen er steht, verläuft, zumindest in den Anfängen, strukturell immer und überall gleich (Dux 1982, S. 66ff).

Diese Ausgangsposition setzt auch die modernen Nachfolgetheorien der beiden klassischen Positionen über die Voraussetzungen der menschlichen Erkenntnisfähigkeit - die diese entweder durch die genetischen Anlagen oder durch die Umwelt determiniert sehen - beiseite. Weder sind die Erkenntnisformen, wie die moderne Soziobiologie glaubt, endogen determiniert als bloßer Entfaltungsprozeß genetischer Anlagen,[74] noch sind sie exogen determiniert, also vorgängig von außen gesteuert, wie dies etwa der inzwischen überholte Behaviorismus und einige Sozialisationstheorien meinen.[75] Auch Durkheims These, daß die Formen der Erkenntnis aus der Gesellschaft stammten, da die Kultur früher da sei als das Individuum, greift nicht.[76] Denn die gesellschaftliche Organisation selbst hätte nicht ohne individuelle operationale und kategoriale Formen geschaffen werden können.[77] Diese Positionen übergehen, so Furth, den im Interaktionsprozeß stattfindenden "radikalen" Konstruktionsprozeß der Erkenntnis (vgl. Furth 1981, S. 31ff, bes. S. 41f).[78] Sie sind damit einseitig und defizitär. Denn nach den Ergebnissen der modernen Entwicklungspsychologie werden operationale und kategoriale Wissensstrukturen vom Organismus nicht mitgebracht, sondern müssen vielmehr vom Menschen erst aufgebaut und erworben werden, über die sozial vermittelte Auseinandersetzung mit der Welt. Jedes Neugeborene ist somit Konstrukteur seiner sich ausbildenden Welt.

Unter den elementaren kognitiven Grundstrukturen, die unter der Nötigung, mit der vorfindlichen Realität zurechtzukommen, von jedem nachwachsenden Gattungs-

---

74 Sozio-biologische Erklärungen gehen vom Vorrang der Natur aus. Sie unterlegen dem naturalen Organismus jedoch schon von vornherein soziale Verhaltensweisen, die durch darwinistische Gesetzmäßigkeiten zu einer biologisch-genetischen Absicherung gelangt seien. Soziale Konstitutionsprozesse entfallen, da kulturelle Verhaltensweisen einfach abgeleitet werden können. Diese Erklärungen sind also keine prozessualen Erklärungen. Vgl. Lorenz 1943, S. 235ff u. Wilson 1975. Inzwischen wird, zumindest von den Soziobiologen Lumsden/Wilson, die These der endogen determinierten Erkenntnisformen aufgegeben zugunsten der These einer Gen-Kultur-Koevolution, dem Zusammenwirken von genetischer und kultureller Evolution. Vgl. Lumsden/Wilson 1984.

75 Vgl. die Darstellung der klassischen Anlage-Umwelt Kontroverse und den Überblick über die neueren endogenistischen und exogenistischen Entwicklungsauffassungen in Flammer 1988, S. 28ff.

76 Die Grundlagen der Erkenntnistheorie Durkheims finden sich in Durkheim 1994, S. 27ff.

77 Vgl. dazu die ausführliche Kritik der Durkheimschen Erkenntnistheorie bei Hallpike 1990, S. 59ff.

78 Die Bedeutung des von Furth verwendeten Begriffs "radikal" ist nicht identisch mit der Bedeutung, die ihn in der Theorie des "Radikalen Konstruktivismus" auszeichnet. Furth kennzeichnet mit dem Begriff "radikal" den Piagetschen, auf dem Interaktionismus beruhenden Konstruktivismusansatz in Abgrenzung von deterministischen Theorien, während die Vertreter des letzteren den Interaktionismus verabschieden und mit dem Begriff "radikal" eine Position kennzeichnen, nach der kognitive Formen rein vom Subjekt konstruiert werden. Begründet wird dies mit der operationalen und informationalen Abgeschlossenheit des Gehirns, das sich selbst organisiert und nur auf seine eigenen Zustände Bezug nimmt. Dieses Modell wird aber der Widerständigkeit der Realität und der sozialen Konstruktion des Wissens nicht gerecht. Vgl. zum "Radikalen Konstruktivismus" Schmidt 1987, S. 11ff u. jüngst Glasersfeld 1996. Berechtigte Kritik aus der strukturgenetischen Perspektive an der Position des "Radikalen Konstruktivismus" formulieren Seiler 1994, S. 43ff, Ros 1994, S. 176ff und Meinefeld 1995, S. 99ff.

mitglied ausgebildet werden müssen, muß zwischen den schon mehrfach erwähnten operationalen und materialen oder kategorialen Strukturen unterschieden werden.[79] Operationalität, Piagets zentraler Untersuchungsgegenstand in der Entwicklung der Kognition, bezeichnet die mentale Fähigkeit, Relationen zu organisieren, die ihren höchsten Formalisierungsgrad in der algebraischen Aussagenlogik erreichen. Der jeweilige Grad der Entwicklung der mentalen Operationen bestimmt dabei entscheidend mit, wie sich die Welt für den Menschen darstellt.[80] Das kategoriale Moment der Entwicklung meint demgegenüber den Aufbau und die Ausbildung der Objekt- und Ereignisstruktur als Handlungsstruktur, mit Hilfe derer die Materialität der vorfindlichen Wirklichkeit erfaßt wird. Sie ist eine Struktur, die in der Neuzeit durch die funktional-relationale Logik abgelöst worden ist.[81] Eine der kategorialen, sachhaltigen Außenweltstrukturen, die mit dem Aufbau des Objekt- und Ereignisschemas mit konstruiert wird, ist die Kategorie der Kausalität. Ihr ontogenetischer Aufbau wird später ausführlich erörtert werden.

Im Aufbauprozeß der frühen kategorialen Strukturen schlägt sich insbesondere eine Bedingung, nämlich die Interaktion mit einem immer schon kompetenteren Anderen, im Resultat, den sich bildenden Strukturen selbst, nieder. An der sorgenden Bezugsperson als dem kindlichen Interaktionspartner wird gelernt, daß alles, was geschieht, auf der Aktivität eines Subjekts beruht. Deshalb werden Objekte strukturell als handlungsmächtige Subjekte, Ereignisse nach dem Muster der Handlung aufgebaut. Folglich werden physikalische Ereignisse handlungslogisch erklärt, so, als nähmen sie ihren Anfang in einem Subjekt. Das heißt, alles Geschehen wird als von einem agens ausgehend gedacht, durch welches es auf ein Ziel hin gelenkt wird. Auch die Kausalität wird, wie wir später noch sehen werden, in der Struktur der Handlung gedacht. Kurz: Das elementare Schema, das in der frühen Ontogenese für Objekte und Ereignisse ausgebildet wird, ist ein "subjektivisches" Schema. Wenn es sich erst einmal ausgebildet hat, dann konstituiert es auch die Wirklichkeit in seiner Form.

Die elementare subjektivische Handlungslogik hat auch weit über die frühe Ontogenese hinaus Bedeutung. Sie ist ein Deutungsschema, das die Geistesgeschichte bis zum Beginn der Neuzeit geprägt hat. Vor allem das vorneuzeitliche Kausalverständnis, das später exemplarisch anhand der antiken und mittelalterlichen Bewegungsvorstellungen untersucht wird, ist über diese Struktur gebildet. Denn die Handlungslogik ist eine explikative Logik: Sie erklärt sowohl, warum etwas ist, als auch, wie etwas

---

79 Der Begriff "materiale Kategorien", der insbesondere die Sachhaltigkeit der kognitiven Konstrukte hervorheben soll, ist kein Piaget'scher Terminus technicus. Er entstammt der historisch-genetischen Theorie. Damit soll aber nicht gesagt sein, daß Piaget den kognitiven Konstrukten Sachhaltigkeit abspräche. Das Gegenteil ist der Fall, wie später, insbesondere am Aufbau der Kategorie der Kausalität deutlich werden wird. Vgl. dazu auch Scharlau 1996, S. 84ff.

80 Zu den qualitativ unterscheidbaren Etappen in der Konstruktion der Operationen vgl. Piaget 1984a, S. 139ff, Inhelder 1981, S. 54ff u. Kesselring 1988, S. 110ff.

81 Zu den operationalen und materialen Strukturen der Kognition vgl. Dux 1989, S. 27ff.

ist. "Eine Welt, deren Dynamik in der Struktur der Handlung ihren Aufbau erfahren hat, muß auch in dieser Struktur ihre Erklärung finden. Was im Aufbau sich naturwüchsig herstellt, kehrt mit anderen Worten in der organisierten Welt als interpretatives Paradigma zurück" (Dux 1989, S. 127f).

4.3   Die Universalität der frühen kognitiven Strukturen

Welche Konsequenzen aus den bisherigen Überlegungen für die ontogenetische Konstruktion der grundlegenden kognitiven Strukturen abgeleitet werden können, wird durch die nächsten Thesen formuliert.

(3) Die ontogenetisch frühen operationalen und kategorialen Strukturen sind universal, weil sie sich in allen Gesellschaften und Zeiten unter gleichen, nicht verfügbaren Bedingungen in gleicher Weise ausbilden.

Führt man sich die Tatsache vor Augen, daß die anthropologische Ausstattung des Neugeborenen in allen Gesellschaften gleich ist, überall das nachwachsende Gattungsmitglied vor der Aufgabe steht, sowohl die elementaren Strukturen des Handelns wie auch die der Objekt- und Ereigniswelt erst auszubilden, und berücksichtigt man darüber hinaus, daß dieser Prozeß einzig im Umgang mit einem schon immmer kompetenteren Anderen zu bewältigen ist, dann liegt die Konsequenz klar auf der Hand: Die elementaren Strukturen der Kognition, das Resultat des frühen Aufbauprozesses, sind zu allen Zeiten und in allen Gesellschaften so gleich, wie die Bedingungen, unter denen sie entwickelt wurden. Mit anderen Worten, sie sind universal. Dies auch deshalb, weil in dieser grundlegenden ontogenetischen Aufbauphase der jeweilige gesellschaftliche Entwicklungsstand noch keine Rolle spielt. Und tatsächlich wird auch die Universalität und strukturelle Gleichheit der elementaren kognitiven Grundstrukturen durch die kulturvergleichende Forschung bestens bestätigt und gedeckt.[82]

4.4   Das Verständnis der Kognition bei Erwachsenen

Welche Konsequenzen ergeben sich aus dem ontogenetischen Konstitutionsprozeß der Kognition für das Verständnis der Erkenntnisstrukturen der Erwachsenen?

---

82 Zum Stand der kulturvergleichenden Forschung, auch mit Belegen für die Universalität, zumindest der Vorformen der konkretoperationalen kognitiven Strukturen, vgl. Dasen/Heron 1981, S. 295ff. Auch Oesterdiekhoff bestätigt die Universalität der frühen kognitiven Stadien. Vgl. Oesterdiekhoff 1992, S. 7 u. S. 50.

(4) Alle kognitiven Systeme der Erwachsenen basieren auf den kognitiven Strukturen, die in der frühen Ontogenese aufgebaut wurden. Sie liegen in der Verlängerung der ontogenetisch begonnenen Strukturen. Die strukturelle Entwicklung erreicht auf der Ebene der Erwachsenen überall eine Mindesthöhe, die das Überleben gewährleistet.

Die operationalen und kategorialen kognitiven Systeme der Erwachsenenwelten sind zu allen geschichtlichen Zeiten und in jeder Gesellschaft als Fortentwicklungen der basalen Grundstrukturen zu verstehen. Sie müssen sich folglich auf einer virtuellen Entwicklungslinie verorten lassen, die in der Verlängerung der ontogenetisch begonnenen Linie liegt. Diese Strukturen müssen als Mindestanforderung phylogenetisch und historisch überall einen Entwicklungsstand erreichen, der mit Beginn des Erwachsenenalters eine praktische Lebensführungskompetenz und ein kompetentes Handeln der Mitglieder einer Gesellschaft in der Natur- und Sozialwelt ermöglicht.

Wo diese strukturelle Mindesthöhe der Entwicklung anzusiedeln ist, ist bis heute allerdings eine offene und kontrovers diskutierte Frage.[83] Dux konnte aber in kulturvergleichenden Untersuchungen am Beispiel des Zeitverständnisses belegen, daß sie operational zwischen prä- und konkretoperationalem Niveau zu verorten ist und kategorial durch die Handlungslogik bestimmt wird (Dux 1989, S. 103ff u. S. 373ff).

Die These, daß die kognitiven Strukturen der Erwachsenen als Verlängerungen der ontogenetisch gebildeten Strukturen zu verstehen sind, bedeutet jedoch nicht, daß die kognitiven Systeme der Erwachsenen ohne weiteres mit denen der Kinder gleichgesetzt werden können. Zumindest zwei Umstände stehen dem entgegen: Zum einen ist es zwar durchaus vorstellbar, daß das kognitive Strukturniveau, das Erwachsene in traditionalen Gesellschaften erreichen, kaum über das Strukturniveau von Kindern in industrialisierten Gesellschaften hinausreicht, aber das Wissen, die Kenntnisse und die Reife des Urteils entwickeln sich beim Erwachsenen während einer langen Zeitdauer weiter. Diese Erwerbungen unterscheiden den Erwachsenen in jeder Gesellschaft vom Kind und vom Heranwachsenden. Vom kognitiven Wachstumsprozeß als "vertikale" Entwicklung muß also eine "horizontale" Wissensentwicklung unterschieden werden. Auf der Erwachsenenebene wird über die dort gemachten Erfahrungen das Wissen ausgeweitet, ergänzt, sedimentiert und zu einem höheren Fertigkeitsgrad entwickelt. In dieser Dimension wird sich das Denken von Erwachsenen, vergleicht man es mit dem von Kindern, immer unterscheiden, gleich ob in traditionalen oder in industrialisierten Gesellschaften (vgl. Hallpike 1990, S. 57; Oesterdiekhoff 1992, S. 12ff; Dux 1982, S. 106). Man muß also bei einem eventuellem Vergleich von Strukturen von Kindern und Erwachsenen immer eine Differenz der Erfahrungen in Rechnung stellen. Hinzu kommt, daß die psychologische Verfassung eines Erwachsenen eine andere ist als die von Kindern, egal wo letztere aufwachsen. Der zweite Um-

---

83 Vgl. dazu die Aufsätze in Schöfthaler/Goldschmidt 1984.

stand, der eine einfache Gleichsetzung der kognitiven Systeme von Kindern und Erwachsenen verbietet, ist die Tatsache, daß Kinder in modernen Industriegesellschaften schon früh mit entwickeltem formalem Wissen konfrontiert werden, das sie nicht selbst und auch nicht praktisch erarbeitet haben, ein Wissen, das den erwachsenen Mitgliedern einfacher Gesellschaften in aller Regel nicht zur Verfügung steht. Darüber hinaus werden die operationalen Fähigkeiten der Kinder unserer Gesellschaften geschult, während die dazu notwendigen Bildungseinrichtungen in einfachen Gesellschaften normalerweise nicht vorhanden sind. Das hat zur Folge, daß die kognitiven Systeme der Kinder in unseren Gesellschaften keine stabilen Systeme sind, sondern Übergangsphänomene, die in der Adoleszenz von weiterentwickelteren und dauerhafteren Strukturniveaus abgelöst werden. Daher sind die kognitiven Übergangsstadien der Kinder in unserer Gesellschaft weder völlig identisch mit den Systemen der Erwachsenen in einfachen Gesellschaften noch Rekapitulationen vorhergehender Entwicklungsstufen (vgl. Dux 1982, S. 106). Die Anerkennung dieser beiden Tatbestände widerspricht aber nicht der Überlegung, daß die Weltbilder der Erwachsenen auf kognitiven Strukturen fußen, die in der Kindheit ausgebildet worden sind und deshalb auch die Entwicklungsrichtung und Entwicklungslogik dieser Strukturen aufweisen.

4.5   Das Verständnis der Geistesgeschichte

Die These, daß der Prozeß der Enkulturation nur über die Ontogenese erfolgt sein kann und einzig daraus verständlich wird, hat entscheidende Konsequenzen für das Verständnis der Geistesgeschichte.

(5) Die strukturelle Weiterentwicklung der kognitiven Strukturen erfolgt auf der Ebene der Erwachsenenwelten. Der Grad der Weiterentwicklung über das zum Überleben notwendige Mindestmaß hinaus hängt entscheidend von den Anforderungen und vom Entwicklungsstand einer Gesellschaft ab. Alle kognitiven Systeme müssen sich deshalb auf einer virtuellen Entwicklungslinie verorten lassen, die in der Verlängerung der ontogenetisch begonnenen Linie liegt. Diese Entwicklung ist aber nicht allerwärts gleich weit vorangetrieben worden, sondern sie differiert je nach gesellschaftlichem Entwicklungsstand.

Die operationalen und kategorialen Strukturen der kognitiven Systeme sind über die naturwüchsige Schwellenlage hinaus nicht überall und zu allen Zeiten gleich weit entwickelt worden. Die strukturelle Höherentwicklung vollzieht sich über die Verarbeitung von Erfahrungen, die überall in der Geschichte in der Praxis der Erwachsenenwelt gemacht werden. Diese Verarbeitung von Erfahrungen schließt dabei insofern an die Ontogenese an, als sie über Strukturen erfolgt, die schon dort im Umgang mit der vorfindlichen Wirklichkeit aufgebaut wurden. Diese Strukturen werden über die Verarbeitung von neu gewonnenem Wissen lediglich weiter auf- und ausgebaut. Folglich ist die Weiterentwicklung der Strukturen nicht als Resultat von ontogenetischen Entwicklungsprozessen zu begreifen - noch Piaget hat dies angenommen - sondern im Gegenteil als Produkt der gesellschaftlichen Entwicklung. Der Grad der Weiterentwicklung der kognitiven Strukturen hängt dabei entscheidend ab vom jeweiligen Entwicklungsstand und Organisationsniveau einer Gesellschaft, wobei eben diese gesellschaftlichen Prozesse Impulse setzen, die wiederum die ontogenetische Fortentwicklung der Strukturen nach sich ziehen. An dieser Verzahnung von ontogenetischer und historischer Entwicklung, mit der von der jeweiligen gesellschaftlichen Formation geforderten Organisationskompetenz als Triebkraft der Ontogenese, hängt das Verständnis der Gattungsgeschichte (vgl. Dux 1982, S. 72ff; Dux 1989, S. 70f). Daher ist die das genaue Gegenteil behauptende Konzeption von Habermas und Eder zurückzuweisen, die annimmt, daß ontogenetische Lernprozesse den gesellschaftlichen Entwicklungsschüben geradezu vorauseilen.

Habermas' Theorie "liegt die Annahme zugrunde, daß ontogenetische Lernprozesse den gesellschaftlichen Evolutionsschüben gleichsam vorauseilen, so daß gesellschaftliche Systeme, sobald ihre strukturell beschränkte Steuerungskapazität durch unausweichliche Probleme überfordert wird, unter Umständen auf überschießende individuelle, über die Weltbilder auch kollektiv zugängliche Lernkapazitäten zurückgreifen können, um diese für die Institutionalisierung neuer Lernniveaus auszuschöpfen" (vgl. Habermas 1982a, S. 136). Das heißt aber nichts anderes, als daß "die Herausforderungen ungelöster, ökonomisch bedingter Systemprobleme" (Habermas 1982a, S. 12) zuerst durch ontogenetische Lernprozesse überwunden würden und erst dann die sozialstrukturelle Entwicklung nachziehen würde. Ähnlich ist die Konzeption von Eder. Er schreibt: "Es wird in der Evolution des menschlichen Lernpotentials gewissermaßen ein 'Überschuß' an möglichen Regelungen von Interaktionssystemen produziert, der die Substitution gesellschaftlicher Organisationsprinzipien ermöglicht" (vgl. Habermas 1982a, S. 12, 136, 169f; 175f; Eder 1976, S. 167).[84]

Habermas' und Eders identisch aufgebaute Theoriemodelle[85] sind deswegen zu kritisieren, weil in ihnen ungeklärt bleibt, wodurch die ontogenetischen Lernprozesse hervorgerufen werden und wodurch der einmal erreichte Stand des Wissens überboten wird. Ihrer These ist entgegenzuhalten, daß Lernen immer unter Anforderungen geschieht. Das heißt mit anderen Worten, kognitive Entwicklungsschübe und neue Interpretationssysteme sind die Folge und nicht, wie Eder und Habermas meinen, die Voraussetzung der gesellschaftlichen Entwicklungsschübe. Sie entstehen aus einschneidenden Veränderungen in den gesellschaftlichen Strukturbedingungen. Nur diese sind es, die neue Handlungsprobleme erzeugen, bei deren Bewältigung und Verar-

---

84 Zur Kritik siehe Holz 1993, S. 253ff.
85 Eder hat sich in späteren Arbeiten von dem hier kritisierten Standpunkt abgesetzt und Millers Theorie kollektiver Lernprozesse (Miller 1986) für seine historische Theorie übernommen. Vgl. Eder 1985.

beitung die Entwicklung der kognitiven Kompetenzen voranschreiten kann und neue Strukturen hervortreiben können. Diese Tatsachen bleiben sowohl in der Konzeption von Habermas wie auch von Eder vollständig unberücksichtigt. Daher ist ihr *genetisch-historisches* Erklärungsmodell - ich bezeichne es deshalb so, weil in diesem Modell ontogenetische Entwicklungsschübe die Grundlage der historischen Entwicklung sind - abzulehnen und durch das oben bereits skizzierte *historisch-genetische* Spiralmodell der Entwicklung zu ersetzen.

Der historisch-genetischen Theorie zufolge müssen sich die kognitiven Systeme der Erwachsenen in sozialstrukturell unterschiedlich weit entwickelten Gesellschaften als mehr oder weniger weit realisierte Fortführungen der ontogenetischen Ausgangslage erweisen. Demnach dürfen sich kognitive Systeme, die in hochkomplexen, industrialisierten Gesellschaften ausgebildet wurden, in traditionalen Gesellschaften nicht auffinden lassen. Befinden sich Gesellschaften hingegen in einer soziostrukturellen Übergangsphase, wie die Türkei, in der wir unsere kulturvergleichende Untersuchung durchgeführt haben und die auf dem Weg von einer Agrar- zu einer Industriegesellschaft ist, so ist mit einer Gleichzeitigkeit von entwickelten und weniger entwickelten kognitiven Kompetenzen zu rechnen. Mit der zunehmenden Industrialisierung werden nach und nach auch den noch unter traditionalen Bedingungen lebenden Mitgliedern dieser Gesellschaft neue Organisationskompetenzen abverlangt, die ihrerseits, so ist zu erwarten, mit einem gewissen "time-lag" die Weiterentwicklung kognitiver Prozesse stimulieren. Auf welchem Stand sich die kognitive Entwicklung in Gesellschaften im Übergang tatsächlich befindet, kann einzig in systematischen Untersuchungen empirisch festgestellt werden. Das Fazit der vorhergehenden Überlegungen lautet wie folgt: Die Geistesgeschichte kennt eine strukturelle Entwicklungslogik. Damit ist die strukturelle Sequenz gemeint, "die sich daraus ergibt, daß die ontogenetisch begonnenen Strukturen unter derselben Maxime fortentwickelt werden, unter der sie begründet wurden: nämlich die erfahrbare Wirklichkeit in die kognitiven Strukturen zu fassen" (vgl. Dux 1994, S. 190f).

Aus den bisher skizzierten Grundlagen sollte ersichtlich geworden sein, daß mit der historisch-genetischen Theorie weder einer Parallelisierung von Ontogenese und Geschichte das Wort geredet wird,[86] noch das biogenetische Grundgesetz von Haeckel reaktiviert werden soll, welches besagt, daß ein Individuum während seiner Entwicklung in gedrängter Weise die Stammesgeschichte rekapituliere. Wodurch sollten diese Thesen begründet sein? Der Parallelisierungsansatz verkennt, daß Weltbilder historischer Gesellschaften von Erwachsenen ausgearbeitete Deutungssysteme sind, in die das entwickelte und tradierte Wissen der jeweiligen Gesellschaft einfließt. Dies ist beim kindlichen Weltbild nicht der Fall, weshalb die frühen Stadien der kog-

---

86 Dies verkennen noch immer Lüscher/Walter. Vgl. Lüscher/Walter 1991, S. 51. Auch Röttgers unterschiebt der historisch-genetischen Theorie fälschlicherweise die "Hypothese eines Parallelismus der phylogenetischen und der ontogenetischen Entwicklung." Vgl. Röttgers 1992, S. 127.

nitiven Entwicklung nirgends in der Geschichte als eigenständige Organisationsniveaus auftauchen. Die Rekapitulationsthese andererseits ist theoretisch nicht mehr als Spekulation, denn es gibt keine Instanz für eine genetische Übertragung von Ideen. Zudem beginnt die Denkentwicklung in der Ontogenese und nicht in der Geschichte.[87] Beide Ansätze bringen daher so gut wie nichts für das Verständnis des Zusammenhangs von Ontogenese und Geschichte. Vielmehr liegen die kognitiven Strukturen der Erwachsenen in der Geschichte in der Verlängerung der ontogenetisch begonnenen Strukturen.

4.6   Zum Wechsel in der Erklärungsstruktur: Von der Begründungs- zur Prozeß-logik

Mit der vorletzten These soll deutlich gemacht werden, daß eine historisch-genetische Theorie, die die Entwicklung der Kognition in der Geschichte vom Vorrang der Natur und aus den Bedingungen heraus rekonstruiert, unter denen sie stattgefunden hat, einen Wechsel in der Struktur der Erklärung vollzieht.[88]

(6) Eine historisch-genetische Theorie, die die Geistesgeschichte als Gattungsgeschichte versteht und die bemüht ist, sie aus den Bedingungen der Ontogenese heraus zu rekonstruieren, ersetzt die metaphysische Begründungs- und Ableitungslogik durch eine Prozeßlogik.

Die Begründungslogik ist eine spezifische Art der Erklärung in einer Theorie. Das Grundmuster der Erklärung folgt der Handlungslogik: Was immer in der Welt als Phänomen vorgefunden wird, das es zu erklären gilt, wird auf seinen nicht hintergehbaren Ursprung/Grund/Anfang zurückgeführt, aus dem heraus es sich entfaltet. Die Beziehung zwischen diesem Ursprung und dem zu Erklärenden besteht darin, daß das letztere aus dem ersteren abgeleitet wird. Es ist im Anfang enthalten, hat damit auch Anteil an der Identität des Anfangs. Im Anfang liegt begründet warum sich entwickelt, was sich entwickelt. Damit wird Geschichte, insofern sie als Entwicklung verstanden wird, teleologisch ausgelegt.[89] Kurz: Es ist eine Form der Erklärung, die schon voraussetzt, was erst konstituiert werden soll, eine tautologische Erklärung. Begründungslogische Erklärungen erklären letztendlich nichts.

---

87 Auch Piaget hat sich in seinen Deutungen der Isomorphien zwischen Psychogenese und Geschichte der Wissenschaften von der harten Parallelisierungsthese und dem biogenetischen Grundgesetz distanziert. Vgl. Piaget/Garcia 1989, S. 64ff. Vgl. auch Kitchener 1986, S. 155ff.

88 Zum Wechsel von der Begründungs- zur Prozeßlogik vgl. Dux 1990, S. 69f. Vgl. auch Holz 1993, S. 22ff.

89 Man denke an Hegel und den Weltgeist. Vgl. dazu Hegel 1982, S. 11ff.

Historisch-genetisch zu argumentieren heißt dagegen prozeßlogisch zu argumentieren und dabei vom neuzeitlichen Wissen des Vorrangs der Natur und von der Konvergenz der Welt auf den Menschen auszugehen. Dabei ist der Erkenntnisstand unserer Zeit zwar Ausgangspunkt der Rekonstruktion, er wird aber nicht an den naturalen Anfang des Bildungsprozesses gesetzt. Vielmehr ist er erst im Verfolg des Prozesses einzuholen und als einsichtiges Resultat der Entwicklung verständlich zu machen. In diesem Verfahren wird aus dem Anfang nichts abgeleitet. Die Last der Erklärung trägt der Prozeß selbst, in dem qualitativ Neues entsteht, etwas, das nicht im Anfang selbst schon enthalten ist. Das wurde schon zuvor im Anfang der Rekonstruktion deutlich. Aus der in der Naturgeschichte evolutiv heraufgeführten Ausgangslage eines Organismus, der von instinktiven Steuerungsmechanismen weithin freigesetzt ist, entsteht eine neue Organisationsform des Lebens, nämlich die vom Menschen selbst geschaffene geistig-kulturelle Lebensform, deren historische Weiterentwicklung bis in unsere Zeit verfolgt und rekonstruiert werden kann. Kurz: Einzig über die Prozeßlogik kann es gelingen zu erklären, warum etwas ist, wie es ist, warum etwa die Kausalität bei Aristoteles so verstanden wurde, wie sie verstanden wurde. Dies geschieht dadurch, indem rekonstruiert und gezeigt wird, über welche Prozesse und unter welchen Bedingungen sich das zu Erklärende gebildet hat.

4.7   *Der erkenntnistheoretische Gewinn: Der Zugang zum Denken in Geschichte und fremden Kulturen*

In der abschließenden These wird der Zugang zum Verständnis des historischen und fremden Denkens herausgestellt.

(7) Das Verfahren der Rekonstruktion der operationalen und materialen Strukturen aus der Ontogenese ermöglicht sowohl den Zugang zum Verständnis der Kognition in historischen Gesellschaften als auch den zum Denken in fremden Kulturen unserer Zeit. Ein Verständnis ist deshalb möglich, weil die kognitiven Strukturen der Mitglieder dieser Gesellschaften in der Verlängerung der ontogenetisch begonnenen Strukturen liegen und der Bildungsprozeß der Strukturen samt ihren Weiterentwicklungen unter den Bedingungen rekonstruiert werden kann, unter denen er stattgefunden hat.

Ich habe oben darzulegen gesucht, daß die geistigen Organisationsformen, die wir sowohl in den verschiedenen Epochen und Gesellschaften der Geschichte als auch in der Gegenwart vorfinden, immer Formationen sind, deren Strukturen in der Verlängerung der ontogenetisch gebildeten gelegen sind und folglich deren Entwicklungsrichtung und Entwicklungslogik aufweisen. Der Strukturbildungsprozeß und die Bedingungen, unter denen er stattgefunden hat, lassen sich rekonstruieren.[90] Deshalb ist es möglich anzugeben, weshalb wir fremde und historische Gesellschaften verstehen und wodurch wir sie verstehen. Nämlich dadurch, daß ihre Strukturen in einem uns zugänglichen Bildungsprozeß liegen, den wir selbst gegangen sind, und den wir samt seinen Transformationsregeln rekonstruieren können.[91] Unter dieser prozeßlogischen Perspektive läßt sich dann etwa fragen, wieweit die basalen ontogenetischen Strukturen in einzelnen historischen oder gegenwärtigen Gesellschaften weiterentwickelt wurden und wodurch sie weiterentwickelt worden sind. Auf die Geschichte insgesamt gewendet führt das dazu, daß diese sich als ein einsichtiges Resultat eines entwicklungslogischen Bildungsprozesses unter vorgegebenen Bedingungen darstellt (vgl. Dux 1989, S. 31ff).

Eine so konzipierte erkenntnistheoretische Theorie widerlegt die These der Kulturrelativisten, daß die kognitiven Welten der Erwachsenen in unterschiedlichen Gesellschaften auf völlig differenten Logiken beruhten. Sie ersetzt sie durch die Annahme, daß die kognitiven Strukturen in allen Gesellschaften auf einer einzigen, in der frühen Ontogenese beginnenden Entwicklungslinie liegen, auf der sie sich, abhängig vom jeweiligen gesellschaftlichen Entwicklungsstand, unterschiedlich weit vorangeschoben haben. Der Universalismus der kognitiven Strukturen, der alle kognitiven Unterschiede nur auf der Inhaltsebene ansiedelt, nicht aber auf der Strukturebene, wird insofern überboten, als gegen ihn auf einer Entwicklung der Strukturen beharrt wird.

Die Herausführung der kognitiven Strukturen aus der Ontogenese stellt dabei keineswegs in Abrede, daß die kognitiven Welten archaischer Gesellschaften fremde Welten, die kognitiven Strukturen dort nicht die unsrigen sind. Aber es sind trotz allem Strukturen, die auch in unserer Gesellschaft durchlaufen werden, hier aber nicht länger zu einem ausdifferenzierten Weltbild ausgearbeitet werden.

Vor diesem Hintergrund macht es Sinn, kulturvergleichende Untersuchungen zu konzipieren, die danach fragen, wie sich die in der frühen Ontogenese gebildeten universalen Strukturen in einzelnen, sozialstrukturell unterschiedlichen Gesellschaften unserer Zeit weiterentwickelt haben und ob diese Weiterentwicklungen ebenfalls einem universalen Muster folgen. Ebenso sinnvoll ist die Frage danach, wie sich die frühen operationalen und materialen Strukturen in den historischen Gesellschaften entwickelt haben. Dies kann an den überlieferten historischen Zeugnissen überprüft werden.

---

90 Denn "soweit man auch in die Geschichte oder Vorgeschichte zurückgehen mag, die Kindheit liegt immer vor dem Erwachsensein", so Piaget (Piaget 1990, S. 253).
91 Das Verständnis der fremden Gesellschaften beruht also nicht, wie etwa Winch meint, auf den menschlichen Konstanten "Geburt, Tod und Sexualität." Vgl. Winch 1987, S. 113ff.

5. Die Leitthesen zur Untersuchung der vormodernen Kausalentwicklung

Die Absicht, die mit der vorliegenden Arbeit verfolgt wird, ist die oben skizzierte Theorie anhand der historischen Kausalitätsentwicklung zu überprüfen. Zwei Materialgrundlagen bieten sich an, beide sollen hier zum Zuge kommen. Die Überprüfung geschieht zum einen durch eine strukturanalytisch-rekonstruktive Interpretation von Texten aus der griechischen Antike und dem frühen Mittelalter, zum andern über eine eigens zu diesem Zweck durchgeführte empirische kulturvergleichende Untersuchung, die im Mittelpunkt dieser Arbeit steht.

Die Einsicht der historisch-genetischen Theorie, daß alle kognitiven Strukturen nur aus der Ontogenese heraus zu verstehen sind, und die Vermutung, daß die Weiterentwicklung dieser Strukturen, bedingt durch gesellschaftliche Entwicklungen, in der Geschichte erfolgt ist, hat sowohl die Forschungsstrategie als auch die Anlage und die Vorgehensweise dieser Untersuchung bestimmt, in der ausschließlich eine bestimmte Phase in der Entwicklung der vorindustriellen Kausalität verfolgt wird.

Vor dem Hintergrund des theoretischen Rahmens lassen sich für die vorliegende Untersuchung zur Entwicklung der historischen Kausalität, analysiert am ausgewählten Gegenstand der Bewegung und Bewegungserklärung, drei grundlegende Thesen und daraus folgende Arbeitsschritte ableiten, die im folgenden umrissen werden.

(1) Wenn es richtig ist, daß alle kognitiven Strukturen aus der Ontogenese herausgeführt werden, dann gilt dies auch für die Kategorie der Kausalität, mit Hilfe derer die realen Vorgänge in der Außenwelt erfaßt und bewältigt werden.

Am Anfang der Untersuchung steht deshalb die Erläuterung des ontogenetischen Bildungsprozesses der Kategorie der Kausalität, ausgehend vom Beginn der Entwicklung des menschlichen Organismus aus der kulturellen Nullage heraus. Die Erörterung orientiert sich dabei an den Erkenntnissen der modernen Entwicklungspsychologie; die Genese und Konstruktion der Kausalität ist insbesondere von Piaget und seiner Schule eingehend untersucht worden. Als zusätzliche Belege zur Stützung der skizzierten Entwicklung im Kausalverständnis werden ontogenetische Replikationsstudien aus der Piaget-Tradition, auch kulturvergleichender Art, herangezogen.

Die Darstellung des ontogenetischen Bildungsprozesses ist nicht Selbstzweck, sondern sie bildet die Ausgangsbasis für die nachfolgenden Thesen zum historischen Entwicklungsprozeß der physikalischen Kausalität und den damit verbundenen strukturanalytischen Erörterungen. Ihm gilt das primäre Interesse.

Die Kognition von Erwachsenen und damit auch deren Kausalverständnis sind der historisch-genetischen Theorie zufolge zu allen Zeiten und in allen Gesellschaften der Geschichte die Umsetzung einer ontogenetisch entwickelten Erkenntnisform auf einem von den Bedingungen der Gesellschaft bestimmten Stand der Entwicklung. Ihre strukturelle Weiterentwicklung wird wesentlich durch die sozialstrukturelle, ökonomische und technische Fortentwicklung einer Gesellschaft bewirkt. Kognitive Systeme unterschiedlicher Gesellschaften müssen sich demgemäß als unterschiedlich weit realisierte Fortführungen der ontogenetischen Ausgangslage erweisen. Aus diesen Überlegungen läßt sich zwangsläufig die zweite These ableiten, die für historische Gesellschaften der Vergangenheit (2a) und traditionale Gesellschaften der Gegenwart (2b) differenziert wird:

(2a) Wenn es richtig ist, daß die kognitiven Strukturen der Erwachsenen in der Verlängerung der ontogenetisch begonnenen Strukturen liegen, dann müssen sich in erwachsenen Deutungssystemen historischer Gesellschaften der Vergangenheit auch die Strukturen der Kausalität als Endstadien auffinden und rekonstruieren lassen, die von Kindern in modernen Industriegesellschaften als Zwischenstadien durchlaufen werden, nicht aber die, die Kinder darüberhinaus im Verlauf der Adoleszenz unter den Bedingungen einer modernen Industriegesellschaft ausbilden.

Zur Überprüfung dieser These werden auf der materialen Basis überlieferter Texte das physikalische Kausalverständnis in der griechischen Antike und die physikalischen Kausalvorstellungen im Mittelalter untersucht. Inhaltlicher Gegenstand der Analyse der Kausalitätsvorstellung ist dabei das Problem der Bewegung und Bewegungserklärung, welches, ausgehend von der Antike bis hin zu Newton, in vielen naturphilosophischen Schriften abgehandelt wurde. Für die Zeit der Griechen wird exemplarisch das Kausalverständnis in den Bewegungsvorstellungen Aristoteles' analysiert. Die Wissenschaft der Bewegung wird von ihm in seiner Physikvorlesung behandelt, liegt aber auch seinen anderen physikalischen Werken zugrunde. Sie markiert einen wichtigen Abschnitt in der Entwicklung des wissenschaftlichen Denkens im allgemeinen und für die Physik im besonderen (vgl. Locqueneux 1989, S. 21ff). Für das Mittelalter wird auf die Schriften der scholastischen Impetustheoretiker zurückgegriffen, von denen gesagt wird, sie hätten die aristotelische Analyse der Bewegung weiterentwickelt und nahe an das neuzeitliche mechanistische Verständnis herangebracht. Die Herausbildung des neuzeitlichen Naturverständnisses, eine Periode, die 1543 mit Kopernikus' Veröffentlichung von "De Revolutionibus Orbium Coelestium" beginnt, in deren Zentrum Namen wie Galilei, Descartes und Huygens stehen und die mit Newtons "Philosophiae Naturalis Principia Mathematica", erschienen 1687, abgeschlossen wird (vgl. Dijksterhuis 1956, S. 319ff), ist nicht mehr Gegenstand der Untersuchung. Abschluß dieser Teiluntersuchung ist die Zeit vor Beginn der naturwissenschaftlichen Revolution, d.h. die Zeit vor der Übergangsphase zur Neuzeit. Das neuzeitliche Erklärungsmuster im Naturverständnis wird dabei als Folie verwendet, vor der sich, wie zu zeigen sein wird, die vorneuzeitlichen Erklärungsmuster der Bewegung und Natur strukturell abheben.[92]

(2b) Wenn es richtig ist, daß die kognitiven Strukturen der Erwachsenen in der Verlängerung der ontogenetisch begonnenen Strukturen liegen, dann müssen sich auch die ontogenetischen Stadien der Kausalität, die Kinder unter den Bedingungen industrieller Gesellschaften durchlaufen und überwinden, bei Erwachsenen in Agrargesellschaften der Gegenwart als strukturell noch nicht überbietbare Endstadien der Entwicklung ausweisen lassen, zumindest bei Erwachsenen, die noch in den traditionalen Regionen der Entwicklungsländer leben.

Diese These, die auf Kausalvorstellungen in einer heutigen Agrargesellschaft fokussiert, wurde in der Anlage einer kulturvergleichenden Untersuchung konkretisiert und in der Türkei exemplarisch an dem spezifischen Gegenstand der Bewegung und Bewegungserklärung der empirischen Überprüfung zugeführt.[93]

Ein erstes Ziel ist es, die Entwicklung und den Stand der physikalischen Kausalität bei einfachen, noch weitgehend unter vorindustriellen Bedingungen lebenden Mitgliedern der ländlichen Bevölkerung zu überprüfen. Neben der Wurferklärung und der Erklärung des freien Falls wurden eine Reihe von zusätzlichen Fragen über Bewegungsvorgänge in der Natur zum Gegenstand der Befragung gemacht, wie z.B. die Fragen, warum der Rauch des Feuers nach oben steigt oder warum sich die Wolken bewegen.

Daß die Erklärung der Projektilbewegung und die des freien Falls in die empirische Untersuchung aufgenommen wurde, hatte einen besonderen Grund: Es sollte nämlich festgestellt werden, ob bei den untersuchten Probanden Erklärungen vorkommen, die strukturell mit denen identisch sind, die von Aristoteles und der Impetustheorie vorgetragen wurden. Denn die dem Vergleich zugrundeliegende dritte These lautet:

(3) Wenn es richtig ist, daß die Weiterentwicklung und der Entwicklungsstand der kognitiven Strukturen von Erwachsenen vom jeweiligen gesellschaftlichen Entwicklungsniveau determiniert wird, dann ist zu erwarten, daß der Entwicklungsstand im Kausalverständnis und die Strukturtypik der Kausalerklärungen bei erwachsenen Mitgliedern gegenwärtiger Agrargesellschaften in etwa dem nahekommen, die in den beiden historischen Gesellschaften rekonstruiert wurden, da beide Gesellschaften einen vergleichbaren sozialstrukturellen Entwicklungsgrad erreicht

---

92 Einen knappen Überblick über den Fortschritt im Naturverständnis von den Sammler-Jägergesellschaften bis hin zur Neuzeit vermittelt Dux. Vgl. dazu Dux 1982, S. 258ff.

93 Dem Nachweis dieser These dienen auch zwei weitere Studien, die von Freiburger Doktoranden in Indien und Spanien durchgeführt wurden.

haben. Unterschiede sind allerdings in Stringenz und Systematik der Ausdeutungen zu erwarten, weil die antiken und mittelalterlichen Naturphilosophen reflektierte Denker waren, die türkischen Dorfbewohner hingegen sich mit Fragen zur Natur der Bewegung nie beschäftigt haben.

Wenn das Strukturmuster der Kausalität, das den historischen Wurf- und Fallerklärungen unterliegt, tatsächlich die Umsetzung einer pristinen Erklärungsstruktur darstellt, die als solche universal ist, dann muß sie sich in der sozialstrukturell vergleichbaren türkischen Gesellschaft im erwachsenen Denken auffinden lassen. Sollten sich die Aristotelische oder die impetustheoretische Wurf- und Fallerklärung tatsächlich finden lassen, wäre dies eine Bestätigung dafür, daß den historischen Bewegungsvorstellungen ein Muster unterliegt, daß aus der Ontogenese stammt und einer einzigen Entwicklungslinie folgt und deshalb in anderen Gesellschaften wiederzufinden ist. Die Frage ist also, ob sich die in der Türkei artikulierten Bewegungserklärungen mit dem Aristotelischen oder dem impetustheoretischen Erklärungsmodell decken. Nicht zu erwarten ist, daß sich funktional-relationale Erklärungen finden, die in modernen Industriegesellschaften gang und gäbe sind. Trifft dies zu, wäre es ein Beleg für die postulierte Universalität der kategorialen kognitiven Frühformen und ein Indiz für die postulierte Entwicklungslogik in der Geschichte des Denkens.

Im Hinblick auf die nähere Bestimmung der historischen Kausalitätsentwicklung ist nochmals nachdrücklich darauf zu insistieren, daß dieser Versuch der Rekonstruktion strukturlogisch zu verstehen ist. Selbstverständlich ist davon auszugehen, daß kausale Erklärungen im Weltbild einer bestimmten gesellschaftlichen Formation inhaltlich unterschiedlich ausfallen. Die interessante Frage ist aber, ob inhaltlich unterschiedlich geratene kausale Erklärungen sich als äquivalente Darstellungen über eine zugrundeliegende gemeinsame Struktur verstehen lassen?

Zweiter Teil:

Die ontogenetische Entwicklung der Kausalität und die Ergebnisse der empirisch-kulturvergleichenden Forschung

Gegenstand der Arbeit ist der Versuch, Bewegungserklärungen, von Aristoteles und Impetustheorie zum einen und von illiteraten und wenig gebildeten Erwachsenen aus ländlichen Gebieten der heutigen Türkei zum anderen, auf die zugrundeliegenden kausalen Strukturmuster hin zu untersuchen und miteinander zu vergleichen. Vermutet wird, das ist die zu überprüfende Hypothese, daß den Bewegungsdeutungen Strukturen zugrundeliegen, die als Fortführungen der ontogenetisch begonnenen Strukturen auszuweisen und begreiflich zu machen sind.

Ein solches Forschungsvorhaben impliziert - im Gegensatz zu gängigen philosophischen, erkenntnistheoretischen und wissenschaftshistorischen Vorstellungen - den schon erwähnten radikalen theoretischen Perspektivenwechsel, der von der Ontogenese aus den Zugang zum historischen Denken und dem Denken in fremden Kulturen sucht. Benötigt wird dafür zum einen eine ontogenetische Erkenntnistheorie, die im ontogenetischen Aufbauprozeß der Erkenntnis den erkenntnistheoretischen Vorrang des Subjekts entscheidend zur Geltung bringt und so die kognitiven Welten letztlich als Konstruktionen von aktiven, praktisch agierenden Individuen begreift. Benötigt wird zum anderen eine daran anschließende und weiterführende historisch-genetische Theorie, die den erreichten kognitiven Entwicklungsstand in einzelnen Gesellschaften aus den historisch gewordenen und je unterschiedlichen sozioökonomischen Bedingungen heraus verständlich zu machen sucht. Aussichtsreich für ein solches Unterfangen ist nur eine soziologische Erkenntnisstrategie, die diesen Anforderungen genügt. Der genetische Strukturalismus Piagets erstmals und insofern revolutionär (vgl. Fetz 1984, S. 27ff) und die im Anschluß an ihn in der historisch-genetischen Theorie vollzogenen theoretischen Weiterungen Duxscher Provenienz erfüllen die Anforderungen einer dergestalt bestimmten soziologischen Erkenntnisperspektive.

Die von der Ontogenese ausgehende, auf die historische Kausalitätsentwicklung ausgerichtete Forschungsperspektive erfordert zunächst die Darstellung des empirisch nachgewiesenen ontogenetischen Strukturbildungsprozesses der Kausalität, wie er in der genetischen Theorie von Piaget ihren Ausdruck gefunden hat (I). Bevor der sukzessive Aufbau der Kausalität aus der interaktionistisch-konstruktivistischen

Sichtweise Piagets genauer erläutert (4) und die daraus ableitbaren Konsequenzen für das Verständnis der historischen Kausalität erörtert werden (5), sind zunächst einige Anmerkungen notwendig, die seine Beschäftigung mit dieser Kategorie und seine diesbezüglichen Schriften betreffen (1). Darüber hinaus sind alternative Theorien der Kausalitätsentstehung zu skizzieren und aus der Sicht der genetischen Theorie zu kritisieren (2). Schließlich ist das Verhältnis von Realität und Konstruktivität der Kausalität zu bestimmen (3). Im Anschluß an die Darstellung der ontogenetischen Kausalentwicklung ist kurz auf die Grundmuster von Kausalität in der Geschichte einzugehen (6). Ausgehend vom vorneuzeitlichen subjektivisch-handlungslogischen Kausalverständnis werden in groben Zügen die Entwicklungen skizziert, die schließlich zum neuzeitlichen funktional-relationalen Kausalverständnis führten. Zu guter Letzt werden auch die Untersuchungsergebnisse zur Genese der Kausalität, die in der empirisch-kulturvergleichenden Forschung gewonnen wurden, präsentiert und diskutiert (II).

I. Die Entwicklung der Kausalität in der Ontogenese

1. Die Kategorie der Kausalität im Werk Piagets

Der Aufklärung des ontogenetischen Bildungsprozesses der Kausalität - sie ist neben dem Objekt, dem Raum und der Zeit die vierte der fundamentalen "realen Kategorien" der Welt (vgl. Piaget 1975b, S. 309 u. S. 337) - hat Piaget zeitlebens viel Aufmerksamkeit zukommen lassen. Denn hieran läßt sich zeigen, wie der Aufbau der Wirklichkeit vonstatten geht, wie das Subjekt die Strukturen der externen Objektwelt in seine Schemata assimiliert, und umgekehrt, wie es diese Schemata an die Eigenheiten der Gegenstandswelt akkommodiert. Zunächst aber einige Bemerkungen zu Piagets Beschäftigung mit der Kategorie der Kausalität und seinen diesbezüglichen Schriften.

Es gibt zwei Perioden, in denen sich Piaget besonders intensiv mit diesem Außenweltschema befaßte: zum einen in seinen wissenschaftlichen Anfängen, noch ohne ausgearbeitete Stadientheorie und mit starker Betonung der Subjektaktivität, zum anderen in seiner "späten" Phase zu Beginn der siebziger Jahre, vor dem Hintergrund der formalisierten Stadientheorie und mit besonderer Akzentuierung des Anteils der Objektseite am Bildungsprozeß (vgl. Chapman 1988, S. 48ff; Inhelder 1988, S. 77f; Vuyk 1981, Vol.1, S. 100f; Beilin 1992, S. 191ff).

Bereits Mitte der zwanziger Jahre veröffentlichte Piaget eine erste empirische Untersuchung zur Kategorie der Kausalität (Piaget 1925). Auch erste Überlegungen zur Vergleichbarkeit von ontogenetischer und historischer Entwicklung datieren aus dieser Zeit. Insbesondere in einer weiteren Studie zur physikalischen Kausalität, in Auseinandersetzung mit seinem Lehrer Brunschvicg, wurden erstmals in aller Deutlichkeit Verbindungen zwischen Geschichte und Psychogenese hergestellt, auf die dann in fast allen späteren Veröffentlichungen hingewiesen wurde. Und bereits hier optierte er für eine naturalistische Erklärung des Erkenntnisaufbaus im Ausgang von der Organisation des Lebens (Piaget 1924, S. 586ff; vgl. auch Fetz 1982, S. 497f). Die Zusammenfassung der Untersuchungen und Erkenntnisse zur Entwicklung der Kausalität, die aus dieser Schaffensphase resultieren, wurde 1927 publiziert (Piaget 1970). In diesem Werk wurden der Aufbau der Wirklichkeit und die elementaren Strukturen der kindlichen Kausalität untersucht und beschrieben. Die weiterentwickelten und höheren Formen der Kausalität waren zu dieser Zeit jedoch noch nicht Gegenstand seines Forschungsinteresses. Piagets Augenmerk war vor allem auf die Ausdrucksformen der Präkausalität gerichtet. Er hat in dieser Veröffentlichung 17 verschiedene Kausalitätstypen ausgewiesen, deren exakte Unterscheidung aber kaum möglich ist (vgl. auch Fuson 1976, S. 150ff). Nicht zuletzt deshalb wurden sie in dieser Vollständigkeit auch in keiner späteren Replikationsstudie nachgewiesen. Sie sind die Folge einer stark vom inhaltlichen Untersuchungsmaterial diktierten Einteilung, was, zusammen mit seiner Konzentration auf die Inhalte des kindlichen Denkens, sowohl die fehlende Synchronizität der Stadienentwicklung als auch die je unterschiedliche Zahl an Stadien erklärt.[94]

Zwischen der ersten und zweiten Phase seiner intensiven Beschäftigung mit der Entwicklung der Kausalität wurden die bisherigen Resultate - mit vielen Vergleichen zum Kausalverständnis in der Geschichte und Wissenschaftsgeschichte - in der ersten großen Synthese seines Schaffens, dem 1950 erschienenen dreibändigen Werk "Die Entwicklung des Erkennens", nochmals expliziert (vgl. Piaget 1975d). In den sechziger Jahren rückte die Kausalität erneut ins Zentrum seines Arbeitens. Piaget war inzwischen zu der Ansicht gelangt, daß er in seiner früheren Studie (1927) den Objektpol in der interaktiven Konstruktion zu sehr vernachlässigt habe, weshalb er diese Arbeit im Nachhinein nur wenig schätzte. Deshalb arbeitete er die ganze Entwicklung nochmals systematisch auf.[95] Aus dieser Beschäftigung entstand in den sechziger Jahren eine Vielzahl an Untersuchungen, deren Ergebnisse, einschließlich der erkenntnistheoretischen Schlußfolgerungen, 1971 in dem Band "Understanding causality" veröffentlicht wurden.[96] Der Erwerb des Konzepts der physikalischen Kausalität wurde jetzt entlang der logisch-mathematischen "Standardtheorie" beschrieben. Neben diesem Hauptwerk gibt es mehrere Bücher und eine Reihe von Aufsätzen, in denen sich Piaget ebenfalls mehr oder weniger explizit mit dem Thema der Kausalität beschäftigt hat.[97]

Zur Rezeption der "späten" Kausalitätsschriften ist generell festzustellen, daß diese bisher kaum zur Kenntnis genommen wurden. Insbesondere in den empirischen Nach-

---

94 Auch Chapman ist der Ansicht, daß Piaget sich in den frühen Publikationen vor allem auf die Inhalte des kindlichen Denkens konzentriert habe und dies der Grund dafür sei, warum er manchmal drei, vier oder fünf Stadien unterscheide. Vgl. dazu Chapman 1988, S. 48ff.

95 So Piaget in einem Interview mit Bringuier. Vgl. dazu Bringuiers Gespräch mit Piaget zum Thema "Causality, or how do we interpret the phenomena of the world?" in Bringuier 1989, S. 58ff. Vgl. auch Piaget 1976b, S. 59.

96 Vgl. die Zusammenfassung der knapp 100 Untersuchungen und die theoretischen Schlußfolgerungen in Piaget/Garcia 1974. Der in diesem Buch angekündigte Band mit den ausführlich dargestellten Untersuchungen liegt bis heute nicht vor. Einige dieser Untersuchungen sind allerdings in der Reihe "Etudes d'epistemologie genetique" vol. 27 - 30, Paris 1972 und 1973 veröffentlicht (aber nicht übersetzt), andere in verschiedenen Zeitschriften publiziert. Detailliertere Informationen und genaue Literaturangaben finden sich bei Vuyk 1981, Vol. 1, S. 13 u. 100f.

97 Erwähnt sei ein Aufsatz, in dem er sich mit Michotte und seiner Theorie der Kausalitätswahrnehmung auseinandersetzt. Vgl. Piaget 1960, S. 183ff. Darüber hinaus wurden die neueren Untersuchungen und Ergebnisse zur Kausalität und Kausalitätsentwicklung aufgearbeitet in Piaget 1980b, bes. S. 29ff und 120ff.

folgeuntersuchungen wird in der Regel nur auf das Hauptwerk der frühen Phase Bezug genommen.[98]

2. Konzeptionen der Kausalitätsentstehung und ihre Kritik aus der Perspektive der genetischen Theorie

Die Frage nach Ursachen und Wirkungen ist für das menschliche Denken zu allen Zeiten von besonderer Bedeutung gewesen. Schon immer haben Menschen in der alltäglichen Lebenspraxis erhebliche Zeit und Mühen investiert, um zu erkennen, welche Ursachen für ein beobachtbares Ereignis relevant sind oder welche Wirkungen ein bestimmter Sachverhalt künftig zeitigen wird. Es ist daher kaum verwunderlich, daß der Begriff der Kausalität, der Ursprung dieses Begriffes, die Frage nach den Eigenschaften und die Rechtfertigung seiner Anwendung, seit der Antike auch die Philosophen beschäftigt hat. Es verwundert auch nicht, daß diese Probleme und Themen der Philosophie und den Wissenschaften bis heute zu grundsätzlichen und kontroversen Debatten Anlaß geben.[99]

Die Auseinandersetzung mit dem Phänomen 'Kausalität' und die Frage nach den Grundlagen und der Entwicklung von Kausalvorstellungen beim Menschen hat in Philosophie und Psychologie zu unterschiedlichen Theorien der Kausalitätsentstehung geführt. Erklärungsansätze bieten:

a.) der Empirismus (Hume)
Diese Theorie geht von der empirischen Erfahrung aus. In der menschlichen Vorstellungskraft werden Ereignisse aufgrund der Erfahrung ihres regelmäßigen gemeinsamen Auftretens assoziiert und nach erfolgter Assoziation als miteinander verknüpft angesehen. Diese Vorstellung von der notwendigen Verknüpfung wird dann vom menschlichen Geist in die Außenwelt projiziert. Dies hat zur Folge, daß Menschen, wenngleich fälschlicherweise, die "notwendige Verknüpfung" von Ereignissen für einen Bestandteil der Objekt-Kausalität halten. Fälschlicherweise deshalb, weil objektiv vorhandene Verursachungszusammenhänge in der externen Welt dadurch gekennzeichnet sind, daß diese "notwendige Verknüpfung" empirisch nicht vorzufinden ist.

---

98 So findet "Understanding causality" weder Erwähnung bei Gelmann, einer Vertreterin der Piaget-kritischen Early-Competence-Bewegung, die in ihrer Übersicht auch neuere Kausalitätsstudien behandelt, noch bei Modgil und Modgil in ihrer groß angelegten Zusammenstellung der Piaget-Forschung. Vgl. Gelman 1978, S. 297ff u. Modgil/Modgil 1976a, Vol. 3, S. 46ff.

99 Einen Einblick in die gegenwärtigen naturwissenschaftlichen und philosophischen Diskussionen über Kausalität und Kausalprobleme - aber ohne Berücksichtigung der psychologischen Ursprünge und der Genese - gewähren Posch 1981 u. Bubner 1992. Vgl. auch Spaemann 1992, S. 160ff.

b.) der Apriorismus (Kant)

Diese Theorie lokalisiert die Strukturen der Erkenntnis im Subjekt. Nach Kant muß der Begriff der Ursache notwendigerweise in jedem intellektuellen Akt strukturell impliziert sein, womit die Kausalität als eine dem aktiven menschlichen Geist immanente apriorische Kategorie verstanden wird. Kausalität ist dieser Theorie zufolge weder ein äußerer Vorgang noch ein bloßer Schein, sondern eine der reinen, der Erfahrung vorausgehenden Kategorien, in denen der menschliche Verstand seine Erfahrung organisiert.

c.) der Vitalismus (Maine de Biran)

Diese Theorie beruft sich auf die innere Erfahrung. Die Kausalität resultiere aus dem Bewußtsein des willentlichen Handelns.

d.) die Wahrnehmungspsychologie (Michotte)

Die aus der Wahrnehmungspsychologie stammende Lösung Michottes beruht auf dem Konzept der "phänomenal" gegebenen Kausalität. Dieser Theorie zufolge wird die Kausalität aus der unmittelbaren Anschauung entnommen und von den wahrgenommenen Objekten und Ereignissen abstrahiert.

e.) der Pragmatismus

Dem Pragmatismus zufolge ist die Bildung der Kausalitätsvorstellung eine Schöpfung des Subjekts, die durch die Erfahrung und den empirischen Erfolg (Versuch und Irrtum) nachträglich einer Selektion unterworfen wird.[100]

Allen diesen erkenntnistheoretischen Positionen und Konzeptionen der Kausalentstehung hat Piaget mit seiner konstruktivistischen struktur-genetischen Theorie der Kausalentstehung mehr oder weniger widersprochen. In seiner Theorie werden die Handlungen als Ausgangspunkt der Erkenntnis betrachtet. Er erachtet diese Handlungen als koordinierbar und nimmt an, daß sich das erkennende Subjekt als bewußtes Ich nur in einem längere Zeit beanspruchenden Koordinationsprozeß entwickeln kann, wobei sich parallel dazu das Verständnis für die subjektunabhängig bestehende Objektwelt anbahnt (vgl. Kübli 1978, S. 18f). Diese Voraussetzungen gestatten eine nicht-apriorische und nicht-empiristische Erklärung der Kausalität. Denn wäre das Bewußtsein unveränderlich in seiner Form oder Struktur und veränderlich nur in seinem Inhalt, so müßte man die Kausalbeziehung als a priori gegeben betrachten und wie Kant zum Begriff einer angeborenen Denkkategorie greifen. Da aber ontogenetisch tatsächlich strukturelle Veränderungen der Kausalvorstellungen nachweisbar sind, scheiden apriorische Theorien als Erklärung aus, da mit deren These der "strukturellen

---

100 Zur Darstellung dieser Positionen durch Piaget vgl. Piaget 1975b, S. 297ff; Piaget 1975d, S. 260ff. Zu den erkenntnistheoretischen Positionen vgl. auch Harten 1977, S. 51ff.

Invarianz" die Entwicklung nicht zu erklären ist. Ebenso defizitär sind empiristische Abbildtheorien, die die Kausalitätsbeziehung auf äußere Imprägnierung oder Gewohnheit zurückführen. Träfen sie zu, dann müßte von vorneherein eine perfekte Kenntnis der Außenwelt gewährleistet sein. Eine Entwicklung, die zu einem zunehmend adäquateren Verständnis der Außenwelt führt, wäre sinnlos. Beide Erklärungsansätze verkennen zudem den aktiven Beitrag des Subjekts am kategorialen Konstruktionsprozeß.[101] Piaget widerspricht auch der Konzeption Michottes, der annimmt, daß die wahrgenommene phänomenale Kausalität - worunter er die unmittelbar wahrgenommene Verursachung versteht (z.B. A stößt B weg) - die früheste Form und die Ausgangsbasis der weiteren Kausalentwicklung sei. Diese Theorie wird von Piaget dahingehend kritisiert, daß zum einen die taktil-kinästhetische Kausalität chronologische Priorität besitze und zum anderen in die Wahrnehmung selbst Schemata involviert seien, welche aktive Konstruktionen des Subjekts seien.[102] Gegen Maine de Biran, dem zufolge der Prototyp der Kausalität der inneren Erfahrung entstamme, sie in der willentlichen Handlung des Ichs zu suchen sei, wendet Piaget ein, daß am Beginn der Entwicklung noch kein Ich vorhanden sei und zudem sich, schon vor der Bewußtwerdung des Ichs, die Handlung in einem Aufbauprozeß befinde (vgl. Piaget 1975b, S. 301f; Piaget 1975d, S. 262ff). Gegen die Konzeption des Pragmatismus schließlich, der den Geltungsmodus der Strukturen letztlich dem Zufall unterwirft, setzt Piaget die fortschreitende Entwicklung der Kausalität, die zu einer Konstruktion von Schemata führt, die von einer immer enger werdenden Verbindung zwischen der Erfahrung und der Deduktion zeugen (vgl. Piaget 1975b, S. 304).

Nach Piagets konstruktivistisch-interaktionistischen Theorie läßt sich die Kausalitätsentwicklung aus der direkten Subjekt-Objekt-Interaktion heraus adäquat verstehen. Aus dieser Ausgangskonstellation ist der Aufbau der Wirklichkeit verständlich zu machen. "Die Kausalität besteht aus einer Organisation des Universums, welche der Gesamtheit der Beziehungen zu verdanken ist, die zuerst mit dem Mittel der Handlung und später mit dem Mittel der Vorstellung zwischen den Objekten und auch zwischen dem Objekt und dem Subjekt hergestellt wurden. Die Kausalität setzt also auf allen Stufen eine Interaktion zwischen dem Ich und den Dingen voraus" (vgl. Piaget 1975b, S. 304). Die Konstruktion der äußeren Welt und der Aufbau der internen Erkenntnisstrukturen bedingen sich gegenseitig. Der Konstruktionsprozeß der Erkenntnis - und damit auch der Kausalität - ist im Laufe der Entwicklung entscheidenden Veränderungen unterworfen. Er kennt eine Abfolge mehrerer, aufeinander aufbauender und auch qualitativ unterscheidbarer Entwicklungsschritte. Dies sind: das sensomotorische Entwicklungsstadium, welches die ersten beiden Lebensjahre des Kindes umfaßt; das präoperationale Stadium, welches mit etwa sieben bis acht Jahren

---

101 Zur Kritik vgl. Piaget 1975b, S. 298ff u. S. 302ff.
102 Zu Michottes Theorie vgl. die Aufsätze in Michotte 1982 u. Eimer 1987, S. 65ff. Zu Piagets Kritik vgl. Piaget 1960, S. 217ff und Piaget 1972b, S. 23ff.

in das konkret-operationale Stadium übergeht und schließlich, ab etwa dem zwölften Lebensjahr, in das Stadium der formalen Operationen mündet. In jedem dieser Stadien finden sich unterschiedliche und jeweils charakteristische Vorstellungen von der Natur kausaler Zusammenhänge.

3. Das Verhältnis von Realität und Konstruktivität der Kausalität in der genetischen Theorie

Bevor der sukzessive Aufbau der Kausalität aus der interaktionistisch-konstruktivistischen Sicht Piagets dargestellt wird, ist die Beziehung von Realität und subjektiver Konstruktion der Kausalität zu bestimmen.[103]

Piaget geht in seiner Theorie der Kausalitätsentwicklung zum einen von der Existenz einer Außenwelt aus (Piaget 1985, S. 25) - "to talk of causality is to presume that objects exist outside of us and that they act independently of us" - zum andern von der Annahme, daß die Außenwelt und die Beziehungen zwischen den Objekten über die sich bildenden Operationen vom Subjekt erkannt werden können (Piaget/Garcia 1974, S. IX; Piaget 1980b, S. 139).[104] Mit der These, Realität und Objektwelt zu erkennen (wobei zu keinem Zeitpunkt der Entwicklung des Erkennens die endgültige Form oder das Wesen bestimmt werden kann), wendet sich Piaget gegen erkenntnisskeptische und relativistische Strömungen in Philosophie und Wissenschaft, die davon ausgehen, daß es dem menschlichen Denken unmöglich ist, Realität angemessen zu erfassen, weil es immer mit einem eigenen Apparat von Strukturen an die Wirklichkeit herangeht, die es dieser gewissermaßen aufzwingt.[105]

Mit dem Begriff "Kausalität" bezeichnet Piaget einerseits ein subjektives Konstrukt, d.h. ein bestimmtes physikalisches Wissen oder Weltwissen samt seinen invarianten funktionalen und veränderlichen strukturalen Erkenntnisvoraussetzungen, andererseits das System der Wechselwirkungen zwischen den Objekten jener als objektiv und stabil gedachten Realität.[106] Mit anderen Worten, Kausalität zerfällt in eine formale und materielle Komponente, in einen Begriff von ihr, der in einem Theoriesystem artikuliert wird, und in eine reale Gegebenheit, auf die das Theoriesystem appli-

---

103 Vgl. zum folgenden Piaget 1975d, S. 328ff; Piaget/Garcia 1974, S. 112ff; Piaget 1970, S. 237ff. Knappe Sekundärliteratur zur Kausalitätsentwicklung nach Piaget: Vuyk 1981, Vol 1, S. 101ff; Inhelder 1980, S. 27ff; Eimer 1987, S. 91ff.

104 Auch Bunge ist der Ansicht, "daß das Kausalprinzip innerhalb seines Geltungsbereichs nicht nur einen Zug unserer kognitiven Beziehung zur Außenwelt wiederspiegelt, sondern ein Wesensmerkmal der Realität selbst ist". Vgl. Bunge 1987, S. 63f.

105 Für die Relativität aller Erkenntnis stehen beispielsweise die Wissenschaftstheoretiker Fleck und Kuhn, für die wissenschaftliche Erkenntnis nur vor dem Hintergrund selbst nicht begründbarer Annahmen - eines Denkstils oder Paradigmas - möglich ist. Vgl. Fleck 1994 u. Kuhn 1983.

106 "...our knowledge of causality is something other than causality...". Piaget/Garcia 1974, S. 137. Siehe auch Piaget 1975d, S. 330.

kabel ist. Das Verhältnis von gedanklichen Operationen und physikalischer Realität wird von ihm wie folgt gefaßt: "Seen genetically, the operations transform the real and thus correspond to what the subject can do to the objects in his deductive or deductible manipulations, which are at first material but susceptible of progressively formal refinement. Causality, on the other hand, expresses what the objects do as they act on one another and on the subject. There must, therefore, be an intimate relationship between these two kinds of actions; otherwise the logico-mathematical constructions of the subject would never meet the reality, while reality would modify the subject's operations without his knowing it" (Piaget/Garcia 1974, S. 1f). Er definiert somit die Realität der Kausalität als "das System der Wechselwirkungen zwischen Objekten". Sie gehört seinem Verständnis nach zur Objektseite, die außerhalb des Denkens liegt.

Wie kann man nun diese Wechselwirkungen zwischen den Objekten - also die reale Kausalität - gedanklich erfassen? Sie lassen sich, so Piaget, über die Assimilation begreifen, die aus den subjektiven Handlungen und Operationen mit Objekten entspringt, welche ein System von Operationen erzeugen, das wiederum auf die Wechselwirkungen von Objekten angewandt werden kann. Die Funktion der Operationen besteht darin, die Wirklichkeit zu assimilieren. Kausalität und Operationalität stimulieren sich dabei wechselseitig: Dadurch, daß externe Vorgänge auf die Operationen einwirken und diese modifizieren und umgekehrt, die dadurch verbesserten Operationen erlauben, die Wirklichkeit adäquater zu erfassen. Die Verbindung der logisch-mathematischen Operationen mit der Kausalität stellt sich Piaget teilweise so vor, daß "die erstere die zweite ständig beeinflußt, in der Art, wie eine Form den Inhalt beeinflussen kann; umgekehrt beeinflußt die Kausalität die Ausbildung der mathematischen Strukturen durch die Erleichterungen oder Widerstände, die der Inhalt einer Formalisierung gewährt oder entgegensetzt" (vgl. Piaget 1980b, S. 71 u. Piaget 1970, S. 282).[107]

Während für das empirische Wissen um Fakten und Gesetze die "Anwendung" dieser Operationen auf die Realität ausreicht, bedarf die Erfassung der Kausalität der "Attribuierung" der Operationen (vgl. Piaget/Garcia 1974, S. 11 u. S. 132; Piaget 1980b, S. 127). Klassifizieren, Zählen und Messen sind Beispiele für die "Anwendung" von Operationen auf die Objekte der Außenwelt. Für diese Operationen, bei

---

107 Entgegen der eigenen erkenntnistheoretischen Intention, daß die elementaren Formen über die Konfrontation mit der Außenwelt, genauer, über die sorgende Bezugsperson konstruiert werden müssen, finden sich bei Piaget des öfteren Formulierungen, die das Gegenteil nahelegen, daß die elementaren Formen, auch wenn sie von außen stimuliert würden, eher internen Ursprungs seien, a priori im Organismus verankert lägen oder der inneren Erfahrung entstammten. Vgl. dazu Piaget 1970, S. 272 u. S. 284.

denen nur das Subjekt agiert, während das Objekt passiv ist, ist kennzeichnend, daß sie nicht als den Objekten zugehörige Bestandteile begriffen werden.[108]

Dagegen beruht die Kausalität darauf, daß die als Fakten erkannten Zusammenhänge - sie sind durch die Vermittlung des logisch-mathematischen Instrumentariums zugänglich - als Ergebnis von Transformationen aufgefaßt werden, die der Realität selbst zugeschrieben werden. Die bloße Anwendung der Tätigkeitsschema auf die Außenwelt reicht für das Kausalitätsverständnis nicht aus. Das Konstrukt der Kausalität wird somit definiert "as an attribution of operations to objects", also als ein "Hinzufügen der Operationen zur Realität" (vgl. dazu Piaget/Garcia 1974, S. 113 u. S. 133; Piaget 1975d, S. 330 u. S. 335; Piaget/Garcia 1989, S. 20). Attribuierung, so erklärt Piaget, setzt voraus, daß erstens Objekte mit ihnen zugehörigen Eigenschaften existieren, daß zweitens das Subjekt auf diese Objekte anwendbare Operationen konstruiert, um dessen Eigenschaften zu erfassen (wobei zu dieser Konstruktion die reflektierende Abstraktion benötigt wird), und besteht drittens darin, daß bei der Anwendung der Operationen auf die Objekte diese (sie sind vom Subjekt nicht frei geschaffen) den Objekten selbst zugeschrieben und als Strukturen der Objekte verstanden werden. Dies begründet die Isomorphie von kognitiven Operationen und externen Gegebenheiten, welche durch erstere entdeckt werden (vgl. Piaget/Garcia 1974, S. 64 u. Inhelder 1980, S. 30). Im Unterschied zu den "angewandten Operationen", bei denen das Subjekt operiert, ist es in diesem Fall das Objekt, welches agiert. Ein angemessenes Kausalverständnis setzt somit die vorgängige Konstruktion von Operationen voraus. Das zeigt sich darin, daß Kinder, die noch nicht logisch operieren können, den Objekten keine Operationen sondern nur einfache Handlungen zuschreiben. Diese beruhen auf dem Modell der subjektiven Intentionalität (Finalismus) oder auf dem muskulären Modell (Kraft). Auch der Begriff der Notwendigkeit, der eigentlich zum logisch-mathematischen Wissen gehört, geht durch Zuschreibung in das Kausalitätskonstrukt ein (Piaget 1975d, S. 332).

Wie ist der Zusammenhang zwischen Subjektwelt und Objektwelt, der überraschende Einklang der logisch-mathematischen Operationen mit der Erfahrung und der physikalischen Kausalität zu erklären? Dafür, daß zwischen subjektiven und objektiven Strukturen kein Gegensatz besteht, spricht in Piagets Augen vor allem, daß die Strukturen des Erkennens über die Psychogenese auf den Organismus als ihren Ausgangspunkt zurückgehen. Dieser aber ist selbst ein Teil der zu strukturierenden Welt, der Verzweigungspunkt zwischen den subjektiven Strukturen und denjenigen der materiellen Realität. In den Worten von Piaget: "The reason for these correspondences

---

108 Von diesem Verständnis noch ausgenommen sind kleine Kinder, die glauben, daß Zahlen, Namen und Maßeinheiten Bestandteil der objektiven Realität seien, ein Realismus, der aber im Verlaufe der Entwicklung abgebaut wird. Vgl. dazu Piaget 1981a, S. 43ff.

is clearly that the source of operations is to be found in regulations of the organism and that the organism is a physical object subject to causality like all other objects" (Piaget/Garcia 1974, S. 137; Piaget 1980b, S. 97).

Piaget ist - etwas vereinfacht gesagt - der Ansicht, daß wir die als objektiv vorausgesetzten Wechselwirkungen der Objekte, die Kausalität also, in Analogie zu unseren operativen Handlungen verstehen. Diese sind aber physikalisch-organischen Ursprungs, da sie sich aus den Regulationen des Organismus entwickelt haben. Den letzten Grund dafür, daß das Subjekt die Realität erkennen kann, sieht Piaget darin, daß es selbst der Natur angehört. Er nimmt zwar nicht, wie die apriorische Schule, eine "prästabilierte" Harmonie zwischen Universum und Denken an, postuliert aber eine "etablierte" Harmonie, die sich allmählich durch einen Prozeß entwickelt, der im Organischen wurzelt und sich ins Unendliche erstreckt (vgl. Piaget 1980b, S. 97f u. Scharlau 1996, S. 84f).

4. Die vier ontogenetischen Entwicklungsstadien der Kausalität

4.1   Die Kausalität im sensomotorischen Stadium

Die ersten beiden Jahre der vorsprachlichen praktischen Intelligenz stehen ganz im Zeichen der Entwicklung und der Koordination der sensorischen und motorischen Fähigkeiten. Indem das Kind durch seine assimilatorischen Aktivitäten auf die Objekte seiner Umgebung Einfluß zu nehmen sucht und dabei durch die Erfahrung der "Widerständigkeit" der Außenwelt zu Akkommodationen gezwungen ist, gelangt es schrittweise zur Gliederung der wahrgenommenen Außenwelt und zugleich zum Aufbau einfacher Erkenntnisstrukturen. Es ist ein Dezentrierungsprozeß, welcher die anfängliche "radikale Egozentrik" überwindet.[109]

Am Ausgangspunkt der Erkenntnisentwicklung und mithin der Kausalität existiert weder ein bewußtes Subjekt, das sich seiner eigenen Existenz und Aktivitäten bewußt ist, noch bestehen völlig ausgebildete Objekte, die sich ihm entgegenstellen. Am Anfang steht vielmehr ein biologischer Organismus mit seinen naturalen Vorgaben. Es sind Reflexschemata, die die Nahrungsaufnahme, die Atmung, das Funktionieren der Sinnesorgane gewährleisten und damit das Überleben sicherstellen. Auch gibt es für den Organismus keine Subjekt-Objekt-Differenzierung. Die einzige Verbindung zwischen dem Organismus, der später zum Subjekt wird, und den externen Objekten sind die - allerdings noch nicht koordinierten - isolierten einzelnen Handlungen (Saugen, Blicken, Greifen). Diese anfänglichen Instrumente des Austausches werden als Fort-

---

109 Zur allgemeinen Intelligenzentwicklung im sensomotorischen Stadium vgl. Piaget 1980b, S. 33ff. Eine eingehende Darstellung des Bildungsprozesses der Kausalität in der sensomotorischen Phase, auf die ich mich in meinen Ausführungen im wesentlichen berufe, findet sich in Piaget 1975b, S. 212ff.

setzung der biologischen Selbstregulation verstanden, bei der der eigene Körper als gemeinsames und ständig verfügbares Bezugssystem fungiert. Dies führt zu einer automatischen und unbewußten Zentrierung der Außenwelt auf den Körper (Piaget 1980b, S. 34f). Der Säugling vermag in seinen ersten Monaten noch nicht zwischen den aus seiner Umgebung kommenden Reizen und gleichzeitig empfundenen inneren Eindrücken, etwa der muskulären Anspannung, zu differenzieren. Interne und externe Elemente sind noch eng miteinander verwoben. Externe Realitäten treten eher als "Bündel wahrgenommener Eigenschaften" auf denn als konstante Objekte mit Substanz (Piaget 1975b, S. 216). Die Wahrnehmung der externen Welt stellt sich folglich als "Verlängerung" der selbstregulativen, primär assimilatorischen, aber auch - in der Folge davon - notwendigen akkommodierenden Tätigkeiten des Organismus dar.[110] "Anders gesagt, die erreichte Nahrung muß als Verlängerung der Handlung Saugen, die visuellen Bilder als Verlängerung derjenigen des Sehens usw. wahrgenommen werden. Die primitive Kausalität könnte also als eine Art Effizienzgefühl oder ein Gefühl des Wirkens, das an die Handlung als solches gebunden wird, verstanden werden. (...) Das Universum der ersten Stadien könnte also eine Ansammlung von Zentren der Kreation oder Reproduktion sein, in denen das Kind seine eigenen Eindrücke der Anstrengung und der Aktivität lokalisiert, ohne daß man sagen könnte, daß es diese Zentren als außerhalb oder innerhalb seiner selbst gelegen begreift. So ist die primitive Kausalität durch einen doppelten Aspekt gekennzeichnet, einerseits ist sie dynamisch (Gefühl des Wirkens) und drückt einfach das Bewußtsein der Aktivität selbst aus, aber andererseits ist sie phänomenistisch und bildet sich nur in bezug auf ein durch das Subjekt wahrgenommene externe Gegebenheit. Diese unauflösbare Verbindung des Dynamismus und des Phänomenismus sind es, die auf der Ebene der Kausalität am direktesten aus den niedrigeren Formen der Assimilation und Akkomodation zu entstehen scheinen" (Piaget 1975b, S. 220). Der Beginn der Kausalität beruht demnach auf dem diffusen Gefühl des Wirkens, das sich in jedem Wahrnehmungszentrum wiederfindet, gleich ob es sich um externe Gegebenheiten handelt oder um den Körper des Subjekts selbst. Der Eindruck des Säuglings muß folglich sein, daß eine bestimmte Handlung, auf ihm unbekannte Weise, zu einem Resultat führt.

Die Welt des Kindes in den ersten Monaten ist also durch eine "Union des Phänomenismus und des Wirkens" gekennzeichnet, durch zwei Pole, die sich im Verlauf der Entwicklung immer weiter voneinander entfernen werden (Piaget 1975b, S. 220ff). Ab dem dritten Monat gelingt es mehr und mehr, die taktilen, visuellen und kinästhetischen Empfindungen zu koordinieren. Das Verhalten wird systematischer und absichtsvoller. Das Gefühl des Wirkens und der Phänomenismus beginnen sich

---

110 Die Akkommodation ist nur in Abhängigkeit von der Assimilation möglich und meint Akkommodation von Assimilationsschemata. Die Akkommodation ist keine spontane Tendenz, sondern ergibt sich als notwendige Folge der Assimilationstendenz, welche die primäre Funktion ist. Piaget spricht deshalb oft vom Primat der Assimilation. Vgl. Piaget 1976a, S. 14; Piaget 1975a, S. 412. Siehe auch Katzenbach 1992, S. 147f.

zu differenzieren. Das Gefühl des Wirkens wird allmählich als Ursachenfaktor erlebt, während das wahrgenommene externe Phänomen nun zu dessen Wirkung wird (Piaget 1975b, S. 225). Beide Pole liegen aber noch immer eng beisammen. Das Kind verleiht den wahrgenommenen Objekten noch keine eigenständige kausale Kraft. Die drei Typen kausaler Beziehung, die Einwirkungen auf den eigenen Körper, die Einwirkungen des Körpers auf die draußen gelegenen Objekte und die Einwirkungen der äußeren Objekte aufeinander, werden vom Kind vielmehr dem Dynamismus seiner eigenen Aktivität zugeschrieben, das wahrgenommene Phänomen wird jeweils nur als direktes Resultat der eigenen Handlung verstanden (Piaget 1975b, S. 240). Selbst auf die unmittelbaren Bezugspersonen wird versucht "magisch-phänomenistisch" einzuwirken, sie mit dem Mittel der Imitation zur Wiederholung bestimmter Verhaltensweisen zu animieren. Auch der "andere" wird in der Fortsetzung der eigenen Aktivität gelegen begriffen. Insgesamt führt dies, über den wiederholten Erfolg, zur Bestätigung und Stabilisierung des kindlichen Wirkgefühls (vgl. Piaget 1975b, S. 221ff).

Nach diesem Entwicklungsabschnitt folgen ab etwa dem neunten Monat erste Tendenzen zur Vergegenständlichung und Verräumlichung der Kausalität (vgl. Piaget 1975b, S. 247ff). Das Kind erkennt zunehmend, daß nicht alle Phänomene von der eigenen Aktivität abhängig sind, und beginnt auch Objekten außerhalb eine substantielle Permanenz und eigenständige kausale Wirksamkeit zuzuschreiben, die zuvor beim Gefühl des Wirkens auf seine eigenen Aktivitäten beschränkt geblieben ist. Dies markiert den Beginn der Unterscheidung von innerer und äußerer Ursache, ohne daß sie aber wirklich qualitativ geschieden werden (Piaget 1975b, S. 261). Komplementär dazu werden mehr und mehr die räumlichen und zeitlichen Verhältnisse zwischen Ursache und Wirkung berücksichtigt sowie mögliche, zwischen diesen Polen liegende, vermittelnde Faktoren wahrgenommen, was sich in der Entdeckung neuer Mittel durch aktives Ausprobieren manifestiert. Im Verlauf des weiteren Entwicklungsprozesses beschränkt sich das "Wirken" zunehmend "auf die eigene Aktivität und wird nun zu einer rein psychologischen Kausalität", während sich "der Phänomenismus durch reine Differenzierung vom 'Wirken' in räumliche Kausalität transformiert" (Piaget 1975b, S. 278). Der intentionelle und der räumliche Pol haben sich damit auf der Ebene der praktischen Intelligenz endgültig voneinander getrennt. Kurz: Das Kind befindet sich am Ende der sensomotorischen Phase in einer Situation, in der es sich zum einen als wirkmächtig erfährt und in der es zum anderen den Zwängen der externen Welt unterworfen ist, "die Wirkung der von ihm unabhängigen Ursachen erleidet" (Piaget 1975b, S. 281). Anzumerken ist, daß die geschilderten Prozesse von keiner Vorstellung begleitet sind. Es gibt keine begrifflich fixierten Einsichten in die Struktur und Zusammenhänge der Welt.

Die kognitiven Aufbauprozesse im allgemeinen und die beschriebenen elementaren Aufbauprozesse der Kausalität im besonderen stehen - das wird von Piaget nicht genügend berücksichtigt - von Anfang an unter sozialen Bedingungen. Sie sind von Beginn an ein sozialer Lernprozeß.[111] Zwar wird die soziale Interaktion für die kognitive Entwicklung nirgends explizit verneint, aber unbelebte Objekte und lebende Personen werden in der Subjekt-Objekt-Interaktion beim "frühen" Piaget bestenfalls als gleichermaßen relevant erachtet, beim "späten" Piaget werden dann letztere zugunsten der ersteren beinahe völlig aus den Augen verloren.[112] Kurz: Handeln an natürlichen Objekten und Handeln mit anderen Subjekten werden bei ihm nicht systematisch unterschieden (Edelstein/Keller 1982, S. 12).

Tatsächlich aber ist das erste Objekt, an dem die frühen Erfahrungen gemacht werden, die sorgende Bezugsperson. Lernprozesse können nur in dieser primären Beziehung stattfinden. Als dominantes Objekt im Aktionsfeld des Säuglings ist die Bezugsperson diejenige Instanz, an der sich die Interaktionskompetenz aufbaut und mit deren Umgang sich die elementaren kognitiven Formen ausbilden. Dies aber hat weitreichende Konsequenzen für den Aufbau der Außenwelt und der Kausalität. Die Tatsache, daß das Kind das primäre externe "Objekt", die Bezugsperson, als handlungsmächtig erfährt, hat zur Folge, daß das elementare Objektschema, das aufgebaut wird, das des Subjekts ist, das elementare Ereignisschema das der Handlung. Objekte haben im frühen kindlichen Denken deshalb ein Aktionszentrum wie Subjekte, Ereignisse werden so wahrgenommen, als hätten sie in der Binnenlage eines Objekts ihren Anfang und wären ein vom Willen dirigiertes zielgerichtetes Tun (vgl. Dux 1982, S. 92ff; Dux 1989, S. 29; Sutter 1992, S. 430ff). Kurz: "Die primäre Art, die Welt aufzubauen, ist subjektivisch. Eben deshalb wird die Welt im subjektivischen Schema begriffen" (Dux 1982, S. 95). Allein die Tatsache der sozialen Konstruktion erklärt, warum im nachfolgenden Stadium des begrifflichen Denkens externen beweglichen Dingen Bewußtsein und jedem Ereignis eine dahinterliegende Absicht zugeschrieben wird, was sich im Animismus und Arifizialismus manifestiert, und warum viele Ereignisse finalistisch gedeutet werden.

4.2   Die Kausalität im präoperationalen Stadium

Gegen Ende des zweiten Jahres erwirbt das Kind im Zuge der Sprachentwicklung allmählich die Fähigkeit zur Abstraktion und Verallgemeinerung der eigenen Erfahrung. Mit dem beginnenden Aufbau begrifflicher Vorstellungen - auch er vollzieht sich auf

---

111 Eine Belegstelle dafür, daß Piaget die "sozialen Faktoren" nicht ganz übersieht, findet sich in Piaget 1981a, S. 192. Er schreibt dort, daß die Mutter an der Subjekt-Objekt-Differenzierung insofern beteiligt ist, als sie mit ihrem Verhalten dem Kind Widerstände entgegensetzt, die schrittweise zum Ichbewußt-sein führen. Die Konsequenzen der sozialen Interaktion für den Bildungsprozeß der Außenwelt werden aber nicht gesehen. Vgl. dazu auch Sutter 1992, S. 419ff u. van de Voort 1980.

112 Vgl. die Kritik von Katzenbach 1992, S. 164ff. Das die Entwicklung kognitiver (und sozialer) Strukturen nur dann verstehbar wird, wenn die Interaktion mit der Außenwelt durch die sorgende Bezugsperson ersetzt wird, hat jüngst Nicolaisen gezeigt. Vgl. Nicolaisen 1994.

der Grundlage der Subjekt-Objekt/Bezugsperson-Interaktion - hat das Kind eine Reihe von Entwicklungen zu absolvieren, die auf der praktischen Ebene der Handlung längst überwunden sind.[113]

Das beginnende begriffliche Denken im präoperationalen Stadium ist zunächst durch eine mangelhafte Differenzierung zwischen subjektiven und objektiven Faktoren, zwischen Denken und externer Welt gekennzeichnet, durch den kindlichen Realismus. Er kennt prinzipiell gesagt zwei Ausdrucksformen: Der eine Pol des Realismus besteht in der Objektivierung subjektiver Gegebenheiten, der andere Pol in der Subjektivierung objektiver Gegebenheiten. Ersterer manifestiert sich etwa darin, daß Träume, Gedanken und Begriffe in den Vorstellungen des Kindes auf der gleichen Ebene der Realität zu existieren scheinen wie die materiellen Objekte der Außenwelt. Letzterer manifestiert sich insbesondere im Animismus als der Tendenz, äußeren Objekten, insbesondere beweglichen Objekten, Leben und Bewußtsein zuzuschreiben, im Artifizialismus als dem Hang, die Gegenstände der Außenwelt auf einen "subjektivischen" göttlichen oder menschlichen Ursprung zurückzuführen, sie als "gemacht für" zu begreifen, und nicht zuletzt in einer Kausalität, die man als psycho-physikalisch charakterisieren muß, da sie, bedingt durch die allgemeine Konfundierung von Bewußtseinsinhalten und Außenweltgegebenheiten, noch nicht objektiv sein kann.[114] Hinzu kommt der "integrale" Finalismus, die Neigung, alles Geschehen der Außenwelt als zweck- und zielgerichtet zu verstehen. Dieser integrale Finalismus unterliegt oft schon den mit etwa drei Jahren beginnenden kindlichen Warum-Fragen. Diese Art von Fragen, so stellt Piaget fest, zeugen von einer Vorkausalität zwischen der wirkenden Ursache und dem Endzweck. Sie wollen - unter diesen zwei Gesichtspunkten - einen Grund für die Phänomene finden, die für Erwachsene zufällig sind, die aber im Kind, da es den Begriff des Zufalls in diesem Alter noch nicht kennt, um so mehr das Bedürfnis nach einer finalistischen Erklärung wecken (vgl. Piaget/Inhelder 1981, S. 82ff).

Das Kausalverständnis der Kinder in dieser Entwicklungsphase ist also durch die Vermengung von subjektiv-psychologischen und objektiv-physikalischen Tatbeständen bestimmt und finalistisch ausgerichtet. Folglich erklären sie externe physikalischen Sachverhalte magisch, moralisch, motivational, artifizialistisch, animistisch usw. Dies alles sind Erklärungsvarianten, die aus ihrer Herkunft aus der sozial zu fassenden Subjekt-Objekt-Interaktion zu verstehen sind und die Dux zusammenfassend mit dem Begriff des "subjektivischen Erklärungsschemas" belegt (vgl. Piaget 1970, S. 258ff; Dux 1982, S. 95).

---

113 Die Ergebnisse der Untersuchungen zum präoperationalen Denken und zur präoperationalen Kausalität, angereichert mit sehr viel Material, finden sich vor allem in Piaget 1981a u. Piaget 1970.

114 Zum Realismus, Animismus und Artifizialismus vgl. Piaget 1981a, zur psycho-physikalischen Kausalität Piaget 1970.

Die skizzierte Auffassung der Kausalität liegt auch dem Bewegungsverständnis und dem dazu benötigten Kraftbegriff zugrunde. Der Kraftbegriff, der nach Piaget aus der inneren Erfahrung hervorgeht, genauer, der "inadäquaten Bewußtwerdung der Muskelanstrengung auf der sensomotorischen Ebene", wird in dieser Phase als Bewegungserklärung bipolar, d.h. zugleich animistisch und artifizialistisch gefaßt und mit dem Finalismus relationiert (Piaget 1975d, S. 65).[115] Bewegliche Dinge werden einerseits - analog wie das Subjekt sich als Ursache seiner eigenen Bewegung versteht - von innen dank ihrer objektimmanenten Lebens/Eigenkraft festgelegt, die Verbindung von Kraft und Animismus, und andererseits von außen determiniert gedacht, dank der Kraft des schöpferischen Willens des Menschen oder des Willens Gottes, die Verbindung von Kraft und Arifizialismus. Diese primitive zweipolige Kraftvorstellung geht zudem noch einher mit dem Finalismus, der jeder Bewegung eine Zielgerichtetheit zuschreibt. Jede Bewegung wird somit von einer Ursache, der animistisch-artifizialistisch gefaßten Kraft oder Eigenkraft und von einem Ziel umschlossen, das durch eine doppelte Intention sowohl von innen als auch von außen festgelegt ist. Kurz: Ursprung und Ziel sind in dieser präoperationalen Bewegungskonzeption fest zusammengeschlossen.[116] Die Bipolarität von äußerer und innerer bewegender Ursache ist nach Piaget das Grundschema aller kindlichen Bewegungserklärungen. Dieses Schema findet sich sowohl in der präoperationalen als auch noch in der konkretoperationalen Entwicklungsphase.

Während Kinder im Alter von zwei bis vier Jahren, d.h. in der ersten präoperativen Teilphase, die Kausalität infolge ihres radikalen Egozentrismus noch meist mit der eigenen Handlung verbinden, gelingt es ihnen ab etwa fünf Jahren, d.h. in der zweiten präoperativen Stufe, diese mehr und mehr auch äußeren Dingen zuzuordnen oder sie an Personen zu delegieren. Die Kausalität der ersten Stufe ist "psychomorph". Objekte werden begriffen als "eine Art Lebewesen, die mit Kräften und Möglichkeiten der eigenen Handlung ausgestattet sind. Das Stoßen, Ziehen, Anziehen usw. der Objekte wirkt dabei auf Distanz wie in unmittelbarer Berührung und ohne ausgezeichnete Richtung, es sei denn die des Aufschlagpunkts, die für das Kind eine völlig ungerechtfertigte Einwirkung auf die Bewegung der im übrigen passiven Objekte auszu-

---

115 Die Piagetsche Sichtweise, den Kraftbegriff auf einen internen Ursprung, ein internes Motorschema zurückzuführen, steht der Position von Maine de Biran nahe, für den das subjektiv erlebte Anstrengungsgefühl (im Gegensatz zum "Verhalten der Anstrengung", das für Janet der entscheidende Gesichtspunkt ist), welches vom Ich in die Außenwelt projiziert wird, Quelle des Kraftbegriffs ist (Piaget 1975d, S. 64). Der Position Piagets ausdrücklich angeschlossen hat sich später Jammer (vgl. Jammer 1957, S. 16ff), aber auch von Schimank wird diese Sichtweise vertreten (vgl. Schimank 1942, S. 105ff). Dem steht die These gegenüber, die Wurzeln des Kraftbegriffs im äußeren Erleben (Strombach 1964, S. 310) oder in der Erfahrung der äußeren Realität (Heller 1970, S. 163) zu verorten. Einen historisch-systematischen Überblick bietet der Lexikon-Artikel "Kraft" im Historischen Wörterbuch der Philosophie. Vgl. Ritter 1976, Bd. 4, Sp. 1177 - 1184. Tatsächlich entstammt der Kraftbegriff wohl nicht so sehr der inneren Erfahrung, sondern bildet sich eher als Konsequenz der realen praktischen Erfahrung der "partiellen" Widerständigkeit und Wirkmächtigkeit der Bezugsperson.
116 Zur Genese des Kraftbegriffs vgl. Piaget 1975d, S. 63ff u. Piaget 1984f, S. 64ff.

üben scheint", wie Piaget am Beispiel von Stoßprozessen, diese Phase charakterisiert (Piaget 1980b, S. 48). Mit der beginnenden Dezentrierung in der zweiten Teilphase, im Zuge der Bewußtwerdung der eigenen Subjektivität, verliert für das Kind die Umgebung nach und nach die ihr zugeschriebenen psychologischen Attribute. Das bedeutet jedoch nur, daß einige der zuvor genannten psychologischen Adhärenzien in den kindlichen Erklärungen schrittweise abgebaut und objektiviert werden, keineswegs aber, daß diese völlig verschwinden. So werden beispielsweise animistische Vorstellungen anfangs auf alle äußeren materiellen Handlungen und Bewegungen angewandt, danach auf die eigentlichen Bewegungen eingeschränkt, später dann auf die autonom erscheinenden Bewegungen wie etwa jenen des Windes und der Sterne reduziert und schließlich, im nachfolgenden konkret-operationalen Stadium, nur noch auf Tiere und Menschen bezogen. Dort beginnt sich auch eine operativ verstandene Kausalität durchzusetzen (Piaget 1975d, S. 65 u. S. 271).

Kurz: Das Kausalverständnis im präoperationalen Stadium ist durch und durch von der "subjektivischen" Handlungslogik geprägt. Alles Geschehen wird finalistisch gedacht und geht von einem subjektivisch gefaßten Agens aus. Zwar werden gegen Ende dieses Stadiums die magischen Vorstellungen und die an den Objekten haftenden Attribute des Animismus und Artifizialismus zunehmend abgebaut, die subjektivische Grundstruktur bleibt jedoch erhalten.

4.3   Die Kausalität im konkretoperationalen Stadium

Im konkretoperationalen Stadium können die in der vorausgehenden präoperationalen Phase noch wenig koordinierten verinnerlichten einzelnen Handlungen mittels der reflektierenden Abstraktion zunehmend zu einem Gesamtsystem koordiniert und verschachtelt werden. Damit steigen die Handlungen in den Rang von reversiblen konkreten Operationen auf. Die Reversibilität gestattet nun, den Zeitablauf einer Handlung oder eines Ereignisses umzudrehen und sich der Erhaltung des Ausgangspunkts der Überlegung zu vergewissern. Gleichzeitig bildet sich ein zunehmend objektivierter und stabilisierter, jedoch noch an die anschauliche Erfahrung gebundener Kausalbegriff aus, der später schließlich zum Erwerb des Konzepts der "mechanischen Kausalität" führt. Dieser doppelte, sich wechselseitig stimulierende Bildungsprozeß kennzeichnet die dritte große Stufe der geistigen Entwicklung, das konkret-operationale Stadium (vgl. Piaget 1970, S. 263f; Piaget 1980b, S. 54ff).

Während sich die Kausalität auf den präoperativen Stufen darauf reduziert, daß das Verhalten der Objekte nach dem Muster der eigenen Handlung verstanden wird, muß der Kausalitätsbegriff im Alter von sieben bis acht Jahren als eine Zuordnung der eigenen Operationen an die Objekte verstanden werden. Dies stellt einen wichtigen Fortschritt in der Genese des Kausalitätskonstrukts dar (vgl. Piaget 1980b, S. 63 u. S. 123; Piaget 1975d, S. 271). Auf dem Weg zu einem realistischen Begriff der Kausalität - die "präkausalen" magischen, animistischen und artifizialistischen Vorstellungen und Erklärungsmuster werden mit der zunehmenden Bewußtwerdung der eigenen Subjektivität und externen Objektivität überwunden[117] - lassen sich noch gewisse Übergangsformen feststellen. So etwa die Vorstellung von der "Wirksamkeit des umgebenden Mediums", ein Konzept, das Piaget, obwohl noch nicht völlig realistisch, als erste genuin physikalische Erklärung bezeichnet, weil nun der räumliche Kontakt und die dynamischen Wechselbeziehungen zwischen Ursachen und Wirkungen eine wichtige Rolle spielen und nicht mehr die Handlungen des Kindes dafür verantworlich zeichnen.[118] "Bemerkenswerten Fortschritten" stehen also noch eine Reihe von "überraschenden Fehlleistungen" gegenüber, wie Piaget feststellt. Beides läßt sich an den kindlichen Bewegungserklärungen, vor allem an der Fall- und Wurferklärung demonstrieren. Insbesondere die Wurferklärung zeigt, daß weder der Kraftbegriff de-substanzialisiert ist noch daß das aus dem vorherigen Stadium bekannte Schema der zwei Antriebe und der Finalismus eliminiert sind, um die drei wichtigsten Einschränkungen im Kausalverständnis zu benennen.[119]

Konfrontiert mit der Frage, warum ein geworfener Ball/Stein sich fortbewegt, nachdem er die Hand verlassen hat, und nicht sofort zu Boden fällt, wird von den Kindern dieser Entwicklungsstufe - analog zu Aristoteles[120] - auf den Wind oder die Luft zurückgegriffen, denen die Fähigkeit zugeschrieben wird, das Projektil im Raum voranzutreiben.[121] Zum einen werde das Wurfgeschoß durch jenen Luftzug gestoßen, den der Flugkörper beim Voranfliegen erzeuge, oder von der Luft, die er verdränge, zum anderen werde das Geschoß durch die Luft bewegt, die von der Hand angestoßen worden sei, als das Objekt weggeschleudert wurde.

Die Objekte, das wird aus einer solchen Erklärung deutlich, bewegen sich nicht mehr aufgrund eigener Motive, sondern durch den direkten äußeren Einfluß des physikalischen Mediums. Die Kausalität wird damit der Außenwelt selbst zugeschrieben. Diese Erklärungen zeigen aber auf der anderen Seite noch einen Kraftbegriff, der substantiell gefaßt wird und unlösbar mit den Körpern selbst verbunden ist. Die Kraft wird zum einen im Medium und zum anderen im Flugobjekt oder Werfer lokalisiert. Die Kraft, Erbe des Animismus und Artifizialismus der vorherigen Stufe, läßt sich jetzt charakterisieren als eine körperimmanente, bewußtlose produktive Aktivität. Sie wird in den Körpern verortet und geht von den Körpern selbst aus, kann aber noch nicht übertragen werden. Wenn ein Körper auf einen anderen einwirkt, beschränkt

---

117 So sieht es auch Plank, der im 5. Kapitel seiner Dissertation eine gute Zusammenfassung der ontogenetischen Kausalentwicklung nach Piaget liefert. Vgl. Plank 1981, S. 207ff, hier S. 295.
118 Beispiele dafür finden sich in Piaget 1970, S. 79ff u. S. 231f, eine Analyse erfolgt auf S. 263.
119 Ausführlichere Erläuterungen zum Kraftbegriff und dem Schema der zwei Antriebe finden sich in Piaget 1975d, S. 66f u. S. 271 sowie in Piaget 1984f, S. 64ff. Die Darstellung der Fortschritte und Fehlleistungen in diesem Stadium finden sich in Piaget 1980b, S. 68ff.
120 Siehe dazu auch den Teil III, 1.3 der Arbeit.
121 Vgl. zur Erklärung der Projektilbewegung Piaget 1970, S. 18ff.

sich die Kraft des einen darauf, die Kraft des anderen anzuregen. Die Flugbewegung setzt damit zwei Antriebe voraus, einen inneren Antrieb, die Eigenkraft des Projektils, und einen äußeren Antrieb, die Luft, der den inneren auslöst (in der anderen Variante aktiviert die Hand die Eigenkraft der Luft). Jede Bewegung erfordert eine spezielle Ursache, die gerade die Kraft ist. Sie geht erst zuende, wenn das angestrebte Ziel erreicht ist.

Deutlich wird dies auch bei der Erklärung des freien Falls. Schwere Körper fallen, weil ihr natürlicher Ort unten ist. Die Schwere kann dabei als der innere Bewegungsantrieb verstanden werden, der Einfluß des natürlichen Ortes - analog Aristoteles - als äußerer Antriebspol. Die Beziehung des Windes und der Wolken ist ein anderes bemerkenswertes Beispiel dieser Erklärungsart: Die Wolken treiben wegen des Windes, der sie stößt, dahin. Sie verursachen aber selbst den Wind, indem sie sich bewegen (vgl. Piaget 1975d, S. 66). Kurz: Da das Trägheitsprinzip in diesem Stadium noch unverständlich ist, bedarf jede Bewegung einer speziellen Ursache, einer Antriebskraft, die in der Regel bipolar, von innen und von außen bestimmt, gesehen wird.

Auch der das präoperationale Stadium kennzeichnende Begriff der "Notwendigkeit" - natürliche Ereignisse und Vorgänge in der Außenwelt werden dort vorwiegend moralisch begründet und finalistisch gedeutet - verschwindet mehr und mehr zugunsten der Vorstellung eines physikalischen Determinismus, wenn auch nicht in allen Gegenstandsbereichen.

Zusammenfassend ist festzuhalten: Das konkretoperationale Stadium ist zwar durch das Verschwinden von magischen Vorstellungen, von Animismus und Artifizialismus gekennzeichnet, es bleibt aber noch von physikalischen Gedanken bestimmt, die nicht völlig realistisch sind. Es ist, wie Piaget feststellen mußte, von "überraschenden Fehlleistungen" geprägt. Dies zeigt sich deutlich in der Erklärung der Projektilbewegung, die dynamistisch-finalistisch erklärt wird.

Wie sind diese "Fehlleistungen" zu erklären? Die "negativ" bestimmte Deutung Piagets, der, von der modernen Erklärung des Trägheitsprinzips ausgehend, diese kindlichen Erklärungen lediglich unter dem Gesichtspunkt der fehlenden Kompetenz, des noch nicht Erreichten faßt, reicht nicht aus. Denn damit wird gerade nicht gesagt, warum dieses Phänomen von den Kindern so gedeutet wird, wie es gedeutet wird. Wirklich verständlich werden die kindlichen Erklärungen erst dadurch, daß die noch ungebrochene Gültigkeit des subjektivischen handlungslogischen Erklärungsmusters in Rechnung gestellt wird. Denn das Zusammenspiel von Dynamismus und Finalismus ist nichts anderes als die Struktur der Handlung. Es ist im subjektivischen Erklärungsmodus nicht zwingend erforderlich, die Objekte animistisch auszustatten (Dux 1982, S. 110ff). Kurz: Das Kausalverständnis dieser Entwicklungsstufe ist zwar etwas fortgeschrittener als auf der vorherigen Stufe, beruht in seinem strukturellen Kern aber nach wie vor auf der subjektivischen Logik. Einzig die animistischen und artifizialistischen Ausdeutungen sind eliminiert.

War das Denken des Kindes bislang eng an die konkrete Anschauung vorgefundener Inhalte gebunden, so befreit es sich jetzt davon und wird fähig, abstrakte geistige Operationen zu vollziehen, das Mögliche vom Tatsächlichen zu differenzieren, Hypothesen zu bilden und diese an der Realität zu überprüfen. Das kindliche Denken ist in der Lage, Hypothesen zu verknüpfen, und vermag darüber zur Ableitung von allgemeinen Gesetzmäßigkeiten zu gelangen, die schließlich in der Idee des Notwendigen münden.

Die erworbenen intellektuellen Fähigkeiten verbleiben aber nicht nur auf der Ebene des Denkens. Sie werden auch auf Prozesse und Objekte der Außenwelt "attribuiert". Die von der Außenwelt über die "einfache Abstraktion" gewonnenen Informationen können vom Denken - in Verbindung mit der "reflektierenden Abstraktion" der tieferen Strukturen - zu allgemein und abstrakt formulierbaren Gesetzmäßigkeiten verarbeitet und koordiniert werden. Diese mental konstruierten Gesetzmäßigkeiten wiederum können auf konkrete Sachverhalte der Außenwelt übertragen oder angewandt, ihr sogar mit objektiver Notwendigkeit zugeschrieben werden. Die den Phänomenen der Außenwelt zugesprochene kausale Notwendigkeit ist also keine "spontane Projektion". Sie ist eine von den Gegebenheiten der Realität im Zusammenspiel mit der konstruktiven Aktivität des Subjekts hervorgerufene Notwendigkeit.

Das kausale Verständnis der formal-operationalen Stufe kennzeichnet das schrittweise Verschwinden von Dynamismus, Finalismus und substantialisiertem Kraftbegriff. Dies läßt sich experimentell nachweisen. Wenn eine aktive Kugel die letzte einer Reihe von passiven Kugeln in Bewegung setzt, wird das Auslenken der letzten nicht mehr wie zuvor durch unmittelbare, sondern durch mittelbare Kraftübertragung erklärt. Die aktive Kugel hat durch ihre Kraft einen Schwung weitergegeben, der durch die passiven Verbindungsglieder hindurchläuft und die Bewegung der letzten Kugel auslöst. Kraft, der aus ihr hervorgehende Schwung und die durch ihn erzielte Bewegung werden auseinandergehalten. Auch verliert die Reaktion der Luft in der Wurferklärung ihre Bedeutung. Die Bewegung der Wurfkörper wird erklärt durch die einfache Erhaltung des hinzugefügten Schwungs in Analogie zur Impetustheorie des Mittelalters.

Schließlich wird, unter Beteiligung der transformierenden Operationen, ein relativer Gleichgewichtszustand erreicht, der die mitwirkenden Variablen relationiert und integriert. Geschwindigkeit und Schwung verschmelzen zur Beschleunigung, Bewegung wird zur Objekteigenschaft, Gewicht und Bewegungsmenge oder kinetische Energie werden invariant. Schwung ist Steigerung der Geschwindigkeit und kein Bewegung erzeugender Kausalfaktor mehr. Mit dem Auftreten des Faktors "Beschleunigung" kann letztlich auch die Kraft definiert werden als Masse, multipliziert mit Beschleunigung ($f = ma$) (Piaget 1984f, S. 64ff).

Damit ist das physikalische Kausalitätsverständnis erreicht, das dem mechanistischen Weltbild unserer Tage zugrundeliegt. Ereignisse werden systemisch und funktional-relational erklärt, indem bestimmte Elemente oder Relationen in funktionale Beziehungen zueinander gesetzt werden. Die Natur wird sinnfrei verstanden, als energetisches System. Die Herausbildung dieses Weltbildes, das in industrialisierten Gesellschaften in der Regel von jedem Individuum mit dem Ende der Kindheit erreicht wird, ist dabei entscheidend von den Erfahrungen in unserer von Maschinen und Technik bestimmten Gesellschaft geprägt. Insbesondere Maschinen geben das Muster ab, nach dem die Abläufe und Geschehnisse in der Natur erklärt werden können.[122]

4.5   Resümee

Die Grundlagen des Kausalkonzepts werden in der frühen Ontogenese gelegt, im Umgang mit der sorgenden Bezugsperson. Im interaktiven Umgang mit der Bezugsperson, die für das Kind die Außenwelt repräsentiert, werden sowohl die operationalen als auch die kategorialen Strukturen konstruiert. Die Kausalität ist dabei diejenige kategoriale Struktur, mit der die Dynamik der Außenwelt erfaßt wird. Sie wird im Zuge der sich entwickelnden Handlungskompetenz mit aufgebaut. Und eben weil sie in Interaktion mit einem immer schon handlungskompetenten Anderen ausgebildet wird, erhält sie notwendig eine subjektivische Strukturierung. Deshalb werden alle Ereignisse so erklärt, als würden sie von einem Subjekt ihren Ausgang nehmen und wären ein zielgerichtetes Tun. Kurz: Das elementare Kausalschema ist strukturell ein subjektivisches, am Modell der menschlichen Handlung ausgerichtetes Kausalschema.

Die Genese der Kausalität läßt sich in den Grundzügen wie folgt beschreiben: Die voroperationale Entwicklungsphase zeichnet sich dadurch aus, daß die elementaren vorsprachlichen kausalen Strukturen auf der Ebene des Denkens reorganisiert werden. Das von der Struktur her subjektivische Kausalverständnis kennt die von Piaget detailliert beschriebenen Ausdrucksformen des Animismus, Artifizialismus, Realismus und Finalismus. Das kindliche Weltbild dieser Phase ist völlig von der subjektivischen Logik determiniert. In der konkretoperationalen Entwicklungsphase verschwinden die ursprünglich an der subjektivischen Struktur haftenden Adhärenzien des Animismus und Artifizialismus, ohne daß jedoch die Struktur selbst schon überwunden wird. Das Handlungsmuster bleibt selbst dann das bestimmende Erklärungsmuster, wenn einfache physikalische Sachverhalte aus der Natur heraus erklärt werden. In der formaloperationalen Stufe wird das subjektivische Kausalschema in der Naturerklärung schließlich von mehr oder weniger angemessenen funktional-relationalen Erklä-

---

122 Die Eliminierung der Handlungslogik erfolgte historisch in der naturwissenschaftlichen Revolution am Beginn der frühen Neuzeit, wobei die Maschine zum Kristallisationspunkt des neuen Weltbildes wurde. Vgl. Dux 1982, S. 281ff.

rungen abgelöst. Dies ist zumindest bei den Kindern und Jugendlichen der Fall, die unter den Bedingungen einer hochtechnisierten Industriegesellschaft aufwachsen. Insbesondere Maschinen und ihre Funktionsweise liefern dort das neue Paradigma des Weltverstehens.

In der frühen Ontogenese ist die subjektivische Logik bei der Deutung physikalischer Ereignisse in der Natur eindeutig die vorherrschende Erklärungslogik, zumindest bis an die Schwelle der formaloperationalen Entwicklungsstufe. Der subjektivische Erklärungsmodus macht zwar im Verlaufe der Entwicklung gewisse Veränderungen durch, wird aber erst auf der formaloperationalen Stufe von der funktional-relationalen Logik abgelöst (die überwundene Logik kann aber unter bestimmten Bedingungen auch auf dieser Stufe noch aktiviert werden).

Die beiden theoretischen Anschlußfragen, die sich stellen, vergegenwärtigt man sich die ontogenetische Entwicklung der Kausalität, sind die Frage nach der Universalität dieser Entwicklung sowie die Frage nach den Konsequenzen für das Kausalverständnis in der Geschichte.

5. Theoretische Konsequenzen

5.1   *Die Universalität der ontogenetisch frühen Kausalitätsstrukturen*

Die elementaren Strukturen der Kausalität werden in der frühen Phase der Ontogenese aufgebaut. Der frühe Aufbauprozeß steht dabei unter Bedingungen, die immer und überall gleich sind. Die Strukturen werden unter der Vorgabe einer gleichen anthropologischen Verfassung, unter der Bedingung der Interaktion mit einer sorgenden Bezugsperson und unter der Nötigung, die Außenwelt mit ihren Objekten und Ereignissen zu strukturieren, ausgebildet. Hinzu kommt, daß die Gesellschaft im primären Aufbauprozeß noch keinen Einfluß gewinnt. Das hat zur Folge, daß auch das Resultat der frühen ontogenetischen Entwicklung, die frühen operationalen und kategorialen Strukturen gleich sind und damit auch das naturwüchsig heraufgeführte subjektivische Kausalschema der Erklärung universale Verbreitung gefunden hat. In den Worten Piagets ausgedrückt bedeutet dies, daß Kinder zu allen Zeiten und in allen Gesellschaften ein präoperationales Kausalverständnis entwickeln und damit auch, in mehr oder weniger ausgeprägter Gestalt, die Ausdrucksformen des Animismus, Artifizialismus, Realismus und Finalismus.

Darüber hinaus ist von der Universalität der Entwicklungssequenz auszugehen, da die Weiterentwicklung der elementaren Strukturen unter der Maßgabe fortgesetzt wird, unter der sie begonnen wurde, nämlich über den Prozeß der Auseinandersetzung mit der vorfindlichen Wirklichkeit die Strukturen so auszubauen, daß es zu einer zunehmend verbesserten Äquilibration zwischen Subjekt und Außenwelt kommt. Umstritten allerdings ist, ob die an das präoperationale Kausalverständnis anschließenden

Stadien der Entwicklung, die Piaget an europäischen Kindern aufzeigen konnte, auch von Kindern in nichteuropäischen Gesellschaften durchlaufen werden. Mit anderen Worten: Offen bleibt also die Universalität der höheren Stadien, insbesondere der in einzelnen Gesellschaften mit Beginn des Erwachsenenalters erreichte Entwicklungsendpunkt.[123] Zumindest ist aber davon auszugehen, daß Kinder in entwickelten Industriegesellschaften die von Piaget beschriebene Sequenz vollständig durchlaufen und am Ende der Kindheit ein dominant funktional-relationales Verständnis der physikalischen Welt entwickeln.

5.2 Der Zugang zur historischen Kausalität

Die Überlegung, daß die elementaren kognitiven Strukturen zu allen Zeiten aus der frühen Ontogenese herausgeführt wurden, ermöglich auch den Zugang zum Verständnis der Kausalität in der Geschichte. Zu allen Zeiten und in allen Gesellschaften können sich die kausalen Strukturen der Erwachsenen nur als Fortentwicklung des in der Ontogenese begonnenen Bildungsprozesses erweisen (Dux 1989, S. 31).

Die ontogenetisch begonnenen Strukturen der Kausalität mußten - gattungsgeschichtlich gesehen - am Anfang der Geschichte zumindest so weit entwickelt werden, daß ein Überleben sichergestellt war. Das Mindestniveau der kognitiven Entwicklung, daß - in einem selbsttreibenden Prozeß - zwangsläufig erreicht werden mußte, repräsentieren die Sammler- und Jägergesellschaften. Es sind die frühesten Organisationsformen menschlichen Zusammenlebens. Der Prozeß der Weiterentwicklung der Strukturen im Laufe der Geschichte ist auf Basis dieses Mindestniveaus über den stetigen Zuerwerb an Wissen erfolgt, insbesondere an Wissen über die Natur. Dadurch wurden die bereits erreichten Strukturen weiterentwickelt. Allerdings wurde dieser Prozeß nicht in allen historischen Gesellschaften gleich weit vorangetrieben. Der Grad der Weiterentwicklung der Strukturen ist abhängig von dem Entwicklungsstand einer Gesellschaft.

Wandlungen und Fortschritte im Natur- und Kausalverständnis können in verschiedenen markanten Stadien der historischen Entwicklung aufgezeigt werden. Der Entwicklungsprozeß der Strukturen läßt sich, ausgehend von den Sammler- und Jägergesellschaften, über die frühen Agrargesellschaften, die frühen Hochkulturen, die Antike, das Mittelalter und die Neuzeit bis hin zur Moderne verfolgen und rekonstruieren. Insbesondere die vorneuzeitliche Geschichte ist durch eine Vielzahl an Natur-

---

123 Piaget hatte ursprünglich angenommen, daß die skizzierte Entwicklungssequenz in dem Sinne universal sei, daß sie in allen Gesellschaften bis zur formaloperationalen Kompetenz durchlaufen werde. Unter dem Eindruck der ersten kulturvergleichenden Untersuchungen, die zeigten, daß zumindest die formaloperationale Stufe nicht in jeder Gesellschaft erreicht wird, hat er sich dahingehend korrigiert, daß er zwar die Universalität der Sequenz aufrecht erhielt, nicht aber mehr die Universalität des erreichten Entwicklungsendstandes. Zu dieser "Korrektur" vgl. Piaget 1984c, S. 120ff.

vorstellungen gekennzeichnet. Sie unterscheiden sich sowohl nach dem unterschiedlich weit vorangetriebenen Entwicklungsstand der Strukturen als auch in der interpretativen Umsetzung dieser Strukturen. Aber eines ist ihnen gemeinsam: Sie sind von der Grundstruktur der subjektivischen Logik bestimmt. Erst mit der naturwissenschaftlichen Revolution am Anfang der Neuzeit wurde ein entscheidender Umbruch im Natur- und Weltverständnis vollzogen. Sie hat das bis dahin gültige subjektivische Paradigma des Naturbegreifens durch ein funktional-relationales Muster ersetzt. Um den Wechsel der Struktur deutlich zu machen, wird abschließend das vorneuzeitliche Natur- und Kausalverständnis dem neuzeitlichen gegenübergestellt.

6. Die Grundmuster der Kausalität in der Geschichte: Das subjektivisch-handlungslogische und das funktional-relationale Kausalschema

6.1 Das historisch frühe Grundmuster der Kausalität: Das subjektivisch-handlungslogische Kausalschema

Die beiden Grundmuster der Kausalität in der Geschichte, das subjektivisch-handlungslogische und das funktional-relationale Kausalverständnis werden bestimmt durch die beiden Grundlogiken des Weltverstehens, durch die ontogenetisch heraufgeführte subjektivische Logik, die das Denken bis zum Beginn der Neuzeit dominierte, und durch die funktional-relationale Logik, die das neuzeitliche Denken kennzeichnet.

Im vorneuzeitlichen Denken war das Verständnis der Natur und Kausalität von der subjektivischen Logik geprägt. Naturereignisse wurden sinnhaft intentional gedeutet. Das galt sowohl für die mehr oder weniger bedeutsamen Ereignisse des unmittelbaren alltäglichen Lebens als auch für die Ausdeutung übergreifender Geschehenszusammenhänge auf einer abstraktiv angehobenen Ebene der Reflexion wie etwa in Weltbildern und Metaphysiken. Dieses Grundmuster des Naturverständnisses ist dem Umstand zu verdanken, daß die elementaren kategorialen Schemata in der frühen Phase der Ontogenese im Umgang mit einem kompetenteren Anderen ausgebildet werden. Er macht sich im Resultat bemerkbar: Das Ereignisschema, das ausgebildet wird, ist das der Handlung; das Objektschema ist das des Subjekts. Diese Schemata, die über den Zuerwerb von Wissen auf der Erwachsenenebene ausgebaut werden, fungieren dann als Muster der Wirklichkeitsauffassung. Das ist der Grund für die Subjektivierung der Welt.

Auch die Kausalität wurde in der Struktur der Handlung begriffen. Ereignisse werden im vorneuzeitlichen Denken dadurch interpretiert, daß auf ein ursprüngliches und subjektivisch gedachtes Agens rekurriert wird, von dessen Wirkkraft sie ihren Ausgang nehmen. Das Ziel der Handlung liegt dabei im Ursprung begründet. Das jeweilige Ereignis selbst wird als die Realisierung dieses Ziels verstanden. Mit anderen

Worten, wenn Erklärungen gesucht wurden, dann wurde vom Vorfindlichen ausgegangen und immer auf den Ursprung eines Geschehens zurückgefragt, wobei das zu Erklärende aus eben diesem Ursprung herausgeführt wurde (vgl. Dux 1989, S. 127f). Deshalb ist das vorneuzeitliche Natur- und Kausalverständnis ursprungslogisch und teleologisch ausgelegt. Dabei brauchen die subjektivischen Agenzien der Erklärung nicht unbedingt anthropomorphisiert werden, sie müssen aber auf jeden Fall als Handelnde dastehen. Dux hat dieses Grundschema der Interpretation das "subjektivische" genannt und folgerichtig das der Erklärung als "subjektivisches Kausalschema" bezeichnet (vgl. Dux 1982, S. 96ff u. S. 118ff). Natürlich gab es auch in vormodernen Gesellschaften Regelwissen, wurden Geschehensabläufe kausativ verknüpft. Soweit dieses Wissen reichte, war es darauf aufbauend möglich, in der Praxis routinisiert und verläßlich zu handeln. Von Anfang an stand also neben dem subjektivischen Schema der Interpretation immer schon das konkurrierende funktional-relationale Schema der kausalen Erklärung. Jenseits der lebenspraktisch gewonnenen Erfahrungswerte jedoch, sozusagen im Untergrund des im Verlauf der frühen Geschichte nur begrenzt zunehmenden relationalen Konstanzwissens, lag aber immer das subjektivische Schema bereit und sprang ein, wenn andere Erklärungen für ein Ereignis nicht auszumachen waren.

Das komplizierte Zusammenspiel beider, des subjektivischen und des funktional-relationalen Schemas, bestimmte in der Dimension der Geschichte von früh an das Denken und die Wirklichkeitsauffassung. Das historische Entwicklungspotential, welches in diesem brisanten Konglomerat liegt, ist klar: das funktional-relationale Wissen über die Natur wird zunehmen. Und in dem Maße, in dem es zunimmt, wird es das subjektivische verdrängen (vgl. Dux 1982, S. 121f). Geht man vom Entwicklungsniveau der frühen Sammler und Jäger aus und verfolgt man die historische Entwicklung bis an die Schwelle zur Neuzeit, dann zeigt sich, daß Erklärungen der physikalischen Welt, die auf der subjektivischen Logik beruhen, tatsächlich sukzessive zurückgedrängt wurden.[124] Die subjektivische Logik als Paradigma des Wirklichkeitsverständnis konnte aber erst am Beginn der Neuzeit, in der naturwissenschaftlichen Revolution, eliminiert und durch die funktional-relationale Logik ersetzt werden.

6.2   Der Übergang zum neuzeitlichen funktional-relationalen Kausalverständnis

Das neue Paradigma der Naturerklärung, in dem naturimmanente Bedingungszusammenhänge als Ursachen für Naturereignisse namhaft gemacht werden, trat historisch erstmals im mechanistischen Weltbild der frühen Neuzeit zutage. Die naturwissenschaftliche Revolution am Beginn der Neuzeit führte einen Paradigmenwechsel im Naturverständnis herbei und revolutionierte damit das alte Weltbild. Das bis dahin

---

124 Zur Rekonstruktion der kategorialen Logik in der vorneuzeitlichen Geschichte vgl. Dux 1994, S. 194ff.

dominante subjektivische weltkonstitutive Paradigma des Naturverständnisses wurde eliminiert und durch ein funktional-relationales Paradigma ersetzt (vgl. Dux 1990, S. 67f).

Die Transformation der subjektivischen Logik im Naturverständnis wurde durch einen langen historischen Prozeß vorbereitet, der im Mittelalter eine Steigerung erfuhr. Seit etwa dem Frühmittelalter vollzogen sich in Europa eine Reihe von fundamentalen Veränderungen, die dazu führten, daß der Kurs der abendländischen Gesellschaft stark von dem anderer Gesellschaften abzuweichen begann.[125] Mit Ende des achten oder Beginn des neunten Jahrhunderts läßt sich in Europa ein zunehmender Einsatz von Maschinen feststellen. Techniker gingen verstärkt dazu über, natürliche Energiequellen - etwa die Wasserkraft und den Wind - unter Zuhilfenahme unterschiedlicher technischer Mittel nutzbar zu machen. Dies führte schon zu Beginn des Mittelalters in die Mechanisierung der Produktion und hatte zur Folge, daß die Handarbeit nach und nach aus einzelnen Produktionszweigen verdrängt wurde (vgl. dazu White jr. 1983, S. 91ff; White jr. 1968; Reynolds 1990, S. 28ff; Gimpel 1980; Klemm 1979). In dieser Praxis des okzidentalen Mittelalters, in der stetig zunehmenden Naturbeherrschung also, ist der Antrieb für die naturwissenschaftliche Revolution und den Umschlag im Naturbegreifen zu suchen. Es war vor allem der praktische Umgang mit Maschinen und die damit verbundene Möglichkeit eines aktiven, vom Menschen selbst gesteuerten Eingreifens in die Natur, der die subjektivische Deutung derselben zunehmend obsolet werden ließ und zu einer stärkeren Bewußtwerdung der eigenen Handlungsmächtigkeit führte.[126] Die mehr und mehr menschliche Arbeitskraft ersetzenden Maschinen, insbesondere die Mechanik ihrer Bewegungsabläufe, gaben auch das neue Paradigma künftiger Naturerklärungen ab. Die Mechanik der Maschine wurde zum Erklärungsprinzip erhoben. Dies führte schließlich zur "Mechanisierung des Weltbildes"[127] und ermöglichte den Triumph der Naturwissenschaften.[128]

Die physikalische Wirklichkeit wurde fortan als regelhaftes natürliches System begriffen und nach dem Muster und dem Regelwerk der mechanischen Maschine vorgestellt. Sie wird durch Kräfte reguliert, die auf wahrnehmbaren Gesetz- oder Regelmäßigkeiten beruhen. Die Natur und das physikalische Universum werden als ein sub-

---

125 Einen knappen Überblick über die sozialstrukturellen Entwicklungen, die im späten Mittelalter in Europa das Ingangsetzen des Modernisierungsprozesses bewirkten, vermitteln van der Loo/van Reijen 1992, S. 44ff. Auf die gesellschaftlichen Bedingungen, die zur Entstehung der modernen Naturwissenschaften führten, geht Büchel ein. Vgl. Büchel 1975, S. 38ff. Bei Lefévre werden die Fundamente der neuzeitlichen Naturwissenschaft - marxistisch inspiriert, jedoch nicht ökonomisch-reduktionistisch - als Momente der Produktivkraftentwicklung nachgewiesen. Vgl. Lefévre 1978.
126 Dieser Ansicht ist auch Hallpike. Siehe Hallpike 1990, S. 505.
127 Der Terminus "Mechanisierung des Weltbildes" wurde von A. Maier geprägt und später durch das gleichnamige Werk von Dijksterhuis populär gemacht. Vgl. Maier 1938 u. Dijksterhuis 1956.
128 Wie sich die Entstehung der neuzeitlichen Wissenschaft vollzogen hat und wie mit ihr jene Umbrüche in der wissenschaftlichen Begrifflichkeit, in der methodischen Vorgehensweise und in der grundlegenden Einstellung zu Natur und Welt sich ergaben, verdeutlichen auch die Aufsätze in Schäfer/Ströker 1994.

jektloses, von sinnhafter Geistigkeit freies, nach einem einheitlichen Prinzip aufgebautes energetisches System verstanden, dessen dynamische Organisation in theoretisch und experimentell deduzierten Konstanzsätzen festgehalten werden kann. Neuzeitliche und moderne Kausalerklärungen erfolgen nicht mehr dadurch, daß auf ein subjektivisches Agens oder eine teleologische Kraft zurückgegriffen wird, sondern eine Erklärung liefert vielmehr die Annahme, daß ein Ereignis Ausdruck eines in der Natur selbst angelegten Bedingungszusammenhangs ist. Das Ereignis tritt unter vorher angebbaren Kontextbedingungen ein. Ereignisse sind Zustandsänderungen eines Systems. Die Welt wird in zuständlicher Dynamik begriffen (Dux 1982, S. 283). Quantitative und relationale Bestimmungen sind typische Merkmale der mechanistischen Erklärungsweise. Naturerklärung und mechanistische Erklärung fallen zusammen, das mechanistische Erklärungsprinzip ist nichts anderes als das Erklärungsprinzip der natürlichen Vorgänge.[129]

Historisch hatte Newton 1687 mit seinen mathematischen Prinzipien der Naturlehre das Fundament für das neuzeitliche Verständnis der Natur gelegt (Newton 1963). Newtons drei Gesetze der Mechanik, das Trägheitsgesetz, das Bewegungsgesetz und das Wirkungs- und Gegenwirkungsgesetz, bestimmten zusammen mit seiner Gravitationstheorie als Paradigma ungebrochen alle Naturerkenntnis der Neuzeit bis zur Quantenwende um 1900 (Kanitscheider 1993, S. 205). Die der newtonschen Mechanik nachfolgenden Innovationen in der Physik des 19. und des 20. Jahrhunderts, die insbesondere mit den Namen Einstein und Heisenberg verbunden sind, haben zwar den Totalitätsanspruch des mechanistischen Weltbilds im makro- und besonders im mikrokosmischen Bereich eingeschränkt, gleichwohl behielt es seine Gültigkeit im mesokosmischen Bereich, also der empirisch-gegenständlichen Welt, in der der Mensch lebt. Dort sind, wie auch der Physiker Hawking meint, die dynamischen Gesetze und die mechanische Kausalität nach wie vor gültig (vgl. Hawking 1991, S. 25f). Denn von den Bedingungen, die im mikrokosmischen Bereich herrschen, kann man im letzteren Bereich absehen (vgl. Breuer 1992, S. 8 u. S. 169). Geblieben ist in den Schulwissenschaften, abgesehen von den derzeit grassierenden Fluchtreaktionen in den Irrationalismus, die Eliminierung der sinnhaften Deutung von Naturprozessen nach Art menschlicher Geistigkeit.[130] Auch in philosophisch-naturwissenschaftlichen

---

129 Grossmann hat den Nachweis erbracht, daß die Maschine das Muster der Naturerklärung abgegeben hat. Vgl. Grossmann 1935, S. 161ff. Siehe dazu auch Büchel 1975.

130 Daran vermag weder die in letzter Zeit häufig beschworene Aktualität vergangener Naturphilosophien etwas zu ändern, die oft verbunden ist mit einer Abkehr vom mechanistischen Weltbild einer sinnentleerten Natur, noch gelingt die Wiederherstellung des subjektivischen Weltbilds durch die derzeitige Konjunktur "ganzheitlicher", über das mechanistische Weltbild hinausgehender Betrachtungsweisen der Natur, die im Zuge der in Mode gekommenen Kritik am mechanistischen Weltbild der modernen Naturwissenschaften und mit der Dominanz von Wissenschaft und Technik über die Lebenswelt heraufgeführt wurden. Beide Versuche sind bei genauerem Hinsehen als bloße Täuschungen zu erkennen. Sie hängen mit der augenblicklichen Zeitströmung zusammen, in der - angesichts der Krisensymtome der Gegenwart - ein zunehmendes Bedürfnis für organische und ganzheitliche Welterklärungen zu registrieren ist. Die Reaktualisierungstendenz läßt sich etwa an Aristoteles und Schelling

Theorien, die Natur in organischen Kategorien begreifen und ihr schöpferische Kreativität zusprechen, wird eine "absichtliche Planung" negiert und werden teleologische Konnotationen, an denen eine transzendente Metaphysik ihren Anhalt findet, vermieden. Auch in diesen Ansätzen wird die Bildung zielsetzender Lebewesen als spätes evolutionäres Produkt verstanden.[131]

---

belegen. Beider Naturphilosophie wird von einer wachsenden Anzahl von Autoren eine prinzipielle Modernität attestiert. Vgl. bezüglich Aristoteles, Hussey 1991, S. 213ff, bezüglich Schelling, Heuser-Keßler 1986. Einen Remythisierungsversuch der Natur unternimmt Sheldrake. Vgl. Sheldrake 1983 u. 1990. Problematisch ist auch die Rehabilitierung der überholten Naturteleologie zur Begründung einer ökologischen Ethik bei Jonas, der von dem Vorhandensein subjektiver Zwecke auf das Vorhandensein auch objektiver Zwecke in der Natur schließt. Vgl. Jonas 1979, S. 139.

131 Vgl. dazu Kanitscheider, der zwar die schöpferische Kraft des Universums betont, aber dennoch jenseits aller daran anknüpfenden philosophischen Interpretationen die sinnhafte Deutung des Naturgeschehens ablehnt. Kanitscheider 1993, S. 7.

II. Die Entwicklung der Kausalität im Lichte der empirisch-kulturvergleichenden Forschung - Versuche der Replikation und Widerlegung

1. Die Leitfragen der Analyse

In diesem Kapitel steht die Frage im Mittelpunkt: Hat die empirisch-kulturvergleichende Forschung Nachweise erbracht, welche die zuvor skizzierte ontogenetische und historische Entwicklung der Kausalität belegen? Diese grundsätzliche Frage läßt sich differenzieren in die Frage nach der der Universalität der kausalen Frühstadien, der Universalität der Entwicklungssequenz und schließlich nach den von Erwachsenen in unterschiedlichen Gesellschaften erreichten Endstadien der Entwicklung.

Zu erwarten ist erstens, daß die Entwicklung der Kausalität von allen Individuen in allen Gesellschaften zumindest bis zum präoperationalen Stadium vorangetrieben wird, da die Bedingungen, die zu ihrer Ausbildung führen, universal sind und der gesellschaftliche Entwicklungstand bis dahin noch keine Rolle spielt. Daher stellt sich die Frage: Findet die Universalität der kausalen Frühstadien in den empirisch-kulturvergleichenden Untersuchungen Bestätigung? Zu erwarten ist zweitens, daß das präoperationale Kausalitätsverständnis in allen westlichen Industriegesellschaften ein Durchgangsstadium darstellt, das von weiterentwickelteren Kausalitätsformen abgelöst wird. Deshalb ist zu fragen: Wurde die von Piaget festgestellte Entwicklungssequenz im Kausalverstehen in westlichen Gesellschaften empirisch repliziert? Zu erwarten ist drittens, daß die Kausalitätsstrukturen, die in unserer Gesellschaft als Übergansstadien der ontogenetischen Entwicklung anzutreffen sind, sich in traditionalen Gesellschaften als die Endstadien der Entwicklung erweisen, wobei der Grad der Weiterentwicklung der frühen Strukturen vom jeweiligen gesellschaftlichen Entwicklungsstand abhängig ist. Daraus ergeben sich zwangsläufig die an die kulturvergleichende Forschung gerichteten Fragen: Werden die höheren Formen der Kausalität, die Jugendliche und Erwachsene in unserer Gesellschaft ausbilden, auch von Erwachsenen in traditionalen Gesellschaften ausgebildet? Wenn nicht, an welchem Punkt bricht in diesen Gesellschaften die Entwicklung der Kausalität ab?

Anhand dieser drei Leitfragen wurden die bisher vorliegenden Untersuchungen zur Entwicklung der Kausalität gesichtet und ausgewertet. In der nachfolgenden Übersicht werden zunächst die wesentlichen Ergebnisse der empirischen Arbeiten vorgestellt, die sich mit der Entwicklung der Kausalvorstellungen von Kindern aus Industriegesellschaften befassen (2): Zuerst die Ergebnisse der Untersuchungen, die in der Tradition Piagets stehen (2.1), danach die Ergebnisse der Piaget-kritischen "Early-Competence-Bewegung" (2.2). Im Anschluß daran erfolgt die Diskussion der Arbeiten, die sich mit der Entwicklung der Kausalität von Kindern aus traditionalen Gesellschaften beschäftigen (3). Analysiert werden sie unter der Fragestellung: Hat sich das Modell der Kausalentwicklung transkulturell bewährt? Zum Abschluß steht die Kausalität der Erwachsenen im Mittelpunkt der Analyse (4): Zum einen geht es um zwei Untersuchungen, die zeigen, daß auch in westlichen Gesellschaften das funktional-relationale Kausalverständnis nicht durchgehend anzutreffen ist (4.1), zum anderen um Arbeiten, die das kausale Denken in vorindustriellen Gesellschaften untersuchen (4.2). Resümee und offene Fragen beschließen das Kapitel (4.3).

2. Untersuchungen zur ontogenetischen Entwicklung der Kausalität in Industriegesellschaften

2.1   Replikationsuntersuchungen in der Tradition Piagets

Vergleicht man die Zahl der Untersuchungen auf dem Gebiet der Kausalität mit den Zahlen aus anderen Bereichen der kognitiven Entwicklung, so kommt man nicht umhin festzustellen, daß die Kausalität in der Forschung der Piaget-Tradition lange ignoriert wurde und auch heute noch kaum Beachtung findet. Abgesehen von etwa zwei Dutzend älteren Untersuchungen,[132] die im Anschluß an Piagets frühe Studie von 1927 zur physikalischen Kausalität (Piaget 1970)[133] in den dreißiger und vierziger Jahre durchgeführt wurden und deren sehr heterogene Ergebnisse ihm wohl zum großen Teil bekannt waren,[134] dauerte es - von wenigen Ausnahmen wie insbesondere der faktisch und methodisch gründlichen Replikationsstudie von Laurendeau/Pinard (1962) abgesehen - bis zum Beginn der siebziger Jahre, bis dieser Gegenstandsbereich erneut ins Blickfeld einiger Forscher geriet.

Zunächst aber einige Bemerkungen zu der Reichweite und den Grenzen dieser Untersuchungen. Als erstes ist festzustellen, daß in den Arbeiten zumeist nur versucht wird, die von Piaget analysierte "Prä-Kausalität" zu reproduzieren. Zweitens ist festzuhalten, daß die Replikationsversuche sich nicht darauf konzentrieren, die ganze

---

132 Die in den Ergebnissen divergierenden älteren Arbeiten hat Huang (1943) zusammengefaßt.

133 Die wesentlichen Ergebnisse wurden ein Jahr später nochmals in einem Aufsatz publiziert. Piaget 1928, S. 276ff.

134 So hat Piaget auf einige der frühen Untersuchungen zur Vorkausalität, die sich seinen eigenen Interpretationen nachdrücklich widersetzen, Repliken geschrieben. Zu den entsprechenden Literaturhinweisen vgl. Huang 1943, S. 86. Vgl. auch Piaget/Inhelder 1981, S. 127, Fußnote 15.

Bandbreite an Ausdrucksformen der kindlichen Kausalität zu überprüfen, sondern sie sich häufig auf die Untersuchung einer einzigen Ausdrucksform beschränken, insbesondere auf die Untersuchung des Animismus (Brainerd 1978, S. 119ff). Drittens ist hervorzuheben, daß den Untersuchungen unterschiedliche methodische Vorgehensweisen zugrundeliegen und divergente Analyseverfahren zur Anwendung kommen. Zum einen gibt es Studien, in denen die Untersucher auf das Erkennen von individuellen Strukturen aus sind, Studien, in denen das Kind und die Erklärungen (und/oder Begründungen) im Mittelpunkt stehen. Zum anderen gibt es Arbeiten, in denen es primär um bestimmte Objekte geht (z.B. ob Sonne, Mond usw. animistisch gedeutet werden). Hier begnügen sich die Untersucher mit der quantitativen Verteilung der Ja/Nein-Antworten der Kinder (sie leben/sie leben nicht), ohne die individuellen und strukturellen Besonderheiten der kindlichen Reaktionen zu berücksichtigen. Diese Vorgehensweise wird praktiziert, obwohl Ja/Nein-Antworten im Grunde keine Rückschlüsse auf die den Antworten zugrundeliegende Struktur erlauben. Schließlich ist zu konstatieren, daß, obwohl vielfach gefordert, mit der Ausnahme von Dudek/Dyer (1972), keine Längsschnittuntersuchungen zur Kausalitätsentwicklung vorliegen.

Welches sind nun die wesentlichen Ergebnisse der Replikationsstudien, die in den westlichen Gesellschaften durchgeführt wurden? Die sensomotorische praktische Kausalitätsentwicklung war Gegenstand von drei Untersuchungen (Goulet 1974; Uzgiris/Hunt 1975; Sexton 1983, S. 201ff; Siehe auch Uzgiris 1983, S. 130ff). Sexton (1983) hat die letzten drei Phasen der sensomotorischen, praktischen Kausalität überprüft. Sie konnte die von Piaget beschriebene Entwicklung in den sensomotorischen Unterstufen vier bis sechs bestätigen anhand der Art und Weise, wie kleine Kinder fremde Personen als autonome kausale Agenten manipulieren, und damit zeigen, daß sie als solche auch anerkannt werden. Gewisse Entwicklungsfortschritte und Differenzierungen in der praktischen Kausalität konnten aber auch in den beiden älteren Untersuchungen nachgewiesen werden (Goulet 1974; Uzgiris/Hunt 1975).

Auch die leichter zu untersuchende Kausalität der Vorstellungsintelligenz war Gegenstand diverser Studien. Zietz hat schon 1937 die Untersuchungsergebnisse Piagets anhand langjähriger Beobachtungen von 280 zehn- bis vierzehnjährigen Hauptschülern in Deutschland (Hamburg) bekräftigt (die spontanen Erklärungen der Kinder wurden nachträglich protokolliert). Er stellte z.B. fest, daß physikalische Phänomene aus dem unmittelbaren Erfahrungsbereich technisch-funktional erklärt, physikalische Phänomene aus dem Bereich der Natur hingegen "präkausal", animistisch und artifizialistisch gedeutet werden. Besonders bemerkenswert ist auch die Feststellung, daß die Bewegungserklärungen vieler Schüler oft identisch sind mit der Bewegungslehre von Aristoteles und Platons Antiperistasistheorie, Lehren, in denen bekanntlich der Wind oder die Luft als Bewegungsursache angeführt wurden (vgl. Zietz 1937, S. 219ff).

Russell (1940) hat die von Piaget festgestellte Entwicklungsabfolge im animistischen Denken in einer Untersuchung von US-Kindern erhärtet. Auch Nass (1956), der die Effekte der Faktoren Persönlichkeit, Vertrautheit mit physikalischen Sachverhalten und Art der Fragestellung auf das Kausalverständnis von amerikanischen Kindern untersuchte, hat die Entwicklungssequenz bestätigt. Das kausale Denken zurückgezogen lebender Kinder war allerdings im Vergleich zu normalen, sozial aktiven Kindern weniger weit entwickelt. Zudem produzierten "unvertraute Sachverhalte" und "Warumfragen" eher präkausale Erklärungen als "vertraute Sachverhalte" und "Wiefragen". Mogar (1960) konnte die Entwicklungssequenz in einer Untersuchung bei Kindern von fünf bis zwölf Jahren in den USA belegen. Bei älteren Kindern war eine Zunahme an Kausalerklärungen festzustellen, eine Tatsache, die sie u.a. auf die größeren Lernerfahrungen mit physikalischen Phänomenen zurückgeführt hat. Laurendeau/Pinard (1962) haben in einer breit angelegten Untersuchung in Kanada - es wurden 500 Kinder von vier bis zwölf Jahren zu einer Vielzahl physikalischer Ereignisse befragt - im großen und ganzen dieselben Ergebnisse zutage gefördert wie Piaget. Sie haben diese Ergebnisse, im Gegensatz zu Piaget, auch statistisch dokumentiert. Nass (1964) hat bei hörgeschädigten amerikanischen Kindern zwar Entwicklungsverzögerungen festgestellt, aber dieselbe Entwicklungsstufenabfolge wie bei normal hörenden Kindern. Ab etwa zwölf Jahren konnte er in den Erklärungsmustern beider Stichproben keine signifikanten Unterschiede mehr erkennen. Berger et al. (1969) haben ähnliche Entwicklungsverzögerungen bei Kindern mit schweren Lernstörungen gefunden. Kuhn/Phelps (1976) kamen zu dem Ergebnis, daß fünf- bis sechsjährige Kinder im Gegensatz zu den sieben- bis achtjährigen Kindern die Notwendigkeit einer unidirektionalen Beziehung von Ursache und Wirkung noch nicht richtig erfassen oder die Ursache mit der Wirkung verwechseln. Sie bestätigen damit ausdrücklich die Entwicklungssequenz. In einer weiteren Untersuchung in Deutschland hat Hagleitner (1983) die Dezentrierungsphasen im Animismuskonzept bei vier- bis dreizehnjährigen Kindern repliziert. Im Gegensatz zu den Ergebnissen Piagets zeigen ihre Ergebnisse, daß selbst vier- und fünfjährige Kinder physikalische Prozesse kaum noch animistisch deuten.[135] Bovet/Parrat-Dayan/Voneche (1986) konnten zeigen, daß die unvollkommenen kindlichen Kausalerklärungen entscheidend verbessert werden, wenn eine dem Entwicklungsstand angemessene, die aktive Suche nach Kausalerklärungen durch Anregungen unterstützende Hilfestellung durch den Experimentator hinzukommt. Die Studie von Voneche/Doyle (1989) über die Kausalitätsentwicklung bei 83 Kindern zwischen acht und vierzehn Jahren anhand der Bewegungserklärung ergab, daß das Konzept der Kausalität beim Kind und in der Forschungsgeschichte die gleiche Entwicklung zu durchlaufen scheint. Um die physikalische Kausalität angemessen, das heißt als Quantitätserhaltung von Bewegung und Energie zu verstehen, bedürfe es nicht nur der Überlegungen, die auf der Beobach-

---

135 Erwähnt sei, daß die Autorin jegliche Vergleiche des kindlichen Animismus mit Animismusvorstellungen in primitiven Gesellschaften ablehnt, allerdings ohne stichhaltige Argumente.

tung des Ereignisses beruhen, sondern auch der Abstraktion und Hypothesenbildung, das heißt der Errungenschaften des formal-operationalen Stadiums.

Eine Longitudinalstudie zur Kausalitätsentwicklung wurde von Dudek/Dyer (1972) in Kanada durchgeführt. 65 Kinder von fünf bis neun Jahren wurden über vier Jahre hinweg regelmäßig auf ihr Kausalverständnis getestet. Das Ergebnis dieser Studie unterstützt eindringlich die Theorie der Stadienentwicklung im Kausalverstehen. "The 65 children as a group showed a slow and steady progression from simple to more complex thought forms in the acquisition of operational and causal thinking" (Dudek/Dyer 1972, S. 385) .

Dux/Kumari (1994) haben die ontogenetische Entwicklung der Kausalität in Deutschland untersucht. Ihr Interesse galt der Frage, ob die Kausalvorstellung, die der Aristotelischen Erklärung der Projektilbewegung zugrunde liegt - und auch die Aristotelische Erklärung selbst - von Schülern im Alter zwischen 6 und 13 Jahren artikuliert wird. Sie gingen dabei von der These aus, daß die von Aristoteles gegebene Erklärung der Wurfbewegung - er führte das Medium Luft als Beweger an - eine Umsetzung der subjektivischen, handlungslogischen Erklärungsstruktur darstelle, die aus der Ontogenese stamme und als solche universal sei. Wenn das Aristotelische Erklärungsmuster tatsächlich in der Linie der ontogenetischen Entwicklung liege, so ihre Anschlußüberlegung, dann müsse sich dieses nichtmechanistische, mediale Erklärungsmuster der Projektilbewegung auch in anderen Gesellschaften als ontogenetisches Entwicklungsstadium wiederfinden, also auch in Deutschland. Aus dem Ergebnis der Untersuchung, daß dieses Muster tatsächlich bei 46 der untersuchten 111 Kindern aufzufinden war, wurde gefolgert, daß die sowohl bei den Kindern als auch bei Aristoteles aufweisbare mediale Erklärung der Wurfbewegung eine von der unterliegenden Struktur der Kausalität bewirkte Erklärung ist. Diese Feststellung wird als Beleg im Sinne der historisch-genetischen Theorie gewertet.

Als Quintessenz der hier aufgeführten Untersuchungen kann festgehalten werden, daß das ontogenetische Entwicklungsmodell der Kausalität in westlichen Gesellschaften als empirisch gesichert anzusehen ist. Inbesondere die präoperationale Kausalität und die Übergangsphasen zu einer entwickelteren Kausalität wurden wieder und wieder bestätigt. Doch ebenso gab und gibt es aber auch empirisch fundierte Kritik an diesem Entwicklungsmodell der Kausalität.

2.2 Untersuchungen im Rahmen der Piaget-kritischen "Early-Competence-Bewegung"

Drei Zentralannahmen Piagets zur kognitiven Entwicklung, die auch die Kaualitätsentwicklung betreffen, werden heute in der neueren entwicklungspsychologischen Forschung, insbesondere von den Vertretern der sogenannten "early competence view", stark in Zweifel gezogen. Zum einen die von ihm postulierte stufenförmige kognitive Entwicklung, zum zweiten die damit verbundene Annahme "bereichsübergreifender" qualitativer Entwicklungsveränderungen und zum dritten seine Ansicht, daß das kleine Kind erst im Alter von etwa eineinhalb bis zwei Jahren über interne oder mentale Repräsentationen von der Außenwelt verfüge, das heißt Vorstellungen ausbilde und denke.[136]

Nach Piagets Theorie sind Kinder in der sensomotorischen Phase, also bis zum zweiten Lebensjahr, nicht imstande, interne Repräsentationen zu bilden, das heißt unabhängig von gegebenen Reizsituationen intern zu operieren. Nach seiner Theorie erwächst die Vorstellungsintelligenz ab ca. 1,3 Jahren aus dem Erwerb der Fähigkeit zur aufgeschobenen Nachahmung. Die der Informationsverarbeitungspsychologie nahestehenden Kritiker meinen aber heute nachweisen zu können, daß die Fähigkeit zur aufgeschobenen Nachahmung schon mit neun Monaten vorhanden sei, Kinder also schon sehr früh Objekte repräsentierten.[137] Auch wird der grundlegenden Annahme Piagets widersprochen, daß präoperationale Kinder nur eine Merkmalsdimension beachten würden (Zentrierungsthese) und es ihnen erst später auf dem operativen Niveau gelinge, mehrere Dimensionen zu integrieren. Selbst die These der bereichsübergreifenden Strukturveränderungen wird inzwischen von vielen abgelehnt.[138] Krist/Wilkening (1993) sind der Auffassung, daß, auch wenn man den im Vergleich zu heute enger gefaßten Repräsentationsbegriff Piagets zum Maßstab nehme, die empirische Befundlage gegen seine Ansicht spreche, daß erst in einem fortgeschrittenen Alter mentale Repräsentationen möglich seien. Da empirische Untersuchungen zeigten, daß schon Vorschulkinder mehrere Informationen koordinierten, ist ihrer Meinung nach der postulierte Entwicklungsübergang von ein- zu mehrdimensionalen Konzepten keine zwingende Evidenz und die entsprechende These Piagets in ihrer kategorischen Form nicht haltbar. Das Fazit der beiden Autoren lautet, daß der Beginn der Entwicklung mentaler Repräsentationen im Kielwasser der Theorie Piagets deutlich unterschätzt worden sei, weshalb sie eine in dieser Hinsicht erweiterte Theorie fordern.

In der Tradition der Piaget-kritischen "Early-Competence-Bewegung" wurden außerdem zahlreiche Befunde zusammengetragen, die zeigen, daß man die Alters-

---

136 Vgl. die Diskussion dieser Punkte anhand neuerer Befunde bei Gelman 1978, S. 297ff; Gelman/Baillargeon 1983, S. 167ff; Krist/Wilkening 1993, S. 147ff. Neue Literatur speziell zur Kausalitätsentwicklung präsentieren und diskutieren vor diesem Hintergrund Bullock/Gelman/Baillargeon 1982, S. 209ff; Pines 1984, S. 42ff; Shultz 1982, S. 1ff; Bullock 1985, S. 169ff; Kun 1978, S. 218ff. Eine gute Zusammenfassung der Piaget-kritischen "Early-Competence-Theorien" und "bereichsspezifischen" Theorien der kognitiven Entwicklung - samt einiger wichtiger Forschungsergebnisse auch zum Erwerb physikalischen Wissens - bietet Sodian 1995, S. 622ff.

137 Mit dem Begriff 'mentale Repräsentation', wie ihn die der Informationsverarbeitungspsychologie nahestehenden Kritiker verwenden, "wird auf systeminterne Zustände verwiesen, von denen man annimmt, daß sie systemexterne Zustände abbilden". Vgl. Engelkamp/Pechmann 1993, S. 7. Eine solche Abbildtheorie ist, das sei angemerkt, mit dem konstruktivistischen Ansatz Piagets allerdings nicht zu vereinbaren.

138 Die entsprechende Literatur findet sich bei Krist/Wilkening 1993, S. 147ff.

grenzen, ab denen die verschiedenen von Piaget eingeführten Aufgaben gemeistert werden, drastisch nach unten verschieben kann, wenn spezifische Aufgabenanforderungen, etwa die Belastung des Kurzzeitgedächtnisses oder die mangelnde Vertrautheit mit dem Versuchsmaterial, minimiert werden (Gelman 1978, S. 297ff; Gelman/Baillargeon 1983, S. 167ff; Pines 1984, S. 42ff). Dies gilt auch für das Kausalitätsverständnis. Insbesondere die Annahmen Piagets zum kindlichen Kausalverständnis wurden von den Vertretern dieser Forschungsrichtung mit neuen und verfeinerten Methoden überprüft. Da es nach Ansicht dieser Forscher den Kindern im Alter zwischen drei und fünf Jahren schwerfalle, die Erklärungen verbal korrekt zu begründen, wurde im Gegensatz zu Piaget der methodische Akzent nicht auf die klinische Befragung, sondern auf Methoden gelegt, in denen die Kinder ihr Denken durch Handlungen offenbaren (Bullock/Gelman/Baillargeon 1982, S. 221). Zur Verdeutlichung der neuen Methoden und ihrer Ergebnisse sei ein Beispiel aus der Literatur herausgegriffen: Um das Verständnis einfacher Objekttransformationen bei drei- bis vierjährigen Kindern zu überprüfen, wurden den Versuchspersonen zwei Bilder vorgelegt. Auf dem einen Bild war eine Brille zu sehen, auf dem anderen ein Eimer, aus dem gerade Wasser geschüttet wird. Anschließend wurden drei weitere Bilder präsentiert. Sie zeigten eine zerbrochene Brille, eine nasse Brille und einen nassen Apfel. Die Kinder hatten nun die Aufgabe, dem Bilderpaar die entsprechende Ergänzung zuzuordnen und die sich daraus ergebende Geschichte zu erzählen. Komplett richtige Geschichten schildern konnten durchschnittlich 40% der dreijährigen und etwa 80% der vierjährigen Kinder. Nach Ansicht der Untersucher wurde daran deutlich, daß die Kinder schon in einem sehr frühen Alter auf der Basis einer impliziten Theorie physikalischer Kausalität handelten und sie Ursache und Wirkung über eine Transformation verbänden (Gelman/Bullock/Meck 1980, S. 691ff). Zu dem eben demonstrierten methodischen Vorgehen ist anzumerken, daß sowohl die Fragen in einen konkreten, wenn auch einfachen Handlungskontext eingebettet sind, als auch mit Materialien gearbeitet wird, die den Kindern vertraut sind. Zudem kommen hier die unmittelbaren Alltagserfahrungen der Kinder zum Tragen, während Piagets Fragen, etwa nach der Bewegung von Sonne und Mond, den Kindern vergleichsweise fern liegen. Es ist deshalb keineswegs überraschend, daß an solch einfachen Beispielen, nimmt man Piagets These von der Priorität des Handlungswissens ernst, die richtigen Beziehungen erfaßt und logisch umgesetzt werden.

Die Mehrzahl der Autoren, die solche Untersuchungen durchgeführt haben, kommt zu der Piaget korrigierenden generellen Schlußfolgerung, daß bereits Kinder im Vorschulalter ein erstaunliches Verständnis besitzen, sowohl für die physikalische Kausalität als auch für soziale Zusammenhänge. Sie vertreten daher die These, daß Kinder bereits im frühen Alter ihr Wissen über bestimmte Grundstrukturen organisieren (Gelman/Bullock/Meck 1980, S. 691ff; Gelman 1978, S. 297ff; Bullock/Gelman/Baillargeon 1982 , S. 209ff; Pines 1984, S. 42ff; Shultz 1982, S. 1ff; Bullock 1985, S. 169ff;

Kun 1978, S. 218ff.).[139] Kurz: Sie schildern "the young child as a budding scientist, who avoids any form of magical explanation" (Johnson/Harris 1996, S. 245).

Darüber hinaus haben andere, nicht in der Piaget-Tradition stehende Forscher, die teilweise der Informationsverarbeitungstheorie nahestehen, herausgefunden, daß bei drei- bis vierjährigen Kindern die Ähnlichkeit zwischen Effekt und potentiellem Ursachenfaktor (Shultz/Ravinsky 1977, S. 1552ff) und die raum-zeitliche Koinzidenz oder Aufeinanderfolge von Ereignissen Basis sind für Kausalzuschreibungen (Siegler/Liebert 1974, S. 574ff; Shultz/Mendelson 1975, S. 394ff; Kuhn/Phelps 1976, S. 248ff; Mendelson/Shultz 1976, S. 408ff). Ferner wurde festgestellt, daß auch die Art des Testverfahrens (Berzonsky 1970, S. 407), die Verwendung von Materialien anstelle von Fragen, der Grad der kindlichen Vertrautheit mit den Objekten und Ereignissen des Untersuchungsmaterials (Nass 1956, S. 191ff; Mogar 1960, S. 59ff; Berzonsky 1971a, S. 705ff) und selbst der Modus der Fragestellung, "Wie-Fragen" oder "Warum-Fragen" - letztere scheinen suggestiver zu sein und eher nichtnaturalistische Erklärungen zu provozieren (Bullock 1981; Nass 1956, S. 191ff) - die Qualität der Kausalerklärungen kleiner Kinder positiv oder negativ beeinflussen.

Die in diesen Untersuchungen durchgeführten Experimente machen aber gleichzeitig deutlich, daß die richtige Verwendung von Kovariationsinformationen keineswegs bedeutet, daß die kleinen Kinder ein operatives Kausalitätskonzept ausgebildet haben. Denn weder gelingt die Identifizierung inhibitorischer Kausalfaktoren, noch ist die Bedeutung der zeitlichen Priorität der Ursache vor der Wirkung immer bewußt, weshalb die Kinder auch Ereignisse als Ursachen angeben, die dem beobachteten Effekt nachfolgen (Shultz/Mendelson 1975, S. 394ff). Mehr noch: Die Untersuchungen zeigen, daß in den Kausalerklärungen der jüngeren Kinder die raumzeitliche Kontiguität von Effekt und postulierter Ursache noch im Vordergrund steht, während ältere Kinder hingegen sich eher von der Regularität des Auftretens der zu erklärenden Ereignisse leiten lassen (Siegler/Liebert 1974, S. 574ff; Mendelson/Shultz 1975, S. 408ff). Darüber hinaus belegen diese Studien, daß bei kleinen Kindern die Relationen zwischen bestimmten Phänomenen nur in diffusen Schemata existieren, welche zeitliche, räumliche und logische Aspekte ignorieren, hingegen ältere Kinder die Relationen korrekt wiedergeben (Kuhn/Phelps 1976, S. 248ff). Damit unterstellen die Autoren den Kindern, allerdings ohne es zu wollen, eine mit zunehmenden Alter sich stetig verbessernde kausale Kompetenz (Mogar 1960, S. 59ff). Ihre Ergebnisse sind daher durchaus in Übereinstimmung mit Piagets Entwicklungslogik zu sehen. Stattdessen sind aber einige der genannten Autoren der Meinung, daß die Entwicklung der kindlichen Informationsverarbeitungs- und Gedächtniskapazitäten für diesen Fortschritt

---

139 Zur Kritik vergleiche Johnson/Harris 1996, S. 245f.

verantwortlich zu machen sei[140] und unterstellen Piaget, daß er "may have been measuring the amount of information children possess rather than the quality of their reasoning" (Siegler/Liebert 1974, S. 574).

Welche theoretischen Schlußfolgerungen zieht die radikale "early competence view" aus ihren Untersuchungsergebnissen? Erstens die Vermutung, daß die Fähigkeit der Unterscheidung zwischen belebten und unbelebten Objekten oder zwischen Ursache und Wirkung Teil der genetischen Ausstattung des Menschen sei. Zweitens die Hypothese, daß Kinder schon sehr früh auf der Basis einer impliziten Theorie physikalischer Kausalität handelten. Drittens die Unterstellung, daß das Verständnis von Ereignissen bei Kindern denselben impliziten Prinzipien folge wie bei Erwachsenen. Lediglich der Grad der Wissensakkumulation, der Grad an Komplexität und die Breite der Anwendung differierten (Pines 1984, S. 48; Bullock/Gelman/Baillargeon 1982, S. 250f). Von Bullock et al. wird die dritte Hypothese wie folgt formuliert: "We are not implying that preschoolers' causal thinking is identical to adults. Certainly, there are pervasive and consistent differences. However, we do want to argue that the differences that exist arise not because the child and the adult think about things in fundamentally different ways, but because the child's thought is more constrained by context, complexity and verbal demands, limiting the scope and flexibility with which the child can apply his or her knowledge" (Bullock/Gelman/Baillargeon 1982, S. 251).[141]

Aus der vermeintlichen Tatsache, daß schon drei- bis vierjährigen Kindern die Prinzipien zur Verfügung ständen, die der Erwachsenenkausalität unterliegen - "children and adults share the same causal reasoning principles" (Bullock/Gelman/Baillargeon, S. 220), und zwar seien dies das Prinzip der zeitlichen "Priorität" der Ursache vor der Wirkung, das Prinzip des "Determinismus" (physikalische Ereignisse sind durch Ursachen bestimmt) sowie das Prinzip des "Mechanismus" (die Suche nach der Verbindung von Ursache und Wirkung) (Bullock/Gelman/Baillargeon, S. 211; Bullock 1985, S. 172f; Sodian 1995, S. 629) - zieht Berzonsky eine weitere Konsequenz: Piaget liege falsch mit seiner Annahme, daß für ein adäquates Kausalverständnis die Einbindung und Beteiligung der "operativen" Strukturen notwendig sei (Berzonsky 1971b, S. 469ff).

Die von den Vertretern der "early-competence-view" postulierte These, daß es in der Ontogenese zu keiner qualitativen Veränderung der kognitiven Strukturen komme, sondern daß "the basic conceptual apparatus is in place early in ontogeny and the nature of mental representation is invariant in its fundamental structure, although it may change in terms of its complexity", zielt in radikaler Weise auf die Grundkonzeption der strukturalen Entwicklungs- und Stufentheorie insgesamt und steht in

---

140 So fanden Byrnes/Gelman in einer Untersuchung über das Erinnern von kausalen Erklärungen heraus, daß ältere Kinder ein besseres Kurzzeitgedächtnis haben als jüngere Kinder. Vgl. Byrnes/Gelman 1990, S. 95ff. Siehe auch Shultz/Ravinsky 1977, S. 1552ff.

141 Diese Hypothese, darauf sei hingewiesen, wurde im Grunde schon von Huang vertreten. Vgl. Huang 1943; vgl auch Johnson/Harris 1996, S. 245.

äußerstem Kontrast zu Piagets These, "that there are qualitative changes both in the nature of mental representation and in the cognitive activities that children can engage in" (Bullock 1985, S. 170). Diese Schlußfolgerung der "frühen Kompetenz-Theorie" liegt in der bekannten Argumentationslinie des "absolutistischen Strukturalismus" - sie reicht von dem Anthropologen Lévi-Strauss (1973) bis hin zu den Psychologen Cole/Gayle/Glick/Sharp (1974) und Cole/Scribner (1974) - der im Grunde eine Entwicklungslogik der kognitiven Strukturen bestreitet und stattdessen von der strukturellen Gleichheit des menschlichen Geistes ausgeht, wobei dieser sich nur kulturell unterschiedlich manifestiere.

Die zuletzt angeführte These, aber auch die übrigen Schlußfolgerungen der frühen Kompetenztheorie, die aus den Untersuchungsergebnissen zur frühen Kausalität gezogen wurden, können nicht unwidersprochen bleiben. Zwar legen die Arbeiten aus dieser Theorierichtung nahe, daß sich ein rudimentäres Kausalverständnis schon mit drei bis vier Jahren ausbildet, weit früher also, als Piaget gedacht hat: Es ist jedoch ein Verständnis, welches sich eng im Erfahrungsbereich frühkindlicher Aktivitäten bewegt und an der Handlung orientiert bleibt. Gleichwohl sind einige der daraus abgeleiteten Schlußfolgerungen mehr als fraglich: so die Vermutung der nicht individuell erworbenen, sondern genetisch im Organismus verankerten invarianten Basisstrukturen ebenso wie die Annahme der angeborenen Unterscheidungsfähigkeit von Ursache und Wirkung. Denn beide Annahmen fallen auf die Position des schon von Piaget kritisierten und widerlegten biologischen Präformismus zurück.[142] Richtiger hingegen ist die Position von Leslie/Keeble, die, wie Piaget, aus dem Befund, daß schon dreijährige Kinder zu bestimmten kausalen Überlegungen fähig sind, die Konsequenz ableiten, die Ursprünge der Kausalität im Säuglingsalter zu suchen. Allerdings kann diese nicht, wie die beiden Autoren in Anlehnung an Michotte meinen, über die pure Wahrnehmung konstruiert werden (Leslie/Keeble 1987, S. 265ff). Ebensowenig einsichtig ist die These einer "impliziten Theorie" der Kausalität. Woher sie stammt und wie sie sich ausgebildet hat, wird weder gefragt noch erklärt, sieht man einmal von der Behauptung einer genetischen Verankerung ab. Die kindlichen Fehlleistungen, die trotz allem auch in diesen Untersuchungen konstatiert wurden, allein als fehlende Performanz zu erklären, von der nicht auf eine fehlende Kompetenz zu schließen sei, scheint wenig plausibel. Auch die These der kognitiven Entwicklung als bloße Akkumulation von Wissen ist fragwürdig. Denn träfe sie zu, dann müßten sich die kindlichen Fehlvorstellungen durch die Vermittlung der korrekten Fakten beheben lassen, was aber erwiesenermaßen nicht der Fall ist.[143]

Was schließlich den Einwand betrifft, der Unterschied in der kognitiven

---

142 Zur Kritik der präformistischen Einwände gegen die Gliederung der kognitiven Entwicklung in Stufen vgl. auch Ros 1983, S. 20ff.

143 Sodian wendet sich gegen die These der kognitiven Entwicklung als bloße Akkumulation von Wissen. Sie plädiert stattdessen für die These des Wissenserwerbs als Rekonstruktionsprozeß. Vgl. Sodian 1993, S. 181ff.

Kompetenz und im Kausalverständnis der Kinder und Erwachsenen sei lediglich quantitativer, aber nicht strukturell-qualitativer Natur, eine bloße Differenz von Wissen und Erfahrung auf der Basis einer gemeinsamen identischen Struktur, ist, nimmt man die festgestellten unterschiedlichen Formen der Reversibilität und die Dezentrierungsthese ernst, schlicht falsch. Hinzu kommt, daß Jugendliche und Erwachsene auf der formal-operationalen Stufe im Gegensatz zum Kind, dessen Denken noch empirisch gebunden ist, metakognitiv oder hypothetisch-deduktiv denken. Die - wenn überhaupt, dann erst spät sich entwickelnde - Aussagenlogik, ist ein eindeutiger Beleg für eine strukturelle Weiterentwicklung im Denken und keinesfalls auf eine bloße Differenz im Wissen reduzierbar. Daher ist es verfehlt, die Sichtweise der "early competence view" zu übernehmen, nach der junge und noch jüngere Kinder über die gleichen Konzepte verfügen wie ältere Kinder. Richtig hingegen ist anzuerkennen, daß es in der kognitiven Entwicklung zweifellos bemerkenswerte strukturelle Veränderungen und Übergänge qualitativer Art gibt, auch wenn zugestandenermaßen nicht immer klar ist, ob diese Veränderungen bereichsspezifisch oder bereichsübergreifender Natur sind.

3. Kausalität in fremden Kulturen - Kulturvergleichende Untersuchungen zur ontogenetischen Entwicklung der Kausalität in traditionalen Gesellschaften

Bis heute wurden Hunderte von kulturvergleichenden Untersuchungen durchgeführt, die - herausgefordert durch Piagets universalistische Theorie der Denkentwicklung - deren Reichweite und Gültigkeit zu bestimmen suchten. Es wurde insbesondere geprüft, ob die Stadien der kognititiven Entwicklung auch bei Kindern in fremden Gesellschaften aufzufinden sind und im gleichen Alter durchlaufen werden wie in industrialisierten Gesellschaften. Dem Problem der Unterscheidung kulturspezifischer Endpunkte der Entwicklung, was die Untersuchung des erwachsenen Denkens voraussetzt, hat man sich aber vergleichsweise wenig gestellt. Die Forschung konzentrierte sich vor allem auf die Untersuchung der Entwicklung der kindlichen operationalen Intelligenz, wobei man sich dort vorrangig mit den "Erhaltungsvorstellungen" beschäftigt hat.[144]

Auf dem Gebiet der Kausalität hingegen wurde, so Ember, empirisch-kulturvergleichend kaum geforscht.[145] Zwar wurden im Anschluß an Piagets frühe Kausalitäts-

---

144 Neuere Übersichten zum Stand der kulturverglleichenden Forschung, in denen aber nicht speziell auf die Kausalitätsentwicklung eingegangen wird, sind: Dasen 1972, S. 23ff (hier werden zumindest einige Arbeiten zitiert, S. 24); Modgil/Modgil 1976b; Carlson 1984, S. 709ff; Dasen/Heron 1981, S. 295ff. Vgl. auch die Diskussion der Ergebnisse der transkulturellen Piaget-Psychologie bei Oesterdiekhoff 1992, S. 49ff.

145 Diese Einschätzung Embers trifft zumindest dann zu, wenn man berücksichtigt, daß ihr die frühen Arbeiten nicht gewärtig scheinen. Vgl. Ember 1984, S. 119.

untersuchung bis zum Beginn der vierziger Jahre weltweit knapp über zwanzig Replikationsuntersuchungen zur Kausalentwicklung durchgeführt und veröffentlicht, darunter aber nur wenige kulturvergleichende Untersuchungen. Danach brach diese Forschungstradition nahezu vollständig ab und wurde erst zu Beginn der siebziger Jahre vereinzelt wieder aufgenommen.

Zunächst zu den Ergebnissen der älteren kulturvergleichenden Forschung: Konträr zu Piagets Befund der "Präkausalität" stehen Meads Untersuchung bei den Manukindern der Admiral-Inseln und Huang/Lees Untersuchung bei Kindern aus China, die beide kaum animistische Vorstellungen fanden (Mead 1932, S. 173ff; Huang/Lee 1945, S. 69ff; vgl. auch Johnson/Harris 1996, S. 245). Allerdings beruhten beide Untersuchungen nicht auf dem Vorgehen und der Methode Piagets, ihre Ergebnisse wurden deshalb später stark angezweifelt. Die Untersuchungsergebnisse Meads wurden insbesondere von Dennis/Russell in Frage gestellt (vgl. Dennis/Russell 1940, S. 181). Strauss (1951), der Huang/Lees Originaldaten nachträglich überprüfte, mußte feststellen, daß die Ergebnisse methodenbedingt zustande kamen (Ja/Nein-Antworten versus Erklärungen). Seiner Meinung nach sind die Originaldaten auch für eine Interpretation im Sinne Piagets offen.[146]

Piagets Befunde fanden aber auch Bestätigung. So etwa durch Osaki (1934), die bei japanischen Kindern von drei bis dreizehn Jahren feststellte, daß mit zunehmenden Alter die anfänglich hohe Zahl an prälogischen Antworten abnahm. Die Untersuchungen von Dennis/Russell (1940) bei den Zuni und von Dennis (1940) bei den Hopi - allerdings auf einer schmalen Stichprobenbasis beruhend und vor allem fokussierend auf die Ausprägung des Animismus, Artifizialismus und Realismus - bekräftigten gleichermaßen die strukturelle Entwicklungssequenz, auch wenn sie im Vergleich zu westlichen Kindern leichte Entwicklungsverzögerungen feststellten. Die älteren (bis etwa 1940), in den Ergebnissen kontroversen Arbeiten zur Kausalität, in denen man sich insbesondere für die Ausprägung des Animismus interessierte, wurden von Huang (1943) zusammengefaßt. Er kam zu dem, die Tatsachen etwas verzerrenden Fazit, daß die überwiegende Zahl der Untersuchungen die Piagetsche These von der Präkausalität der Kinder nicht unterstütze.[147] Jahoda (1958) dagegen, der die auf den frühen Piaget bezogenen kulturvergleichenden Untersuchungen zum Animismus bis in die sechziger Jahre zusammenfaßte, kam genau zum gegenteiligen Schluß, daß der Animismus bei jüngeren Kindern wohl universal verbreitet sei. Einen etwas neueren Überblick über die kulturvergleichende Literatur zum Animismus bietet das Sammelreferat von Looft/Bartz (1969). Die dort dargestellten Ergebnisse stellen sich insgesamt, was Häufigkeit und Interpretation animistischer Reaktionen betrifft, als kon-

---

146 Den maskierenden Effekt des bloßen Ja-Nein-Vorgehens, der nichts über die vorhandene Kompetenz aussagt, kritisieren auch Laurendeau/Pinard 1962.

147 Eine Kritik der Huangschen Interpretation findet sich bei Looft/Bartz 1969, S. 9f. Vgl. auch Johnson/Harris 1996, S. 245.

trovers dar. Neben einer Mehrzahl von Untersuchungen, bei denen ein in hohem Maße ausgeprägter Animismus gefunden wurde, stehen einige andere, die von einer nur geringen Häufigkeit berichten.

Welches sind nun die wichtigsten Ergebnisse der aktuelleren kulturvergleichenden Forschung zur Kausalität? Walker/Torrance/Walker (1971), die in den USA und in Indien 359 Schüler der dritten und sechsten Klasse auf ihr Kausalverständnis untersuchten, stellten zum einen Entwicklungsverzögerungen bei den indischen im Vergleich zu den amerikanischen Kindern fest, zum anderen bei den älteren Kindern eine Zunahme an Kausalantworten im Vergleich zu den jüngeren Kindern, dies allerdings nur bei den amerikanischen Kindern. Letzteres wurde auf die unterschiedlichen schulischen Lernbedingungen zurückgeführt. Langgulung/Torrance (1972) gelangten bei ihrer Untersuchung von 160 amerikanischen und mexikanischen Schülern der vierten und sechsten Klasse zu ähnlichen Ergebnissen. Die US-Kinder und die jeweils älteren (der sechsten Klasse) waren signifikant höher kausalitätsorientiert als die mexikanischen und jüngeren Kinder (der vierten Klasse); "begünstigte" zeigten mehr kausales Denken als "unbegünstigte" Kinder. Langgulung/Torrance (1973) verglichen in einer weiteren Untersuchung je 80 Kinder aus Indien, West-Samoa, Mexico und den USA, jeweils Schüler der vierten und sechsten Klasse. Die erzielten Ergebnisse waren nahezu identisch mit den Ergebnissen aus ihrer früheren Untersuchung: Ältere und "begünstigte" Kinder gaben am häufigsten Kausalantworten, amerikanische und indische Kinder bedeutend mehr als Kinder aus Mexico und West-Samoa. Peluffo (1962), der drei Kindergruppen aus unterschiedlichen sozio-ökonomischen Milieus in Italien untersuchte, konnte den Einfluß dieser Milieus auf das Entwicklungsniveau der Kausalität nachweisen. Er fand nur einen geringen Prozentsatz an Antworten, die nicht präkausal waren. Kinder aus "ungünstigen" Milieus konnten jedoch die konstatierten Entwicklungsverzögerungen beim Wechsel in eine güstigere Umgebung (Umzug von Süd- nach Norditalien) aufholen.

Jahoda (1969) untersuchte - 1955 und 1968 in Ghana und 1957 und 1967 in Schottland - das Verständnis des Fahrradmechanismus bei Schülern. Während er im Begreifen des Mechanismus bei den Kindern aus Ghana im Vergleich zu den schottischen Kindern 1955 noch große Entwicklungsverzögerungen diagnostizierte, glichen sich die Ergebnisse 13 Jahre später weitgehend an. Allerdings nur bei den Jungen, nicht aber bei den Mädchen; deren Ergebnisse zeigten keine Verbesserungen zur früheren Untersuchung. Shultz' Untersuchung (1982) von zwei Kindergruppen aus dem westafrikanischen Mali - eine Gruppe hatte weder eine Schule besucht noch Kontakte zu "Westlern" und auch keinen Umgang mit technischen Geräten - war der Frage gewidmet, ob Kinder von 3 bis 13 Jahren kausale Beziehungen als bloße Verkettung (oder Abfolge) benachbarter Ereignisse vorstellen (analog zu Hume) oder aber in der Form des Energietransfers. Die Ergebnisse einer Reihe sehr ausgeklügelter, aber einfacher Experimente deuteten, wenn auch weniger ausgeprägt als bei westlichen Kindern, auf das zweite hin: Kinder sind von Natur aus keine Jünger Humes'. Sie verlassen sich eher auf die "generativen Mechanismen der Übermittlung von Ursache und Wirkung" als auf Aspekte der zeitlichen Nähe oder Aufeinanderfolge. Da er die Übertragungsvorstellung in westlichen und nichtwestlichen Kulturen schon bei Kindern ab drei Jahren fand, ging Shultz davon aus, daß sie eine von der Kultur unabhängige grundlegende mentale Funktion sei. Er vertritt daher die These der "frühen Kompetenztheorie" und widerspricht folglich der These einer strukturellen Entwicklung des Kausalkonzepts (vgl. Shultz 1982, S. 33ff u. S. 38f).

Zusammenfassend läßt sich aber sagen, daß die von Piaget postulierte stufenförmige Entwicklung der ontogenetischen Kausalität in den kulturvergleichenden Arbeiten überwiegend Bestätigung fand. Auch wurde ein im Vergleich zum westlichen Denken völlig anderes Kausalverständnis nirgends nachgewiesen. Positiv festgestellt hingegen wurde, daß die "präkausale" Stufe mit der für sie typischen Ausprägung des Animismus kulturell weit verbreitet ist. Bekräftigt wurde ebenso die Invarianz der Stufenabfolge. Vielerorts wurden aber im Vergleich zu westlichen Kindern auffallende zeitliche Entwicklungsverzögerungen beim Erreichen der jeweiligen Stufen festgestellt. Bis auf Details von geringer Bedeutung und mit Ausnahme der etwas anders gelagerten Untersuchung von Shultz wurden also die Vorstufen der konkretoperationalen Kausalität in unterschiedlichen Gesellschaften gefunden. Dies spricht für die von der genetischen und historisch-genetischen Theorie postulierte These von der universellen Verbreitung der Vorformen des entwickelten kausalen Denkens.

Wie bereits bemerkt, wird die Frage nach dem möglichen Endpunkt der kausalen Entwicklung in den nichtindustrialisierten Gesellschaften in den besprochenen Untersuchungen nirgends gestellt. Die Arbeiten sind ausschließlich darauf fixiert, die Existenz präkausaler Formen zu beweisen. Eine empirisch fundierte Antwort auf die Frage, ob die Kinder traditionaler Gesellschaften in der Adoleszenz oder im Erwachsenenalter ihr Kausalkonzept weiterentwickeln und ob sie je ein mechanistisches oder funktional-relationales Kausalverständnis erreichen, muß auf der Grundlage dieser Arbeiten offen bleiben. Das diesbezüglich fehlende Problembewußtsein ist wohl mit darauf zurückzuführen, daß viele Forscher von der selbstverständlichen Annahme ausgehen, die untersuchten Kinder würden spätestens in der Adoleszenz einen den Kindern industrialisierter Gesellschaften vergleichbaren Entwicklungsstand erreichen. Ob diese Annahme tatsächlich berechtigt ist, wird die nachfolgende Überprüfung und Zusammenfassung der kulturvergleichenden Untersuchungen zum kausalen Denken von Erwachsenen zeigen.

4. Empirische Untersuchungen zum kausalen Denken von Erwachsenen

4.1 Relikte magisch-mythischer Kausalvorstellungen bei Erwachsenen in Industriegesellschaften

Zunächst ist auf zwei Untersuchungen einzugehen, die in westlichen Industriegesellschaften durchgeführt wurden und die zeigen, daß sich selbst in unserer von Wissenschaft und Technik überformten Zivilisation Relikte magisch-mythischer Natur- und Kausalvorstellungen erhalten haben.[148] Sie verdeutlichen, daß es in unserer Gesellschaft zumindest Nischen gibt, in denen die heute dominierende mechanistische Denk- und Erklärungsweise völlig abgelehnt wird oder sich noch nicht vollständig durchgesetzt hat, weshalb bei Erwachsenen ein noch teilweise anthropomorphes Naturverständnis vorzufinden ist (auf die zahlreichen Studien zur "naiven" Theorie der Bewegung, in denen ebenfalls vielfach auf vor-newtonsche Bewegungsvorstellungen in unserer Gesellschaft verwiesen wird, kann hier nicht ausführlicher eingegangen werden [vgl. für viele McCloskey 1983b]).

Lesser/Paisner (1985) überprüften insbesondere Piagets Annahme, daß sich logische und kausale Strukturen gemeinsam entwickelten. Sie untersuchten zwei Teilstichproben, bestehend aus jeweils 15 Amerikanern im Alter von 25 bis 60 Jahren; die eine Teilgruppe setzte sich ausschließlich aus Mitgliedern einer religiösen Sekte zusammen. Bei allen 30 Probanden war vorab das formaloperationale Denkniveau konstatiert worden. Untersucht werden sollte daraufhin, ob in beiden Teilgruppen auch identische Kausalvorstellungen existieren. Während also im Bereich der Operationalität keine Unterschiede festzustellen waren, zeigte das Kausaldenken hingegen signifikante Unterschiede. Die Sektenmitglieder offenbarten im Unterschied zu Nicht-Sektenmitgliedern einen starken Glauben an ein sinnhaftes und vollständig determiniertes Universum und entwickelten ein Zufallskonzept, in dem jedes Ereignis seine Bedeutung hatte. Das daraus resultierende Kausalverständnis war folglich stark von magischen Vorstellungen durchdrungen, nicht aber das der Nicht-Sektenmitglieder. Die Autoren zogen daraus den Schluß, daß, ungeachtet der funktionalen Beziehungen zwischen Logik und Kausalität, die Entwicklung der Kausalität unabhängig von der logisch-operationalen Entwicklung verläuft und - entgegen Piagets Behauptung - eine formale Operationalität zusammen mit einer magischen Kausalität koexistieren kann.

---

148 Das naturmagische Denken, das die Welt als lebendigen Organismus versteht, findet seinen Ausdruck heute in der spiritualistischen Naturforschung (z.B. in der Anthroposophie Rudolf Steiners), der New-Age-Bewegung, in Teilen der Ökologiebewegung sowie in diversen anderen, auf ganzheitliches Denken ausgerichteten Strömungen (z.B. Sekten). So schreibt Capra, die Physik komme zu der Erkenntnis, "daß das Bewußtsein sehr wohl ein wesentlicher Teil des Universums sein kann, der in eine zukünftige Theorie physikalischer Vorgänge einbezogen werden muß" (Capra 1988, S. 106) und Meyer-Abich konzediert nicht nur Tieren und Pflanzen Rechte, da sie "Empfindungen" und Interessen haben, auch Flüsse sind für ihn Quasi-Lebewesen, die "ihre eigene Persönlichkeit oder Seele" haben (Meyer-Abich 1984, S. 188).

Dem ist hinzuzufügen, daß ein formaloperationales Denken allein den Glauben an eine sinnhaft organisierte Natur nicht unterbinden kann. Allerdings gibt es für solche Spekulationen wie für ein magisch-religiöses Weltverständnis keinen objektiven Anhalt. Solche Naturvorstellungen sind daher nicht mehr als Versuche der Remystifizierung.

White (1992) untersuchte, in drei kleineren Einzelstudien, das "Common-sense-Weltbild" von kausalen Prozessen in der Natur bei Erwachsenen in Wales. Das wesentliche Ergebnis seiner Untersuchung: Das Common-sense-Weltbild der Probanden war ein Konglomerat aus aristotelischen, impetustheoretischen und mechanistischen Vorstellungen. Seine Versuchspersonen verstanden die Welt als "anthropomorphic machine": "The world or universe as a whole is like a large and complex machine which operates smoothly and never runs down, but which is endowed with purposiveness, direction and natural justice. (...) There is in this sense a ghost in the machine" (White 1992, S. 90). Seine Untersuchung macht deutlich, daß es auch in unserer Gesellschaft durchaus noch Menschen gibt, deren Naturverständnis nicht vollständig von mechanistischen Vorstellungen durchdrungen ist und bestätigt damit die Ergebnisse aus den Untersuchungen zu den Bewegungsvorstellungen von Erwachsenen. Diese Studien, die in vielen europäischen Ländern und in den USA durchgeführt wurden, förderten, neben mechanistischen Vorstellungen, immer wieder impetustheoretisches Gedankengut zutage (McCloskey 1990, S. 18ff).

Verständlich machen lassen sich die auch in modernen Industriegesellschaften feststellbaren und in beiden Arbeiten festgestellten Relikte magisch-mythischer Natur- und Kausalvorstellungen dadurch, daß man in Rechnung stellt, daß die ursprüngliche subjektivische Logik zwar historisch - über den Zuerwerb an Regelwissen - von der funktional-relationalen Logik abgelöst wurde, sie aber auch in unserer Gesellschaft, in jeder neu beginnenden Ontogenese wieder als frühe Struktur aufgebaut wird. Dies hat zur Folge, daß unter bestimmten Bedingungen, insbesondere dort, wo Wissen von der Natur fehlt oder nur rudimentär vorhanden ist, sehr wohl auf die ältere Logik der Erklärung zurückgegriffen werden kann und auch zurückgegriffen wird. Obwohl also magisch-mythische Natur- und Kausalvorstellungen als Relikte in der modernen Zivilisation anzutreffen sind, kann jedoch nicht in Abrede gestellt werden, daß das wissenschaftlich-technische Verständnis der Natur in der westlichen Welt eindeutig dominiert.

4.2   *Kausalität in fremden Kulturen - Kulturvergleichende Untersuchungen zum
       kausalen Denken von Erwachsenen in traditionalen Gesellschaften*

Die Kausalvorstellungen von Erwachsenen in traditionalen Gesellschaften wurden nur in wenigen kulturvergleichenden Studien überprüft. Bis heute liegen zu diesem Gegenstandsbereich - mit Ausnahme von Hallpike und Oesterdiekhoff, die jedoch nur ethnologisches Material reinterpretierten - so gut wie keine systematisch durchgeführten empirische Untersuchungen vor (Hallpike 1990, S. 491ff; Oesterdiekhoff 1992, S. 91ff). Bislang hat sich die empirisch-kulturvergleichende Psychologie allenfalls mit dem kindlichen Kausaldenken befaßt, darüber hinaus es jedoch versäumt, sich mit dem Verständnis der Kausalität von Erwachsenen in traditionalen Gesellschaften zu beschäftigen, insbesondere mit den dort erreichten Endstadien der Entwicklung. Dies schien unter der Annahme, daß bis zum Beginn der Adoleszenz alle Individuen aller Gesellschaften ein konkret- wenn nicht gar formal-operationales kognitives Strukturniveau erreichen, auch nicht nötig zu sein.

Welche Ergebnisse erbrachten die Untersuchungen zur Struktur und Entwicklung der Kausalität in traditionalen Gesellschaften? Das Kausalverständnis in primitiven Gesellschaften wurde von Hallpike innerhalb seiner umfassenden Studie zu den "Grundlagen des primitiven Denkens" untersucht. Er sieht es vor allem durch die fehlende operative Analyse und Koordination gekennzeichnet. Dies führe zu Erklärungen durch Essenzen, zur Verdinglichung von Eigenschaften und zur Behandlung von Prozessen als statische und irreversible Substanzen. Kälte, Wärme, Leichtigkeit und Schwere werden begriffen als absolute und nicht relative Attribute von Objekten. Kraft werde substanzhaft verstanden. Da zudem menschliche Sinneseindrücke nicht klar von den physischen Eigenschaften der Objekte unterschieden würden, würden psychische Zustände wie etwa Absichten häufig materiellen Gegenständen und Ereignissen zugeschrieben. Physikalische Ereignisse zu analysieren mache den Mitgliedern dieser Gesellschaften erhebliche Mühe, weil oft nur Anfangs- und Endzustand wahrgenommen würden, die vermittelnden Zwischenschritte eines Ablaufs aber keine Beachtung fänden. Der Begriff der Wahrscheinlichkeit beruhe auf der Anschauung von Häufigkeit und Seltenheit und berücksichtige nicht alle hypothetischen Möglichkeiten einer Situation. Daher gebe es auch keine Vorstellung von signifikanten Zufällen (Hallpike 1990, S. 491ff).[149] Mit dem eben skizzierten Bild harmonieren auch die von Shelton berichteten Kausalvorstellungen im afrikanischen Denken, insbesondere die von ihm beschriebenen Kausalvorstellungen der Igbo. Er stellte in seiner Analyse heraus, daß Ereignisse, die Menschen widerfahren, von den Igbo fast immer als intentional verursacht verstanden würden. Die Igbo fragten nicht, wie etwas geschehen sei, sondern immer danach, wer ein Ereignis verursache und warum etwas gerade demjenigen passiere, dem es passiere. Daher sei verständlich, daß es auch dort die Kategorie des Zufalls nicht gibt (Shelton 1968, S. 157ff).[150] Peluffo (1967) konnte in seiner Untersuchung bei analphabetischen Erwachsenen im agrarischen Sardinien ebenfalls

---

149 Vgl. auch die Zusammenstellung und Diskussion der kulturvergleichenden Literatur zu den Grundkategorien der Wirklichkeitsauffassung in traditionalen Gesellschaften bei Oesterdiekhoff, insbesondere seine Diskussion der mit der Prä-kausalität verbunden Ausdrucksformen des Realismus, Animismus, Artifizialismus und der Magie. Oesterdiekhoff 1992, S. 91ff.
150 Ähnliche Beobachtungen zum Kausalverständnis in Afrika finden sich auch in der Aufsatzsammlung von Forde 1970.

noch präkausale Vorstellungen finden. Sogar die Anwendung von magischen Praktiken etwa zum Abbau von Furcht wird berichtet. Daneben gibt es eine Reihe von Studien, die bei Erwachsenen aus nicht-westlichen Gesellschaften noch stark animistisch
geprägte Kausalvorstellungen nachgewiesen haben.[151] So haben Looft/Bartz mit Erstaunen zur Kenntnis genommen, daß der Animismus, der allgemein als ein Charakte-
ristikum des kindlichen Denkens gilt und gemäß der Theorie Piagets mit zunehmendem Alter abgebaut wird, in traditionalen Gesellschaften mit "percentages as high as
50% - sometimes up to 75% - have been reported for adults". Anzumerken jedoch ist,
daß gegen die von Looft/Bartz referierten Untersuchungen methodische Vorwüfe erhoben wurden, welche die Gültigkeit der Ergebnisse zumindest anzweifeln lassen.[152]
Nicht unerwähnt bleiben darf auch eine ältere Untersuchung von Huang/Chen/Yang
(1943), die zu einem dem bisherigen Gesamtbild widersprechenden Ergebnis kamen.
In ihrer Untersuchung stellten sie bei erwachsenen illiteraten Chinesen keine mythischen und anthropomorphen kausalen Erklärungsmuster fest. Allerdings weist diese
Studie einige gravierende methodische Mängel auf. So wurden nur einzelne Statements und nicht die gesamten, durchaus widersprüchlichen Aussagen eines Subjekts
bewertet.[153]

4.3   Resümee und offene Fragen

Versucht man alle Ergebnisse der empirischen Untersuchungen zum Kausalverständnis von Erwachsenen zusammenzufassen, so ist festzustellen, daß das Kausalverständnis in westlichen Gesellschaften wohl überwiegend mechanistisch und von der funktional-relationalen Logik bestimmt ist. Allerdings gibt es durchaus Individuen, die
nicht oder nur bereichsspezifisch in mechanistischen Kategorien denken, sieht man
von den erwähnten Remystifizierungsversuchen der Natur einmal ab. Insbesondere im
Bereich des Bewegungsverständnisses sind noch Restbestände der entwicklungslogisch frühen handlungslogischen Kausalität erkennbar. Demgegenüber zeigt das Kausalverständnis in einfachen Gesellschaften eindeutige Präferenzen zugunsten subjekti-
visch-handlungslogischer Erklärungsmuster. Vor allem die damit verbundenen Adhärenzien von Realismus, Animismus, Dynamismus und Finalismus scheinen dort noch
weit verbreitet zu sein. Die Natur wird durchwaltet und durchherrscht von teleolo-

---

151 Dennis/Russell berichten, daß der Animismus bei zwölf bis achtzehnjährigen Zunis noch weit verbreitet
   ist. Vgl. Dennis/Russell 1940, S. 181ff. Auch bei nordamerikanischen Indianern sind in der Adoleszenz
   noch überraschend hohe Anteile animistischen Denkens feststellbar. Vgl. Havighurst/Neugarten 1955,
   S. 155ff.
152 Vgl. mit den entsprechenden Belegen Looft/Bartz 1969, S. 13f.
153 Auf diese Untersuchung hat Huang hingewiesen, auf den ich mich hier berufe. Vgl. Huang 1943, S.
   90ff.

gisch verstandenen Kräften, Mächten, Tendenzen, Bestrebungen und Einflüssen gedacht.[154]

Obwohl die interdisziplinäre Diskussion zwischen Ethnologen, Soziologen und Psychologen in der kulturvergleichenden Forschung bis heute noch weit davon entfernt ist, sich auf eine allgemein akzeptierte Theorie der kognitiven Entwicklung in Geschichte und fremden Kulturen zu verständigen und viele der mit der kognitiven Entwicklung im Kulturvergleich befaßten Forscher außerstande sind, die Verschränkung des ontogenetischen und historischen Entwicklungsprozesses zu begreifen und in eine systematische entwicklungslogisch verfahrende Theorie umzusetzen, können deren eben referierte Ergebnisse als eine ziemlich unspezifische Bestätigung der Generalthese der historisch-genetischen Theorie (subjektivisches versus funktional-relationales Schema) gewertet werden.[155]

Die Frage, welches Kausalverständnis in entwickelteren Agrargesellschaften anzutreffen ist, können die bisher vorliegenden Untersuchungen allerdings nicht beantworten. Abgesehen von der Untersuchung von Peluffo in Sardinien, die den heutigen Ansprüchen an kulturvergleichende Untersuchungen aber keinesfalls genügt, liegen bisher keine empirischen Studien vor. Daher betritt die später vorzustellende kulturvergleichende Untersuchung zum Kausalverständnis in der Türkei Forschungsneuland.

Ebenso offen ist - in der historischen Perspektive - die Frage, ob unter den veränderten Bedingungen der antiken und mittelalterlichen Gesellschaften, die im Vergleich zu den einfachen Gesellschaften ein neues und weit fortgeschritteneres Organisationsniveau verkörpern (sie folgen in der Linie der historischen Entwicklung den frühen Ackerbaugesellschaften und frühen Hochkulturen), die Struktur der subjektivischen Kausalität weiterhin Gültigkeit behält oder ob sie im Zuge einer gesteigerten Organisationskompetenz über Natur und Sozialwelt spezifische Änderungen erfährt. Dies soll anhand der Aristotelischen und impetustheoretischen Erklärung der Bewegung näher untersucht werden.

---

154 Zur Charakteristik des magisch-mythischen Naturbildes und zum archaischen Denken vgl. auch Gloy 1995, S. 41ff u. Klix 1993, S. 206ff.

155 Einen Eindruck von der gegenwärtig die kulturvergleichende Forschung kennzeichnenden Heterogenität der theoretischen Grundlagen sowie der Interpretationsmöglichkeiten der erzielten Forschungsergebnisse - sie schwanken nach wie vor zwischen den Polen Universalismus und Kulturrelativismus - vermittelt auch die neueste Literatur, die sich jedoch nicht ausschließlich mit kognitiven Prozessen beschäftigt. Vgl. Thomas 1993; Mandl/Dreher/Kornadt 1993; Segall/Dasen/Berry/Poortinga 1990; Berry/Poortinga/Segall/Dasen 1992; Iwawaki/Kashima/Hung 1992.

Dritter Teil: Textanalysen

Die Struktur der Kausalität bei Aristoteles und Impetustheoretikern, untersucht am Beispiel der Bewegungserklärung

In diesem Teil der Arbeit wird das historische Kausalverständnis in Antike und Mittelalter am Beispiel der Bewegungslehre von Aristoteles und der Impetustheorie untersucht. Zum einen soll geklärt werden, ob den beiden historischen Bewegungserklärungen das subjektivische, der Handlungslogik verhaftete Strukturmuster der Kausalität unterliegt, zum anderen, ob dieses Erklärungsmuster mit dem der frühen Sammler- und Jägergesellschaften einerseits und der einfachen Ackerbaugesellschaften andererseits identisch ist oder ob es weiterentwickelt wurde.

Daß sich das Kausalverständnis in der griechischen Antike verändert hat, ist allein schon deshalb zu erwarten, weil mit der Herausbildung der Polis das sozialstrukturelle Entwicklungsniveau der Sammler-und Jägergesellschaften wie der einfachen Agrargesellschaften überwunden wurde. Die griechische Antike überwand aber auch das Entwicklungsniveau der frühen Hochkulturen, die zwar schon hierarchisch und herrschaftlich organisierte einfache Staaten waren, in denen aber die bewußte Gestaltung der Sozialwelt durch den Menschen nur zögerlich in Anspruch genommen wurde, weshalb in den entsprechenden Kosmologien die Natur und Sozialwelt noch vollständig zur Deckung kommen (vgl. Dux 1982, S. 263ff).

In der griechischen Antike traten Sozialwelt und Natur erstmals im Bewußtsein des Menschen auseinander. Mit der Inanspruchnahme der politischen Gestaltungskompetenz in der Polis wurde die Sozialordnung als veränderbar und vom Menschen gemacht verstanden, die Natur aber weiterhin mit der Vorstellung des Dauerhaften und Unveränderlichen belegt. Als Folge dieser Trennung konnte die Philosophie versuchen, die von der Sozialwelt abgekoppelte Natur und natureigenen Ordnungsmuster genauer zu bestimmen (vgl. Dux 1982, S. 266ff). Dieser Aufgabe hat sich auch Aristoteles' Philosophie gestellt. In seiner Physik hat er mit der ihm zur Verfügung stehenden Logik versucht, die Natur und die Bewegungen in der Natur verständlich zu machen.

1. Die Aristotelische Bewegungslehre und das ihr zugrundeliegende Kausalverständnis

1.1 Das finalistische Naturverständnis

Aristoteles vordringlichstes Ziel in der Physik war es, das Prozeßhafte in der Natur, als deren Inbegriff die Bewegung gilt, zu erklären. Natur, in Abgrenzung zum "Nomos" - beider Auseinanderdriften ist eine Errungenschaft der griechischen Antike (selbst noch im alten Ägypten waren sie nicht geschieden[156]) - hat dabei die Doppelbedeutung vom Gesamt des natürlich Seienden einerseits und dem Gesetz ihres Wachstums andererseits, wobei damit ein Doppelaspekt der Sache selbst zum Ausdruck gebracht wird, nämlich Prozeß und Resultat. Natur ist das selbst von innen her Werdende im Gegensatz zu dem von außen, durch die Tätigkeit des Menschen Entstehenden. Das Seiende zerfällt also in zwei Klassen: in die der Naturgegenstände und die der Artefakte (vgl. Craemer-Ruegenberg 1993, S. 86f). Aristoteles begreift Natur von den natürlichen Dingen her. Natürliche Dinge sind solche mit einem "innewohnenden Drang zu Veränderung", Dinge, die "in sich selbst einen Anfang von Veränderung und Bestand" haben. "Natürlich" ist das Seiende, welches das Prinzip der Bewegung in Gestalt der ihm eigenen Wesensform in sich trägt. Das Naturseiende ist also wesentlich prozeßhaft (Aristoteles 1987, II 1, 192b 13; III 1, 200b 11). Wesensform, bewegende Ursache und Ziel/Zweck von natürlichen Prozessen fallen folglich ineinander. Diese Vorstellung beruht auf dem Muster der Handlung, wie aus dem folgenden Zitat über die Finalität der Natur ersichtlich wird:

"Bei Vorgängen, die ein bestimmtes Ziel haben, wird um dessentwillen das ihm Vorausgehende getan, und so der Reihe nach fort. Folglich, so wie es getan wird, genau so setzt es sich natürlich zusammen, und so wie es natürlich zusammengesetzt ist, ebenso wird ein jedes getan, - wenn nicht etwas hindernd dazwischentritt. Die Handlungen erfolgen aber wegen etwas; also ist es auch da wegen etwas" (Aristoteles 1987, II 8, 199a).

Die Struktur der Naturproduktion ist ersichtlich identisch mit der Struktur des menschlichen Handelns und Herstellens. Natur wird im Handlungskontext gedeutet.[157] Sie ist final bestimmt, so wie das menschliche Handeln zielgerichtet ist. Die Natur ist nicht wie bei Platon Resultat eines ihr vorausgehenden, apriorischen Konstruktionsideen folgenden Machens, sondern ein Prozeß, der seine Agentien in sich selbst hat. Aristoteles erfaßt das Eigentümliche von Prozeßhaftigkeit durch das Begriffspaar "Möglichkeit" und "Erfüllung/Vollendung". Bewegung, Prozeß, Veränderung heißt

---

156 So stellen H. und H. A. Frankfort über den alten Orient fest, "daß das Reich der Natur nicht von dem des Menschen geschieden wurde." Vgl. Frankfort et al. 1981, S. 10.
157 Dies wird auch von Honnefelder in seinem knappen begriffsgeschichtlichen Abriß zum Naturverstehen bestätigt. Vgl. Honnefelder 1992, S. 12ff.

für den Stagiriten dabei der Übergang vom potentiellen zum aktuellen Sein, von Potenz zum Akt. Am Anfang des dritten Buches der Physikvorlesung schreibt er:

"Von Veränderung und Wandel gibt es soviele Formen wie von 'seiend'. Indem nun in jeder Gattung genau getrennt sind das eine als 'in angestrebter Wirklichkeit da', das andere als 'der Möglichkeit nach vorhanden', so (gilt): Das endliche Zur-Wirklichkeit-Kommen eines bloß der Möglichkeit nach Vorhandenen, insofern es eben ein solches ist - das ist (entwickelnde) Veränderung; z.B. die des eigenschaftlich Wandelbaren, insofern es eigenschaftlich wandelbar ist, (ist) 'Eigenschaftsveränderung'; die dessen, was wachsen kann oder, seines Gegenteils, dessen, was schwinden kann - denn eine gemeinsame Bezeichnung über beiden gibt es nicht - (heißt) 'Wachsen' und 'Schwinden'; die dessen, was entstehen und vergehen kann, (heißt) 'Werden' und 'Vergehen', die dessen, was sich fortbewegen kann, 'Ortsbewegung' " (Aristoteles 1987, III 1, 201a 10).

An späterer Stelle, bei dem Versuch, die Bewegung eines Körpers nach Ursache und Wirkung, nach Veränderndem und sich Veränderbaren zu unterscheiden, heißt es:

"Auch die (umstrittene) Vorstellung klärt sich nun, daß die Veränderung sich findet an dem Veränderbaren. Sie ist ja dessen Zum-Ziel-Bringen mit Hilfe dessen, was den Bewegungsanstoß geben kann; und die Tätigkeit des Veränderung Anstoßenden ist ja keine andere (als eben diese): es muß doch ein Zum-Ziel-Kommen beider sein. In der Lage, Veränderung bewirken zu können, ist es auf Grund seiner Möglichkeit (dazu), Veränderung bewirkend ist es durch Tätigkeit; aber tätig sein könnend ist es nur in Beziehung auf ein Veränderbares; daher die Tätigkeit beider in ähnlicher Weise eine einzige ist, wie der Abstand '1 bis 2' derselbe ist wie '2 bis 1' oder (das Verhältnis von) 'ansteigend' und 'abschüssig' (bei einem Weg): das ist ja ein einziger (Sachverhalt), allerdings der Begriff davon ist nicht einer" (Aristoteles 1987, III 3, 202a 12).

Ursache und Wirkung werden substanzialisiert und fallen zusammen. Aristoteles geht hier noch, wie Kinder im vormechanistischen Stadium, von der Ursache unmittelbar zur Wirkung über und umgekehrt. Diese Bestimmung des Verhältnisses von Ursache und Wirkung wird, wie bei der Erklärung der Wurfbewegung zu sehen sein wird, dort durch eine differenziertere Lösung ersetzt. Das Muster der Handlungslogik bleibt aber seiner ganzen Bewegungslehre eingeschrieben.

1.2   Die Aristotelische Erklärung der Fallbewegung

Aristoteles' Physik, insbesondere seine Bewegungslehre, beruht auf dem Axiom: Alles, was in Bewegung ist, setzt sich entweder durch sich selbst in Bewegung oder wird von etwas anderem bewegt (Aristoteles 1988, VII 1, 241b; Aristoteles 1987, IV, 215a). Der Motor der Bewegung muß dabei dem sich bewegenden Körper selbst innewohnen oder in unmittelbarem Kontakt mit ihm stehen, mit ihm verbunden sein. Die Fernwirkung wird als undenkbar ausgeschlossen. Damit bereitet ihm die Erklärung der Ortsbewegung von lebenden Wesen keine Schwierigkeiten, sind sie doch selbst Prozeßquelle, bewegen sich a se, aus eigenem Antrieb. Für leblose Körper ist die Frage nach der Ursache der Bewegung nicht so leicht zu beantworten. Weil sie leblos sind, ist die Bewegung a se zumindest ausgeschlossen. Der Stagirit unterscheidet in seiner Physik grundsätzlich zwei Bewegungsarten, die sogenannte "natürliche, naturgemäße Bewegung", wofür der fallende Stein ein Beispiel liefert, und die "erzwungene, naturwidrige Bewegung", wofür der Wurf steht. Hier interessiert zunächst seine Erklärung der natürlichen Bewegung.

Die natürlichen Bewegungen sind für Aristoteles Ausdruck einer grundlegenden Ordnung der Welt, die final bestimmt ist.[158] In ihnen offenbart sich das Wesen und Streben der fünf einfachen Stoffe, der Elementarkörper. Sublunare natürliche Bewegungen haben ihren Grund in der Erreichung eines Ziels, werden also finalistisch gedeutet. Jeder Körper, so sagt er, bewegt sich, wenn er nicht gehindert wird, an seinen eigenen Ort, der eine nach oben, der andere nach unten (Aristoteles 1987, IV 8, 214b). Zur letzteren Bewegung zählt die Fallbewegung. Unter der Voraussetzung also, daß die Natur selbst finalistisch begriffen wird - "naturgemäß nämlich (verhält sich) alles, was von einem ursprünglichen Antrieb in sich selbst aus in fortlaufender Veränderung zu einem bestimmten Ziel gelangt" (Aristoteles 1987, II 8, 199b) - wird auch die finalistische Deutung der naturgemäßen Bewegung geradezu selbstverständlich.

Das "Unten" und "Oben" sind in einer Welt, deren Zentrum die Erde und deren Peripherie der Himmel bildet, bestimmte, sphärisch und konzentrisch geordnete qualitative Regionen. Aristoteles teilt nach ihnen die "natürlichen Orte" schwerer und leichter Körper ein. Der Stein, wie alle erd- oder wasserartigen Körper, fällt, weil er seinem natürlichen Ort, der Erdoberfläche zustrebt. Der freie Fall beendet damit den "unnatürlichen" Zustand eines Körpers, der zuvor von seinem natürlichen Ort entfernt worden war. Auch die Zunahme der Geschwindigkeit einer Fallbewegung läßt sich im Rahmen dieser Theorie zwanglos damit erklären, daß ein Körper um so schneller wird, je näher er seinem natürlichen Ort kommt, der als Ziel und Erfüllung der natürlichen Bewegung fungiert. An einer genauen Quantifizierung der Bewegung ist Aristoteles allerdings nicht interessiert.[159]

Für die natürliche Bewegung eines Körpers gilt die Annahme, daß er seine Prozeßquelle als naturgegebene Tendenz in sich hat. Die Ursache der natürlichen Fallbewegung liegt somit im Körper selbst, was den dynamistischen Aspekt des Geschehens

---

158 Mit dem stark von Aristoteles geprägten Begriff der Finalität oder der Teleologie verbinden wir die Vorstellung, daß bestimmte Bewegungsabläufe, insbesondere technische und organische Prozesse, zielgerichtet sind. Die Frage, ob es Zielgerichtetheit in der Natur überhaupt gibt, wird in den heutigen Naturwissenschaften zumeist negativ beantwortet, in der Philosophie aber nach wie vor ernsthaft diskutiert. Zur Diskussion der Teleologie in der gegenwärtigen Philosophie vgl. die Aufsätze in Pleines 1994.

159 Ob das im Buch IV der Physik angelegte Fallgesetz, nach dem die Fallzeit sich proportional zur Dichte des Mediums und umgekehrt proportional zur Schwere des Körpers verhält, als empirisch überprüfbare Hypothese gemeint war, ist umstritten. Vgl. dazu Wolff 1971, S. 14ff u. Drabkin 1938.

zum Ausdruck bringt.[160] Bekanntlich wurde von Aristoteles das spontane Fallen mancher Körper nach dem Loslassen (das Gesagte gilt mutatis mutandis auch für das spontane Aufsteigen anderer Körper, wie etwa Rauch und Nebel) mit der Qualität "schwer" in Zusammenhang gebracht. Er sieht in der Schwere also nicht eine Kraft, die von außen her auf den Körper ausgeübt wird, sondern ein inneres Bewegungsprinzip, das in engstem Zusammenhang mit der Natur des Körpers steht. Sie ist als eine Qualität des Körpers, durch welche er seinen natürlichen Platz auf der Erde hat, ausführendes Agens. Schwere und Leichtigkeit sind also keine relativen, sondern statische Eigenschaften. Nach diesen Eigenschaften lassen sich alle nichthimmlischen Körper einteilen.

Diese innere, natürliche Bewegungstendenz wird nun zusätzlich aktiv unterstützt durch eine von außen wirkende Ursache, den Ort selbst. Er wird nicht relational bestimmt, sondern absolut: Er läßt sich qualitativ in das "Oben" und "Unten" unterteilen. Aristoteles nimmt an, daß auch der Ort, das "Oben" und "Unten", eine gewisse Eigenkraft oder Anziehungskraft besitzt (Aristoteles 1987, IV 1, 208b), die Einfluß auf den Körper hat. Diese Orte üben auf je spezifische Körper gerichtete Kräfte aus, ziehen zum einen das "Leichte", zum anderen das "Schwere" an.[161] Den natürlichen Ort zu erreichen ist Ziel der Bewegung. Erst das Zusammenspiel beider, von innerer Bewegungstendenz und äußerer Attraktion, erklärt die natürliche Bewegung der Körper. Bewegung wird somit als bipolar bewirkt verstanden. Aristoteles geht also nicht vom Konzept der Gravitation oder einer wechselwirkenden gegenseitigen Anziehung aus. Im Zentrum seiner Überlegungen stehen der Ursprung und das Ziel eines Ereignisses, nicht der Prozeß selbst. Dabei trägt der Anfang das Ziel schon in sich.

Die aristotelische Lehre der Fallbewegung läßt deutlich ihre Herkunft aus der subjektivischen Handlungslogik erkennen. Sie ist als eine Umsetzung der Handlungslogik zu begreifen. Die naturgemäße Bewegung, der freie Fall, wird durch das Zusammenspiel von Dynamismus und Finalismus definiert: Zum einen wird sie von der inneren Tendenz eines Körpers bewirkt, das dynamistische Moment, mit der "Schwere" als Agens der Bewegung, zum anderen aber wird sie zielgerichtet gedeutet, als Streben nach dem angestammten Ort, das finalistische Moment. Beides zusammen ergibt die Struktur der Handlung. Die innere, finalistisch ausgerichtete Bewegungstendenz des Körpers wird dabei zusätzlich von außen unterstützt. Der Ort mit seinen ihm eigenen Anziehungskräften wird als zweiter Ursachenpol für die Bewegung mitverantwortlich gemacht. Kurz: Die naturgemäße Bewegung wird von Aristo-

---

160 Auch Sambursky sieht bei dieser Bewegungserklärung die dynamische Manifestierung des Wirkens. Vgl. Sambursky 1965, S. 122.

161 Die Richtigkeit der gängigen Interpretation, daß Aristoteles auch dem natürlichen Ort kausale Kräfte zuschreibe, die die natürliche Bewegung mitverursachten, wird von Machamer angezweifelt. Vgl. Machamer 1978, S. 377ff.

teles nach dem Muster der zielgerichteten menschlichen Handlung gedeutet, ohne daß jedoch eine animistische Begrifflichkeit zur Anwendung kommt.[162]

1.3 Die Aristotelische Erklärung der Projektilbewegung

Die beiden wirksamsten naturphilosophischen Auffassungen der Antike und des nachfolgenden Mittelalters, die platonische und die aristotelische, enthalten Theorien, in denen der positive Einfluß des Mediums auf kompulsorische Bewegungen behauptet und als notwendige Bedingung dieser Bewegungen verstanden wird.[163] Bevor im folgenden die in der Physikvorlesug des Aristoteles vorfindlichen Wurftheorien erläutert werden - eine der Theorien schließt dabei die platonische Vorstellung ein (vgl. Wolff 1978, S. 20f) - sind die Grundannahmen der aristotelischen Bewegungslehre herauszustellen. Die vier Prinzipien, von denen die ersten drei auch bei der gewaltsamen Bewegung eine Rolle spielen, sind nach Hesse: "1. The denial of the void. 2. Every motion has a moving cause. 3. The mover must be in contact with the thing moved. 4. For every motion there is an unmoved first mover" (Hesse 1964, S. 64). Letzteres ist der aristotelische Gott, der für die Planetenbewegung zuständig ist. Was sind nun gewaltsame Bewegungen, und wie schlagen sich diese Prinzipien in ihrer Erklärung nieder?

Aristoteles unterteilt bekanntlich die Ortsveränderung unbelebter Körper in natürliche, die ihren Beweger von Natur aus in sich tragen, und erzwungene oder gewaltsame Bewegungen. Erzwungene Bewegungen sind solche, die naturgemäßen Bewegungen zuwiderlaufen wie der senkrechte Wurf nach oben oder der schiefe Wurf. Unbelebte Körper, wenn sie sich von ihrem natürlichen Ort wegbewegen oder von einer natürlichen Bewegung abweichen, bedürfen eines externen Bewegers, gemäß dem Diktum: Alles was sich bewegt, bewegt sich entweder durch sich selbst oder durch etwas anderes (Aristoteles 1988, VII 1, 241b).[164] Beim Fortfall des externen Bewegers oder der externen bewegenden Kraft kommt die Bewegung sofort zum Stillstand. Ein in Bewegung befindlicher Gegenstand bedarf also nicht nur einer "Anstoßkraft", um in Bewegung zu kommen, sondern notwendig ist auch eine ständig auf ihn einwirkende "Erhaltungskraft", die die Bewegung fortdauern läßt (vgl. Seeck 1975, S. 385 mit Anm. 1). Dabei wird davon ausgegangen, daß die Entäußerung oder Übertragung von Kräften nicht möglich ist, wenn die Bewegung eines Körpers erklärt werden soll.

---

162 Siehe dazu Wenzel, der die Strukturlogik der Aristotelischen Naturphilosophie umfassend rekonstruiert hat. Wenzel konnte zeigen, daß die spezielle Konstruktion seiner Physik als festgehaltenes ontogenetisches Stadium der Kognitionsentwicklung verstanden werden kann. Vgl. Wenzel 1994, S. 336ff. Seine Analyse der Aristotelischen Fallerklärung findet sich auf S. 361ff.

163 Vgl. dazu Platons Physik der Atmung in Platon 1992, 79b - 80c u. Aristoteles 1987, IV u. VIII.

164 Ähnlich äußert sich auch Platon. Vgl. Platon 1992, 57e.

Kraft kann auf Gegenstände nur ausgeübt, niemals aber übertragen werden. Beweger und Bewegtes brauchen den unmittelbaren Kontakt. In den Worten Aristoteles':

"Das unmittelbar In-Bewegung-Setzende (...) ist an gleicher Stelle wie das, was bewegt wird, - mit an gleicher Stelle meine ich, daß nichts zwischen ihnen liegt; dies ist etwas, was für jedes Bewegte und Bewegende gemeinsam ist" (Aristoteles 1988, VII 2, 243a).

Diese grundlegende Auffassung kann im Anschluß an Maier und im Gegensatz zu der weiter unten zu erläuternden Übertragungskausalität der Impetustheorie als Prinzip der Berührungskausalität bezeichnet werden (Maier 1951, S. 115).

Wie kann unter der Annahme des Prinzips der Berührungskausalität die Projektilbewegung erklärt werden, insbesondere jene Phase des Bewegungsablaufes, nachdem der Wurfgegenstand die Hand des Werfers verlassen hat? Denn spätestens ab diesem Moment ist die Einwirkung einer Erhaltungskraft alles andere als evident. Oder wie Sambursky die aristotelische Problemlage formuliert:

"Wenn alles, was bewegt wird und sich nicht selber bewegt, durch etwas anderes bewegt wird, wie ist es dann möglich, daß einiges sich kontinuierlich weiterbewegt, auch wenn dasjenige, was in Bewegung gesetzt hat, nicht mehr mit dem Bewegten in Berührung ist, wie dies etwa für geworfene Gegenstände gilt?" (Sambursky 1975, S. 109).

Die prinzipielle Antwort, die Aristoteles in seiner Physikvorlesung auf diese Frage gibt, besteht darin, den einzig denkbaren Beweger, das umgebende Medium, im Falle des geworfenen Steins also die Luft, als Beweger des Projektils einzuführen. Unter Berücksichtigung der obigen Überlegungen ist die transitive Bewegungsmitteilung durch das Medium eine logisch naheliegende, geradezu zwingende Konsequenz.[165]

Welche detaillierten Lösungsvorschläge werden nun für das Problem des Wurfs angeboten? In der Physikvorlesung finden sich wenigstens zwei Lösungen des besagten Problems. Die erste, von Aristoteles eher beiläufig erwähnte Wurferklärung, innerhalb derer die auf Platon zurückgehende sogenannte Antiperistasistheorie[166] einge

---

165 Ob Aristoteles zur Erklärung des Wurfs immer ein Medium angesetzt hat oder nicht, ist zumindest nach Krafft und Manuwald umstritten. Krafft (1970) interpretiert die Stelle in Buch VII 2, 243a 20 - b 2, an der das Medium keine Erwähnung findet, so, als würde Aristoteles hier die Idee der späteren Impetustheorie vorwegnehmen. Ungeachtet dessen, daß Aristoteles zuvor (Buch VII 2, 243a 3 - 5) für Wurf und Stoß explizit den unmittelbaren und kontinuierlichen Kontakt zwischen Beweger und Bewegtem verlangt, schließt sich Manuwald (1985) der Überlegung von Krafft an, "dem geworfenen Gegenstand werde bei der unter Kontakt zustandegekommenen Bewegungsverursachung gleichsam Bewegungsenergie mitvermittelt" (Manuwald 1985, S. 162f), allerdings mit dem bemerkenswerten Unterschied, daß er der Meinung ist, bei dem Autor von Buch VII, 2 könne es sich nicht um Aristoteles handeln. Siehe dazu Krafft 1970, S. 76ff und Manuwald 1985, S. 151ff, bes. S. 161ff. Kritisch dazu Wolff, der mit Verweis auf 243a 3 - 5 keinen impetustheoretischen Ansatz erkennen kann. Vgl. Wolff 1988, S. 471ff, bes. S. 493f, Anm. 24.

166 Der Begriff "Antiperistasis" wurde von Aristoteles zur Kennzeichnung der Platonschen Bewegungstheorie geprägt. Diese Bewegungstheorie wird von Platon im Zusammenhang mit der Physik der Atmung erläutert und soll, wie er explizit betont, auch "bei geworfenen Gegenständen, alles was da

schlossen ist, findet sich im Buch IV seiner Physikvorlesung. Dort erklärt er in Zusammenhang mit einer Reihe von Argumenten gegen die Existenz des Leeren:

"Erfahrungsgemäß bewegen sich Wurfgeschosse weiter, wenn das ihnen den Anstoß gebende sie auch nicht mehr berührt, (und sie tun dies) entweder infolge von wechselseitigem Sich-Umstellen (von Luftteilen und dem Geschoßkörper), wie einige vortragen, oder infolge davon, daß die einmal angestoßene Luft eine Stoßbewegung weitergibt, die schneller ist als die Bewegung des abgestoßenen (Geschosses), mittels derer es zu seinem angestammten Ort sich hinbewegt" (Aristoteles 1987, IV 8, 215a).[167]

Die Antiperistasistheorie, das Sich-Umstellen von Luftteilen und Geschoßkörper, also der erste Teil der obigen Erklärung, schreibt dem Luftmedium, durch das ein Projektil geschleudert wird, eine zirkuläre, um das Projektil herumlaufende transitive Bewegung zu, durch die das Medium die Rolle eines permanent stoßenden aktiven Bewegers übernimmt.[168]

Die zweite Theorie, von der in dieser Passage gesprochen wird, zeichnet sich dadurch aus, daß zwar wiederum die Luft als Medium genannt wird, wobei dann jedoch die Bewegungsverursachung durch das Medium mit der natürlichen Eigenbewegung des geworfenen Körpers in Beziehung gesetzt wird. Es sieht dabei so aus, als genüge für das Medium ein Bewegungsanstoß, mit dem es dann, kraft seiner natürlichen Eigenbewegung (die schneller ist als die Bewegung des Projektils), das Projektil über dessen Eigenbewegung hinaus weiterbewegt. Damit stellt sich die naturwidrige Bewegung eines geworfenen Körpers als eine Kombination seiner gewaltsamen Bewegung und der - jedenfalls teilweisen - natürlichen Eigenbewegung des Mediums dar. Wie sich dies Aristoteles im einzelnen vorgestellt hat, wird aber nicht völlig transparent.[169]

Aristoteles und mit ihm einige seiner späteren Kommentatoren und scholastischen Anhänger verwerfen, so scheint es, diese beiden Varianten der Erklärung (vgl. Aristoteles 1967a, S. 559, Anm. zu Buch IV, 8, 215a; Wolff 1978, S. 21; Manuwald 1985, S. 161) zugunsten eines anderen, komplizierteren Modells, welches im Buch VIII der Physik beschrieben wird, aber auch in vielen anderen Schriften Aristoteles' Erwähnung findet.[170] Auch diese Variante ist eine Medientheorie und geht davon aus, daß dem Luftmedium nicht nur eine passive Bewegung, also ein Bewegtwerden, zuzuschreiben ist, die ihm vom Beweger des Projektils mitgeteilt wird, sondern auch

---

abgeschnellt nach oben oder auch, was über Erde sich bewegt", gelten. Vgl. Platon 1992, 79b - 80c, auch Anmerk. 247.

167 Das Vakuum muß Aristoteles schon deshalb verneinen, weil die Wurfbewegung gar nicht stattfinden kann, wenn das Medium fehlt: Er braucht es als Motor der Bewegung. Dazu und zu den weiteren Argumenten gegen die Existenz des Leeren vgl. Dijksterhuis 1956, S. 43ff.

168 Für Wenzel ist das Antiperistasismodell eine animistische Erklärung, weil die Luft zweimal ihre Bewegungsrichtung ändert. Zum einen bewegt sie sich um das Geschoß herum nach hinten, zum anderen wendet sie ihre Bewegungsrichtung hinter dem Geschoß, mit dem Ziel, es vorwärts zu treiben. Zur Deutung der Antiperistasistheorie vgl. Wenzel 1994, S. 366f.

169 Vgl. zu dieser Variante der Medientheorie auch Aristoteles 1967b, III, 301 b 17 - 30, S. 148.

170 Die Zusammenstellung der Belege findet sich bei Manuwald 1985, S. 152.

eine aktive Bewegung, ein Bewegenkönnen des Projektils. Aristoteles versucht im Buch VIII eine detailliertere Erklärung dafür zu geben, wie nun die Luft, durch die Wurfhand in Bewegung gesetzt, das Projektil weiterbewegt, nachdem es die Wurfhand verlassen hat.[171] Denn eigentlich müßte auch dann, wenn der Bewegungsverursacher zugleich noch ein Medium mitbewegt, die gesamte Bewegung zugleich aufhören, wenn der Bewegungsverursacher mit der Bewegung aufgehört hat, wie der Stagirit richtig konstatiert (Aristoteles 1988, VIII 10, 266b 27 - 267a 1). Die Luft müßte stillstehen und könnte somit das Projektil nicht weiterbewegen. Dies ist die schlüssige Konsequenz einer Bewegungslehre, die für einen bewegten Gegenstand nicht nur mit einem einmaligen Anstoß für die Bewegung, sondern auch mit einer bis zum Abschluß der Bewegung auf ihn einwirkenden erhaltenden Kraft rechnen muß.

Aristoteles hilft sich damit aus der Verlegenheit, daß er den Begriff der "Gleichzeitigkeit" eliminiert, indem er die "Arbeit" des Sekundärbewegers Luft hinsichtlich seiner Funktionen in Teilschritte auseinanderdividiert. Jeder Sekundärbeweger wird einerseits bewegt, andererseits bewegt er. Danach endet zwar sein "Bewegtwerden" zugleich mit dem Aufhören der Bewegung durch den Bewegungsverursacher, nicht aber die Fähigkeit, seinerseits wieder Bewegung zu verursachen. Dadurch wird eine Art Phasenverschiebung möglich, die den notwendigen Spielraum für eine zeitliche Differenz gewährt. Doch hören wir Aristoteles' etwas umständliche Erklärung selbst:

"In der Tat macht das erste Bewegungsgebende (andere Körper) zum Weitergeben von Bewegung fähig, diese seien Luft oder Wasser oder ein anderer derartiger Körper, dessen Natur es ist, Bewegung weiterzugeben und mitgeteilt zu bekommen. Dagegen jedoch, es ist nicht gleichzeitig, daß (so ein Körper) damit aufhört, Bewegung weiterzugeben und selbst in Bewegung zu sein, sondern mit der Eigenbewegung (hört er) wohl gleichzeitig damit (auf), daß der Bewegende eben damit aufhört, hingegen Bewegung weitergebend ist er immer noch. Deswegen eben setzt er noch anderes Weitere in Bewegung das zu ihm anschließt; und bei dem gilt wieder das gleiche Verhältnis (usw.). Dies kommt aber zu einem Ende, wenn die Bewegungskraft, die dem Folgenden mitgeteilt wird, immer geringer wird. Am Schluß tritt Stillstand ein, wenn das vorletzte Stück (das letzte) nicht mehr zum Bewegung-Weitergebenden (machen kann), sondern nur noch zum Bewegten" (Aristoteles 1988, VIII 10, 267a).

Aristoteles denkt sich also eine Serie aneinandergereihter Medienstücke, bei denen sich derselbe Vorgang mehrfach wiederholt. Das jeweilige Medienstück hört auf, bewegt zu werden, wenn das vorausgehende aufhört zu bewegen, ist dann aber noch fähig, das nächstfolgende zu bewegen. Die Bewegung kommt zum Ende, wenn den nachfolgenden eine immer geringere aktive Bewegungskraft weitervermittelt werden kann, wobei zum Schluß das vorletzte Medienstück in der Kette das letzte nur noch bewegt, ihm aber nicht mehr die Kraft vermittelt, weiterzubewegen. Auf diese Weise ist also eine Erklärung für die Weiterbewegung des Projektils möglich, nachdem der Primärbeweger sich bereits wieder in Ruhe befindet.

---

171 Vgl. zum folgenden auch Seeck 1975, S. 385f u. Manuwald 1985, S. 155f.

Ersichtlich sind auch die Erklärungen der naturwidrigen Bewegung nach dem Muster der Handlung aufgebaut. Alle drei Modelle beruhen auf der Annahme, daß zur Aufrechterhaltung der Bewegung eine das Projektil berührende, aktiv handelnde und zielgerichtete Kraft notwendig ist, die im Medium verortet wird. Die Handlung dauert so lange, wie die aktive Bewegung der Luftteilchen fortwirkt. Nimmt die Kraft des Bewegers ab, um am Ende völlig zu ermüden, hört die Handlung/Bewegung sofort auf. Während im Anitiperistasismodell die Luft wahrscheinlich vom Projektil zu ihrer Tätigkeit angeregt wird, ist es in den beiden anderen Modellen der Werfer, der sie anstößt. Aber auch hier wird dem Medium eine Eigenaktivität zugesprochen. Es wird zwar einerseits bewegt, hat aber andererseits auch die Kraft, selbst zu bewegen.

Auf diese Weise wurde die gewaltsame Bewegung bis weit ins Mittelalter hinein erklärt. Es muß aber festgestellt werden, daß diese spezielle peripatetische Bewegungslehre schon in der Spätantike kritisiert wurde, insbesondere von Philiponos, durch den eine neue Art der Bewegungserklärung aufkam, die sogenannte Impetustheorie. Sie wurde in der Scholastik und im Mittelalter von Buridan und anderen verfeinert und gelangte dort zu einiger Berühmtheit. Die Impetustheorie fand aber umgekehrt immer auch Aristoteles' Lehre nahestehende Kritiker.

1.4   Die Struktur des Aristotelischen Kausalverständnisses

Die Aristotelische Vorstellung der Kausalität beruht auf dem Modell der Handlung. Die Bewegung wird analog der Handlung konstruiert. Ereignisse, Bewegung insbesondere, sind zielgerichtet und werden erklärt, indem sie auf einen subjektivischen Grund zurückgeführt werden, der die Erreichung des Ziels intendiert. Das Grundprinzip der Aristotelischen Lehre lautet, daß alles, was sich bewegt, notwendigerweise von etwas bewegt wird. Während Lebewesen sich aus eigenem Antrieb zielgerichtet bewegen (Selbstbewegung), werden erzwungene künstliche Bewegungen von etwas anderem und äußerem bewegt. Der Beweger wird beim Wurf in der Luft lokalisiert, die in der Flugphase als Verbindungsglied zwischen Primärbeweger und Bewegtem fungiert, wobei ihr die Fähigkeit zugesprochen wird, auch dann noch zu bewegen, wenn die ihr vom Werfer mitgeteilte Bewegung zum Stillstand kommt. Die erzwungene Bewegung dauert dabei so lange an, wie die Einwirkung des medialen Bewegers andauert. Es ist dies die Vorstellung einer Berührungskausalität, die den Kontakt von Beweger und Bewegtem zur Voraussetzung hat. Der Antrieb für naturgemäße Bewegungen, die eine Zwischenstellung zwischen der Selbstbewegung von Lebewesen und den erzwungenen Bewegungen einnehmen, wird zum einen im Innern der Objekte lokalisiert (Schwere/Leichtigkeit), zum andern vom Ziel her definiert, den natürlichen Orten, die auf die Objekte eine Art Anziehung ausüben. Kurz: Die Bewegungserklärungen werden zwar naturimmanent gedeutet, sind aber von ihrer Grundstruktur her dynamistisch-finalistisch aufgebaut. Eine offen personalistische Terminologie wird jedoch vermieden.

Die Struktur der Aristotelischen Kausalvorstellung entspricht damit einem Entwicklungsniveau, in dem animistische und artifizialistische Vorstellungen zwar überwunden sind, die subjektivische Grundstruktur der Erklärung aber erhalten geblieben ist.[172] Piaget, der die Kausalitätsentwicklung mit der operationalen Entwicklung parallelisierte, hat diese Kausalvorstellung auf dem konkretoperationalen Niveau angesiedelt (vgl. Piaget 1975d, S. 66f).[173]

2. Die Bewegungslehre der mittelalterlichen Impetustheorie und das ihr zugrundeliegende Kausalverständnis

2.1   Zu den antiken Wurzeln des mittelalterlichen Naturverständnisses

Die beträchtliche, als Mittelalter klassifizierte Zeitspanne, die von der ausgehenden Antike bis zur beginnenden Neuzeit reicht, zerfällt nach gängiger und wohlbegründeter Ansicht in drei Abschnitte: Erstens in das sogenannte Frühmittelalter, das mit Augustin (354 - 430) beginnt und bis zum ausgehenden 12. Jahrhundert reicht, zweitens in das sogenannte Hochmittelalter, das mit Beginn des 13. Jahrhunderts einsetzt und etwa ein Jahrhundert andauert, und drittens in das sogenannte Spätmittelalter oder ausgehende Mittelalter, das in das 14. und 15. Jahrhundert fällt.[174] Letzteres war auch die Hochzeit der Impetustheorie, deren bedeutendste Vertreter Johannes Buridan, Albert von Sachsen, Nikolaus von Oresme und Marsilius von Inghen sind.

Das mittelalterliche Naturverständnis in diesen drei Epochen wurde auf unterschiedliche Weise von antikem Gedankengut, insbesodere dem Platonismus und Aristotelismus geprägt. Dies hängt damit zusammen, daß das Denken und die Wissenschaft der griechischen Antike auf äußerst kompliziertem Wege ins lateinische Mittelalter fand.[175] Mit dem Absinken der Vormachtstellung der griechischen Antike im 6. und 7. Jahrhundert verlagerte sich die griechische Kultur nach Osten. Byzanz, die Hauptstadt des oströmischen Reiches, wurde zunächst das neue Kulturzentrum. Dort und in einigen anderen Städten wurden die Errungenschaften der griechische Kultur

---

172 Zu einem identischen Ergebnis gelangten zuvor schon Dux und Wenzel. Vgl. Dux 1994, S. 216ff u. Wenzel 1994, S. 354ff.

173 Dux und Wenzel kritisieren zurecht die allzu umstandslose Parallelisierung der operationalen und kategorialen Entwicklung durch Piaget. Für Aristoteles gilt, daß er hinsichtlich der operationalen Entwicklung das Stadium der formalen Operationen erreicht hat, auch wenn sein Naturverständnis weiterhin auf den Fundamenten des Dynamismus und Finalismus beruht. Die Eliminierung dieser Erklärungsstruktur wurde erst zu Beginn der Neuzeit möglich. Zur Kritik der Piagetschen Parallelisierungsthese vgl. Dux 1994, S. 212 und Wenzel 1994, S. 353f, Fußnote 31.

174 Zur Differenzierung des Mittelalters vgl. Gloy 1995, S. 135f.

175 Vgl. zum folgenden Dijksterhuis 1956, S. 121ff u. Gloy 1995, S. 134ff.

vor dem Untergang bewahrt. Zur gleichen Zeit begann sich der Islam als neue Macht auf philosophisch-wissenschaftlichem Gebiet durchzusetzen, mit Bagdad, Damaskus, Salerno und Toledo als den hervorragendsten Zentren.[176] Aristoteles' und Platons Werke wurden in den folgenden Jahrhunderten dort ins Arabische übertragen. Mit der Ausbreitung der arabischen Kultur auf Südeuropa, insbesondere auf Unteritalien und Spanien, gelangte die griechische Philosophie und Physik auch in das westliche Europa (vgl. Watt 1992), allerdings nur in arabischer Fasssung. Die antiken Werke mußten nun ins Lateinische übersetzt werden.[177]

Im Frühmittelalter dominierte der Platonismus, weil Platons Schriften früher greifbar und die Werke Aristoteles zum großen Teil noch unbekannt waren. Ende des 12. und zu Beginn des 13. Jahrhunderts änderte sich die Situation grundlegend. Die Schriften Aristoteles' wurden zugänglich (vgl. Crombie 1977, S. 35ff): Aber nicht im Orginal, sondern nur in lateinischer Übersetzung syrischer und arabischer Übersetzungen aus dem Griechischen. Das heißt, daß die im Hochmittelalter bekannt gewordenen Schriften bereits durch viele Interpretationen, Lehren und Strömmungen hindurchgegangen waren. Insbesondere die Physik erwies sich für die Theologen und Naturphilosophen als attraktiv und rief eine Fülle von Kommentaren mit mehr oder weniger selbständiger Verarbeitung hervor. Das Spätmittelalter schließlich ist insbesondere durch die Kritik des Aristotelismus gekennzeichnet, die sich als Reaktion auf die inzwischen in sterilen Schulformen erstarrte Scholastik herausgebildet hatte, ohne daß jedoch die Vorherrschaft des Aristotelischen Systems gebrochen wurde. Der Einfluß der Aristotelischen Physik ist selbst noch in den Lehren der frühneuzeitlichen Physiker nachzuweisen.

2.2   Zum Verständnis der mittelalterlichen Physik der Impetustheorie

Die Geschichte der Impetustheorie wird gewöhnlich als die Geschichte der "Überwindung" der Aristotelischen Bewegungslehre und als Geschichte der "Vorbereitung" der klassischen Mechanik betrachtet (vgl. Wolff 1978, S. 32ff u. S. 37). Dabei tendiert die ältere Forschung dazu, die Grundbegriffe der Impetustheorie mit denen der klassischen Mechanik zu identifizieren. Die Geschichte der Impetustheorie und die klas-

---

176 Salerno war neben Toledo "das vielleicht innovativste Wissenschaftszentrum des frühen 12. Jahrhunderts". Vgl. Speer 1995, S. 25.

177 Die Naturwissenschaften im lateinischen Mittelalter gehen - auch Crombie zufolge - zu einem wesentlichen Teil auf den arabischen Einfluß vornehmlich im 12. Jahrhundert zurück, der zusammen mit den aristotelischen Schriften zur Naturphilosophie die Voraussetzungen für die naturphilosophischen Diskussionen und Fragestellungen bildet, die mit dem 13. Jahrhundert einsetzen. Vgl. Crombie 1977, S. 35. Für eine Neubewertung des 12. Jahrhunderts hinsichtlich der Begründungsversuche einer "scientia naturalis" plädierte jüngst Speer, der auf eine Fülle von neuerschlossenen Quellen verweist, die den Klassikern Crombie, Dijksterhuis und anderen zumeist nur ansatzweise zur Verfügung standen. Vgl. Speer 1995, S. 1ff, bes. S. 14.

sische Mechanik würden ein mehr oder weniger bruchloses Kontinuum bilden, wobei der Idee der Impetustheorie gemessen an Newtons Mechanik, nur der Grad der Vollkommenheit fehle. Diese Sichtweise wird insbesondere von Duhem repräsentiert. Er hat Buridan bekanntlich als "Vorläufer Galileis" bezeichnet und sah in dessen Impetuslehre den Trägheitsgedanken formuliert (vgl. Krieger 1993, S. 209; Schönberger 1994, S. 4f u. S. 7f). Demgegenüber hebt die neuere Forschung mehr die konzeptuellen Verschiedenheiten und Gegensätze zwischen Impetustheorie und klassischer Mechanik hervor und legt Wert auf die Feststellung von Diskontinuitäten im Übergang von der einen zur anderen Theorie. Insbesondere Maier hat geltend gemacht, daß Buridans Physik weiterhin an Grundüberzeugungen der Aristotelischen Physik festhalte und deswegen nicht zum Trägheitsgedanken komme (Maier 1958, S. 133ff);[178] darin ist die neueste Forschung der Autorin weitgehend gefolgt.[179] In der Forschung zur Naturphilosophie des Spätmittelalters überwiegt allerdings die Auffassung, daß der Übergang von einer Theorie zur anderen als im wesentlichen nicht-erfahrungsgeleiteter Prozeß betrachtet werden muß (Wolff 1978, S. 43ff). Man spricht von intellektueller "Mutation" (Koyre), von einer "Transposition im Bewußtsein des Wissenschaftlers" (Butterfield) oder von einer "Revolution des Denkens" und der "Ideen" (Kuhn) (zitiert nach Wolff 1978, S. 48).

In den genannten Erklärungsmodellen überwiegt also die Vorstellung, daß sich der Fortschritt an Erkenntnis in der Geschichte quasi von Denker zu Denker und damit wissenschaftsintern vollzogen habe. Der Fortschritt in der Geschichte der Physik bestehe im Grunde in nichts weiterem als einer Weiterentwicklung von Ideen.[180] Während der ältere Ansatz keine qualitativen Brüche, sondern eher einen kontinuierlichen Prozeß feststellen zu meint, der das Wissen in einer Art Vervollkommnungsprozeß schrittweise der Gegenwart zuführe - jeder Wissenschaftler arbeite daran, die Irrtümer der alten Theoriengebäude zu beseitigen - sieht der neuere Ansatz am Ende des Mittelalters eine fundamentale Revolution im Denken vonstatten gehen, deren Ausdruck die moderne Physik sei. Unbeantwortet allerdings bleibt die Frage, was dazu geführt hat, daß sich die Einsicht kontinuierlich vervollkommnet haben soll, bzw. wodurch die intellektuellen Sprünge hervorgerufen wurden, die zum neuen Weltbild führten. Wieder andere Erklärungsprogramme suchen die Gründe für den Übergang zur Newtonschen Mechanik extern, in der technischen, ökonomischen und kulturellen Verfassung einer Gesellschaft und ihrem Wandel.[181]

---

178 Hauptsächlich den Forschungen Anneliese Maiers ist es zu verdanken, daß die Vorläufer-Behauptungen Duhems hinsichtlich des Zusammenhangs von Buridan und dem Aufkommen der neuzeitlichen Physik in wichtigen Teilen korrigiert worden sind.

179 Stellvertretend für viele und zum Diskussionsstand zuletzt Sarnowsky 1989, S. 400ff.

180 So sieht es auch Dijksterhuis (1956), der die Entstehung der modernen Wissenschaft als eine kognitive Transformation in einer endogenen Entwicklungsgeschichte intellektueller Strukturen analysiert.

181 Merton erklärt den Aufschwung des wissenschaftlichen Denkens aus dem Durchbruch der protestantischen Ethik und der Rezeption vorindustriell-handwerklicher Praktiken und Zielsetzungen durch die theoretische Wissenschaft, eine Rezeption, die bei Bacon zum Programm geworden ist. Vgl. Merton

Der hier vorgeschlagene Erklärungsansatz geht einen anderen Weg. Er versucht das Konzept der Impetustheorie und den Übergang zur neuzeitlichen Wissenschaft historisch-genetisch zu rekonstruieren, indem die Entwicklung der Denkstrukturen, die in der Impetustheorie zum Ausdruck kommen, in Abhängigkeit vom gesellschaftlichen Entwicklungsstand bestimmt werden. Was ist für das Mittelalter zu erwarten? Zum einen ist davon auszugehen, daß der Prozeß des praktischen Wissenserwerbs über die Natur im Anschluß an die griechische Antike weiter fortgesetzt wurde. Dabei ist anzunehmen, daß der Wissenserwerbsprozeß unter agrarischen Bedingungen - Europa war bis weit ins Mittelalter in weiten Teilen agrarisch strukturiert - und unter der Vorgabe der Subsistenzsicherung nur langsam vorankam, die kognitiven Zugewinne im Vergleich zu den Griechen nur gering waren. Zum anderen ist davon auszugehen, daß der in der griechischen Antike erreichte strukturelle Entwicklungsstand im Denken über die Natur - Natur wurde dort zwar entpersonalisiert, aber weiterhin auf der Folie der Handlungslogik interpretiert - erst wieder erarbeitet werden mußte.[182] Und selbst da, wo er erreicht wurde, ist zu vermuten, daß er sich als eine Barriere erwiesen hat, der die theoretischen Versuche, die Vorgänge in der Natur zu erklären, weiter begrenzte. Denn jeder kognitive Fortschritt muß mit dem Mittel der vorhandenen Strukturen über sie hinauszukommen suchen, was äußerst schwierig ist.

Tatsächlich sind in der Zeit zwischen dem 6. und 9. Jahrhundert in der Praxis der Landwirtschaft einige technische Innovationen zu verzeichnen (generell wurde neues Wissen seinerzeit hauptsächlich in der Praxis gewonnen). So wurde der schwere Pflug eingeführt, die Dreifelderwirtschaft entwickelt und der Einsatz der tierischen Arbeitskraft (Pferde) in Landwirtschaft und Transport perfektioniert. Ab dem 10. Jahrhundert etwa kam die erstmalige Ausnutzung natürlicher Energien (Wind- und Wassermühlen) und die zunehmende Mechanisierung des Gewerbes hinzu. Auch in der Kriegstechnik und in der Technik der Seefahrt wurden praktische Fortschritte gemacht (vgl. White jr. 1983, S. 91ff und White jr. 1968). Diese Entwicklungen haben dazu geführt, daß die Welt zunehmend mehr als eine in sich kohärente Ordnung verstanden wurde. Als Folge hiervon wurde das subjektivische Kausalmuster der Erklärung mehr und mehr zurückgedrängt. Insbesondere dort, wo sicheres Gesetzes- und Konstanzwissen ausgebildet wurde[183], konnte nach und nach das subjektivische Denken

---

1985, S. 33ff.

182 Zwischen 550 - 1000 n.Chr. war die abendländische Naturwissenschaft - infolge der Auflösung des römischen Reiches, dem damit verbundenen Zusammenbruch des Verwaltungszentralismus, dem Niedergang des Städtewesens und der dadurch fehlenden politischen Stabilität sowie fehlenden Gönnerschaft für wissenschaftliche Bestrebungen - auf einem extremen Tiefstand angelangt, wie Grant (1980) feststellt. Im 11. Jahrhundert setzte die Übersetzungstätigkeit der antiken Schriften ein, zu deren Verarbeitung und Kommentierung man etwa zwei Jahrhunderte brauchte. Im 13. und 14. Jahrhundert begann dann die Anlaufzeit der scholastischen Wissenschaft (kritisch dazu Speer 1995, S. 1ff, der die "Entdeckung der Natur" ins 12. Jahrhundert vorverlegt), die etwa im 15. Jahrhundert ihren Höhepunkt erreichte. Ihre Grundlage war das aristotelische Weltbild, durchsetzt mit einiger Kritik an Aristoteles.

183 Vor allem die Medizin wurde unter dem Einfluß griechischer und arabischer Quellen auf eine wissenschaftliche Grundlage gestellt. Vgl. Speer 1995, S. 25.

und das subjektivische Schema der Naturdeutung durch funktional-relationale Erklärungen ersetzt werden.[184] Gleichwohl ist aber am Beispiel der Impetustheorie festzustellen, daß die auf den Fundamenten der Handlungslogik beruhende metaphysische Naturdeutung noch nicht gänzlich eliminiert werden konnte. Der völlige Umschlag im Naturdenken, der Wechsel vom subjektivischen zum funktional-relationalen Paradigma, erfolgte erst im 15. und 16. Jahrhundert, in der naturwissenschaftlichen Revolution.

Wie erklären nun die Impetustheoretiker die Fall- und Projektilbewegung, und wie verhalten sich diese Erklärungen strukturell zur peripatetischen Lehre und zur klassischen Mechanik der Neuzeit?[185]

2.3   Die impetustheoretische Erklärung der Projektilbewegung

Im folgenden wird das Grundmuster der impetustheoretischen Bewegungslehre skizziert und das ihr zugrundliegende Kausalverständnis herausgearbeitet.[186] In der Darstellung werden auch einige der abweichenden Variationen berücksichtigt, die dieses Grundmuster bei einzelnen Impetustheoretikern erfahren hat.[187]

---

184 So plädiert schon im 12. Jahrhundert der englische Scholastiker Adelard von Barth (ca. 1090-1160) in seinen "Quaestiones naturales" für die Rückführung konkreter Phänomene auf natürliche Ursachen. Und nur "wo dieses Wissen gänzlich versagt", so fügt er noch hinzu, "sollte man eine Sache auf Gott zurückführen. Adelard v. Barth, zitiert nach Speer 1995, S. 37.

185 Will man sich, was die Bewegungserklärung der Impetustheorie in ihren verschiedenen Variationen betrifft, gründlich in den Quellen und Orginalschriften umsehen, so kann dies nur tun, wer des Lateinischen mächtig ist. Obwohl sie viel diskutiert wurde und wird, liegen - im Gegensatz zum Schrifttum des Aristoteles - bis heute kaum deutsche oder englische Übersetzungen der Physikkommentare und Schriften der scholastischen Naturphilosophen vor. Dies gilt insbesondere für Buridan, einem der wichtigsten Vertreter dieser Theorie, dessen Kommentar zur aristotelischen Physik meines Wissens bis heute nicht in einer vollständigen Übersetzung vorliegt. Allenfalls finden sich in einer Vielzahl von Monographien und Untersuchungen zur Impetustheorie und in den Gesamtdarstellungen zur Geschichte der Naturwissenschaften einzelne Passagen, die aus den Orginaltexten übersetzt wurden. Deswegen mußte primär auf die zuletzt genannten Arbeiten zurückgegriffen werden.

186 Für die folgenden Ausführungen mit herangezogen wurden Mason 1974, Schecker 1985 (das Kapitel: "Zur Genese des Kraftbegriffs. Historische und wissenschaftstheoretische Ausführungen") u. Hericks 1993 (Kapitel: "Exkurs. Trägheitsprinzip und Pendelschwingung").

187 Der impetustheoretische Erklärungsversuch der Bewegung war der wissenschaftlich elaborierteste seiner Zeit. Probleme der Veränderung und der Bewegung spielten ansonsten im Bewußtsein der meisten Menschen des Mittelalters keine Rolle. Kausalität und kausale Erklärungen waren, wie Gurjewitsch sagt, nur bei ganz konkreten Fragen von Bedeutung. Gurjewitsch 1980, S. 332ff. Der weitaus größte Teil der Menschen hatte darüber hinaus laut Simek nicht die geringste Ahnung von den in gelehrten Kreisen vorgelegten Erklärungen natürlicher Phänomene. Simek hat, neben vielem anderen, schöne Beispiele dafür aufgeführt, wie physikalische Vorgänge in der Natur (Regen, Nebel, Wind usw.) von Laien und Wissenschaft erklärt wurden. An seinen Beispielen zeigt sich, daß im 12. bis 15. Jahrhundert der Natur noch keine von göttlichen Gesetzen unabhängige Eigenständigkeit zugestanden wird. Simek 1992, S. 124ff. Zum Weltbild des mittelalterlichen Menschen vgl. Gurjewitsch 1980; Borst 1979. Einen Einblick in die bäuerliche Vorstellungswelt über Natur zu Beginn des 14. Jahrhunderts gibt auch LeRoy Ladurie 1983, S. 312ff.

Der von Duhem eingeführte Begriff "Impetustheorie" bezeichnet eine Gruppe von Bewegungslehren, die insbesondere im 13. und 14. Jahrhundert im lateinischen Mittelalter ausgiebig diskutiert wurden.[188] Impetustheoretische Bewegungsvorstellungen wurden aber auch in der frühmittelalterlichen islamischen Gesellschaft und der frühen indischen Kultur nachgewiesen.[189] Von dieser Theorie der Bewegung wird zudem gesagt, daß sie noch heute das Denken vieler Menschen im Alltag kennzeichne und sie dem "natürlichen Denken" oder "gesunden Menschenverstand" am meisten entspreche (vgl. Maier 1951, S. 140).[190]

Der Ursprung der Impetustheorie geht auf den spätantiken Autor Philoponos (ca. 490 - 570 n. Chr.) zurück.[191] Philoponos' Schriften wurden in den ihm nachfolgenden Jahrhunderten insbesondere im byzantinisch-arabischen Sprachraum von den Naturphilosophen rezipiert und gelangten von dort ins europäische Mittelalter. Ob die Impetusvorstellungen des lateinischen Mittelalters allerdings auf ihn zurückzuführen oder eigenständige Entwicklungen sind, ist in der Literatur bis heute umstritten (vgl. Wolff 1978, S. 163ff). Als sicher jedoch gilt, daß diese Bewegungslehre, deren Kern die Kritik der Aristotelischen Bewegungslehre ist, die Vorherrschaft des Aristotelischen Denkens im Mittelalter nicht brechen konnte, obwohl sie sich in manchen Punkten dem Erklärungsmuster Aristoteles' überlegen zeigte.

Bevor wir auf die mittelalterlichen Impetusvorstellungen zu sprechen kommen, hören wir zuerst Philoponos' Kritik an der Aristotelischen Bewegungslehre. In seinem Physikkommentar zu Aristoteles führt er, unter Verweis auf die Erfahrung, die Aristotelische Medientheorie ad absurdum. Er fragt:

"Zwingt jemand, der einen Stein wirft, diesen Stein wirklich zu einer widernatürlichen Bewegung durch Anstoß der hinter ihm befindlichen Luft, oder teilt der Werfende dem Stein eine gewisse bewegende Kraft mit? Wenn er nun dem Steine keine Kraft mitgibt, sondern nur auf solche Weise durch Antrieb der Luft den Stein bewegt, oder (in gleicher Weise) die Sehne den Pfeil, warum ist es dann erforderlich, daß die Hand den Stein berührt oder die Sehne die Kerbe des Pfeils? Denn es wäre doch auch möglich, ohne unmittelbare Berührung, indem man den Pfeil, und ebenso den Stein, auf ein zugeschärftes Holz wie auf eine Linie legte, nun durch sehr viele Mechanismen eine große Menge Luft hinter dem Stein in

---

188 Zur Erläuterung des Begriffs "Impetustheorie" vgl. Wolff 1978, S. 16ff.

189 Zu den Impetusvorstellungen im Islam, die wohl auf den spätantiken Philoponus zurückgehen, vgl. Zimmermann 1987, S. 121ff. Zu den Impetusvorstellungen im alten Indien vgl. Bose/Sen/Subbarayappa 1971, S. 472ff und 590f.

190 Auch Koyre ist der Ansicht, daß der "gesunde Menschenverstand" das Trägheitsprinzip nicht oder nur schwer begreife. Weil gleichförmig ruhende oder sich bewegende Körper nicht beobachtet und erfahren werden könnten, beruhten das Bewegungsverständnis vieler Laien noch heute eher auf der mittelalterlichen Impetustheorie als auf der Mechanik Newtons. Vgl. Koyre 1988, S. 17. Daß dies tatsächlich so ist, haben viele Studien, selbst bei Studenten, bewiesen. Vgl. für viele McCloskey/Kohl 1983, S. 145ff.

191 Einen knappen Überblick zu Leben, Werk und Wirkung von Philoponos gibt Sorabji 1988, S. 144ff. Franklin, der die Bedeutung der Impetustheorie für die Herausbildung des Trägheitsprinzips in der Literatur unterschätzt glaubt, sieht ihre Ursprünge schon bei Hipparchus gegeben (2. J.v.C.). Hipparchus nahm laut Franklin an, daß die Bewegung durch eine aufgeprägte Kraft verursacht werde, welche sich mit der Zeit verringere. Vgl. Franklin 1976, S. 9. Derselben Meinung ist auch Sambursky. Vgl. Sambursky 1965, S. 453ff.

Bewegung zu versetzen, und offensichtlich würde diese Luft, je mehr von ihr und je kräftiger sie bewegt würde, um so bessere Dienste leisten und um so weiter fortschleudern. Aber selbst bei Aufliegen des Pfeils oder Steines auf einer, jeder Breite entbehrenden Linie oder auf einem Punkte würde eine Bewegung der Luft dahinter mit aller Gewalt den Pfeil noch nicht eine Elle weit bewegen. Wenn aber die mit viel größerer Kraft angetriebene Luft diese Körper nicht zu bewegen vermöchte, ist es klar, daß bei geworfenen Körpern wie bei Geschossen nicht die von der Hand oder von der Sehne verjagte Luft die Triebkraft bildet" (Philoponos, zitiert nach Schimank 1955, S. 14f; Siehe auch Wolff 1987, S. 84ff; Grant 1980, S. 88; Piaget/Garcia 1989, S. 45f).

Ausgehend von diesen Überlegungen war für ihn klar, daß das gewaltsam Bewegte nicht im Aristotelischen Sinne bewegt werden kann, sondern daß notwendigerweise dem Geworfenen vom Werfenden eine gewisse unkörperliche Bewegungskraft, ein Impetus, mitgegeben wird und die fortgestoßene Luft nichts zu dieser Bewegung beiträgt. Ähnlich kritische Überlegungen wurden dann im frühen Mittelalter ab dem 12. Jahrhundert vorgetragen.

Wolff charakterisiert das einigende Moment der verschiedenen impetustheoretischen Vorstellungen im 13. Jahrhundert wie folgt: "Alle diese Dynamiken stimmen darin überein, daß sie eine Entäußerung und Mitteilung von Kräften von einem Körper auf einen anderen für möglich, ja für notwendig halten, wenn Bewegung eines Körpers durch Bewegung eines anderen erklärt werden soll. Die Auffassung, daß Bewegungsübertragung nicht ohne Vermittlung eines bestimmten übertragenen Kraftquantums möglich ist, ist ihre gemeinsame und wesentliche Grundlage" (Wolff 1978, S. 16f).[192] Die übertragene Kraft wird dabei, so Wolff, als "unkörperliche" Bewegungsursache verstanden, die den körperlichen Beweger verlassen und auf den bewegten Körper übergehen muß, um als Bewegungsursache wirken zu können. Die bewegungsverursachende Kraft konnte jedoch nicht quantifiziert werden und firmierte unter den synonym verwandten Begriffen von Dauer, Wucht, Schwung, Geschwindigkeit, Beschleunigung und dergleichen mehr.

Der wesentliche Fortschritt dieser Theorie gegenüber Aristoteles und seiner auf dem Prinzip der Berührungskausalität beruhenden Erklärung besteht darin, daß der externe Beweger in diesem Erklärungsmodus wegfällt. Die bewegende Kraft bekommt ihren Sitz im bewegten Körper selbst. Sie wird übertragen, weshalb man auch vom Prinzip der Übertragungskausalität spricht (Wolff 1978, S. 17). Damit wurde insbesondere die Erklärung der Wurfbewegung vereinfacht. Vom Werfer wird auf den geworfenen Gegenstand eine Kraft übertragen oder eingeprägt, die den Körper befähigt, sich selbst zu bewegen. Dadurch, daß die Kraft als Bewegungsursache auf den in Bewegung befindlichen Körper übergeht, wurde der Blick frei, das Medium als

---

192 Adelard von Bath - im 12. Jahrhundert - ist diese Vorstellung noch fremd. Um die den Körpern mit Blick auf ihre eigenen Prinzipien innewohnende Trägheit und Unbeweglichkeit zu überwinden, bedarf es seiner Meinung nach eines äußeren Prinzips ihrer Bewegung. Als dieses Prinzip bezeichnet er unter ausdrücklicher Bezugnahme auf Platons Timaios die Seele, die nach göttlichem Willen den Körper regiert. Vgl. Speer 1995, S. 23.

Widerstand zu konzeptualisieren. Es wurde nicht mehr wie bei Aristoteles dazu benötigt, als Beweger zu fungieren.

Vor diesem Hintergrund wurde der Wurf in der Regel in einem Drei-Phasen-Modell erklärt: Zunächst wird vom Werfer auf den geworfenen Gegenstand eine Kraft (Impetus) übertragen, vermittels derer er sich fortbewegt (1). Im Verlaufe der Flugbewegung wird dieser Impetus durch den Widerstand des umgebenden Mediums aufgezehrt, oder, als eine andere Variante, das Medium verstärkt das natürliche Erschlaffen des Impetus (2). Ab einer gewissen Phase des Flugs gewinnt allmählich die Schwere überhand und der Körper beginnt zu fallen. Wenn schließlich die aufgeprägte Kraft ganz verbraucht ist, fällt der Körper "senkrecht" nach unten (3).

Bevor nun die bekannteste und am weitesten ausgearbeitete impetustheoretische Erklärung der Projektilbewegung durch Buridan vorgestellt wird, ist noch kurz auf Petrus Johannis Olivis (1248 - 1298) und Franciscus de Marchias (um 1295 - 1340) Impetusvorstellungen einzugehen. Beide waren - im Gegensatz zu Buridan - noch nicht ausschließlich an der Natur der Bewegung interessiert. Sie haben ausdrückliche Fragen der Physik nur beiläufig behandelt. Olivi, wie F. de Marchia Mitglied des Franziskanerordens, erwähnte Impetusvorstellungen im Zusammenhang mit Kapitalbildungsprozessen und der Rechtmäßigkeit des Zinses, aber ohne Verwendung des Begriffes. Franciscus de Marchia, den Maier als den ersten strengen Vertreter der Impetustheorie bezeichnet, diskutierte diese Vorstellung im Zusammenhang mit der theologischen Frage nach der Wirkweise der Sakramente. Er fragte sich, ob in den Sakramenten Gott wirke oder eine davon zu unterscheidende, ihnen innewohnende Wirkursache angenommen werden müsse. In diesem Zusammenhang ging er auch auf den Wurf ein. Er unterschied zwei Kräfte, die an einer Wurfbewegung beteiligt seien. Die Kraft der werfenden Hand einerseits und eine im Projektil befindliche Kraft andererseits, welche die angefangene Bewegung fortsetze. Die letztere Kraft werde dabei von der ersten Kraft verursacht oder übertragen: Sie werde durch die Bewegung der ersten Kraft im Körper "zurückgelassen".[193] Ähnlich ist das Modell von Olivi. Als Fazit ist festzustellen: Sowohl in Olivis als auch in de Marchias Impetustheorie werden Bewegungen noch nicht eindeutig durch Kraftübertragung verursacht verstanden. Ihrem Modell ist noch eindeutig die Vorstellung einer inneren bewegenden Kraft eingeschrieben, die zusammen mit der vom Werfer übertragenen Kraft das Projektil nach vorne bewegt.

Buridan (ca. 1300 - 1358),[194] der wichtigste Vertreter der Impetustheorie, stellt sich dem Problem der Projektilbewegung in "Question 12" seiner "Questions on the

---

193 Zu diesen Autoren vgl. Wolff 1978, S. 170 - 198; Maier 1940. Zu Olivi siehe auch Bauer/Matis 1989, S. 152ff. Zu Franciscus de Marchia siehe vor allem Schneider 1991, S. 225ff.
194 Zu den literaturhistorischen Fragen bezüglich der Werke Buridans gibt Michael (1985) Auskunft. Zur Bedeutung des Johannes Buridan vgl. Schönberger 1994, S. 3ff.

eight books of the physics of Aristotle".[195] "It is sought whether a projectile after leaving the hand of the projector is moved by the air, or by what it is moved" (Clagett 1979, S. 532). Nachdem er zunächst die aristotelische Bewegungserklärung und die Antiperistasistheorie vorgestellt hat, kritisiert er sie mit drei Erfahrungen, die gegen beide Medientheorien sprechen. Gegen die These, daß die Luft der Beweger ist, sprechen: Erstens die Drehung des Kreisels und die Mühle des Schmieds, die sich bewegen, ohne ihren Platz zu verlassen, zweitens der Flug einer Lanze, die am Ende zugespitzt ist, so daß die Luft nicht angreifen kann und drittens die Fortsetzung der Bewegung eines Schleppkahns, nachdem die Schlepper aufgehört haben zu ziehen (Piaget/Garcia 1989, S. 49ff; Wolff 1978, S. 228). Daraus schlußfolgert er:

"Thus we can and ought to say that in the stone or projectile their is impressed something which is the motive force (virtus motiva) of that projectile. And this is evidently better than falling back on the statement that the air continues to move that projectile. For the air appears rather to resist. Therefore, it seems to me that it ought to be said that the motor in moving a moving body impresses (imprimit) in it a certain impetus (impetus) or a certain motive force (vis motiva) of the moving body, [which impetus acts] in the direction toward which the mover was moving the moving body, either up or down, or latterally, or circularly. And by the amount the motor moves that moving body more swiftly, by the same amount it will impress in it a stronger impetus. It is by that impetus that the stone is moved after the projector ceases to move. But that impetus is continually decreased (remittitur) by the resisting air and by the gravity of the stone, which inclines in a direction contrary to that in which the impetus was naturally predisposed to move it. Thus the movement of the stone continually becomes slower, and finally the impetus is so diminished or corrupted that the gravity of the stone wins out over it and moves the stone down to its natural place" (Clagett 1979, S. 534f).

Wie bestimmt nun Buridan den Impetus? Ist er identisch mit der Bewegung, oder ist er etwas anderes? Und wenn er etwas anderes ist, ist er etwas Sukzessives wie die Bewegung, oder ist er etwas Permanentes? Buridan definiert den Impetus eindeutig als "res naturae permanentis", das heißt als etwas, zu dessen Natur Permanenz gehört. Das "permanente" Sein des Impetus bedeutet allerdings nicht dessen Unzerstörbarkeit oder Unvergänglichkeit. Er ist wie alles, was einem Körper eingeprägt werden kann, vergänglich und zerstörbar durch etwas, was ihm entgegen wirkt. Solche entgegengesetzt wirkenden Faktoren sind Buridan zufolge äußere Widerstände oder entgegengesetzt wirkende innere Bewegungstendenzen des bewegten Körpers wie Schwere oder Leichtigkeit. Für sich genommen aber ist der Impetus etwas Beharrliches. Er erfährt kein kontinuierliches Werden und Vergehen, er wird nicht in jedem Augenblick von seinem Erzeuger von neuem geschaffen und erlischt nicht in dem Moment, in dem sein Erzeuger aufhört zu wirken. Vielmehr dauert er selbständig und unabhängig von diesem weiter. Wenn Buridan der übertragenen Kraft jede Sukzessivität bestreitet, liegt darin die Ansicht, daß die Kraft im Gegensatz zur Bewegung, die sie hervor-

---

195 Vgl. zum folgenden das Kapitel "John Buridan and the Impetus theory of projectile motion" in Clagett 1979, S. 505ff.

bringt, zu einem gegebenen Zeitpunkt als ganze gegenwärtig ist. Sie kann zwar von einem Augenblick zum anderen durch gegenwirkende Ursachen vermindert werden, aber solange sie existiert, ist sie ihrer jeweiligen Größe nach in jedem Augenblick im Projektil vollständig vorhanden (Wolff 1978, S. 218ff).

Buridan stellt auch gewisse Beziehungen zwischen Impetus oder bewegender Kraft, Geschwindigkeit und Materiemenge her. Die Geschwindigkeit oder Intensität einer Bewegung macht er abhängig von der Größe des Impetus. Von der Intensität der übertragenen Kraft unterscheidet Buridan die Größe der Fähigkeit des bewegten Körpers, Impetus aufzunehmen. Je mehr Materie das Projektil besitzt, desto mehr Impetus kann es aufnehmen, ohne daß der Körper deshalb schneller bewegt sein muß. Um einen größeren und schwereren Körper zu bewegen, bedarf es mehr an übertragenem Impetus als bei einem kleinen leichten Körper, auch wenn die Geschwindigkeit dieselbe ist.

Die Beziehungen, die Buridan zwischen bewegender Kraft, Geschwindigkeit und Materiemenge herstellt, haben Duhem und andere bewogen, in Buridans Impetusbegriff einen Vorläufer des Impulsbegriffs der klassischen Mechanik zu sehen (Dijksterhuis 1956, S. 205). Maier und Dijksterhuis haben dieser These widersprochen, indem sie auf den prinzipiellen Unterschied zwischen beiden Konzeptionen hingewiesen haben: Der Impuls der klassischen Mechanik ist ein Symptom einer Bewegung und nicht deren Ursache, während der Impetus Buridans noch immer - wie bei Aristoteles - ein mit dem bewegenden Körper verbundener Motor ist (motor conjunctus), der ein vom Werfer getrenntes Projektil (projectum seperatum) fortbewegt (Dijksterhuis 1956, S. 205ff; Maier 1940, S. 90).[196] Kurz: Buridan bleibt Aristoteliker, insofern er für den Bewegungszustand eine bewegende Kraft verlangt; er gibt den Aristotelismus preis, insofern er zwischen der ersten Ursache und der bewirkten Bewegung den Kontaktmechanismus beseitigt. Seine Feststellung, daß zur Aufrechterhaltung der Bewegung eine ständige Kraft notwendig ist, die mit dem Ende der Bewegung verbraucht wird, ist wie bei Aristoteles eine Konsequenz des Handlungsschemas. Das Trägheitsgesetz der klassischen Physik Newtons, welches Bewegung als einen Zustand analog der Ruhelage eines Objektes definiert, ist für Buridan wie für andere Impetustheoretiker noch undenkbar.

Zu Buridan analoge Vorstellungen haben auch andere Autoren geäußert, wie etwa Buridans Schüler Marsilius von Inghen (1340 - 1396). Albert von Sachsen (1316 - 1390), ein weiterer Schüler von Buridan, führte die Vorstellung eines zusammengesetzten Impetus ein. Auch er unterschied wie Buridan in der Wurfbahn eines Projektils drei Phasen:

" (1) die Anfangsperiode einer ausschließlich gewaltsamen Bewegung, bei der der aufgezwungene Impetus die natürliche Schwerkraft auslöscht; (2) eine Zwischenperiode mit gemischtem Impetus, in der

---

196 Dieser Sichtweise folgt auch Wolff. Vgl. Wolff 1978, S. 221.

die Bewegung sowohl gewaltsam wie auch natürlich abläuft; (3) eine Endperiode mit rein natürlicher Bewegung, die vertikal nach unten führt, nachdem natürliche Schwerkraft und Luftwiderstand den aufgezwungenen Impetus überwunden haben" (Crombie 1977, S. 308).[197]

Avicenna (980 - 1037), ein arabischer Arzt und Philosoph, hat in seiner Diskussion von Bewegungstheorien die vergleichsweise einfache Vorstellung entwickelt, daß ein waagrecht geworfener Körper sich solange horizontal bewegt, bis sein Impetus aufgezehrt ist. Erst danach beginnt er zu fallen, d.h. Horizontal- und Vertikalkomponente überlagern sich nicht, sondern folgen einander zeitlich (Clagett 1979, S. 510ff).

Oresme (um 1320 - 1382), der Nachfolger Buridans, der von den Impetustheoretikern vielleicht am weitesten in Richtung eines neuzeitlichen Bewegungsverständnisses vorgerückt ist, war der Auffassung, daß mit dem Impetus nicht Geschwindigkeit, sondern Beschleunigung erzeugt wird. Sein Drei-Phasen-Modell der gewaltsamen Bewegung sieht wie folgt aus:

"Deshalb hat eine gewaltsame Bewegung drei Zustände oder drei Teile; der erste besteht, wenn der Gegenstand mit dem Werkzeug, das die Gewalt ausübt, noch in Verbindung ist; dann wächst die Geschwindigkeit an und die Erzeugung oder das Anwachsen der Geschwindigkeit wächst ebenfalls an, wenn nicht zufällig ein Hindernis vorhanden ist, und aus dem, was wir gesagt haben, folgt, daß das Anwachsen dieser Qualität oder Stärke (rédeur) ebenfalls wächst. Der zweite Zustand besteht, wenn die gewaltsam bewegte Sache von dem betreffenden Werkzeug oder dem ersten Beweger getrennt ist; dann wächst noch immer die Geschwindigkeit an, aber die Erzeugung, die Verstärkung und das Wachsen dieser Geschwindigkeit verkleinert sich und hört schließlich ganz auf; dann wächst die Geschwindigkeit nicht mehr und auch nicht jene Gewalt oder Stärke (rédeur). Danach beginnt der dritte Zustand. In dieser bewirkt die natürliche Qualität der bewegten Sache, nämlich die natürliche Schwere, daß die Verminderung jener nicht-natürlichen Qualität oder Stärke, die der natürlichen Bewegung des Gegenstandes entgegengesetzt ist, und es verzögert sich die Bewegung und verkleinert sich die Gewalt und hört schließlich auf" (Oresme zitiert nach Wolff 1978, S. 237).

In der ersten Phase wächst also nicht nur die Geschwindigkeit, sondern auch die Beschleunigung des Projektils. In der zweiten Phase kann der Impetus - infolge der Trennung des Objekts von der Hand - nicht mehr intensiviert werden. Aber der vorhandene Impetus übt weiter seine beschleunigende Wirkung aus. Diese nimmt aber infolge des Luftwiderstandes und der Schwere allmählich ab. Am Beginn der dritten Phase findet der Übergang von der beschleunigten zur unbeschleunigten Bewegung statt. Luft und Schwere zerstören den Impetus, bis er schließlich ganz erlischt. Das heißt, auch diese Konzeption ist mit dem Trägheitsprinzip nicht identisch. Fortdauernde Bewegung bedarf nach dem Trägheitsprinzip ebensowenig einer Ursache wie Ruhe. Sie sind nach Newton ununterscheidbar. Mit dem Impetus wird dagegen eine Ursache fortdauernder Bewegungen identifiziert: "Die mitgeteilte Kraft spiegelt ge-

---

197 Vgl. dazu auch Sarnowskys (1989) Arbeit, in der die aristotelisch-scholastische Theorie der Bewegung, das Kernstück der mittelalterlichen Naturphilosophie, sorgfältig dargestellt und am Beispiel der Untersuchung des Kommentars Alberts von Sachsen zur Physik des Aristoteles erläutert wird.

wissermaßen das Wirken der ursprünglichen Ursache wider. Die mitgeteilte Kraft hält den Körper, dem sie mitgeteilt worden ist, in einem Zustand, der dem Zustand gleicht, den die Anfangsursache am Körper hervorgerufen hat" (Wolff 1978, S. 233).

Mit der Impetustheorie kündigt sich auch die Aufhebung der prinzipiellen Trennung von sublunaren und translunaren Bewegungen an. Es kommt jedoch nur zum Vergleich, nicht aber zu der Behauptung der Gleichheit der hier wie dort wirkenden Gesetze. Sowohl Buridan als auch Oresme haben ihr Impetuskonzept auf den Lauf der Planeten übertragen. Zur Erklärung der Planetenbewegung wurde von Buridan ein Kreisimpetus eingeführt, der den Planeten bei der Erschaffung von Gott eingegeben wurde. Damit erübrigte sich das von Aristoteles behauptete ständige Wirken eines Sphärenbewegers (Wolff 1978, S. 227).

2.4 Die impetustheoretische Erklärung der Fallbewegung

Das Aristotelische Grundmodell der natürlichen Bewegung war im lateinischen Mittelalter bis zur Kopernikanisch-Galileischen Wende bestimmend. Zwar hat sich die mittelalterliche Scholastik ausgangs des zwölften Jahrhunderts, auch angeregt durch die Schriften Aristoteles, die in dieser Zeit über arabische Übersetzungen bekannt wurden, erneut mit der Fallerscheinung beschäftigt. Sie kam aber, was die Fallbewegung betrifft, von gewissen Abweichungen einmal abgesehen, bis hin zu Galilei nirgends zu grundsätzlich anderen Erklärungsmodellen als Aristoteles (Dijksterhuis 1956, S. 198ff).[198] Auch Buridan und seine Nachfolger mutmaßten den Ursprung der Abwärtsbewegung wie Aristoteles primär in der Schwere. Sehen wir uns Buridans Versuch etwas näher an, den Impetusbegriff auf die natürlichen Bewegungen zu übertragen.

Buridan hat auf der Grundlage seines Impetusbegriffes eine Möglichkeit gefunden, den freien Fall und die Beschleunigung im freien Fall zu erklären.[199] Da er die Geschwindigkeit als abhängig von der Intensität des Impetus hält, liegt es nahe, die Geschwindigkeitszunahme auf eine Zunahme der Intensität des Impetus zurückzuführen. Er schreibt in der Question 12 zum achten Buch der Physik:

"Daraus erhellt auch die Ursache, warum die natürliche Abwärtsbewegung des schweren Körpers kontinuierlich beschleunigt wird; denn zuerst bewegt ihn nur die Schwere; daher bewegt sie ihn langsamer, aber durchs Bewegen imprimiert sie dem schweren Körper selbst einen Impetus der freilich dann bereits zusammen mit der Schwere bewegt; daher wird die Bewegung schneller, und je schneller

---

198 Stellvertretend für viele Adelard von Bath. Vgl. Speer 1995, S. 61f.

199 Blumenberg sieht das Innovative bei Buridan darin, daß er die durch die Impetustheorie gewonnene Erklärung der Wurfbewegung auch auf andere Bewegungen überträgt und auf diese Weise die für die aristotelische Naturphilosophie konstitutive Unterscheidung von natürlicher und gewaltsamer Bewegung unterläuft. Vgl. Blumenberg 1975, 2. Teil.

sie wird, desto intensiver wird der Impetus, daher wird offensichtlich die Bewegung kontinuierlich schneller" (Buridan zitiert nach Wolff 1978, S. 222).

Die natürliche Abwärtsbewegung wird also auf das Zusammenwirken zweier Ursachen, von Schwere und Impetus zurückgeführt. Die Schwere wird dabei noch nicht als übertragene Kraft verstanden. Insofern hält Buridan noch ganz an der Aristotelischen Lehre von der natürlichen Bewegung fest. Die Unterscheidung beider ermöglicht ihm aber, eine Theorie der Beschleunigung zu entwickeln. Die Schwere, sie wird konstant gesetzt, ist bei Buridan eine Bewegungsursache, die unabhängig von dem hinzukommenden Impetus einen Körper zu bewegen vermag. Am Anfang der Abwärtsbewegung wirkt allein und ausschließlich die Schwere und löst eine gleichförmige Abwärtsbewegung aus. Aufgrund dieser Bewegung teilt die Schwere dem Körper einen Impetus mit, wobei sie aber als bewegende Ursache im Körper gegenwärtig bleibt. Durch die Addition von Schwere und Impetus wird die Abwärtsbewegung immer schneller. Aufgrund der nun schon schnelleren Bewegung intensiviert die Schwere den Impetus, wodurch die Bewegung erneut schneller wird und so fort. Bewegungsanfang und Impetusentstehung fallen also nicht zusammen. Auf dieser Ungleichzeitigkeit beruht nach Buridan das Moment der Beschleunigung (Wolff 1978, S. 221ff). Buridan schreibt:

"Man muß bedenken, daß ein schwerer Körper nicht nur Bewegung erwirbt von seinem ursprünglichen Beweger, nämlich seiner Schwere, sondern daß er auch einen bestimmten Impetus mit dieser Bewegung erwirbt. Dieser Impetus hat die Fähigkeit, den schweren Körper zu bewegen, in Verbindung mit der bleibenden natürlichen Schwere. Und weil dieser Impetus zusammen mit der Bewegung erworben wird, ist daher die Bewegung schneller, je größer und stärker der Impetus ist. Auf diese Weise also wird der Körper am Anfang nur durch seine natürliche Schwere bewegt; daher bewegt er sich am Anfang langsam. Danach wird er bewegt von derselben Schwere und durch den Impetus, den er in derselben Zeit (sc. am Anfang) erworben hat; folglich wird er schneller bewegt. Und weil die Bewegung schneller wird, wird daher auch der Impetus größer und stärker, und so wird der Körper durch seine natürliche Schwere und durch den größeren Impetus bewegt und wird also wieder schneller bewegt; und auf diese Weise wird er immer und kontinuierlich beschleunigt bis zum Ende" (Buridan zitiert nach Wolff 1978, S. 224).

Er hält also, wie schon von Wolff zurecht bemerkt wurde, noch ganz an der Aristotelischen Lehre der natürlichen Bewegung mit der Schwere als erster Bewegungsursache fest. Er kommt aber im Vergleich zu Aristoteles zu einer neuen Deutung der Geschwindigkeitszunahme, für die aber keine quantifizierende Regel angegeben wird. Der entscheidende Punkt seiner Argumentation besteht darin, daß die Schwere, die anfangs den Körper allein bewegt, aufgrund der Bewegung dem Körper einen Impetus mitteilt, mit dem zusammen sie ihn weiterbewegt. Der freie Fall wird als ein Vorgang gesehen, der, von einem Ausgangspunkt ausgehend, diskontinuierlich sich entfaltet. Die Schwere, die Buridan als eine den sublunaren Körpern innewohnende natürliche Bewegungstendenz versteht, wird erst mit Newton als Bewegungsursache aufgegeben. Für letzteren ist sie Ausdruck der Wechselwirkung eines jeden Körpers mit dem Körper der Erde. Dieselbe Wechselwirkung ist es, die einen Stein abwärts bewegt. Buridans Begriff der Beschleunigung ist ebenso noch nicht der von Newton. Er hat bei Buridan noch die Eigenart, nicht eine gleichförmig kontinuierliche Beschleunigung zu sein, sondern eine stufenförmige Folge verschieden schneller, gleichförmiger Bewegungen, deren Dauer jeweils ein unbestimmtes Minimum beträgt. Beschleunigung wird als eine Kette sukzessiver Sprünge verstanden.

Zusammenfassend ist festzustellen, daß auch die mittelalterlich-scholastische Lehre der Fallbewegung deutlich ihre Herkunft aus der subjektivischen Logik erkennen läßt, deren Struktur noch unüberwindbar ist. Bewegung wird letztendlich weiterhin wie bei Aristoteles gedeutet, so als konvergiere alles auf ein handlungsmächtiges Zentrum im Inneren des Objekts - eine Art ruhende Substanz - von dem die Bewegung ihren Ausgang nimmt. Die primäre kausale Ursache der Bewegung wird auf einen dynamistisch gefaßten Beweger zurückgeführt, die Schwere. Sie trägt das Ziel der Bewegung schon in sich und wird durch den von ihr erzeugten Impetus in ihrer Verwirklichung unterstützt. Bewegung selbst muß für jeden Augenblick durch einen wirkenden Kausalfaktor erklärt werden. Kurz: Noch immer gilt der Aristotelische Hauptsatz, daß alles, was sich bewegt, von etwas bewegt wird. Und noch immer ist Bewegung kein Zustand, sondern Resultat einer Aktion oder Handlung.

2.5 Der Übergang zum neuzeitlich-mechanistischen Naturverständnis bei Oresme und Kepler

Bei dem Mathematiker und Kirchenlehrer Nikolaus von Oresme (um 1320 - 1382), ein Nachfolger Buridans, kündigt sich erstmals das neuzeitliche Erklärungsmodell im Naturverständnis an. Es beruht auf dem Paradigma der Maschine und ihrer Eigenschaft, dauerhafte Bewegungsabläufe sicherzustellen. Im Zusammenhang der Diskussion der scholastischen Ansicht, wonach die Himmelssphären von Intelligenzen bewegt sind, schreibt Oresme noch ganz im Sinne der Impetustheorie:

"Vielleicht hat Gott, als er die Himmelskörper geschaffen hat, in sie bewegende Qualitäten und Kräfte eingelassen, so wie er in die Dinge der Erde Schwere und Widerstand gegen diese bewegenden Kräfte eingelassen hat. Es sind diese Kräfte und Widerstände von anderer Natur und anderem Stoff als irgendein wahrnehmbarer Gegenstand oder irgendeine Qualität, die sich hier unten befindet."

Im nächsten Satz wird dann vorsichtig die Möglichkeit einer mechanistischen Erklärung eingeführt. Dabei wird, historisch erstmals, der Kosmos mit einer Uhr verglichen und damit das Muster der Maschine in explikativer Absicht verwendet (vgl. Gloy 1995, S. 167):[200]

---

200 Der Uhrenvergleich ist seit Oresme in der Philosophie und Wissenschaft des 17. Jahrhunderts gang und gäbe. Zur Uhrenmetaphorik in der Wissenschaft des 17. Jahrhunderts vgl. Laudan 1966, S. 73ff.

"Es sind diese Kräfte gegenüber diesen Widerständen so bemessen und angepaßt, daß die Bewegungen ohne Eingreifen ablaufen; abgesehen vom Eingreifen, ist es ganz ähnlich, wie wenn ein Mann eine Uhr gemacht hat und sie laufen und sich selbst bewegen läßt. So ließ Gott die Himmelskörper kontinuierlich bewegt sein nach dem Verhältnis, das die bewegenden Kräfte zu den Widerständen haben, und nach der eingerichteten Ordnung" (Oresme zitiert nach Wolff 1978, S. 239; Vgl. dazu auch Gloy 1995, Fußnote 13, S. 311f).

Die Kraftübertragung Gottes auf die Himmelskörper, die sich Buridan noch als einfachen Schwungvorgang vorstellte, gleicht bei Oresme dem Ingangsetzen eines Uhrenmechanismus. Natürlich bleibt Oresmes Vergleich mit der Uhr spekulativ. Insbesondere fehlt der Versuch, den Aufbau des Himmelmechanismus nach einem einheitlichen theoretischen Modell zu entwerfen. Aber trotz allem wird greifbar, wie nahe Oresme dem neuzeitlichen Modell des Weltuhrwerks kam, auch wenn er Gott noch als "Uhrmacher" und Planer hinter die Welt stellte.[201] Das angedeutete Modell repräsentiert gegenüber dem scholastischen Bewegungsverständnis zwei revolutionäre Grundgedanken: erstens den des Antriebs aus eigenem Bestand eines Mechanismus ohne äußeren Eingriff und Zuschuß, und zweitens den der äquivalenten Bedeutung aller Teile für die Gesamtfunktion (vgl. Blumenberg 1965, S. 34).

Der Vergleich mit der Maschine wurde möglich, weil zu dieser Zeit mechanische Uhren und Wassermühlen schon recht verbreitet waren. Wolff stellt dazu fest: "Im praktisch-technischen Problem der 'Übereinstimmung' des Ablaufs mechanischer Uhren mit der täglichen Drehung des Himmels hat man die Wurzeln des Vergleichs der Himmelsbewegung mit mechanisch erzeugtem Gleichlauf zu suchen. Aber mehr als das. In der praktischen Erzeugung gleichbleibender Bewegungsgeschwindigkeit aus dem Gegeneinanderwirken beschleunigter Fallbewegung und mechanischer Hemmung ist die Struktur von Oresmes theoretischer Konstruktion des Impetus als einer stets nur beschleunigenden Kraft vorgezeichnet. Die mechanische Uhr ist neben der wassergetriebenen Mühle das älteste Instrument, bei dem Bewegung fallender Körper die 'künstliche' Bewegung durch Hand und Fuß als 'natürliche' Antriebsbewegung ersetzt. In Anwendung beider Instrumente wird *praktisch* der Antrieb durch Hände und Füße mit dem Antrieb fallender Körper gleichgesetzt, bevor *theoretisch* begriffen sein muß, ob und inwiefern der Antrieb durch künstliche mit dem Antrieb durch natürliche Bewegungen vergleichbar ist" (Wolff 1978, S. 242f).[202] Die Konsequenzen hiervon beschreibt Grossmann: "Die experimentelle Nachkonstruktion der Himmelsmechanik beraubte sie jedes mystischen Schleiers und legte die Auffassung nahe, daß die Bewegung der Himmelskörper nach ähnlichen Prinzipien wie die Mechanik des Planetariums funktionierte" (Grossmann 1935, S. 213).

---

201 Es war schließlich Descartes (1596 - 1650), der das mechanistische Paradigma des neuzeitlichen Naturverständnisses zur Geltung brachte. Vgl. Descartes 1978, insbes. I 10 und V 8.
202 Ähnlich sieht es Gloy. Vgl. dazu Gloy 1995, S. 168.

Noch deutlicher läßt sich der Umbruch im Naturverständnis an der Person Keplers belegen. An seinen Schriften kann man den, wie Dijksterhuis es nennt, "einschneidenden Richtungswechsel im Denken" direkt beobachten (Dijksterhuis 1956, S. 344). Im "Mysterium Cosmographicum" aus dem Jahr 1596 hat er über die Tatsache, daß die lineare Geschwindigkeit eines Planeten bei zunehmender Entfernung zur Sonne kleiner wird, geschrieben:

"Wir müssen also eine der beiden Tatsachen feststellen: entweder sind die bewegenden Seelen (der Planeten) desto schwächer, je weiter sie von der Sonne entfernt sind, oder es gibt nur eine bewegende Seele im Zentrum aller Bahnen, d.h. in der Sonne, die einen Körper desto heftiger antreibt, je näher er ihr ist, die aber bei den weiter entfernten wegen dem Abstand und der (damit zusammenhängenden) Abschwächung des Vermögens kraftlos wird" (Kepler zitiert nach Dijksterhuis 1956, S. 345).

Dies ist eine handlungslogisch-subjektivische Erklärung, bei der die Planeten noch animistisch verstanden werden. Im Jahre 1623, in der zweiten Ausgabe, fügt er dieser Erklärung folgende Note hinzu:

"Wenn man anstatt Seele (anima) das Wort Kraft (vis) setzt, hat man genau das Prinzip, worauf die Physik des Himmels in den Marskommentaren (d.h. in der Astronomia Nova) aufgebaut ist" (Kepler zitiert nach Dijksterhuis 1956, S. 345).

Dies ist nicht nur die Ersetzung des Wortes "anima" durch "vis", wie man argwöhnen könnte, sondern der Begriff "vis" verkörpert eine völlige neue Sichtweise der Natur. Kepler will, wie er es in einem Brief aus dem Jahre 1605 ausdrückt, "die Natur nicht mehr instar divini animalis (als ein göttlich beseeltes Wesen), sondern instar horologii (als ein Uhrwerk) sehen" (Kepler zitiert nach Dijksterhuis 1956, S. 345). Er schreibt:

"Mein Ziel hierbei ist es zu zeigen, daß die himmlische Maschine nicht eine Art göttlichen Lebewesens ist, sondern gleichsam ein Uhrwerk (wer glaubt, daß die Uhr beseelt ist, der überträgt die Ehre des Meisters auf das Werk), insofern darin nahezu alle die mannigfaltigen Bewegungen von einer einzigen ganz einfachen magnetischen Kraft besorgt werden, wie bei einem Uhrwerk alle die Bewegungen von dem so einfachen Gewicht" (Kepler zitiert nach Gloy 1995, S. 166).

Kepler hat also den Umbruch im Denken deutlich erkannt und vollzogen. Er hat mit anderen Worten das subjektivische Denken zugunsten des mechanistischen Denkens aufgegeben.

2.6   Die Struktur des impetustheoretischen Kausalverständnisses

Die Impetustheorie, so läßt sich resümieren, ist zum einen noch stark der Aristotelischen Grundauffassung verhaftet und zum andern in ihrer Grundvorstellung entschieden different zum Trägheitsprinzip der klassischen Mechanik. Aristotelisch ist sie insofern, als sie für jede Bewegung noch eine wirkende Kraft braucht, die sie aufrecht erhält. Sie hat lediglich die auffälligsten Ungereimtheiten des Aristotelischen Modells eliminiert, insbesondere das zwischen Beweger und Bewegtem vermittelnde Medium zum Verschwinden gebracht. Sie unterscheidet sich von der klassischen Mechanik insofern, als dort Bewegung ebenso wie Ruhe als ursachloser Zustand definiert wird, der durch gegenwirkende Bewegungen verändert oder zum Stillstand gebracht werden kann.

Die Erklärungsstruktur, die der Bewegungslehre der Impetustheoretiker unterliegt, ist weiterhin am Modell der Handlung orientiert. Der Impetusansatz fokussiert zum einen noch auf einen Ursprung, der subjekthaft als Kraft oder Impetus gefaßt wird - wobei die bewegende Kraft übertragen wird und ihren Sitz im bewegten Körper selbst bekommt - zum anderen auf ein final gedachtes Ziel, die Bewegung, die vom Impetus erzeugt, sowie auf ihr Ende, welches durch das Erschlaffen des Impetus bewirkt wird. Auch wird bei der Fallbewegung die Bewegungskraft weiterhin als den Objekten inhärent gedacht. Die Kraft wird substanzhaft mit der Qualität oder dem Attribut "Schwere" identifiziert, auch wenn von einer zusätzlichen Anziehungskraft des Ortes wie bei Aristoteles nicht mehr die Rede ist. Der Fortschritt gegenüber der peripatetischen Lehre besteht darin, daß das Prinzip der Berührungskausalität zugunsten des Prinzips der Übertragungskausalität aufgegeben wird. Damit wurde insbesondere die Erklärung der Wurfbewegung vereinfacht. Vom Werfer wird dem geworfenen Gegenstand eine Kraft eingeprägt, die ihn befähigt, sich selbst zu bewegen. Dadurch, daß die Kraft als Bewegungsursache auf den in Bewegung befindlichen Körper übergeht, wurde es möglich, das Medium als Widerstand zu konzeptualisieren. Es wurde nicht mehr wie bei Aristoteles als Beweger benötigt.

Kurz: In der mittelalterlich-scholastischen ebenso wie in der Aristotelischen Bewegungslehre kommt noch eine Kausalvorstellung zum Tragen, "die Bewegung als Zuständlichkeit nicht kennt und für jede Phase einer Veränderung einen unmittelbar eingreifenden Faktor erfordert". Diese Fassung der Kausalität bedeutet zum einen "die Notwendigkeit der in jedem Augenblick neuen Verursachung auch einer konstanten Bewegung, zum anderen die Unmöglichkeit der Fernwirkung" (Blumenberg 1965, S. 21).

3. Die Bewegungsvorstellung der Impetustheorie in Relation zur Bewegungsvorstellung von Aristoteles und klassischer Mechanik

Im folgenden werden thesenartig zusammengefaßt: Erstens die Kernaussagen der Impetustheorie (A), zweitens die Fortschritte der Impetustheorie gegenüber der Aristotelischen Bewegungslehre (B), drittens die Gemeinsamkeiten von Impetustheorie und Aristotelischer Theorie (C) und viertens die Unterschiede zwischen Impetustheorie und klassischer Mechanik (D).

Die Kernaussagen der Impetustheorie (A):

- Die Bewegung wird durch eine interne Kraft aufrechterhalten, die dem Objekt übertragen wird, wenn es in Bewegung versetzt wird. Ein Objekt bewegt sich also aufgrund einer ihm eingeprägten Kraft, dem Impetus.
- Die Bewegungskraft (Impetus) wird vom ersten Beweger (Mensch, Gott) oder durch Kontakt (Stoß) von einem anderen Körper auf den in Bewegung versetzten Gegenstand übertragen.
- Körper können um so mehr Impetus aufnehmen, je größer und schwerer sie sind.
- Die Bewegungskraft (Schwung, Wucht usw.) des Körpers ist dem Impetus proportional.
- Das Verlangsamen und der schließliche Stillstand der Objekte wird durch das Schwinden des Impetus erreicht. Der im bewegten Körper befindliche Impetus erschlafft im Verlaufe der Bewegung. Dieses Erschlaffen geschieht entweder von alleine oder wird durch den Widerstand des Mediums bewirkt, in dem der Körper sich bewegt.
- Die Fallbewegung eines Objektes beruht auf dem Zusammenwirken von natürlicher Schwere und Impetus. Die Schwere wird dabei als eine den Objekten inhärente, abwärts gerichtete Kraft betrachtet.

Die Fortschritte der Impetustheorie gegenüber der Aristotelischen Theorie (B):

- Während nach Aristotelischer Theorie eine externe Kraft zur Bewegungserhaltung notwendig ist, ging die Impetustheorie davon aus, daß die Bewegung durch eine interne Kraft aufrechterhalten wird. Der Aristotelische externe Beweger wird im Modell der Bewegungsübertragung durch den Impetus ersetzt (dadurch wird die Behandlung von Wurfbewegungen vereinfacht).
- Der Aristotelische Gegensatz von natürlichen und gewaltsam-erzwungenen Bewegungen wird aufgehoben.
- Es gibt erste Ansätze einer Aufhebung des qualitativen Unterschieds von lunaren und sublunaren Bewegungen (Kreisimpetus).
- Das Medium wird, da es als externer Beweger wegfällt, als Widerstand konzeptualisiert.

Die Gemeinsamkeiten der Impetustheorie mit der Aristotelischen Theorie (C):

- Beide Theorien teilen die Vorstellung, daß Ruhe und Bewegung grundsätzlich zu unterscheiden sind.
- Beide Theorien teilen die Vorstellung, daß es einer Kraft bedarf, um ein Objekt in Bewegung zu halten. Beide benötigen zur Aufrechterhaltung der Bewegung einen Beweger (sie kennen keine Bewegung als Zuständlichkeit).
- Beide Theorien teilen die Vorstellung von der Proportionalität von Geschwindigkeit und Kraft.

- Beide Theorien teilen die Vorstellung, daß die Ursache der natürlichen Fallbewegung im Körper selbst liegt. Der freie Fall und die Fallgeschwindigkeit sind im wesentlichen von der natürlichen Schwere bewirkt.
- Beide Theorien ziehen die Existenz des Vakuums kaum in Erwägung.

Die Unterschiede zwischen Impetustheorie und klassischer Mechanik (D):
- Während die Impetustheorie jedem Bewegten eine Kraft zuordnet, postuliert das Trägheitsgesetz der klassischen Mechanik die gleichförmige Bewegung wie die Ruhe als einen Zustand (es ist keine Kraft nötig, um ein Objekt in Bewegung zu halten). Die qualitative Unterscheidung zwischen Ruhezustand und Bewegung wird damit aufgehoben.
- Während die Impetustheorie geradlinig und zirkulär wirkende bewegende Kräfte kennt, lehrt das Trägheitsprinzip die Erhaltung der geradlinigen Bewegung.
- Während die Impetustheorie davon ausgeht, daß der Impetus für eine gewisse Zeit anhält, lehrt das Trägheitsgesetz, daß eine ungestörte Bewegung unendlich dauert.
- Während die Impetustheorie das Verlangsamen der Objekte mit dem Erschlaffen des Impetus erklärt, wird es in der klassischen Mechanik durch das Einwirken externer Kräfte erreicht.
- Während die Impetustheorie annimmt, daß Objekte aufgrund ihrer natürlichen Schwere fallen, geht die klassische Mechanik hingegen von einem Konzept der Gravitation oder gegenseitigen Anziehung aus.

Die Aristotelische und die impetustheoretische Bewegungslehre sind beides Konzepte, in denen die Struktur der subjektivischen Handlungslogik noch ungebrochen zur Geltung kommt, auch wenn alle offen personalistisch-animistischen Begriffe in den Erklärungen verschwunden sind. Diese Struktur bringt sich darin zum Ausdruck, daß beide Theorien zur Aufrechterhaltung der Bewegung einen Beweger benötigen, der im Kern subjektivisch, als Handelnder gefaßt wird. In der spätmittelalterlichen Theorie wird die direkte Inanspruchnahme einer Eingriffskausalität Gottes, die im frühen Mittelalter noch gang und gäbe war, nach und nach zurückgedrängt. In der klassischen Mechanik der frühen Neuzeit schließlich wird die Bewegung als ursachloser Zustand definiert, der durch gegenwirkende Bewegungen verändert oder zum Stillstand gebracht werden kann.

Vierter Teil: Die empirische Studie

Das physikalische Kausalitätsverständnis analphabetischer und alphabetisierter Erwachsener in der ländlichen Türkei, untersucht am Beispiel der Bewegungserklärung

1. Einführung

Die historisch-genetische Theorie geht davon aus, daß die Grundstrukturen der Kausalität zu allen Zeiten und in allen Gesellschaften in der frühen Ontogenese ausgebildet werden, der Grad ihrer Weiterentwicklung auf der Ebene der Erwachsenen jedoch von dem Entwicklungsstand der Gesellschaft abhängig ist. Das bedeutet, daß die Strukturen des kausalen Denkens, die Kinder in modernen Gesellschaften in der Regel mit Beginn der Adoleszenz erreichen, erst im Verlaufe der Geschichte, unter den Bedingungen neuzeitlicher Gesellschaftsstrukturen aufgebaut wurden und deshalb nicht notwendig in jeder Kultur, insbesondere auch nicht in den gegenwärtigen traditionalen Gesellschaften, ausgebildet werden. Für diese Gesellschaften ist zu erwarten, daß die Kausalität noch weitgehend in der Struktur der Handlung gedacht und ursprungslogisch und teleologisch ausgelegt wird. Um diese theoretische Annahme empirisch zu belegen, ist es erforderlich, Untersuchungen in traditionalen Gesellschaften der Gegenwart durchzuführen, in denen der Entwicklungsstand der kategorialen Strukturen bei Erwachsenen festgestellt wird.

Vor diesem Hintergrund wurde die nachfolgend vorgestellte interkulturelle Vergleichsstudie, die Ende 1990 im Schwellenland Türkei durchgeführt wurde und an der vorwiegend illiterate und wenig gebildete erwachsene Dorfbewohner aus unterschiedlichen ländlichen Regionen der Westtürkei teilgenommen haben, konzipiert. Mit ihr sollte der Entwicklungsstand der physikalischen Kausalvorstellungen am Beispiel von Bewegungserklärungen bestimmt werden, um hierüber die zuvor formulierte These empirisch zu überprüfen.[203] Sie wurde in der Türkei durchgeführt, da hier eine im

---

203 Um die Hauptthese der historisch-genetischen Theorie zu überprüfen, wurden am Freiburger Institut für Soziologie zwei weitere kulturvergleichende Forschungsprojekte durchgeführt. Sie wurden in Indien und Spanien realisiert und hatten ebenfalls die Kausalvorstellungen von Erwachsenen zum Gegenstand.

Umbruch befindliche traditionale Gesellschaft vorzufinden ist,[204] die im Vergleich zu den hochindustrialisierten Gesellschaften der westlichen Welt wenigstens teilweise noch weniger weit entwickelte sozialstrukturelle Kontextbedingungen aufweist.[205] Daher sind, zumindest in der von uns besuchten ländlichen Dorfgesellschaft, auch weniger weit entwickelte Kausalvorstellungen zu erwarten. Es ist sogar anzunehmen, daß die den Bewegungserklärungen unterliegenden Strukturen der Kausalität einen Entwicklungsstand erreichen, der dem von Aristoteles vergleichbar ist, da das sozialstrukturelle Entwicklungsniveau der türkischen Agrargesellschaft dem in der antiken Gesellschaft erreichten in etwa entspricht.

Der These zufolge dürften sich also kategoriale kognitive Strukturen und damit Kausalvorstellungen, wie sie am Ende der ontogenetischen Entwicklung in allen hochkomplexen Industriegesellschaften ausgebildet werden, bei Erwachsenen in der ländlichen Türkei kaum auffinden lassen.[206] Allerdings ist in Rechnung zu stellen, daß die Türkei sich in einer sozialstrukturellen Übergangsphase befindet. Deshalb ist davon auszugehen, daß auch der agrarisch dominierte Teil des Landes von den Auswirkungen der Industrialisierung nicht unberührt blieb und damit ein Prozeß in Gang gesetzt ist, der Bedingungen schafft, die auch von einfachen Mitgliedern der Dorfgesellschaft neue Organisationskompetenzen abverlangen, die ihrerseits wiederum die Weiterentwicklung der kognitiven Prozesse stimulieren. Denn die veränderten objektiven Strukturbedingungen sind es, die spezifische Probleme erst hervorbringen und auf die Vorstellungsraster der Subjekte einwirken, die sich mit solchen Problemen konfrontiert sehen. Die Vermittlung beider geschieht, indem die alten Deutungsmuster und Lösungsroutinen aktualisiert und verändert werden. Obgleich also eine Fortentwicklung der kognitiven Strukturen unter diesen Bedingungen nicht ganz auszuschließen ist, läßt sich dagegen einwenden, daß es eine zeitliche Verzögerung, ein "time-lag", gibt zwischen der Umstellung der allgemeinen Lebenspraxis

---

204 Die Türkei wird zu den sogenannten Schwellenländern gezählt. Der Begriff "Schwellenland" ist jedoch nicht einheitlich definiert. In der Regel werden darunter Länder mit einer vergleichsweise fortgeschrittenen industriellen Entwicklung gefaßt, von denen erwartet wird, daß sie aufgrund ihrer wirtschaftlichen Eigendynamik die Strukturmerkmale eines typischen Entwicklungslandes mehr und mehr überwinden. Während der Begriff "Schwellenland" eher auf den prospektiven Aspekt der Entwicklung abhebt, betont der Begriff "traditionale Gesellschaft" die dort eher vernachlässigte Dimension des noch nicht. Vgl. Sen 1991, S. 87; Schiffauer 1987, S. 9; Planck 1991, S. 457.

205 Die Gleichzeitigkeit unterschiedlich weit entwickelter Sozialstrukturen in der Türkei bestätigt Sen. Vgl. Sen 1991, S. 80.

206 Hinsichtlich der von der kategorialen Entwicklung zu unterscheidenden operationalen Entwicklung scheint dies tatsächlich zuzutreffen. Die einfache Dorfbevölkerung in der Türkei erreicht, zumindest nach Angaben von Kohlberg und Gilligan, kaum das höchste Stadium der formalen Operationalität. "In simpler cultures - for example, villages in Turkey - full normal operations never seem to be reached at all (though it is reached by urbanized educated Turks)". Das Piagetsche Stadienkonzept und die Invarianz der Entwicklungssequenz, wobei die Faktoren Kultur, Erfahrung und Lernen beschleunigend oder verzögernd wirken, findet ebenfalls Bestätigung. Vgl. Kohlberg/Gilligan 1971, S. 1065f.

und der Veränderung der Kognition, insbesondere wenn die Umwälzung des ersteren nicht von heute auf morgen erfolgt.[207]

Ausgehend von der obigen These sind im Rahmen der Untersuchung folgende Fragen zu klären: Bestimmt die aus der Ontogenese stammende subjektivische Handlungslogik tatsächlich auch die Bewegungserklärungen der türkischen Dorfbewohner? Sind die frühen Ausdrucksformen dieser Logik, insbesondere der Animismus und Artifizialismus noch aufzufinden oder ist dieses Stadium wie bei Aristoteles und Impetustheoretikern bereits überwunden? Lassen sich die Aristotelische oder gar die impetustheoretischen Fall- und Wurferklärungen bei den untersuchten Probanden wiederfinden, insbesondere das teleologisch-finalistische Erklärungsmuster? Findet die mediale, der Handlungslogik geschuldete Erklärung der Projektilbewegung durch Aristoteles Verwendung? Ließe sich das teleologische Erklärungsmuster oder gar die Medientheorie der Projektilbewegung tatsächlich reproduzieren, wäre dies ein Beweis dafür, daß die historischen, vormechanistischen Erklärungen des Bewegungsvorgangs weder im Belieben der jeweiligen Autoren lagen noch auf Zufall basierten: Sie wären dann vielmehr als Umsetzungen einer zugrundeliegenden universalen Erklärungsstruktur zu begreifen, die, eben weil sie universal ist, auch den Erklärungen der Erwachsenen in gegenwärtigen vorindustriellen Gesellschaften unterliegt.

Es sei nochmals betont, daß mit dieser Untersuchung eine bislang eher brachliegende Forschungslandschaft betreten wird. Es gibt, abgesehen von der systematischen Re-Interpretation von ethnologischen Arbeiten zum primitiven Kausaldenken durch Hallpike und den von Peluffo eher beiläufig erwähnten wenigen Beispielen zum erwachsenen Kausalverständnis in Sardinien, keine neueren kulturvergleichenden Forschungsarbeiten auf dem Gebiet des kausalen Denkens bei Erwachsenen (Hallpike 1990, S. 491ff u. Peluffo 1967, S. 187ff).[208] Insbesondere liegt keine einzige neuere, systematisch durchgeführte kulturvergleichende Untersuchung zum Kausalverständnis bei Erwachsenen in einer vergleichsweise fortgeschrittenen, staatlich organisierten agrarischen Gesellschaft vor, die als materialer Beleg im Sinne der historisch-genetischen Theorie herangezogen und verwertet werden kann.

Der vierte Teil der Arbeit ist wie folgt aufgebaut: Zunächst werden in einem Exkurs der sozialstrukturelle Kontext, d.h. die Wirtschafts- und Sozialstruktur der Türkei sowie die türkische Dorfgesellschaft, beschrieben. Bemerkungen zum traditionalen bäuerlichen Weltbild runden den Exkurs ab (I). Im nachfolgenden Kapitel

---

207 Diese Überlegung wird auch von Schiffauer bestätigt. Bei einer Befragung von türkischen Migranten, die schon lange Jahre in Deutschland leben, hat er festgestellt, daß die neuen Erfahrungen, Veränderungen und Anpassungen zwar auf der praktischen Ebene des Handelns vollzogen wurden, sie aber keine Entsprechung auf der Ebene der Reflexion finden, die auch hier der Praxis hinterherhinkt. Die tradierten Deutungsmuster sind zum großen Teil auch in der Migration gültig. Vgl. Schiffauer 1991, S. 309.

208 Beide Arbeiten bestätigen die hier vorgeschlagene entwicklungslogische Sichtweise.

werden verschiedene Aspekte der Untersuchung behandelt (II). Zunächst werden die Planung und Durchführung der Untersuchung sowie damit verbundene Probleme erörtert. Im Anschluß daran werden die Orte und die Ethnie der Untersuchung vorgestellt sowie die Methode der Stichprobenziehung und die Zusammensetzung der Stichprobe erläutert. Danach werden die Themen der Befragung bekannt gemacht und die damit verbundenen Erkenntnisinteressen ausgeführt. Abschließend werden die Erhebungsmethode der genetischen Psychologie und das gewählte Verfahren der Befragung und Datenerhebung erläutert, sowie die Methode und das Vorgehen bei der Datenauswertung behandelt. Das umfangreiche Ergebniskapitel und die Zusammenfassung schließen den vierten Teil der Arbeit ab (III).

I. Exkurs: Die Türkei - Eine traditionale Gesellschaft im Umbruch

Nachdem eingangs die objektiven Strukturbedingungen der Türkei dargestellt werden, soll das anschließende Porträt der türkischen Dorfgesellschaft ein knappes, aber facettenreiches Bild der dörflichen Lebenswelt zeichnen, sowohl vor dem Hintergrund der soziostrukturellen Bedingungen als auch unter Berücksichtigung einiger Ausdrucksformen des traditionalen bäuerlichen Weltbildes. Ziel dieser Ausführungen ist es, die traditionale Welt der Dorfgesellschaft zumindest in ihren Grundzügen transparent zu machen. Die Notwendigkeit dieses Exkurses liegt darin begründet, daß die ökonomische, sozialstrukturelle und technische Komplexität einer Gesellschaft und die damit verbundenen Handlungsprobleme und lebensweltlichen Anforderungen an das Individuum die entscheidenden Bedingungen dafür sind, welchen kognitiven Entwicklungsstand die erwachsenen Mitglieder der betreffenden Gesellschaft erreichen. Nicht zuletzt kann dann auch das Untersuchungsergebnis zur Entwicklung der Kausalität auf den Prozeß der gesellschaftlichen Entwicklung bezogen werden.

1. Die Wirtschafts- und Sozialstruktur der Türkei und die türkische Dorfgesellschaft

Gegenwärtig kennzeichnet den Zustand der türkischen Gesellschaft eine sozialstrukturelle Heterogenität und eine regional ungleichmäßige sozio-ökonomische Entwicklung.[209] Neben den stark von der kapitalistischen Produktionsweise durchdrungenen industrialisierten Ballungsräumen im Westen des Landes gibt es vor allem im Osten und Südosten noch ausgedehnte Bereiche mit vorkapitalistischen Besitz- und Produktionsverhältnissen, mit bestimmten, auf diese Verhältnisse zurückführbaren Bewußtseinsstrukturen. Den Industriegebieten an den küstennahen Standorten steht ein industriearmes Hinterland mit zunehmenden Entwicklungsgefälle von West nach Ost

---

209 Vgl. zum folgenden auch das Südosteuropa-Handbuch Band IV: Türkei (1985), das derzeit grundlegende allgemeine Standardwerk über die gegenwärtige türkische Gesellschaft (mit umfangreicher Bibliographie, S. 769 - 806). 37 Autoren aus 5 Ländern sind hier zu einem Team der besten Fachleute zusammengeführt worden.

gegenüber. Weiterhin ist ein eindeutiges regionales Modernisierungsgefälle von den Stadt- zu den Landregionen festzustellen. Diese Entwicklungdiskrepanz besteht selbst in den entwickelteren westlichen Regionen des Landes. Auch dort existiert ein Entwicklungsgefälle zwischen Stadt und Land sowie zwischen fruchtbaren Ebenen und Gebirgsregionen mit der Tendenz, daß Stadt und Land sich auch heute noch zunehmend weiter auseinanderentwickeln (vgl. Sen 1991, S. 80ff).

Seit Mitte der achziger Jahre weist die Türkei jedoch Merkmale eines ökonomischen Strukturwandels auf. Die Charakteristika dieser Entwicklung bestehen in einer schrumpfenden Landwirtschaft, einer wachsenden Industrie und in einem sich nach rascher Expansion stabilisierenden Dienstleistungssektor.[210] Die seit den sechziger Jahren verstärkt auftretende Landflucht hat dabei das Wachstum des in Teilen wenig produktiven Dienstleistungssektors beschleunigt und ihn mit einer Vielzahl von Marginalbeschäftigten enorm aufgebläht. Der sich herausbildende Industriesektor mit all seinen Implikationen hat jedoch nicht zu einem alle Lebensbereiche durchdringenden marktwirtschaftlichen System geführt. Die Unverbundenheit der Industriegebiete voneinander verhindert bisher ein in weiten Teilen geschlossenes und aufeinander abgestimmtes Marktsystem und erlaubt die Existenz vieler Kleinbetriebe mit geringer Produktivität.

Die türkische Gesellschaft läßt sich deshalb bis heute, wenn auch als Gesamtgesellschaft zugegebenermaßen etwas pauschal, bezogen auf große Teile des Landes jedoch durchaus berechtigt, als eine fortgeschrittenere agrarische oder vorindustrielle Gesellschaft charakterisieren.[211] Sie ist eine vergleichsweise zivilisierte, auf Grund der sozialen und wirtschaftlichen Organisation im Vergleich zu einfachen agrarischen Gesellschaften komplexe Gesellschaft, in der vielerorts der agrarische Sektor, bedingt durch das Nichtvorhandensein von moderner Industrie, die weitaus wichtigste Quelle des gesellschaftlichen Wohlstands darstellt. Die Türkei ist also in weiten Teilen "noch" ein traditionelles Agrarland mit hohem Selbstversorgungsgrad. Trotz des anhaltenden Schrumpfungsprozesses bleibt die Landwirtschaft weiterhin größter und wichtigster Wirtschaftssektor.[212] Noch 1983 waren über 60% der wirtschaftlich aktiven Bevölkerung in der Landwirtschaft tätig (vgl. Ileri 1982, S. 430). Seit etwa 1960 ist aber auch der Agrarsektor einem weitgehenden Strukturwandel unterworfen. Die

---

210 Zur Wirtschafts- und Sozialstruktur und zur wirtschaftlichen und sozialen Entwicklung der türkischen Gesellschaft vgl. Ileri 1982, S. 421ff; Schmitt 1987, S. 180ff; Kiray/Abadan-Unat 1985, S. 496ff; Höhfeld 1995. Auf diese Literatur werde ich mich im folgenden hauptsächlich berufen.

211 Wirtschaftshistoriker unterscheiden gelegentlich Gesellschaften an der Schwelle zur Industrialisierung von nicht-industrialisierten Gesellschaften mit den Begriffen "vorindustriell" für die einen und "agrarisch" für die andern (Crone 1992, S. 9). Hier werden die beiden Begriffe zusammen mit dem Terminus "traditional" synonym gebraucht, und bezeichnen in Abgrenzung zu einfachen, "primitiven", nichtstaatlich organisierten Gesellschaften solche, die durch Schaffung von politischen und sozialen Strukturen bereits eine differenzierte und komplexe Organisation der verschiedenen Lebensbereiche kennen.

212 Zum Agrarsektor und zur Landwirtschaft vgl. Hüttenroth 1985, S. 391ff.

traditionell isolierte dörfliche Gemeinschaft auf stark subsistenzwirtschaftlicher Basis hat teilweise einem konsum- und produktionsorientierten Wirtschaften Platz gemacht. Diese Entwicklung wird begünstigt durch einen schnellen Verstädterungsprozeß, der die Nachfrage nach Agrarerzeugnissen erhöht. Die Erschließung des Landes durch den Ausbau des Transport- und Kommunikationsnetzes, Verbesserungen im Bewässerungssystem und Steigerung des Düngemitteleinsatzes haben gleichfalls zur Förderung moderner Strukturen beigetragen. Trotz aller bisheriger Erfolge sind die Produktionsverhältnisse in der Landwirtschaft jedoch regional uneinheitlich und in ihrer Gesamtheit von einer modernen Agrarstruktur noch weit entfernt. Eine der wichtigsten Ursachen für die Heterogenität des Agrarsektors liegt in den Besitzverhältnissen. Es existieren vorwiegend kleine und mittlere Höfe.

Die soziale Infrastruktur des Landes im Bereich des Erziehungs- und Gesundheitswesens, des Arbeitsmarktes und der sozialen Sicherung weist neben dem Ost-West-Gefälle auch zwischen Stadt und Land Disparitäten auf und ist unausgeglichen. Insbesondere für die Beschäftigten in der Landwirtschaft fehlt ein System sozialer Sicherung, wenngleich durch die traditionelle Solidarität der Familienangehörigen diesem Mangel in gewisser Hinsicht abgeholfen wird. Die relativ hohe Geburtenrate, die historisch gewachsenen regionalen Entwicklungsunterschiede, die breitgefächerte Siedlungsstruktur mit über 36.000 Dörfern und die Knappheit der Finanzmittel verzögern eine flächendeckende Ausstattung des Landes mit materiellen und technischen Einrichtungen. Die Überwindung der dualistischen Strukturen wird zudem durch den schnellen Verstädterungsprozeß verzögert, der erhebliche Finanzmittel für den Ausbau der städtischen Infrastruktur beansprucht.

Als Fazit ist festzuhalten: Die Gesellschaft der Türkei, darüber besteht auch in der einschlägigen Literatur Konsens, befindet sich in einem anhaltenden und tiefgreifenden Umbruch, der nach und nach auch die vielen, bislang davon unberührten Dörfer erreichen wird. Mit dem Übergang in die arbeitsteilige Industriegesellschaft werden sich in den traditionellen Dorfgemeinschaften unabdingbare strukturelle Veränderungen ergeben. Auch dort werden im Zuge dieses Prozesses längerfristig die traditionalen Arbeits- und Familienstrukturen, die Weltbilder, Wertvorstellungen und Verhaltensmuster den europäisch geprägten Leitbildern und Normen weichen. Entsprechend den gängigen Innovationstheorien breitet sich der soziale Wandel, ausgehend von den Fremdenverkehrszentren und den industrialisierten Ballungsräumen um die Großstädte, entlang der Verkehrswege und Kommunikationsnetze im Zeitverlauf aus. Die Elektrifizierung der Dörfer, verbunden mit der Einführung des neuen Freizeit- und Massenkommunikationsmediums Fernsehen einerseits und die wechselseitigen kommunikativen Verbindungen der Bewohner mit Binnenmigranten in den großen Städten und Migranten in Westeuropa andererseits bewirken mächtige Innovationsschübe auf dem Lande. Nicht nur neue Konsumgüter, sondern auch urbane Konsum- und Lebensmuster gelangen im Zuge dieser Prozesse in die Dörfer (vgl. Planck 1972, S. 59; Planck 1991, S. 457).[213] Hinzu kommt die Auflösung der naturorientierten bäuerlichen Subsistenzwirtschaft - die Familien sind zugleich Produktions- und Verbrauchseinheiten[214] - zugunsten einer zunehmenden kapitalistisch-marktwirtschaftlichen Durchdringung der Dorfökonomie. Diese Entwicklungen weichen auch die seit Jahrhunderten bestehenden statischen Werte und sozialen Normen in den Dörfern zunehmend auf und verändern sie. Gleichwohl hat der soziale Wandel bis heute bei weitem noch nicht alle Dörfer und Bevölkerungsgruppen gleichermaßen erfaßt. Trotz der Öffnung gegenüber dem Westen und trotz wachsender Industrialisierung und Verstädterung ist die Türkei vielerorts nach wie vor ein rein agrarisch geprägtes Land, sowohl unter räumlichen als auch unter erwerbs- und berufsstrukturellen Aspekten.

Vor dem Hintergrund dieser strukturanalytischen Betrachtungen soll nun der Blick auf die agrarisch bestimmte, durch einen geringen Grad an Arbeitsteilung geprägte traditionelle türkische Dorfgesellschaft gelenkt werden. Es ist der Versuch der Porträtierung einer dörflichen Lebenswelt, die von den Errungenschaften der Zivilisation und dem sozialen Wandel noch vergleichsweise wenig durchdrungen und erfaßt ist.

2. Die Welt des traditionellen Dorfs: Versuch eines Porträts

Die kulturvergleichende Untersuchung wurde in zehn verschiedenen westtürkischen Dörfern, die ausnahmslos im Hinterland der Städte Istanbul, Izmir und Bodrum liegen, durchgeführt. Bevor ich die auffälligsten Beobachtungen über den Dorfalltag und das dörfliche Leben in den von uns besuchten Dörfern unter Zuhilfenahme der entsprechenden Literatur zu systematisieren versuche, wodurch auch einige allgemeinere Strukturmerkmale der türkischen Dorfgesellschaft herausgearbeitet werden sollen, muß noch eine Warnung vorweggeschickt werden:[215] Das türkische Dorf als solches gibt es nicht. Einerseits ist die Verteilung des Bodenbesitzes sehr unterschiedlich, andererseits gibt es gravierende kulturelle Differenzen zwischen den Dörfern. Ebenso ist auch der Einfluß des Islam im allgemeinen und der verschiedenen Varianten im besonderen in einzelnen Dörfern sehr verschieden. Schließlich ist der soziale Wandel in einem unterschiedlichen Ausmaß in die traditionelle Dorfgesellschaft eingedrungen. Dörfer sind keineswegs der Inbegriff sozialer Harmonie und Integration, wie bestimmte Reiseführer und manche Türkeireisende, berauscht von

---

213 Vgl. auch Abadan-Unat, die in der Migration das mächtigste Vehikel für den sozialen Wandel in der Türkei sieht. Abadan-Unat 1989, S. 161ff, hier S. 185.
214 Der Unterschied zwischen Subsistenz- und Marktwirtschaft spiegelt sich wider in den Begriffen Bauer und Landwirt. Die türkischen Bauern in den Dörfern, die wir besuchten, produzieren hauptsächlich für ihren eigenen Bedarf, orientieren ihre Wirtschaft eher an den Bedürfnissen als am Gewinn, während Landwirte hingegen für den Markt produzieren mit dem primären Ziel, Profit zu erzielen.
215 Zu den Dörfern in der Türkei vgl. auch Schmitt 1990, S. 26ff.

der Gastfreundschaft der Menschen, einem glauben machen. Jenseits dieser oberflächlichen und romantisierenden Wahrnehmung bestimmen harter Alltag, Konflikte und Auseinandersetzungen die dörfliche Lebenswelt, wie die Ethnologen zu berichten wissen.[216] Natürlich erfährt der nur für kurze Zeit und in der günstigsten klimatischen Jahreszeit in den Dörfern weilende Forscher wenig von den Konflikten und Rivalitäten im Dorf und übersieht allzu leicht auch die Auswirkungen anderer Jahreszeiten auf das Leben der Menschen.

2.1   Zur dörflichen Infrastruktur

Die dörfliche Infrastruktur in den von uns besuchten westtürkischen Dörfern ist durch enorme Versorgungsdefizite gekennzeichnet. So sind viele Straßen nur schlecht ausgebaut und auch um die Wasserversorgung ist es vielerorts nicht gut bestellt. Lebensmittel- und sonstige Geschäfte sind äußerst selten oder überhaupt nicht vorhanden. Was nicht im Dorf erwirtschaftet wird, muß von außen herangeschafft werden. Dies geschieht entweder über die etablierten, regelmäßig stattfindenden lokalen Märkte oder über vazierende Händler, die im Dorf hergestellte Produkte aufkaufen und fremde Erzeugnisse verkaufen. Auffällig sind auch die Mängel in der sozialen Infrastruktur, im Bereich des Bildungs-, Gesundheits- und Wohnungswesen. So bestehen etwa die Grundschulen oft nur aus einem Raum, in dem fünf Klassen gleichzeitig unterrichtet werden. Die ärztliche Grundversorgung erfolgt über die bescheiden eingerichteten Gesundheitsstationen, die aber bei ernsthafteren Erkrankungen auf die fernen Städte verweisen. Auch die Wohnhäuser haben oft nicht mehr als zwei bis drei recht kleine Räume, in denen die meist sehr zahlreichen Familienmitglieder untergebracht sind. Ein großer Teil des Alltags findet deshalb, besonders im Sommer, im offenen Hof, im Freien statt. In diesem zentralen Raum eines bäuerlichen Anwesens wird nicht nur die alltägliche Hausarbeit verrichtet, hier wird auch das Hausvieh gehalten, werden Reparaturarbeiten durchgeführt und Vorbereitungen getroffen für die längerfristige Lagerung von Nahrungsmitteln.

In keinem der besuchten Orte fanden wir einen stadtähnlichen Siedlungskern mit Verwaltungsgebäuden, Moscheen, Schulen, Läden und Handwerksbetrieben. Außerlandwirtschaftliche Erwerbsmöglichkeiten gab es in den Dörfern kaum. Auch Handwerker waren selten anzutreffen. Selbst in den Nachbargemeinden oder kleineren Nachbarstädten fehlten Fabriken und damit Arbeitsplätze in erreichbarer Nähe, die ein sicheres Einkommen gewährleisten.

---

216 Siehe dazu Schiffauers klarsichtige Studie über das Leben in der türkischen Dorfgesellschaft, dargestellt am Exempel des Dorfs Subay (Schiffauer hat längere Zeit dort gelebt). Vgl. Schiffauer 1987. Interessant auch die retrospektive Sicht der Migranten auf die dörfliche Lebenswelt. Vgl. Schiffauer 1991.

Charakteristisch für die Dörfer ist deren relative Statik in der sozialen Struktur. Der Soziologe und Ethnologe Schiffauer, ein Spezialist der türkischen Kultur und Gesellschaftsordnung, stellte fest, daß zwar das Weltbild und Selbstverständnis der Bauern in den letzten dreißig Jahren erheblichen Veränderungen unterworfen war, die dörfliche Ordnung auf der Ebene der Institutionen sich jedoch kaum verändert hat (Schiffauer 1987, S. 10).

2.2 Zum dörflichen Alltag

Wie wir bei unseren Besuchen feststellen konnten, bestimmt in den oft nur wenige Kilometer abseits der städtischen Ballungsräume gelegenen Dörfern ein fast ausschließlich ländlicher, von bäuerlicher Arbeit geprägter Alltag das Bild. Trotz Telefon und Fernseher herrscht in diesen westtürkischen Dörfern weiterhin die alte Lebensweise. Der Rhythmus des Tagesablaufs wird vom Auf- und Untergang der Sonne bestimmt. Die künstliche Beleuchtung ist recht unzulänglich und wird, wenn vorhanden, nur sparsam eingesetzt. Der Arbeitsrhythmus wird von der Natur gesetzt, von den Jahreszeiten und dem Wachstum von Pflanzen und Tieren. Arbeitsreiche und arbeitsarme Zeiten wechseln dementsprechend. Arbeit und Freizeit ergeben sich im Tages- und Jahresverlauf aus den Notwendigkeiten der landwirschaftlichen Produktion. Organisierte Freizeit und Erholung ist weitgehend unbekannt. Ein öffentliches Freizeitangebot gibt es nicht. Soweit keine Arbeit vorhanden ist, verbringen die Männer ihre Freizeit mit Spiel und Palaver im dörflichen Teehaus, während die Frauen, die kaum völlig arbeitsfreie Zeiten kennen, vorwiegend im Haus bleiben. Wenn die Hausarbeiten erledigt sind, es auch keine Feldarbeiten mehr zu verrichten gibt, treffen sie sich oft mit Nachbarsfrauen zu Handarbeiten und zur Unterhaltung. Die rigide Geschlechtertrennung führt dazu, daß die Freizeit getrennt in Männer- und Frauengruppen gelebt wird.

Niemand richtet sich nach der Uhrzeit. Das Leben in den Dörfern verläuft, bei oberflächlicher Betrachtung, eintönig und ruhig. Der Alltag wird nur durch gelegentliche Feste und Feiern unterbrochen. Sieht man jedoch genauer hin, verbirgt sich hinter der scheinbaren Alltagsidylle nur die alltägliche Fron, unter kärglichen Bedingungen die eigene Subsistenz sichern zu müssen.[217] Augenfällig in allen Dörfern ist die traditionelle, mangels tierischer und motorischer Energie sehr arbeitskräfteintensive Bewirtschaftung des Bodens und der insgesamt geringe Maschinenbestand in der Landwirtschaft. Obwohl mechanische Hilfsmittel natürlich nicht

---

217 Siehe dazu den 1950 entstandenen Bericht von Makal über die Lebensbedingungen in einem mittelanatolischen Dorf. Sie sind gekennzeichnet durch erschreckende Armut, tiefsitzenden Aberglauben und starre Normen. Nahezu unveränderte Bedingungen fand er auch beim zweiten Besuch nach 25 Jahren vor. Sie unterscheiden sich von denen, die wir in unseren Dörfern antrafen, nicht grundlegend. Makal 1981, S. 54ff.

unbekannt sind, verfügen aber nur die wenigen reicheren Bauern über einen Traktor. Nur wenige sind im Besitz von Zugtieren zur Ersetzung der menschlichen Arbeitskraft. Autos sind ein noch unerreichbares Luxus- und Statussymbol.

2.3 Zu den kulturellen Fremdeinflüssen in den Dörfern: Tourismus, Fernsehen und Migration

Welches sind die Wege und Informationskanäle, über die die Elemente der noch fremden Industriekultur in die Welt des Dorfs eindringen, und wie stellt sich dieser Sachverhalt, der längerfristig zu gewissen Akkulturationsprozessen führen wird, in den von uns besuchten Dörfern dar?

Der moderne Massentourismus ist einer der Einflüsse, die in den Dorfkulturen zu Veränderungen und Anpassungsprozessen führen. Bislang jedoch ist der Fremdenverkehr und der dadurch induzierte soziale und infrastrukturelle Wandel in den von uns bereisten Dörfern noch ohne Bedeutung. Touristen sind, so wurden unsere diesbezüglichen Fragen beschieden, so gut wie nie in diesen Weilern gewesen, von einigen wenigen Durchreisenden einmal abgesehen. Noch konzentriert sich der Massentourismus auf die nahegelegenen schmalen Küstenstreifen. Außerhalb der Dörfer aber gibt es natürlich sehr wohl Berührungspunkte mit dem Tourismus, etwa über den Verkauf landwirtschaftlicher Produkte auf den Märkten benachbarter, touristisch erschlossener Küstenstädte. Diese Verbindung zur Außenwelt ist eine der Quellen, über die urbane Lebensmuster in die Welt des traditionalen Dorfs hineingetragen werden.

Ein zweiter, mit dem Weltgeschehen verbindender Kanal ist das Fernsehen. Das Medium Fernsehen wurde von uns überall angetroffen und scheint flächendeckend verbreitet zu sein. Die Türkei ist also ins Fernsehzeitalter eingetreten. Vor allem über das Fernsehen erfolgt die Durchdringung der Dorfkultur mit industriegesellschaftlichem Zivilisations- und Gedankengut. Bei vielen der von uns besuchten Familien oder zumindest im lokalen Teehaus wurde, den türkischen Sehgewohnheiten entsprechend, den ganzen Tag ferngesehen, auch während unserer Anwesenheit und informellen Gesprächen. Soweit wir sehen konnten, liefen tagsüber vor allem außerhalb des Landes produzierte Fernsehserien, unterbrochen und gewürzt mit viel Werbung. Diese Sendungen transportieren en passant Vorstellungen und Lebensformen, die sich mit den gängigen kulturellen Mustern nicht oder kaum zur Deckung bringen lassen. Darüber hinaus aber erhalten die Dorfbewohner über dieses Kommunikationsmittel - natürlich auch durch gelegentliche Stadtbesuche - kontinuierlich Nachrichten vom Weltgeschehen und von der politischen und kulturellen Öffentlichkeit außerhalb des privaten und dörflichen Bereichs. Alles in allem hat das Fernsehen sicherlich nicht zu unterschätzende Erosionseffekte auf das traditionale Weltbild.

Über die Bedeutung der Migration und Binnenmigration als drittem Verbindungskanal zwischen Dorf und moderner Welt konnten wir nur wenig in Erfahrung bringen. Unsere Informationen reduzieren sich darauf, daß es Migranten gab und gibt, einige auch wieder in ihre Ursprungsdörfer zurückgekehrt sind, zu wieder anderen keine Verbindungen mehr bestehen. Insgesamt sind die Migranten in den Dörfern hoch angesehen. Sie gelten als weitgereist und gebildet und besitzen oft die größten Häuser. Es ist zu vermuten, daß von dieser Seite ebenfalls ein Schub an städtisch-modernen Lebensweisen in die Dörfer eingedrungen ist.

Zu erwarten also ist, daß die zunehmende Verbesserung der bislang unzureichenden touristischen Infrastruktur, der Ausbau der Transport- und vor allem der Kommunikationsmittel die sehr kleinen, eng begrenzten Welten, in denen die Menschen bislang lebten, längerfristig aufbrechen lassen. Die Tatsache, daß viele der von uns kontaktierten männlichen Dorfbewohner an politischen Fragestellungen und am politischen Geschehen auch außerhalb der Türkei interessiert waren und darüber recht gut Bescheid wußten - wir konnten dies sowohl an entsprechenden Fragen ablesen als auch in vielen Diskussionen und Gesprächen feststellen - scheint zumindest ein erstes, wenn auch schwaches und auf Einzelne begrenztes Indiz dafür zu sein, daß die lokale Orientierung zugunsten einer eher globaleren Orientierung und Weltsicht weicht.[218]

2.4 Der Islam und die Dorfgesellschaft

In den von uns besuchten Dörfern sind, wie überhaupt in der Türkei, die Hauptkonfessionen der sunnitische und alevitische Islam.[219] Innerhalb der Sunniten, zu denen etwa drei bis vier Fünftel der türkischen Bevölkerung gerechnet werden, besteht ein deutlicher Gegensatz zwischen Gruppen, die dem sogenannten orthodoxen Islam angehören, und solchen, die dem Volksislam nahestehen. Während die Orthodoxen, deren soziale Basis mehr die städtische und ländliche Oberschicht ist, ein alle Lebensbereiche umfassendes und besonders rigides Normensystem aus der Interpretation des Koran und den Handlungen des Propheten und seiner Nachfolger ableiten, ist für die Anhänger des Volksislams typisch, daß sie viele Gebote der Orthodoxie entweder überhaupt nicht oder nur sehr eingeschränkt praktizieren. Für die Bauern und städtischen Unterschichten, die soziale Basis des Volksislam, gibt der

---

218 Nicht wenige unserer politisch interessierten Gesprächspartner, auch einige der später Interviewten, gaben sich als politisch organisiert oder aktiv zu erkennen. Dieser Umstand ist vermutlich ein stückweit unseren Kontaktvermittlern zuzuschreiben, die eher zu "fortschrittlicher" eingestellten Personen Zugang hatten. Was unsere Stichprobe betrifft, kann damit ein gewisser Selektionseffekt aufgetreten sein, mit der Folge, daß - nimmt man das politische Wissen als Indikator - die von uns Befragten zur "Elite" derer zählen, die am differenziertesten über das Geschehen in der Welt Bescheid wissen.
219 Zum Islam vgl. Spuler-Stegemann 1985, S. 591ff.

Islam nur den allgemeinen Rahmen des Lebens ab. Die Anhänger glauben zwar an Allah und seine Gebote, sind aber sehr flexibel in deren Befolgung. Dies zeigt sich etwa in der Einhaltung der Gebetszeiten. Wie wir in Erfahrung brachten, praktizieren einige Dorfbewohner die fünf vorgeschriebenen Gebetszeiten täglich, andere gelegentlich, wieder andere nur im Winter, wenn sie Zeit haben. Mit anderen Worten, die Dorfmeinung toleriert inzwischen die lässige Praktizierung dieses Rituals. Anhänger des Volksislams standen auch immer eher auf der Seite der progressiven Kräfte der Gesellschaft. Die von Atatürk vollzogene Trennung von Religion und Staat war ihnen, im Gegensatz zu den Orthodoxen, nie ein Problem.

Die Aleviten, eine ebenfalls zum Spektrum islamischer Religiosität zu rechnende Konfession, deren Anteil in der Türkei auf etwa ein Viertel der Gesamtbevölkerung geschätzt wird, berufen sich auf Ali, den Schwiegersohn Mohammeds, der in ihren Augen der einzige rechtmäßige Nachfolger des Propheten ist. Sie werden häufig als "weltlich orientiert" eingeschätzt. Doch diese Charakterisierung greift zu kurz und läßt Wesentliches außer acht. Tatsächlich stehen in der alevitischen Glaubenslehre jene spirituellen Wahrheiten im Mittelpunkt, die auch für den Sufismus, die sogenannte islamische Mystik, kennzeichnend sind. Zentral für ihren Glauben und ihre Lebenspraxis ist die Theorie vom vollkommenen Menschen. Die Welt mit ihren anorganischen, pflanzlichen, tierischen und menschlichen Seinsformen ist nach ihrer Auffassung eine Entäußerung und Vergegenständlichung Gottes. Der vollkommene Mensch verkörpert den höchstmöglichen Entfaltungsgrad des Bewußtseins. Da die Aleviten der Meinung sind, daß die Schöpfung letztlich auf den vollkommenen Menschen zielt, stellt das Streben nach Selbstvervollkommnung für sie das höchste Ziel dar. Dies schließt auch Widerstand gegen soziale Rahmenbedingungen ein, die diesen Entfaltungsprozeß behindern. Deshalb ist für die Anhänger des Alevismus eine große Offenheit gegenüber liberalen, linken und emanzipatorischen politischen Bewegungen charakteristisch. Die Unterordnung menschlicher Existenz unter vorgegebene Gesellschaftsmodelle, wie sie beispielsweise die Orthodoxen propagieren, widerspricht alevitischer Lebenspraxis. Darüber hinaus sind sie den strenggläubigen Moslems verdächtig, weil bei ihnen überlieferte Normen und Riten keine Rolle spielen, weil sie Alkohol trinken und nicht das tägliche Ritualgebet verrichten. Außerdem besitzen sie keine Moscheen. Auch halten sie nicht das Fasten im Monat Ramadan ein. Selbst die Pilgerfahrt nach Mekka erachten sie nicht für verbindlich. Schwierigkeiten bereitet den Orthodoxen aber auch die Tatsache, daß die Aleviten die Verhüllung der Frauen und die Trennung der Geschlechter ablehnen. Hinzu kommt, daß sie die Frauen den Männern zumindest prinzipiell gleichgestellt sehen.[220]

Als Fazit ist festzuhalten, daß religiöse Institutionen und Rollenträger bis in die Gegenwart großen Einfluß in den Dörfern ausüben, sei es über die religiöse

---

220 Vgl. dazu auch den Beitrag von Kleff 1987, S. 264ff.

Erziehung oder indem sie bei familiären und dörflichen Konflikten mit religiösen Argumenten schlichtend eingreifen.

In den von uns aufgesuchten Dörfern waren Mitglieder aller drei islamischen Glaubensgemeinschaften zuhause. Zwar haben wir nicht explizit nachgefragt, welcher religiösen Gemeinschaft die einzelnen Versuchspersonen zugehören, soviel aber läßt sich sagen: Mitglieder aller drei genannten Strömungen sind in unserer Stichprobe repräsentiert. Die Mehrzahl der befragten Sunniten stand wohl dem Volksislam nahe. Es haben aber auch sehr viele Aleviten an der Untersuchung teilgenommen, schon deshalb, weil sie in einigen Dörfern die Mehrheit der Dorfbevölkerung stellten.

2.5 Zu den Familien und den zentralen Werten der traditionalen Dorfgesellschaft

In den uns zugänglichen Haushalten leben überwiegend Zweigenerationenfamilien unter einem Dach, zum Teil auch patrilinear erweiterte Familien mit mehreren Kindern.[221] Die Familien sind in der Regel patriarchalisch organisiert. Die vorrangige Autorität des Mannes, er hat in allen relevanten Fragen das Sagen, scheint bis heute relativ unangetastet zu sein. Die Familien sind hierarchisch strukturiert. Die untergeordneten Personen wie etwa Frauen und junge Menschen schulden den übergeordneten Männern und Älteren Achtung und Respekt. Das höchste Ansehen besitzt immer der Älteste, dem alle anderen Ehre zu erbieten haben. Der türkische Begriff für diese Verhaltensnorm heißt "saygi" und bedeutet soviel wie Gehorsam. Von der Gültigkeit dieser Norm konnten wir uns immer wieder überzeugen.

Ein zweiter zentraler Wert in der Dorfgesellschaft ist die Ehre, türkisch "namus", ein wesentlicher Bestandteil der Integrität einer Person oder einer Familie. Ehre ist ein absoluter und kein gradueller Wert, sie kennt kein Mehr oder Weniger. Sozialer Druck und rigide Geschlechtertrennung sorgen im Normalfall für die Einhaltung dieser Norm. Wird die Ehre gebrochen, beispielsweise durch das Fehlverhalten eines Familienmitglieds oder durch Beleidigungen und Belästigungen der Frauen von außen, ist es unumgänglich, sie vor der Dorföffentlichkeit wieder herzustellen. Dabei spielt es keine Rolle, aus welchem Grund die Ehre verletzt wurde und wer wirklich die Schuld trägt.[222]

Die Dörfer bieten wenig Raum für Individualismus. Das einzelne Individuum kann sich nur insoweit entfalten, als es die rigiden dörflichen Verhaltensmuster gestatten. Der Verhaltensspielraum ist vor allem für Mädchen und Frauen begrenzt. Ihr Status steigt erst nach Gründung einer Familie und nach der Geburt von Kindern. Kurz: Das Individuum gewinnt erst als Angehöriger eines Haushalts, einer Sippe oder

---

221 Zu Struktur und Wandel der türkischen Familie vgl. Ileri 1982, S. 440f. Die Situation der Landfrauen beschreibt Planck. Vgl. Planck 1991, S. 457ff.
222 Zu den Werten der türkischen Dorfgesellschaft vgl. Schmitt 1990, S. 30ff.

Berufsgruppe an Gewicht. Wer außerhalb dieser Einheiten lebt, gerät schnell in die soziale Isolierung. Diese sozialen Gebilde sind die eigentlichen Strukturelemente der ländlichen Gesellschaft (Planck 1972, S. 125).

2.6   Resümee: Sozialstruktur und Deutungsmuster

Als Resümee ist festzuhalten, daß die ökonomischen und sozialen Strukturen in der türkischen Dorfgesellschaft noch wenig entwickelt sind. Die Dorfgesellschaft ist nahezu rein agrarisch strukturiert. Über Austauschbeziehungen zusammengeschlossen sind maximal die Dörfer, die in unmittelbarer Nachbarschaft liegen. Zu den Städten gibt es nur vereinzelte Verbindungen. Die Ökonomie ist ganz auf die Subsistenzsicherung ausgerichtet. Nur wenn die Autarkie der eigenen Familie gesichert ist, wird vereinzelt marktorientiert produziert. In der Verfolgung ihrer wirtschaftlichen Ziele stehen den Dorfbewohnern nur begrenzte Mittel zur Verfügung. Die Arbeitsteilung ist als gering zu bewerten. Dies manifestiert sich etwa in den nur gelegentlich anzutreffenden Handwerkern. Das dominante Arbeitsgebiet ist ganz eindeutig die Landwirtschaft. Dabei produzieren die Männer außer Haus Produkte, die die Frauen im Haus weiterverarbeiten. Der Arbeitsbereich der Männer konzentriert sich auf die Feldbestellung und den Handel mit allen wichtigen Gütern. Der Arbeitsbereich der Frauen beschränkt sich aber nicht nur auf Haus- und Gartenarbeiten, sondern umfaßt oft auch die Mitarbeit auf dem Feld. Die abstrakte Zeit ist in den Dörfern von geringer Bedeutung. Die Abfolge der jahreszeitlichen Zyklen bestimmt weitgehend das dörfliche Leben und die Arbeit. Kurz: Die dörfliche Welt ist ganz auf die Subsistenzsicherung ausgerichtet. In der Lebenswelt des türkischen Dorfes sind weder größere Organisationsleistungen zu erbringen, noch werden hohe Anforderungen an die Planungskompetenz gestellt. Entsprechend gering sind die kognitiven Anforderungen an die Dorfbewohner zu veranschlagen.

Von diesen objektiven Strukturbedingungen und den dadurch hervorgebrachten spezifischen Handlungsanforderungen und -problemen ausgehend ist zu erwarten, daß das kausale Deutungsmuster für Vorgänge und Ereignisse im unmittelbaren Erfahrungsbereich durchaus funktional-relational ist, dieses kausale Erklärungsmuster in der Deutung umfassenderer äußerer Naturzusammenhänge jedoch nicht oder nur begrenzt Verwendung findet. Diese Erwartung liegt darin begründet, daß die Weiterentwicklung der kategorialen oder materialen Logik und das an sie gebundene Kausalverständnis einzig durch die Ausweitung des Relationswissens vorangetrieben werden kann, indem die Erfahrung Regelverläufen unterworfen und in Konstanzsätzen faßbar gemacht wird. Dieser Prozeß kommt vor allem dann in Schwung, wenn fundamentale Veränderungen in den Grundstrukturen des gesellschaftlichen und natürlichen Lebensprozesses stattfinden. Diese Veränderungen wiederum erzeugen eine Fülle von Problemen und deutungsbedürftigen Phänomenen, die entweder noch im Rahmen der etablierten traditionellen Muster interpretiert werden können oder, wenn dies nicht mehr möglich ist, diesen Rahmen zugunsten neuer Deutungsmuster sprengen. Da aber der Erfahrungsspielraum und das Wissen über die Natur unter den Anforderungen einer agrarisch strukturierten Dorfgesellschaft begrenzt ist - in der Landwirtschaft reicht es beinahe aus, die Bedeutung saisonaler Zyklen zu kennen - kann vermutet werden, daß sich das subjektivische Interpretationsschema der Naturdeutung noch deutlich Geltung verschafft. Erst eine veränderte Sozialstruktur und die volle Konfrontation mit der industriellen Welt sowie eine entsprechende schulische Ausbildung verschaffen die Chance, Wissen systematisch zu erwerben, mit dem Effekt, daß subjektivische Interpretamente in der Naturdeutung zurückgedrängt werden.

Um einen ersten, wenn auch vorläufigen Eindruck vom Weltbild sowie den Naturdeutungen der türkischen Bauern zu gewinnen, werden im folgenden Befunde aus der entsprechenden ethnologischen Literatur zusammengetragen. Sie werden später mit dem systematisch erhobenen Material der eigenen Untersuchung ergänzt und vertieft.

3. Zum Weltbild der Bauern in der Türkei

Im folgenden werden aus der entsprechenden ethnologischen Literatur Nachweise zusammengestellt, welche die Hypothese belegen, daß traditionale Vorstellungen und Deutungsmuster tatsächlich noch das bäuerliche Weltbild in der Türkei bestimmen. Soweit möglich, werden die den Deutungsmustern zugrundeliegenden Denk- und Erklärungsstrukturen herausgestellt. Das präsentierte Material dient sowohl dazu, die bäuerliche Vorstellungswelt transparent zu machen, als auch dazu, einen Hintergrund zu schaffen, vor dem die später vorzustellenden Untersuchungsergebnisse zur Kausalität verständlich werden. Ohne die Untersuchungsergebnisse freilich schon vorwegzunehmen, dient das Material nicht zuletzt dazu, sie zu stützen und etwaigen Einwänden vorzubeugen.

Bei diesem Unterfangen muß man allerdings recht schnell erkennen, daß die diesbezügliche Literatur nicht allzu ergiebig ist. Zumindest was systematische und analytische Abhandlungen über Weltbilder im türkischen Kulturraum betrifft, tun sich große Lücken auf. Nichtsdestotrotz lassen sich jedoch, vor allem auf der Grundlage der Lektüre Schiffauers, zumindest einige Facetten, Eigenheiten und Ausdrucksformen des traditionalen bäuerlichen Weltbildes herausstellen.[223]

Wie fügen sich in der Sicht der Bauern Überlegungen und Auffassungen über einzelne Erfahrungsbereiche zu mehr oder weniger stimmigen Bildern zusammen, wie wird darüber hinaus die Welt als Ganzes begriffen?

---

223 Relevant sind: Schiffauer 1987 u. Schiffauer 1991.

Schiffauer charakterisiert das Weltbild der Bauern von Subay als zentrisch und geschlossen, mit klaren und einfachen Sortierungen.[224] Er meint sogar mit einiger Berechtigung von "dem" Weltbild der türkischen Bauern sprechen zu können. Das heißt aber nicht, so versichert er, daß die Bauern ihre Welt alle auf die gleiche Weise zurechtlegen würden, sondern nur, daß die Differenzen zwischen ihren Auffassungen nicht hervortreten. Bei dem im Dorf gepflegten additiven Diskurs, zu dem jeder seinen Beitrag zu den Merkwürdigkeiten der Welt beisteuert, wird Gemeinsamkeit und nicht Unterschied artikuliert. Erst wenn Weltbilder rational konstruiert werden, man sich der Differenz unterschiedlicher Ausgangspunkte bewußt wird, werden Unvereinbarkeiten deutlich, entsteht eine Pluralität von Weltbildern (367). Dadurch erklärt sich auch der - im Gegensatz zu den Migranten - fehlende konstruktive Zug im bäuerlichen Weltbild. Die Migranten sind sich, bedingt durch die jahrelange Distanz zur traditionalen Lebensweise, bewußt, daß ihre je individuellen Weltentwürfe letztendlich in den Zufälligkeiten der Biographie begründet liegen (366).

Als weitere kennzeichnende Eigenheit hält Schiffauer fest, daß das Verhältnis von eigener zu fremder Kultur seiner inneren Struktur nach analog zum Raum gebildet wird. Die Raumlogik bestimmt das dörfliche Weltbild. Die Welt wird gleichsam in eine eigene, eine benachbarte und in eine fremde Zone gegliedert, wobei das Fremde auch räumlich am entferntesten ist (338ff). Im Zentrum steht die Welt des eigenen Dorfs; in ihm gelten die von einem selbst vertretenen Regeln, das Verhalten der anderen ist daher vorhersehbar und nachvollziehbar. Der Verweis auf Brauch und Sitte wirkt legitimierend im Dorf. Die Bauern betrachten ferner die eigene Gesellschaft als einen vorgefundenen und feststehenden unveränderlichen Rahmen, nicht als etwas, das sich historisch entwickelt hat. Im benachbarten Raum finden die prinzipiell gleichen Regeln andere Ausdrucksformen. So weiß man etwa, daß die Zubereitung von Speisen von Dorf zu Dorf unterschiedlich ist, aber dennoch überall die gleichen Speisetabus gelten. In diesem Bereich ist das Handeln zwar nicht immer vorhersehbar, aber doch nachvollziehbar, wie Schiffauer sagt. Das Fremde, andere Kulturen, wird scharf getrennt von den beiden ersteren Bereichen wahrgenommen. Über sie besitzt man nur indirekte Kenntnisse, durch Hörensagen, Beobachtung von Touristen oder durch die Massenmedien. In diesem, mit keinen eigenen Erfahrungen verbundenen Bereich ist das Verhalten der anderen weder vorhersehbar noch nachvollziehbar. Es erscheint prinzipiell alles denkbar. Dem korrespondiert, daß die eigene Lebenswelt homogener konstruiert wird, als sie faktisch ist. Gesellschaftliches

---

224 Anhand der intensiven Fallanalysen von fünf Personen, die aus Subay in der nördlichen Türkei stammen und seit etwa 15 bis 20 Jahren in Deutschland und Österreich leben, wird von Schiffauer aufgezeigt, wie und durch welche Prozesse die Erfahrung der Moderne bei ihnen zur Herausbildung von Bewußtseinsstrukturen geführt hat, die sie ihren Angehörigen im Dorf haben fremd werden lassen. Dabei zeigen sich kontrastierende strukturelle Muster in den Weltbildern der Bauern aus Subay und denen der Migranten. Vgl. dazu Schiffauer 1991, bes. S. 338ff. Die im Text nachfolgenden Seitenangaben beziehen sich auf dieses Werk.

Handeln, kulturelle Werte und religiöse Orientierung werden in einen inneren Zusammenhang gestellt und nicht differenziert in ihrer Eigenlogik gedacht. Sie bilden gleichsam eine mythische Einheit. Es werden zwischen diesen Bereichen keine rationalen Beziehungen geknüpft. Türke-Sein und Muslim-Sein sind die beiden Kehrseiten einer Medaille, sie werden nicht in differenzierter Form einander zugeordnet (366).

An einem von Schiffauer aufgeführten Beispiel läßt sich das mythische Denken verdeutlichen: In Subay kursiert die Geschichte, die viele Bauern glauben, daß deutsche Männer keine Eifersucht kennen würden, sondern stolz darauf seien, wenn ihre Frauen von vielen Männern begehrt würden. Ihre Erklärung dafür ist, daß dies durch den Schweinefleischverzehr verursacht werde. Die Schweine seien nämlich die einzigen Tiere, die das Gefühl der Eifersucht nicht kennen. Während für das Selbstverständnis der dörflichen Türken der Wert der Ehre maßgebend ist, der ein eifersüchtiges Beschützen und Bewachen der Frauen verlangt, so gilt für die deutschen Männer offenbar das Gegenteil. Die Außerkraftsetzung des Tabus Schweinefleischverzehr wird als Erklärung für die fehlende Eifersucht und damit Ehrenhaftigkeit der deutschen Männer gesehen. Die kulturelle Norm "Ehre" und die religiöse Regel "Eßtabu" werden, so Schiffauer, in eins gesetzt. Sie bilden gleichsam eine Einheit (339/342).

Die Art, bestimmte, nach unserem Verständnis von verschiedenen Ursachen bewirkte Verhaltensformen, im Beispiel Eifersucht und Ehrenhaftigkeit, zu einer unlösbaren Einheit zu verschweißen und sie nicht in ihrer Eigenlogik zu denken, ist typisch für eine mythische Denkweise, in der alles mit allem in Verbindung stehen kann, allerdings nicht muß. In diesem Denken wird die Einheit auf der Basis eines gemeinsamen Zentrums hergestellt. In ihm liegt sie begründet. Im Denken dieser Bauern sind die beiden Eigenschaften unabdingbar mit "Mann-Sein" verbunden. Auch der Versuch, die unterschiedlichen Formen von Eifersucht und Ehrenhaftigkeit auf den Schweinefleischverzehr und damit auf den Tabubruch zurückzuführen, wird verständlich, wenn man das subjektivische Denken und Kausalverständnis in Rechnung stellt. Die fehlende Eifersucht der deutschen Männer wird durch den Verzehr von Schweinefleisch, wodurch die Eigenschaft, die ursprünglich das Schwein kennzeichne, auf die Tabubrecher, in diesem Fall deutschen Männer übertragen wurde, erklärt. Damit ist deren fehlende Eifersucht in diesem Denken völlig logisch erklärt: Identische Merkmale an unterschiedlichen Lebewesen sind von ein und derselben zugrundeliegenden Substanz oder Kraft bewirkt. Sie wird in diesem Fall im Schweinefleisch lokalisiert. Nachdem sie einmal auf den Menschen übertragen wurde, entfaltet sie auch dort ihre Wirkung.

Auch das magische Denken scheint in den Dörfern noch weit verbreitet zu sein.[225] So glauben viele Bewohner Subays an die Wirkung des Fluchs (248f) oder an die

---

225 Die folgenden Seitenangaben beziehen sich auf Schiffauer 1987.

Wirkung des "bösen Blicks" (255ff). Ein unerwartet eintretendes Unglück etwa wird mit dem bösen Blick eines übelwollenden Dorfbewohners erklärt. In anderen Situationen wird er als eine Erklärungsmöglichkeit unter vielen herangezogen. So kann nach Auffassung der Bauern eine Erkrankung von Vieh oder Mensch durch Infektion verursacht sein, sie kann aber auch als Folge des bösen Blicks auftreten. Entsprechend wird man zunächst mit Medikamenten behandeln und erst, wenn diese nichts nützen, sich an einen "hoca" wenden, der den bösen Blick brechen kann. Hier zeigt sich das prognostizierte Nebeneinander von funktional-relationalen und subjektivischen Erklärungen. Wenn objektive Ursachen nicht auszumachen sind, dann schlägt das ursprüngliche Erklärungsmuster voll durch, dann wird hinter dem Ereignis eine wirkende und handelnde Kraft vermutet. In einer Welt, in der noch solche Kräfte als wirksam gedacht werden, verwundert nicht, daß einige Dorfbewohner aktiv vorbeugende Schutzriten praktizieren. Um sich vor dem bösen Blick zu schützen, trägt man Amulette und dergleichen mehr, die den Einfluß dieser Kräfte abwehren sollen (255). Im Zusammenhang mit Liebe und Sexualität ist sogar von Zauber die Rede. Mit ihm werden Impotenz, plötzlich aufflammende Liebe sowie das Erlöschen von Liebe und sexuellen Bedürfnissen erklärt (259). Erneut zeigt sich, daß dann, wenn rationale Erklärungen außer Reichweite liegen, das subjektivische Erklärungsmuster aktiviert wird.

Ebenso verbreitet sind magische Praktiken. Das ist insofern verständlich, als es gilt, die vorhandenen Kräfte positiv nutzbar zu machen. Schmitt berichtet, daß in einigen Landesteilen Frauen, die ein Jahr nach der Heirat nicht schwanger sind, einen Apfel verzehren, den eine Frau angebissen hat, die gerade in den Wehen liegt. Die Frauen hoffen so, die Fruchtbarkeit auf sich zu übertragen. Gleichermaßen soll der Genuß von Granatäpfeln dem Kind ein schönes Äußeres, der Genuß von Äpfeln ihm rote Backen geben. In anderen Gegenden sollen Schwangere keinen Hasenkopf essen, damit das Kind keine Hasenscharte bekommt (Schmitt 1987, S. 236). Die angeführten magischen Praktiken beruhen, das ist deutlich zu erkennen, auf der Analogie der Merkmalsähnlichkeit. Über sie wird wie selbstverständlich auf eine einzige nur mögliche Verhaltensdisposition geschlossen, die auch von derselben Substanz kausal bewirkt werde. Zwischen den Merkmalen und der sie bewirkenden Substanz besteht eine Identität. Jedes Merkmal ist aus der Substanz kraft ihrer Subjektivität nach außen gesetzt. Durch die Einverleibung eines roten Apfels etwa überträgt man wegen der Identität von Substanz und Merkmal über das Merkmal auch die Kraft der Substanz, die beim Kind die roten Backen hervorbringen soll (vgl. auch Dux 1982, S. 132ff).

Die Furcht vor Gott gilt bei den Bauern als das letztendliche Motiv für gesellschaftlich verantwortliches Handeln, die Versuchung des Teufels verleitet dagegen immer wieder zu Unverantwortlichkeit. In der sakralen Symbolik wird, so Schiffauer, von den Bauern eine Theorie der Kräfte vorgelegt, die das soziale Handeln der Menschen bewegen. Die Mächte, die Gegenseitigkeit verbürgen und sie gefährden, werden außerhalb des Individuums angesiedelt. Mit ihnen korrespondieren jedoch innermenschliche Kräfte. In der Regel wird ein Kausalzusamenhang zwischen diesen Kräften hergestellt - etwa wenn übelwollender Neid auf den Einfluß des Teufel zurückgeführt wird (Schiffauer 1987, S. 244f u. S. 262).

Selbst noch bei den Migranten konstatiert Schiffauer einen Bruch zwischen der kognitiv-reflektiven Bewältigung von Erfahrung und dem praktischem Handeln. Auf der Ebene des Handelns spielen sich in der neuen Umgebung Veränderungen ein, werden Problemlösungen gefunden, die auf der Ebene der Reflexion noch keine Entsprechung haben. Die Reflexion hängt der Praxis hinterher, die neuen Erfahrungen werden zum Teil nicht in das Wissen integriert.[226] Die Migranten greifen immer wieder auf die frühen kognitiven Muster zurück. Schiffauer spricht von "Regressionen". Es gibt also nicht nur einen Bruch zwischen den Bauern und Migranten, sondern auch einen Widerspruch, der sich in den Migranten selbst manifestiert, zwischen ihren neuen, aus der Migration stammenden Erfahrungen und deren Verarbeitung (Schiffauer 1991, S. 309ff). Dies bestätigt die These der historisch-genetischen Theorie, wonach die Weiterentwicklung der kognitiven Strukturen über die Verarbeitung von praktischen Erfahrungen verläuft. Die noch vorhandenen Widersprüche bei den Migranten, zwischen den traditionalen Denkmustern einerseits und den praktischen neuen Erfahrungen andereseits, zeigen aber auch, daß es langwieriger Assimilations- und Akkommodationsprozesse bedarf, bis die Erfahrungen so verarbeitet sind, daß die kognitiven Strukturen mit den neuen Außenweltverhältnissen zur Deckung kommen.

Im Hinblick auf das Kausalverständnis aufschlußreich ist auch ein Hinweis Schiffauers zum islamisch-fundamentalistischen Weltbild: "Was das technisch-naturwissenschaftliche Wissen angeht, so tendieren die fundamentalistischen Denker zu einer Auffassung, die man als 'Idee der Entfaltung' beschreiben könnte: Es herrscht die Überzeugung, daß der Koran als gottgegebene Offenbarung alles Wissen über die Welt enthalte - wenn auch in verschlüsselter Form - und es deswegen, strenggenommen, auch keinen Fortschritt in wissenschaftlichen Fragen geben könne. Dies ist keine wissenschaftsfeindliche Position: Wissenschaft ist weiterhin notwendig, weil der Koran nicht vollständig entschlüsselt worden sei. Wissenschaftliche Erkenntnis hat damit den Status einer Interpretation dessen, was bereits im Koran enthalten ist, bisher aber nicht richtig erkannt beziehungsweise verstanden worden ist" (Schiffauer 1991, S. 358ff). Alles Wissen wird, so kann man diesen Auszug zum fundamentalistischen Weltbild interpretieren, einem subjektivischen Ursprung zugeschrieben, Gott, in dem es begründet liegt und der es den Menschen in Form des Korans verschlüsselt hat zukommen lassen. Alle faktische Erkenntnis und jeglicher wissenschaftliche Fortschritt ist daher die Umsetzung dessen, was unentfaltet im Ursprung

---

226 Daß die Praxis dem Bewußtsein voraus läuft, bestätigen auch Piagets Moraluntersuchungen bei Kindern. Vgl. Piaget 1981b.

schon bereitliegt. Diese religiös-philosophische Deutung ist ein klassischer Ausdruck der dahinerliegenden subjektivischen Logik.

Schon dieser knappe Einblick in das Weltbild der türkischen Bauern läßt erkennen, daß bestimmte Ereignisse in der Sozialwelt und ebenso in der äußeren Natur anders erklärt werden, als es in unserer Kultur üblich ist. Neben rationalen Erklärungen, die auf Wissen und Erfahrung beruhen, gibt es immer auch Deutungen und Erklärungen, die Umsetzungen der subjektivischen Logik sind. Das subjektivische Erklärungsmuster springt insbesondere dann ein, wenn die funktionalen Gründe für ein bestimmtes Phänomen nicht bekannt sind. Das heißt jedoch nicht, daß die Erklärungen der Bauern völlig irrational sind, sondern nur, daß die zugrundeliegende Logik und das zugrundeliegende Wissen noch weniger weit entwickelt wurden, als dies etwa in heutigen Industriegesellschaften der Fall ist (vgl. Dux 1982, S. 145f). Selbstverständlich ist davon auszugehen, daß auch das Wissen und die Logik der gebildeten Bewohner der Türkei fortgeschrittener ist.

Nachdem der sozialstrukturelle Hintergrund der Dorfgesellschaft geschildert und einige Züge des bäuerlichen Weltbildes analysiert wurden, wird als nächstes die Vielfalt von Schwierigkeiten zu erläutern sein, die, vor dem Hintergrund begrenzter Mittel, mit der praktischen Organisation und Realisierung der eigenen kleinen Untersuchung sowohl in der Vorbereitungsphase als auch während des Feldaufenthalts verbunden waren. Die im Vergleich zu Untersuchungen im eigenen Land nicht unerheblichen zusätzlichen Probleme, die bei der Realisierung einer solchen kulturvergleichenden Studie in beiden Phasen auftreten, etwa die Frage der Beteiligung ausländischer Kollegen oder die Einbeziehung von Behörden und Amtsträgern, werden samt dem Procedere des Abaufs thematisiert.[227]

---

227 Der Autor ist sich dabei der Tatsache bewußt, daß mit diesen Ausführungen kein wesentlicher Beitrag zum inhaltlichen Gegenstand der Arbeit geliefert wird. Gleichwohl ist er aber der Meinung, daß die Schwierigkeiten einer Feldforschung nicht zugunsten einer puren Ergebnispräsentation verschwiegen werden sollten. Nicht zuletzt ist er sich vieler Mängel in der Durchführung der Studie bewußt.

II. Die Untersuchung: Rahmenbedingungen, Ethnie, Themen der Befragung und Methoden

1. Die Probleme bei der Planung und Durchführung der Untersuchung

1.1 Die Planung der Untersuchung und Probleme im Vorfeld

Die Untersuchung der Kausalitätsvorstellungen von erwachsenen Dorfbewohnern in der Türkei war für den Herbst 1990 geplant und wurde im September und Oktober des Jahres im asiatischen Teil der Westtürkei realisiert.

Ursprünglich sollte die Studie in der Osttürkei durchgeführt werden. Die Planung konzentrierte sich auf die Region Anatolien, da wir primär Mitglieder der türkischen Gesellschaft, die unter traditionalen Bedingungen leben, befragen wollten, wie sie einfache physikalische Sachverhalte im Naturgeschehen erklären. Die diesbezüglichen sozialstrukturellen Voraussetzungen schienen uns insbesondere in der Osttürkei gegeben. Zwei gewichtige Gründe ließen es dann aber angeraten sein, das ursprüngliche Vorhaben aufzugeben: Zum einen die sich zum Untersuchungszeitpunkt dramatisch zuspitzende Golfkrise, wodurch die reale Gefahr eines Übergreifens des Krieges auf die Türkei bestand und in Anatolien herrschte de facto der Kriegszustand, zum anderen die in der Endphase der Vorbereitung aufgekündigte Mitarbeit eines nicht nur zur Felderschließung notwendigen türkischen Betreuungsdozenten. Das hatte zur Folge, daß in der Endphase der Planung weder universitäre Kontaktpersonen und Dolmetscher vor Ort zur Verfügung standen, noch die amtliche Unterstützung durch die Universität Ankara gewährleistet war. Die zuletzt genannte Tatsache und das Wissen, daß die allgemeine Forschungssituation in einem Land wie der Türkei nicht mit der deutschen vergleichbar ist, daß insbesondere Feldforschung dort auf Grund des politischen Drucks nur in Ausnahmefällen gewünscht wird und deshalb selten möglich ist (vgl. Schiffauer 1990, S. 572f), sowie der nicht zu vernachlässigende Aspekt des weiteren Zeitverlustes[228] schränkten die Fortsetzung der Bemühungen, mit universitären Einrichtungen oder offiziellen türkischen Behörden in Kontakt zu kommen, ein. Diesbezügliche Verhandlungen sind zudem langwierig und

---

228 Ein Zeitdruck bestand u. a. deshalb, weil ich den Feldaufenthalt in meine Urlaubszeit legen mußte und wissenschaftliche Angestellte bekanntermaßen nur begrenzt Urlaub zur Verfügung haben.

kompliziert, und ihr Ausgang ist offen und darüberhinaus bleibt, selbst bei einem positiven Ergebnis, ein erheblicher zusätzlicher zeitlicher und organisatorischer Abstimmungsbedarf.

Um das in dieser Phase aufscheinende frühzeitige Scheitern des Projektes zu verhindern und um die arbeitsintensive Vorbereitung nicht völlig preiszugeben, beschloß ich nach realisierbaren Alternativen Ausschau zu halten. Es gelang mir schließlich mit Hilfe von türkischen Freunden und Bekannten in Deutschland und über sie vermittelte Kontaktpersonen in der Türkei einen Forschungsaufenthalt in der Westtürkei zu planen und zu organisieren.[229] Insbesondere die Gespräche mit türkischen Migranten und der Blick in die Literatur zur "ländlichen Türkei" ließen mir für die Zwecke der Studie und als Alternative zum ursprünglichen Reiseziel Anatolien auch die in der Westtürkei abseits der Touristenpfade und Industriezentren, im Hinterland von Istanbul, Izmir und Bodrum gelegenen kleinen Dörfer und Weiler geeignet erscheinen. Dort waren, weniger ausgeprägt vielleicht, aber zumindest noch teilweise intakte oder auch nur im Umbruch befindliche traditionale Lebenszusammenhänge zu erwarten. In Rechnung gestellt werden mußte bei diesen Überlegungen aber die Tatsache, daß die von den Städten und Touristenzentren der Küste ausgehenden tiefgreifenden Veränderungen in der türkischen Gesamtgesellschaft auch in diese Dorfgesellschaften hineinwirken. Auch war ich mir bei der Planung bewußt, daß eine Forschungsreise in die ländliche Türkei, insbesondere unter den fehlenden Voraussetzungen einer kompetenten administrativen und wissenschaftlichen Unterstützung vor Ort, mit vielen Risiken und Unwägbarkeiten verbunden ist, sie den Charakter eines Abenteuers mit unsicherem Ausgang tragen würde. Selbst ein Scheitern des Unterfangens mußte ich kalkulieren. Trotz dieser Bedenken wurde das kulturvergleichende Projekt in Angriff genommen und umgesetzt.

1.2   Die Bedingungen und Schwierigkeiten im Feld

Ohne eine im Vorfeld erhaltene offizielle Forschungserlaubnis, "probably the most critical nonscientific factor affecting cross-cultural research today" (Munroe/Munroe 1986, S. 115), jedoch im Besitz von einigen vor Ort in endlosen zeit- und energieaufwendigen Behördengängen erlangten lokalen Forschungs- oder Befragungsgenehmigungen,[230] bereisten wir schließlich die Westtürkei.[231] Um nicht weitere und höhere

---

229 Viele nützliche Hinweise zur praktischen Vorbereitung und Durchführung einer kulturvergleichenden Feldforschung finden sich in dem Aufsatz von Munroe/Munroe 1986, S. 111ff.

230 Die Behördengänge reichten von den örtlichen Militärverwaltungen bis hin zum "Wetteramt". Nach Vorlage unseres Untersuchungsdesigns bei einer lokalen Regierungsbehörde sah der zuständige Beamte sich außerstande, eine Forschungsgenehmigung auszustellen. Er war sich aufgrund des vorgelegten Fragekataloges sicher, daß dafür das Wetteramt zuständig sei, und wir, ausgestattet mit einem diesbezüglichen Empfehlungsschreiben, kamen nicht umhin, uns dort vorzustellen. Nach einer zweitägigen

Dienststellen auf den Plan zu rufen und um die daraus resultierenden Risiken zu vermeiden - es war nicht immer klar, inwieweit die lokalen Behörden befugt waren, Forschungsgenehmigungen zu erteilen - fuhren wir mit der Strategie in die Dörfer, uns als Wissenschaftler auszugeben, die an den bäuerlichen Erfahrungen im Umgang mit der Natur interessiert seien.[232] Dies war auch deshalb notwendig, weil die Thematisierung der Untersuchung bei den Behörden oft völliges Unverständnis hervorrief. Alles in allem blieb das Wissen um unsere Anwesenheit und Forschungsinteressen auf die örtlichen Behörden begrenzt. Auf diese Weise gelang es auch, die vorgesehenen Interviews ohne nennenswerte Komplikationen mit der Administration durchzuführen.

Von uns angestrebt wurde die Realisierung von mindestens sechzig klinischen Interviews. In erster Linie befragt werden sollten analphabetische und wenig alphabetisierte erwachsene Dorfbewohner. Die Interviews sollten je zur Hälfte und, soweit möglich, in parallelen "Sitzungen" von zwei eigens dafür geschulten Interviewerinnen durchgeführt werden. Für die Felderschließung und die Interviewdurchführung wurde ein Zeitraum von etwa sechs Wochen veranschlagt. Dabei wurde im Vorfeld schon in Betracht gezogen, daß die uns unbekannten Feldbedingungen möglicherweise einige Probleme und zeitliche Verzögerungen mit sich bringen könnten.

Die Arbeit im Feld und die Praxis der Feldforschung brachte dann aber erheblich mehr an psychischen und physischen Belastungen mit sich und war auch beträchtlich zeit- und arbeitsintensiver, als wir dies während der Vorbereitung der Untersuchung erwartet hatten. Vor allem das schon durch den vorab festgelegten und befristeten Aufenthalt begrenzte Zeitbudget bereitete uns bald große Probleme, da bereits nach zehn Feldtagen eine der beiden Interviewerinnen unerwartet ausfiel und für die weitere Dauer des Unternehmens nicht mehr zur Verfügung stand. Dies hatte zur Folge, daß wir schon in der Frühphase des Feldaufenthalts umdisponieren mußten

---

Odyssee bei weiteren inkompetenten und nicht zuständigen Behörden war es schließlich der Gouverneur des betreffenden Bezirks, der, nach einem einstündigen und eindringlichen Verhör über die "wahren" Absichten unserer Untersuchung, die Genehmigung erteilte. Dies war nur möglich, nachdem die von ihm eingeschalteten Militärbehörden, nach ähnlicher Befragungsprozedur, einen Unbedenklichkeitsbescheid erteilten. Sie erteilten diesen Bescheid aber nicht, ohne uns die schriftliche Bestätigung dafür abzuverlangen, daß keine zusätzlichen Fragen gestellt und die Ergebnisse auch nicht gegen die Türkei verwendet würden. Von ähnlichen Erfahrungen im Umgang mit den türkischen Behörden berichtet Bozyigit-Kirchmann. Aus ihrem Fragekatalog, er war Grundlage einer im Rahmen ihrer Dissertation durchgeführten Befragung, wurden von den Militärbehörden sogar bestimmte Fragestellungen herausgestrichen. Vgl. dazu Bozyigit-Kirchmann 1986, S. 97ff.

231 Aus Freiburg an dem Forschungsaufenthalt in der Türkei beteiligt waren: Fatma Kuru als Interviewerin und Brigitta Kunz als Assistentin. Ohne ihre tatkräftige Mithilfe wäre die Untersuchung nicht zu realisieren gewesen. Auch weiteren Personen bin ich zu Dank verpflichtet. Vor Ort für die Herstellung der Kontakte zu den Menschen in den Dörfern und die praktische Unterstützung waren dies Gönül, Ali, Haluk, Ülkü, die Familie Kuru und viele ungenannt gebliebene Helfer, ohne die ich nicht zu diesen Arbeitsergebnissen gekommen wäre.

232 Dies war auch die Empfehlung der lokalen Behörden und der Rat unserer Kontaktpersonen.

(insbesondere die vorgesehenen Kontrollübersetzungen mußten bedauerlicherweise auf ein Minimum reduziert werden) und in Zeitdruck gerieten. Die Durchführung der "restlichen" fünfundvierzig Befragungen, die zu dem besagten Zeitpunkt noch fehlten, konnte aber von der uns verbliebenen Interviewerin bewerkstelligt werden, obwohl dies für sie eine deutliche Mehrarbeit bedeutete. Die anfänglich vorhandene vage Hoffnung, mehr als sechzig Interviews durchführen zu können, hatte sich damit jedoch zerschlagen.

Obwohl im besten Fall pro Tag maximal fünf Interviews stattfinden konnten - mehr überforderte schon die Kapazität der Interviewerinnen, die sich der zusätzlichen Belastung ausgesetzt sahen, die gesamten Gespräche dolmetschen zu müssen - standen wir über den gesamten sechswöchigen Untersuchungszeitraum hinweg fast zehn Stunden täglich in Arbeit. Das hatte mehrere Ursachen. So kostete in der Regel die Suche nach geeigneten Dörfern - sie erfolgte über das umfangreiche Verwandschafts- und Bekanntschaftsnetz türkischer Freunde, Kontaktpersonen und deren Bekannten - die Kontaktaufnahme mit den Menschen in den Dörfern und das gegenseitige Kennenlernen mindestens einen, meist aber zwei Arbeitstage.[233] In diesen Gesprächen wurde unter anderem unser nächster Besuch festgelegt und abgeklärt, wieviele Personen im Dorf für die Interviews zur Verfügung stehen. Darüberhinaus wurde erfragt und geprüft, ob für die Aufnahmegeräte die Möglichkeit des Stromanschlusses besteht, Räume für die Interviews zur Verfügung stehen und dergleichen mehr.

Eine weitere Schwierigkeit bildeten die immer wieder auftretenden eklatanten Diskrepanzen zwischen der Zahl an Interviewzusagen und der sehr viel geringeren Zahl an Personen, die später für die Befragung zur Verfügung standen. Die vielen potentiellen Zusagen waren wohl auf das Gastfreundschaftsprinzip zurückzuführen. Dieser Tatbestand hatte zur Folge, daß wir erheblich mehr Dörfer besuchen mußten, als vorgesehen war. Hinzu kam die leidvolle Erfahrung, daß trotz der Verbreitung von Uhren der Umgang mit der Zeit sehr verschieden zu dem unsrigen war, zwei divergente zeitliche Organisationsprinzipien aufeinanderprallten. Während wir uns bei Verabredungen an der Zeit der Uhr orientierten und Planmäßigkeit und Pünktlichkeit einen entsprechend hohen Stellenwert hatten, orientierten sich die Dorfbewohner eher an zwischenmenschlichen Beziehungen. Für sie ist die nach Stunden und Minuten gezählte abstrakte Zeit von geringer Bedeutung. Oft ließ man uns zugunsten eines Gesprächs im Teehaus mit einem zufällig getroffenen Bekannten und unbekümmert

---

233 Die Kontaktherstellung erfolgte ausschließlich über Männer. Sie sind in der türkischen Gesellschaft traditionellerweise für die Außenkontakte in der Familie zuständig und treten nichtfamiliären Besuchern gegenüber in Erscheinung. Demgegenüber gebietet es die Tradition, daß die Frauen sich zurückziehen und für das leibliche Wohl der Gäste Sorge tragen.

von vorher getroffenen Abmachungen stundenlang warten, ohne daß irgendwer daran etwas auszusetzen hatte.[234]

Eine weitere erschwerende Rahmenbedingung bestand darin, daß es in allen von uns besuchten Dörfern so gut wie keine Übernachtungsmöglichkeiten gab und wir so gezwungen waren, Tag für Tag, teilweise bis zu siebzig Kilometern von unseren städtischen Standorten aus, an- und abzureisen, was bei den meist ungünstigen Verkehrsverbindungen in die Dörfer erhebliche Zeit in Anspruch nahm. Schließlich kamen die vielen offiziellen und inoffiziellen Einladungen der meist sehr freundlich und zuvorkommend reagierenden Dorfbewohner wie etwa durch die Bürgermeister hinzu. Gastfreundschaft wird großgeschrieben und ist in der ländlichen Türkei noch eine Selbstverständlichkeit. Den vielen Einladungen nachzukommen gebot daher schon die Höflichkeit. Sie waren natürlich oft auch eine willkommene und erfreuliche Abwechslung, insbesondere nach den sich meist sehr zäh gestaltenden kommunikativen Anstrengungen und Bemühungen um die Erlaubnis zur Durchführung von Interviews.

Die täglichen Nachbesprechungen in unserem kleinen "Team", Überlegungen hinsichtlich möglicher Modifikationen in der Befragung, die zur Kontrolle notwendigen partiellen Übersetzungen der Interviews, die organisatorischen Vorbereitungen für den nächsten Tag (z.B. Busfahrkarten besorgen und Abfahrtszeiten ausfindig machen) mußten ebenfalls zeitlich untergebracht und möglichst arbeitsteilig durchgeführt werden. Die Praxis der Befragung hatte sich zudem danach zu richten, daß tagsüber fast nur Frauen zuhause sind, die Männer ihre Zeit nach weit verbreiteter türkischer Gepflogenheit im Teehaus verbringen oder, was seltener vorkam, bei der Arbeit waren. Für die Interviews wurden, insofern sie in den Häusern stattfanden, immer besondere Räume zur Verfügung gestellt. Störungen des Versuchsablaufs und der Probanden wurden so vermieden. Die Männer wurden einerseits an ihrem Arbeitsplatz, ebenfalls in separaten Räumlichkeiten, andererseits zuhause, nachdem sie zuvor aus den Teehäusern geholt wurden, befragt. Einige Interviews wurden mangels geeigneter Räume im Freien, an einem ruhigen Ort und abseits von wartenden Familienangehörigen durchgeführt. Ruhe zu finden war nicht immer leicht. Dazu muß man wissen, daß wir, mit unserer wissenschaftlichen Befragung natürlich ganz besonders, die Attraktion in den Dörfern waren, Neugierde erweckten und, sofern sich die Gelegenheit bot, entsprechend mit Trauben von Menschen umgeben waren. Selbstverständlich wurde immer sorgfältig darauf geachtet, daß zwischen den Befragten und weiteren potentiellen Kandidaten kein Informationsaustausch stattfand.

---

234 Daß die abstrakte Zeit im Alltag des Dorfes trotz der Verbreitung von Uhren so gut wie keine Rolle spielt, niemand sich in Bezug auf Verabredungen oder Arbeit an der Uhrzeit orientiert, bestätigt auch Schiffauer für die Bauern von Subay. Vgl. Schiffauer 1987, S. 169.

2. Die Orte und die Ethnie der Untersuchung

Unsere Untersuchung wurde in drei verschiedenen Provinzen der Levante, genauer, den Küstengebieten der Ägäis und des Marmarameeres durchgeführt. In jeder Provinz wurden mehrere Dörfer und Kleinsiedlungen besucht, in denen nicht mehr als eintausend Einwohner lebten. In der Regel lag die Zahl deutlich darunter.

Die Durchführung der ersten zwölf Interviews erfolgte in der Region Istanbul. Das gemäßigte Klima dieser Region erlaubt eine intensive Landwirtschaft. Mit ihrer Küstennähe, guten Infrastruktur, günstigen Verkehrslage und mit Istanbul im Zentrum als Handels- und Finanzmetropole verfügt sie zudem über Standortvorteile, durch die sie sich zum wichtigsten Industriegebiet der Türkei entwickelte. In diesem Territorium fanden die meisten Interviews in und um Ömerli statt, einem etwa dreißig Kilometer außerhalb und nordöstlich der riesigen und bevölkerungsreichen Metropole gelegenen Dorf. Ein paar wenige auch in Ümraniye, einem Vorort auf der anatolischen Seite von Istanbul, im Mustafa-Kemal-Gecekondu-Viertel. Ümraniye, ein trostloses Industriegebiet, und auch das Gecekondu sind bislang touristisch noch unbehelligt. ·

Während sich die Bevölkerung Ömerlis hauptsächlich aus Bauernfamilien zusammensetzt, die ihren Lebensunterhalt aus gepachteten oder im Eigenbesitz befindlichem Grund und Boden verdienen, sind die Bewohner des slumähnlichen Gecekondus vor allem aus dem Osten zugewanderte, landlos gewordene ehemalige Kleinbauern und Pächter. Infolge des fehlenden Wohnraums und mangels finanzieller Mittel haben sie sich mit ihren Familien, oft um Verwandte ergänzt, am Rande der Stadt niedergelassen. Ihren Lebensunterhalt bestreiten sie hauptsächlich durch Gelegenheitsarbeiten in der Industrie und durch kleine Dienstleistungen. Sie leben in primitiven Hütten entlang unbefestigter Wege, ohne fließendes Wasser und ohne Kanalisation.

Die weitaus größte Anzahl an Interviews wurde in der Provinz Izmir durchgeführt. Dieser wichtige Agrarraum verdankt seine ökonomische Bedeutung der Landwirtschaft und zunehmend dem Tourismus. Wir haben hier zum einen Dörfer und Weiler im Hinterland des touristisch stark frequentierten Fischerstädtchens Cesme, etwa achtzig Kilometer westlich von Izmir gelegen, besucht. Die Bewohner dieser Dörfer leben hauptsächlich vom Obst- und Gemüseanbau. Sie sind durch die Anlieferung und den Verkauf ihrer landwirtschaftlichen Anbauprodukte auf dem wöchentlich stattfindenden Markt in Cesme mit dem städtischen und touristischen Leben konfrontiert. Weitere Probanden wurden in einigen, um die kleinen Städte Urla und Güzelbahce verstreuten Dörfern gewonnen. Beide liegen auf halbem Wege zwischen Cesme und Izmir. In Gücelbahce wurden auf einer Großbaustelle, die außerhalb des Ortes lag, aus der Osttürkei stammende kurdische Saisonarbeiter befragt. Bedingt und begünstigt durch das vergleichsweise liberale und minderheitenfreundliche politische Klima der nahegelegenen Stadt Izmir können sie hier - was nicht überall selbstverständlich ist - ihrer Arbeit nachgehen, alles in allem aber nicht oder nur schlecht bezahlt. Zum anderen konnte ein Teil der Befragung in kleinen, entlegenen Weilern in den Bergen südöstlich von Turgutlu vorgenommen werden, einer achtzig Kilometer östlich von Izmir liegenden Provinzstadt. Die Bewohner sind überwiegend landwirtschaftliche Selbstversorger und erhalten Güter, die sie nicht selbst produzieren, über gelegentlich vorbeikommende Händler.

Unsere dritte Anlaufstelle - in der südlichen Ägäisregion - war das zur Provinz Ugla gehörende pittoreske Städtchen Bodrum, das auf der bekannten gleichnamigen Halbinsel liegt. Von hier aus fanden wir Zugang zu mehreren Dörfern, die zum Einzugsgebiet der kleinen Hafenstadt gehören. Größtenteils sind die Interviews in Ciftlikköy und umliegenden Gemeinden etwa vierzig Kilometer östlich von Bodrum durchgeführt worden. Die Klientel bestand aus kleinen Bauern und Hausfrauen. Während in Bodrum und den Küstendörfern der Tourismus Einzug gehalten hat, sind die Dörfer im Landesinnern noch weitgehend frei davon. Dort ist das Land agrarisch geprägt, dominiert der bäuerliche Kleinbesitz und sind die unterentwickeltsten Dörfer beinahe so arm wie die als besonders rückständig geltenden Dörfer Ostanatoliens. Wie in den andern Gegenden auch, leben die Menschen vom Anbau landwirtschaftlicher Erzeugnisse; hier vor allem vom Anbau von Tabak, Obst, Südfrüchten und Gemüse. Auch die Viehwirtschaft und Webarbeiten spielen in den Dörfern eine nicht unbedeutende Rolle. Über den Verkauf der landwirtschaftlichen Erzeugnisse gibt es inzwischen Berührungspunkte von städtischem und ländlichem Leben, finden Austauschprozesse statt und sickern als Folge auch hier, langsam aber unaufhaltsam westliche Lebensweisen ein.

3. Die Methode der Stichprobenziehung und die Zusammensetzung der Stichprobe

3.1 Das Verfahren der Stichprobengewinnung: Die gezielte Auswahl

In jeder empirischen Studie stellt sich die Frage nach der Generalisierbarkeit und Gültigkeit der erzielten Ergebnisse und damit zusammenhängend, als eine wichtige, hier zu klärende Voraussetzung, die Frage nach der Methode der Stichprobengewinnung.[235]

Während Art, Größe und Wahl einer Grundgesamtheit und Stichprobe in der quantitativen, eher auf standardisierten Verfahren beruhenden und um Repräsentativität bemühten Methodologie einen breiten Raum einnehmen, gilt dies nicht in gleicher Weise für die qualitative, sich rekonstruktiver Verfahren bedienenden Methodologie, bei der andere Ziele im Vordergrund stehen: In der strukturalistisch-rekonstruktiven

---

235 Zum Problem der Stichprobenziehung im Kulturvergleich vgl. Lonner/Berry 1986, S. 85ff u. Eckensberger 1970, S. 60ff.

Variante die Analyse kognitiver Grundstrukturen (vgl. Bohnsack 1991, S. 11ff u. Garz/Kraimer 1991, S. 1f). Die Angemessenheit für die theoretische Fragestellung ist hier das entscheidende Kriterium der Stichprobenziehung. Eine Population wird in der Regel gezielt und nach theoretisch ausweisbaren Vorstellungen gewählt (theoretical sampling) (vgl. Lamnek 1988, S. 177f; Garz/Kraimer 1991, S. 13). In der kulturvergleichenden Forschung sind, was das Verfahren der Stichprobenziehung betrifft, Nichtzufallsverfahren gängig.[236] Welches Verfahren der "Sampling strategy" aus dem Fundus der Nichtzufallsverfahren ausgewählt wird, sollte durch die Intention der Untersuchung bestimmt werden (vgl. Eckensberger 1970, S. 58f; Lonner/Berry 1986, S. 88; Lamnek 1988, S. 17).

Unsere Forschungsperspektive zielt auf die Rekonstruktion von Kausalstrukturen und deren Entwicklungsstand. Die Grundfrage lautet: Findet sich die Aristotelische, von der zugrundeliegenden Struktur bewirkte teleologische Erklärung der Bewegung auch bei Bewohnern ländlicher Gebiete der Türkei? Die Überprüfung dieser Fragestellung spricht für eine theoretisch-systematische Auswahl der Population. Entsprechend der theoretischen Vororientierung entschieden wir uns für eine Stichprobe über eine "gezielte Auswahl" (Judgmental Sampling).[237] Die Versuchspersonen wurden aufgrund ihres vermeintlichen Informationswertes für die Klärung der Untersuchungsfragen ausgewählt. Forschungslogisch, so könnte man etwas überzogen formulieren, wird bei unserem Vorgehen das Kausalverständnis als abhängige Variable, das sozialstrukturelle Entwicklungsniveau der Gesellschaft als unabhängige Variable - "culture as a treatment" - verstanden und die zuletzt genannte als Bedingung eines natürlichen Experiments interpretiert, wobei sie aber keine experimentelle Variable im strengen Sinne ist, weil sie den Personen des Samples von vornherein zugeordnet ist und der Untersuchende sie nicht willkürlich variieren kann (vgl. Strodtbeck 1964, S. 223; Poortinga/Malpass 1986, S. 38ff).

Der Umfang der Stichprobe wurde aus zeitlichen, organisatorischen und finanziellen Gründen von vornherein auf etwa sechzig Versuchspersonen begrenzt. Die Zusammenstellung der Stichprobe wurde unter folgenden, vorab festgelegten Kriterien vorgenommen: Erstens wurde festgelegt, je zur Hälfte Frauen und Männer zu befragen. Zweitens wurde beschlossen, die Untersuchung möglichst an illiteraten Versuchspersonen durchzuführen, zumindest aber an Personen, die nicht im Besitz einer höheren Schulbildung sind. Dadurch wurde zum einen der intervenierende Effekt des Schulwissens in den Naturdeutungen so gering wie möglich gehalten. Zum

---

236 Sie sind schon deshalb gängig, weil für die in administrativer Hinsicht weniger entwickelten Kulturen keine und wenn, dann meist nur anspruchslose, in ihrer Zuverlässigkeit und Gültigkeitsdauer zweifelhafte Daten, Statistiken und Beschreibungen über eine Grundgesamtheit vorliegen. Vgl. Eckensberger 1970, S. 69 u. Lonner/Berry 1986, S. 86f.

237 Sie ist ein Verfahren, das aus den von Lonner und Berry zusammengestellten Nichtzufallsverfahren ausgewählt wurde und auch aus methodischer Sicht gerechtfertigt werden kann. Vgl. Lonner/Berry 1986, S. 87f u. Küchler 1989, S. 698ff.

anderen bestand die Absicht, die unabhängige Variable zu maximieren, indem Individuen in die Stichprobe aufgenommen wurden, bei denen die antezendenten Bedingungen vermutlich stärker ausgeprägt sind als bei dem Gros der Bevölkerung, sich folglich deren Einfluß auf die abhängige Variable "Kausalverständnis" vergrößert und damit ihr Effekt um so eher durchschlägt (vgl. Eckensberger 1983, S. 158). Abgesehen von der Variable Geschlecht wurde die Verteilung der Variablen Alter, Beschäftigung und formale Bildung - mit der Einschränkung, daß der Bildungsstand nicht den nach fünf Jahren erreichten Grundschulabschluß übersteigen sollte - nicht vorab festgelegt. Sie ergaben sich quasi zufällig und erst zum Zeitpunkt der Befragung.

Für eine so gewonnene Population ist es natürlich schwer, den Grad an Repräsentativität einzuschätzen, eine in der "Sampling-Diskussion" methodisch vorrangige Frage. Trotz des diesbezüglichen Wissens wird vielfach fahrlässig - vor allem in den älteren kulturvergleichenden Arbeiten oft stillschweigend und ohne Diskussion der Problematik - auf die jeweilige Grundgesamtheit generalisiert (vgl. Eckensberger 1970, S. 67). Für die hier durchgeführte Untersuchung gilt: Es wird zwar möglich sein, Strukturen und Strukturmuster zu entdecken, Gemeinsamkeiten und Unterschiede zwischen einzelnen Typen zu konstruieren und darüber hinaus generalisierende Existenzaussagen zu machen, ihre Verteilung und Häufigkeit in der Stichprobe zu bestimmen und sie schließlich auf der prognostizierten virtuellen Entwicklungslinie zu verorten. Allgemeinere Generalisierungen über deren Verteilung und Häufigkeiten mit Schluß auf die Grundgesamtheit sind aber nur bedingt möglich und hier auch nicht beabsichtigt. Sie bleiben weiteren, auch die Breite der quantitativ-repräsentativen Gesichtspunkte berücksichtigenden Untersuchungen vorbehalten.

Soviel aber ist festzuhalten: Das spätere Untersuchungsergebnis in Form der quantitativen Verteilung von weniger entwickelten und entwickelteren Kausalitätsvorstellungen mag von den Zufällen der Stichprobe abhängen. Es ist für unser Interesse aber sekundär. Zudem ist die Verteilung in unserem spezifischen Zuschnitt auch kaum über eine Replikationsstudie zu erzeugen. Sollten sich allerdings die Strukturen, die wir in unserer Gesellschaft als ontogenetische Durchgangsstadien antreffen, im Erwachsenendenken als Endstadien finden lassen, dann wäre dies ein Beleg für die Entwicklungslinie selbst, der Befund nicht anders als entwicklungslogisch zu deuten. Die festgestellten Kausalstrukturen ebenso wie ihre mögliche Streuung entlang der prognostizierten Entwicklungslinie müßten umgekehrt replizierbar sein, nicht aber die quantitative Verteilung.

Angesichts der angesprochenen Probleme ist zumindest, als Minimalkonsens einer Stichprobenauswahl, Brislin und Baumgardners zweifache Forderung zu beherzigen, sowohl das Auswahlverfahren als auch alle Charakteristika eins Samples, welche für die Interpretation der Daten relevant sein können, so genau wie möglich zu beschreiben, auch im Hinblick einer besseren Vergleichbarkeit und/oder

Nichtvergleichbarkeit mit Populationen aus Stichproben anderer Studien. Dadurch ergibt sich als zusätzlicher Effekt die Chance, mögliche Diskrepanzen mit den Ergebnissen anderer Studien, auch unter dem Gesichtspunkt der Spezifika eines Samples und einer Sampleauswahl, zu überprüfen (Brislin/Baumgardner 1971, S. 397ff u. Eckensberger 1970, S. 73).

3.2 Die Zusammensetzung der Stichprobe

Die Stichprobenbeschreibung basiert auf den zu Beginn eines jeden Interviews erfaßten soziographischen Daten der Interviewten. Neben Datum und Ort wurden Geschlecht, Alter, Beruf/Beschäftigung und Schulbildung der Versuchspersonen erhoben.[238]

Es wurden insgesamt 64 Personen hinsichtlich der Entwicklung des Kausalverständnisses untersucht. Bei drei Testpersonen, zwei Männern und einer Frau, mußte die Befragung vorzeitig abgebrochen werden. Der Grund für den Abbruch bei den Männern, beides Angehörige des in der Türkei politisch und kulturell unterdrückten kurdischen Volkes, war ihre generelle Unsicherheit und Ängstlichkeit, die sich während der Befragung in extremer Einsilbigkeit manifestierte. Die weibliche Person war schlicht nicht in der Lage, sich auf die Fragen zu konzentrieren. Die nur rudimentären Aussagen dieser drei Personen blieben in der Auswertung und Analyse unberücksichtigt. Für die Auswertung reduziert sich damit die Grundgesamtheit der Stichprobe auf N = 61.[239]

Alle Interviewteilnehmer waren Muslime: Sunniten, Aleviten und Anhänger des Volksislam. Bezüglich des Geschlechts setzten sich die 61 Versuchspersonen aus 32 Frauen und 29 Männern zusammen. Dies entspricht einem Verhältnis von 52,5% weiblichen zu 47,5% männlichen Teilnehmern. Das Alter der beiden jüngsten Probanden betrug 18 Jahre, die älteste Person war 82 Jahre alt. Drei Personen wurden nicht nach ihrem Alter gefragt. Die Verteilung der Probanden auf die Altersgruppen und getrennt nach Männern und Frauen zeigt Tabelle I.

---

238 Ein Interview/Gespräch dauerte in der Regel zwischen dreißig und sechzig Minuten.
239 Die Durchnummerierung der Interviews wurde nicht verändert, d.h. die drei ausgeschiedenen Personen blieben in der Zählung erhalten, weshalb das letzte Interview weiterhin die Ziffer "64" hat.

Tabelle I: Die Verteilung der Probanden auf die Altersgruppen, getrennt nach dem Geschlecht

Altersgruppen	Gesamt	Frauen	Männer
(1) nicht gefragt	3	1	2
(2) unter 20 Jahren	2	1	1
(3) zwischen 20 und 29 Jahren	13	7	6
(4) zwischen 30 und 39 Jahren	17	7	10
(5) zwischen 40 und 49 Jahren	6	4	2
(6) zwischen 50 und 59 Jahren	7	5	2
(7) zwischen 60 und 69 Jahren	9	5	4
(8) zwischen 70 und 79 Jahren	3	2	1
(9) über 80 Jahre	1	0	1
(N)	61	32	29

Auf die Frage nach dem derzeit ausgeübten Beruf bzw. der derzeitigen Beschäftigung gaben 28 (87,5%) der 32 Frauen den Beruf der "Hausfrau" an. Diese Berufsbezeichnung ist allerdings etwas verkürzt, denn in der Regel schließt sie die Mitarbeit in der Landwirtschaft ein (vgl. Planck 1991, S. 477).[240] Zwei Gründe sind für die geringe Zahl an außerhäuslich tätigen Frauen verantwortlich. Zum einen liegt dies im Widerstand der Männer, die sich um die "Ehre" der Familie sorgen, begründet. Ihre Einhaltung ist im außerdörflichen öffentlichen Raum natürlich sehr viel gefährdeter und auch schlechter zu kontrollieren als im Dorfalltag, wo starker sozialer Druck und die rigide Geschlechtertrennung für die Einhaltung der sozialen Normen sorgen.[241] Zum andern verhindern der Mangel an Arbeitsplätzen, die großen Entfernungen zu den städtischen Arbeitsplätzen und die damit verbundenen Transportprobleme sowie die Schwierigkeiten bei der Versorgung der Kinder zusätzlich die Aufnahme einer außerhäuslichen Tätigkeit (vgl. Schmitt 1987, S. 204). Unter diesen Bedingungen ist es nicht verwunderlich, daß in unserer auf dem Land erhobenen Stichprobe nur vier Frauen, das entspricht 12,5% der befragten weiblichen Probanden, außerhäuslich in nahegelegenen kleinen Städten erwerbstätig waren, zwei als kauffrauliche Angestellte, eine als Sekretärin und eine als Hebamme. Nur diese vier Frauen verfügten über eine qualifizierte Berufsausbildung.

---

240 Anzumerken ist, daß das "soziale Netz", in dem sich die befragten Landfrauen - und nicht nur sie - bewegen, räumlich begrenzt und im Sinne sozialer Kontrolle eng geknüpft ist. Die sozialen Kontakte beschränken sich auf wenige Personen im unmittelbaren Umfeld. Das Dorf wird in der Regel nur für Besuche und Besorgungen verlassen.
241 Zum traditionellen Wert der Ehre vgl. Petersen 1985.

Der Großteil der 29 Männer waren Kleinbauern ohne qualifizierte Berufsausbildung und ungelernte Arbeiter und Hilfsarbeiter, die überwiegend auf dem Bau
beschäftigt waren. Die Bauarbeiter, es wurde eine größere Gruppe auf einer großen
Baustelle befragt, waren vornehmlich aus der Osttürkei abgewanderte Bauern (weil
dort der eigene oder gepachtete Boden zum Lebensunterhalt nicht ausreicht), die jetzt
unter erbärmlichen Bedingungen auf den Baustellen hausen. Zwei Probanden hatten
qualifizierte Berufe: Einer war Postangestellter, der andere Elektriker. Zwei Personen, davon ein Dorfkinobetreiber, bezeichneten sich als "selbständig". Bei vier männlichen Personen wurde es übersehen, sie nach ihrem Beruf oder nach ihrer
Beschäftigung zu fragen.

Einen Überblick über die Berufs- und Beschäftigungsverteilung, getrennt nach
Qualifikation und Geschlecht der Probanden, vermittelt Tabelle II.

Tabelle II: Die Berufe und Beschäftigungen der Probanden, differenziert nach der Qualifikation und
dem Geschlecht

Frauen:	Vp	Männer:	Vp
Beschäftigung ohne qualifizierte Berufsausbildung: - Hausfrau	28	Beschäftigung ohne qualifizierte Berufsausbildung: - Bauer	10
		Unklar, ob mit oder ohne Qualifika-tion: - Bauarbeiter (nicht nur, aber zum größten Teil unqualifizierte Hilfsarbeiter) - Selbständig (wohl ohne Quali-fikation)	11 2
Beschäftigung mit qualifizierter Be-rufsausbildung: - kauffrauliche Angestellte - Sekretärin - Hebamme	 2 1 1	Beschäftigung mit qualifizierter Berufsausbildung: - Postangestellter - Elektriker	 1 1
		nicht gefragt:	4
(N) 61	32		29

Von unseren 61 Interviewteilnehmern wurden drei Personen, eine Frau und zwei
Männer, nicht nach ihrer Schulbildung gefragt. Von den übrigen 58 Personen hatten
17 nie eine Schule besucht. Dies entspricht einem Illiteratenanteil von 29,3%. Dabei
war die Zahl der illiteraten Frauen (N=12) mehr als doppelt so hoch wie die der

178

Männer (N=5). Bezogen auf die Grundgesamtheit der dazu befragten weiblichen Teilnehmer (N=31) entspricht dies einem Prozentsatz von 38,7% an illiteraten Frauen. Demgegenüber repräsentieren die fünf Männer, bezogen auf ihre Grundgesamtheit (N=27), nur einen Illiteratenanteil von 18,5%.[242] Auffällig ist die Altersabhängigkeit des Analphabetismus. Nur fünf illiterate Personen waren jünger als fünfundvierzig Jahre. Dies dokumentiert auch den in letzter Zeit allmählich wachsenden Erfolg im Bemühen, die Analphabetenquote zu senken. Obwohl seit Gründung der Republik (1923) die Schulpflicht gesetzlich geregelt ist, besuchten laut Schmitt z.B. 1936, entgegen gewisser Parolen der Regierung, lediglich ca. 25% der Landkinder die Schule. Der Anteil der Mädchen an den Schulgängern war dabei verhältnismäßig gering (Schmitt 1990, S. 32).[243] Berücksichtigt man das Alter der Versuchspersonen und damit die teilweise schon weit zurückliegende Schulzeit, dann wird der mit knapp 30% hohe Anteil an älteren Analphabeten und die Divergenz nach dem Geschlecht erklärlich (vgl. Sen 1991, S. 72).

Die Verteilung der 41 Personen, die eine Schule besuchten, das entspricht 70,7% der insgesamt 58 dazu Befragten, sieht folgendermaßen aus: 14 Frauen und 17 Männer absolvierten die Primarstufe oder Grundschule (ilkokul), d.h. über 75% der Schulgänger besaßen nur einen Grundschulabschluß.[244] Tatsächlich absolvierten aber nur 23 dieser 31 Personen die gesetzlich vorgeschriebe fünfjährige Schulpflicht. Die restlichen neun Interviewten waren zwischen einem Jahr und vier Jahren in der Schule. Die Primarstufe II erfolgreich durchlaufen, das heißt die Mittelschule (ortaokul) besucht, hatten zwei Frauen und drei Männer. Diese Schule dauert drei Jahre und umfaßt die Klassenstufen 6 bis 8. An die Primarstufe II schließt sich in der Türkei die Sekundarstufe I (ortaögretim) an. Jeder Schüler hat das Recht, nach Abschluß der Mittelschule das drei Jahre dauernde Gymnasium zu besuchen. Ein erfolgreiches Abitur berechtigt dann, nach einer insgesamt elfjährigen Schulzeit, zur Hochschulausbildung. Ein allgemeinbildendes Gymnasium (genel lise) wurde lediglich von drei Frauen besucht. Allerdings beschränkte sich der tatsächliche Schulbesuch auf zwei Jahre, so zumindest die Angaben der drei Befragten. In der

---

242 Diese Zahlen entsprechen sogar in etwa denen, die Planck der amtlichen Volkszählungsstatistik von 1985 entnommen hat, nach der 45,8% der weiblichen und 18,7% der männlichen Landbevölkerung Analphabeten sind, wobei die Anteile in den unteren Altersgruppen geringer sind, als in der älteren Bevölkerung. Anzumerken ist, daß diese Zahlen die regionalen und lokalen Bildungsunterschiede und das west-östliche Bildungsgefälle nicht wiedergeben. Vgl. dazu Planck 1991, S. 473f u. Sen 1991, S. 71.

243 Der Anteil an Analphabeten hat sich in den folgenden Jahren durch Gründung von Dorfschulen systematisch verringert, wenn auch mit einem deutlichen West-Ost-Gefälle zuungunsten des Ostens, insbesondere Süd- und Ostanatoliens. Seit etwa 1985 soll die Schulpflicht alle Kinder zwischen 7 - 12 Jahren erfassen, wobei die Frage nach Analphabeten aber auch heute noch äußerst delikat ist, wie wir erfahren mußten.

244 Zum Aufbau des türkischen Bildungssystems, zu den offiziellen Zielen und der schulischen Realität, gestützt und überprüft durch eigene Feldforschungen, vgl. Meier 1988, S. 88ff. Siehe auch Ucar 1987, S. 241ff u. Raidl 1985, S. 528ff.

Stichprobe besaßen diese Frauen den formal höchsten Bildungsabschluß. Zwei Männer hatten an den sogenannten Korankursen teilgenommen. Inhalt und Ziel der Korankurse sind das Lernen des Korantexts, das Vertrautwerden mit Gebeten und Andachtsübungen, die religiöse Unterweisung und die praktische Übung der Koranlektüre.

Kurz: Mit einem Schulabschluß ausgestattet, der über das Grundschulniveau hinausgeht, waren etwas mehr als 13% der dazu befragten Versuchspersonen. Dies ist auch ein Beleg dafür, daß trotz aller Bemühungen das Bildungsniveau in der heutigen Türkei noch weit unter dem europäischen Durchschnitt liegt (vgl. Sen 1991, S. 72). Umgekehrt verfügten von den insgesamt 58 Personen, die zur Schulausbildung befragt wurden, 50 und damit knapp über 86% keinen Schulabschluß, der über das Grundschulniveau hinausreicht, wobei der Bildungsrückstand vor allem die Älteren und dort die Landfrauen betrifft. Die Gründe dafür, daß kaum weiterführende Schulen besucht werden, liegen in der mangelhaften Bildungsinfrastruktur auf dem Lande, im Lehrermangel, in der Schulraumnot sowie in der ablehnenden Haltung großer Teile der ländlichen Bevölkerung der westlichen Bildung gegenüber. Zudem werden die Kinder frühzeitig als Arbeitskräfte gebraucht. Den Überblick über den Stand und die Verteilung der Schulbildung, getrennt nach Geschlecht, vermittelt Tabelle III.

Tabelle III: Der Bildungsstand der Probanden differenziert nach dem Geschlecht

Schulbildung	Anzahl der Vp	Frauen	Männer
(1) nicht gefragt	3	1	2
(2) Illiterate	17	12	5
(3) Korankurse	2	0	2
(4) Primarstufe I	31	14	17
(5) Primarstufe II	5	2	3
(6) Sekundarstufe I	3	3	0
(N)	61	32	29

4. Die Themen der Befragung und das Erkenntnisinteresse

4.1   Methodische Vorüberlegungen zum Gegenstand der Befragung

Der Entwicklungsstand der physikalischen Kausalität bei Erwachsenen in der Türkei wurde anhand von Bewegungserklärungen untersucht. Die von uns gestellten Fragen haben wir dem Reservoir der Fragestellungen Piagets entnommen. Die Themen der

Befragung sind weitgehend mit denen identisch, die er in seinen ontogenetischen Untersuchungen Kindern präsentiert hat. Der Rückgriff auf seine Themen und Fragen zum Phänomen der Bewegung sollte es uns ermöglichen, die von uns erzielten Ergebnisse auch mit den Resultaten seiner Untersuchungen zu vergleichen. Gleichzeitig sollte die Wahl von Bewegung und Bewegungsverursachung als Gegenstand der Untersuchung auch den Vergleich mit den Bewegungserklärungen von Aristoteles und Impetustheorie ermöglichen.

Zunächst aber stellt sich für die von Piaget inspirierte Forschung die praktische Frage, welche und wieviele seiner zahlreichen kleinen Experimente und Testaufgaben in einer Befragung notwendigerweise herangezogen und durchgeführt werden müssen, damit die daraus resultierenden Aussagen und Zuschreibungen verläßlich sind. In Piagets Schriften finden sich zu dieser Frage keine Angaben.[245] Wir entschieden uns bei unserer Untersuchung für eine größere Anzahl von Testaufgaben und Fragestellungen pro Versuchsperson, um die erhofften Ergebnisse möglichst breit abzusichern und um die Konsistenz bzw. Inkonsistenz der Versuchspersonen im Erklärungs- und Begründungsverhalten zu überprüfen. Dabei sind wir dem methodologischen Prinzip der Variation eines Themas gefolgt. Während Piaget verschiedenen Gruppen von Kindern je ein anderes spezifisches Problem aus dem physikalischen Teilgebiet der Dynamik präsentierte (vgl. Piaget 1970, S. 25), haben wir jeder erwachsenen Versuchsperson das Gesamtensemble der ausgesuchten Fragenkomplexe präsentiert. Folglich sind wir im Gegensatz zu Piaget in der Lage, aus einer Vielfalt von Performanztypen auf die zugrundeliegende Kompetenz zu schließen. Darüber hinaus ist es möglich, Aussagen über die Konsistenz der Begründungsmuster zu treffen. Allerdings handelt man sich bei dieser Vorgehensweise die Schwierigkeit und Erklärung der möglichen Intra-Inkonsistenz im Begründungsverhalten ein. Dieser Sachverhalt wäre aber mit Fischers These der a-synchronen, bereichsspezifischen kognitiven Entwicklung verständlich zu machen. Fischer unterstellt, daß die Entwicklung von kognitiven Fähigkeiten zunächst völlig bereichsspezifisch und nicht, wie von Piaget angenommen wird, bereichsunspezifisch erfolgt. Erst ausgeweitete Erfahrung und Übung bewirken ihre umfassendere Verwendbarkeit. Synchronizität der Entwicklung in verschiedenen Inhalts- oder Aufgabenbereichen ist deshalb die Ausnahme und nicht, wie Piaget meint, die Regel (Fischer/Hand/Russell 1984, S. 43ff). In der Vorgehensweise Piagets war das Auftreten dieser Problemlage - sie war ihm allerdings bekannt - von vornherein ausgeschlossen.

Eine weitere Überlegung spricht für eine Vielzahl von Themen und Aufgaben pro Versuchsperson: Mehrere Testaufgaben minimieren zumindest den möglichen Verdacht eines methodischen Bias, die erzielten Ergebnisse seien aufgabenabhängig

---

245 Auf diesen Punkt verweisen auch Almy et al. in ihren Vorüberlegungen zur Konstruktion des Untersuchungsdesigns zum Problem der Erhaltung. Siehe Almy/Chittenden/Miller 1966, S. 50.

und die Versuchspersonen besäßen weitaus größere kognitive Kompetenzen, als sie in einer Aufgabenstellung unmittelbar zum Ausdruck bringen könnten. Der Verdacht eines aufgabenabhängigen Ergebnisses ist zumindest dann sehr unwahrscheinlich, wenn sich bestimmte, auf die Kausalität bezogene Erklärungsstrukturen in inhaltlich unterschiedlichen Aufgaben, die zudem in unterschiedlichen Kontexten angeboten werden, zeigen und gleichen: Dann kann bei den entsprechenden Individuen von einer allgemeineren und umfassenderen Verbreitung eines bestimmten kognitiven Strukturschemas gesprochen werden. Diese Aussage trifft für jedes Entwicklungsniveau zu, sei es nun das prä-, konkret- oder formaloperationale Entwicklungsstadium im Kausalverständnis. Sollte sich die zweite hypothetische Möglichkeit einer Diversifikation von Erklärungsstrukturen herausstellen, etwa indem verschiedene Fragen auf unterschiedlichen Strukturniveaus beantwortet würden, dann spräche dies entweder für einen unterschiedlichen Schwierigkeitsgrad in den Aufgaben und/oder für bereichsspezifisch ausgeprägte Kausalstrukturen. Mit nur einer Aufgabe je Proband ist dieser Sachverhalt normalerweise nicht zu kontrollieren und sind folglich auch entsprechende Aussagen kaum möglich.

In unserer Untersuchung wurde weder mit Experimenten gearbeitet, die richtig oder falsch durchgeführt und/oder gelöst werden konnten, noch standen den Teilnehmern der Befragung irgendwelche Arbeitsmaterialien zur Verfügung, die manipulativ anzugehen waren (skill-tests). Nicht auf der Untersuchung und Analyse von Fertigkeiten - welche die praktische und handelnde Umsetzung verinnerlichter kognitiver Schemata zur Voraussetzung haben - lag das Gewicht, sondern auf der im Medium der Sprache durchgeführten mentalen Analyse und daraus folgenden Erklärung eines physikalischen Sachverhaltes. Kurz: Verbale Erklärungen waren gefragt. Das heißt, unsere Versuchspersonen mußten nach Gründen und Ursachen suchen, die bestimmte, ihnen vertraute physikalische Phänomene erklären. Insbesondere dadurch, daß unsere Versuchspersonen mit einem breiten Angebot an erklärungsbedürftigen Bewegungsphänomenen konfrontiert wurden, erhofften wir eine Vielfalt von semantischen Deutungen, um davon ausgehend das Bild der zugrundeliegenden Strukturmuster zu gewinnen.[246] Dabei kam es uns in keiner Weise darauf an, wie gut oder schlecht die Erklärungen sind. Denn unser Interesse galt einzig den Strukturen der Erklärung, über die man nicht willkürlich verfügen kann. Je mehr Erklärungen je Proband zur Verfügung stehen, desto besser sind die Chancen einer qualitativen Interpretation. Allerdings wurde erwartet, daß die Umsetzung einer kognitiven Grundstruktur nicht zu völlig beliebigen Deutungen führen kann, wohl aber zu einer Anzahl funktionaler Äquivalente.

---

246 Auch Cole und Kollegen empfehlen das methodologische Prinzip der Variationen zu einem Thema, um aus einer Vielfalt von Performanztypen ein Bild der Kompetenz zu gewinnen. Vgl. Cole/Gay/Glick/-Sharp 1974.

Die meisten Themen der Befragung wurden den Versuchspersonen rein verbal vorgestellt. Lediglich beim freien Fall und Wurf wurden die verbalen Instruktionen durch Demonstrationen ergänzt. Und nur in einem kleinen, von unserer Interviewerin vorgeführten Experiment - das einzige übrigens - in dem eine Murmel auf eine Reihe liegender Murmeln rollt, wobei die letzte sich löst, bestand für die Probanden die Möglichkeit, daß sie dann, wenn sie den Verdacht einer Manipulation äußerten oder bei der Interviewerin die Anwendung eines Tricks vermuteten, die Durchführung selbst handelnd versuchen konnten.

Die Reihenfolge, in der die Themen der Befragung den Versuchspersonen präsentiert wurden, war vorab festgelegt worden. Sie blieb über den Untersuchungszeitraum hinweg bei allen Probanden konstant. Die Festlegung war allerdings recht willkürlich erfolgt, denn es gab keine Kriterien, die eine bestimmte Reihenfolge nahelegten. Eine mögliche Orientierung am Schwierigkeitsgrad der Fragen, etwa ein Vorgehen von den "leichteren" zu den "schwereren" Themen, schied schlicht deshalb aus, weil wir diesen nicht einschätzen konnten. Die Abklärung hätte einen Pre-Test verlangt. Völlig unabhängig von der gewählten Reihenfolge sind allerdings kleinere oder größere Lerneffekte von den vorangegangenen auf die nachfolgenden Aufgabenstellungen vorstellbar.

Während Piaget in seinen Untersuchungen darauf achten mußte, daß die Fragen dem Alter der Kinder angemessen waren, galt dies nicht in gleicher Weise für unsere erwachsenen Probanden. Auch anfängliche Befürchtungen, unsere Fragen könnten in einem anderen kulturellen Kontext nicht zu verstehen oder zu beantworten sein, erwiesen sich als unbegründet. Obwohl sich viele Versuchspersonen über unsere Fragen erstaunt zeigten und so gut wie nie darüber nachgedacht hatten, waren ihnen die Phänomene, auf die sie zielten, vertraut. Sie sind auch jederzeit im Alltag zu beobachten. Deshalb konnte der Großteil von ihnen Antworten geben und diese plausibel begründen. Der gefürchtete "Labov-Effekt", der darin besteht, daß die Versuchspersonen bestimmte Fragen als wenig relevant erachten und sie sich deshalb diese Fragen nicht zu "ihren eigenen" machen, so daß die "angestrebten" Reaktionen überhaupt nicht ausgelöst werden, ist nicht aufgetreten.[247] Der insbesondere von Ethnologen erhobenen Forderung, fremden Kulturen bekanntes und relevantes Material zu präsentieren, scheint damit Genüge getan. Damit ist zum einen von einem "culture fair test" auszugehen und zum anderen die Gleichwertigkeit der Ergebnisse im Vergleich zu unserer Kultur garantiert.

---

247 Zum Labov-Effekt vgl. Wassmann 1988, S. 34f.

Piaget hat bei Kindern für jeden der von uns verwendeten Befragungsgegenstände eine typische, an den jeweiligen Befragungsgegenstand selbst gebundene Sequenz von kausalen Erklärungsmustern festgestellt: Auf dem prä-operationalen Entwicklungsniveau ist die Handlungsstruktur die Grundstruktur, in der das physikalische Geschehen in der Außenwelt wahrgenommen wird. Mit ihr verbunden sind anfänglich die Strukturmerkmale des Artifizialismus, Animismus, Dynamismus, Finalismus und ein substantialistischer Kraftbegriff. Auch sie machen gewisse Entwicklungen durch. Auf der nachfolgenden Entwicklungsstufe verschwinden zwar die animistischen und artifizialistischen Vorstellungen, nicht aber der Dynamismus und Finalismus und auch nicht der substantialistische Kraftbegriff. Am Endpunkt der Entwicklung, zumindest in unserer Gesellschaft, wird das handlungslogische Kausalverständnis von mechanistischen Kausalvorstellungen abgelöst.

Die kausalen Erklärungsmuster der Kinder herauszustellen erscheint deshalb sinnvoll, weil wir annehmen, daß die handlungslogisch geprägten Kausalstrukturen, die sich in unserer Gesellschaft als Durchgangsstadien der ontogenetischen Entwicklung erweisen, in der erwachsenen türkischen Dorfbevölkerung als weiterentwickelte Endstadien anzutreffen sind. Mit anderen Worten, die ontogenetische Entwicklung der kognitiven Strukturen führt in die Erwachsenenwelt hinein, und die Erwachsenen in traditionalen Gesellschaften müssen nicht notwendig die subjektivische Grundstruktur überwunden und die animistischen und artifizialistischen Vorstellungen abgebaut haben. Es ist deshalb gut vorstellbar, daß wir die kindlichen Erklärungsmuster, die im Zusammenhang mit den Befragungsthemen angesprochen werden, bei den untersuchten Erwachsenen auffinden. Ob und in welcher Weise die aus der Ontogenese bekannten Erkärungsmuster in der untersuchten Erwachsenenpopulation Verwendung finden, wird das Ergebniskapitel zeigen.

Im Folgenden werden die sieben Themenkomplexe der Befragung vorgestellt. Anhand der von der Handlungslogik bewirkten kausalen Erklärungsmuster, die Piaget bei Kindern aufwies, wird deutlich gemacht, auf welche möglichen Tendenzen des Denkens unsere Fragen zielen und auf welche Muster die Erklärungen im nachhinein zu untersuchen sind.

Thema 1:   Zum Ursprung von Wind und Wolken (A) - Zum Leben und Bewußtsein von Wolken (B) - Zur Wolkenbewegung (C)

Ein erstes Fragenbündel (A) zielte auf den Ursprung und auf die Entstehung der Wolken und des Windes. Wir fragten, woher die Wolken kommen, wodurch sie entstehen und aus was sie bestehen. Dann fragten wir, woher der Wind kommt. Mit diesen Fragen sollte ein möglicher Artifizialismus im erwachsenen Denken festgestellt werden. Er ist eine der Ausdrucksformen der Prä-Kausalität.[248] Unter Artifizialismus versteht Piaget die Tendenz, "die materielle Kausalität mit der menschlichen Fabrikation zu vermengen" oder, was "auf dasselbe hinausläuft", mit der göttlichen Fabrikation (Piaget 1981a, S. 205 u. S. 208). Piaget hat anhand dieser Fragen bei Kindern einen schrittweisen Abbau des Artifizialismus nachgewiesen. Zuerst denken sie, daß natürliche Dinge wie Wolken und Wind direkt von Menschen oder Gott fabriziert würden. Das ist das Stadium des "mythologischen" oder "integralen" Artifizialismus. Danach folgt die Stufe des "gemilderten" oder "technischen" Artifizialismus, in dem natürliche und artifizialistische Erklärungen vermischt werden, wonach die Wolken aus dem Rauch und der Wind durch die Bewegung der Wolken und Bäume entstehen würden. Auf der Stufe des "immanenten" Artifizialismus gibt es "natürliche" Erklärungen, wobei zunächst der Artifizialismus einfach auf die Natur selbst übertragen wird. Naturprozesse werden jetzt finalistisch und dynamistisch gedeutet. Der Natur werden Zwecke unterstellt. Schließlich wird der naturimmanente Artifizialismus durch mechanistische Erklärungen abgelöst.[249]

Mit dem zweiten Fragenkomplex (B) wollten wir das Erwachsenendenken auf animistische Vorstellungen prüfen. Wir wollten wissen, ob physikalischen Objekten Bewußtsein und Intentionen zugesprochen werden. Die Tendenz, leblose Körper "als lebendig und mit Absichten ausgestattet zu betrachten", bezeichnet Piaget als Animismus. Er ist eine weitere Ausdrucksform der subjektivischen Kausalität und findet sich bei Kindern bis zu acht Jahren.[250] Wir fragten, ob die Wolken wissen, daß sie sich bewegen und ob sie wissen, in welche Richtung sie sich bewegen. Mit diesen Fragen wollten wir prüfen, wie unsere Versuchspersonen die Naturprozesse begreifen. Ist die Natur physikalisch determiniert oder beruhen die Naturgesetze auf moralischer oder finalistischer Notwendigkeit? Noch anzumerken ist, daß unsere Untersuchung sich darauf beschränkte, festzustellen, ob der Animismus vorzufinden ist oder nicht. Im Gegensatz zu Piaget waren wir aber nicht an der Entwicklung des Animismus interessiert.[251]

Im dritten Fragenkomplex (C) befaßten wir uns mit den Ursachen der Wolkenbewegung (vgl. Piaget 1970, S. 61ff). Wir fragten, warum sich die Wolken bewegen, warum sie sich manchmal in die eine, manchmal in die andere Richtung bewegen und

---

248 Zum Artifizialismus im kindlichen Weltbild vgl. Piaget 1981a, S. 205ff. Zu den kindlichen Erklärungen für den Ursprung der Wolken vgl. Piaget 1981a, S. 238ff. Zur den kindlichen Erklärungen für die Windentstehung vgl. Piaget 1970, S. 33ff.
249 Zu den Stadien des Artifizialismus in seinen großen Linien vgl. Piaget 1981a, S. 292ff.
250 Zum Animismus im kindlichen Weltbild vgl. Piaget 1981a, S. 143ff.
251 Piaget hat die kindlichen Erklärungen nach vier Stadien differenziert. Zunächst attestieren die Kinder Leben und Bewußtsein allem, was irgend eine Aktivität aufweist. Danach werden diese Attribute lediglich bewegten Körpern zugesprochen. Das Kennzeichen des dritten Stadiums ist die Unterscheidung von Eigenbewegung und von außen erhaltener Bewegung. Nur eigenbewegte Körper werden für bewußt und lebend gehalten. Im vierten Stadium wird schließlich nur noch Tieren Leben und Bewußtsein zugesprochen. Vgl. Piaget 1981a, S. 146f u. S. 162.

warum sie sich manchmal schnell und manchmal langsam bewegen. Lautete die Antwort: "durch den Wind", dann fragten wir nach der Ursache der Windbewegung. Damit sollte zum einen der bekannte, von Piaget bei Kindern entdeckte kausale Zirkel überprüft werden, der sich in der Erklärung manifestiert, daß die Wolken durch den Wind bewegt würden, der seinerseits erst durch die Wolkenbewegung entstehe. Zum andern sollten Anhaltspunkte für die Struktur der Erklärung gefunden werden. Denn es ist nicht ohne weiteres klar, wie die Antwort, der Wind bewege die Wolken, wirklich gemeint ist. Auch in unserem Alltag ist diese handlungslogische Antwort gang und gäbe. Viele könnten aber eine physikalische Erklärung nachschieben. Mit den Fragen wollten wir prüfen, in welcher Weise die Handlungslogik die Antworten determiniert. Führt die Umsetzung der Handlungslogik zu animistischen und artifizialistischen Erklärungen (bei unseren Probandten sind die "magischen" Erklärungen der Kinder, etwa die Annahme, daß Menschen die Wolkenbewegung aufgrund ihrer eigenen Bewegungen hervorrufen würden, kaum zu erwarten) oder dazu, den Artifizialismus in die Objekte selbst zu verlegen? Diese werden dann so verstanden, als bewegten sie sich selbständig, aus eigener Kraft und nach Maßgabe ihres eigenen Willens oder bedingt durch moralische Notwendigkeiten. Die Bewegung kann auch durch andere Objekte, wie Sonne und Mond, determiniert oder, wie oben bei dem angesprochenen Zirkel, durch den Wind verursacht sein.[252] Die Antworten und Erklärungen lassen sich ebenso auf finalistische Tendenzen untersuchen. Dabei wird Naturvorgängen implizit ein Zweck oder eine Absicht unterstellt, wobei das Ziel den Grund dafür abgibt, daß etwas bewirkt wird. Dies setzt voraus, daß Körper Aktivitäten und Kräfte zugeschrieben werden, die es ihnen ermöglichten, Ziele zu verwirklichen. "Die finale Kausalität setzt eine effiziente Kausalität in Form einer dem Gegenstand immanenten Kraft voraus, die in Richtung des Ziels strebt."[253] In dieser Definition Piagets ist das Muster der Handlung deutlich zu erkennen.

Thema 2:   Das Aufsteigen des Rauches

Wir fragten, warum Rauch von einem Feuer nach oben steigt. Uns interessierte auch hier, ob und wenn ja in welcher Weise handlungslogische Strukturen die Antworten

---

252 Die Erklärung der Wolkenbewegung durch den Wind, den sie selbst produzieren, verdeutlicht, wie schwierig es ist, an den Kern des Denkens heranzukommen. Es bedurfte bei Piaget drei Jahre an Erfahrung mit Befragungen und besonders viel Fingerspitzengefühl im richtigen Nachfragen, bis diese Tatsache entdeckt wurde. Vgl. Piaget 1970, S. 61. Trotz Schulung sind diese Erfahrungen bei unseren Interviewerinnen natürlich nicht vorauszusetzen. Diesem Umstand sind die beim Lesen der Protokolle erkennbaren Defizite und Fehler im Sinne von unvollständigem, unterlassenem oder ungeschicktem Nachfragen geschuldet.

253 Zum Finalismus siehe Piaget 1981a, S. 164f.

bestimmen.[254] Erklären die Probanden diesen Vorgang noch animistisch oder artifizialistisch, wie die Kinder im ersten Stadium der Kausalentwicklung, indem sie dem Rauch entweder einen internen Antrieb zusprechen oder Gott für das Aufsteigen verantwortlich machen? Oder erklären sie ihn wie die Kinder des zweiten Stadiums, die die Ursachen zwar in die Natur verlegen, aber für das Aufsteigen externe Verursacher wie Wind und Luft verantwortlich machen, die als dynamische Antriebe fungieren? Auch wollten wir wissen, ob dem Rauch ein interner Antrieb zugesprochen wird oder ob es gar ein Zusammenspiel der beiden dynamistischen Pole interner Antrieb und externe Anziehung gibt, die für das Aufsteigen verantwortlich gemacht werden. Alle Erklärungen sind auch auf implizite finalistische Deutungen zu überprüfen. Hat die Bewegung des Rauchs ihren Grund in der Erreichung eines Ziels, nach dem der Körper strebt, wenn er nicht daran gehindert wird? Diese Auffassung vertrat etwa Aristoteles in seinen naturphilosophischen Schriften, wenn er davon ausgeht, daß sich das Ziel, der "natürliche" Ort der leichten Körper, in den höheren sublunaren Regionen befinde und die Körper gemäß einer ihnen innewohnenden Tendenz bestrebt seien, dorthin zu gelangen, wenn kein Hindernis sie davon abhalte. Dabei wird vom Stagiriten noch zusätzlich eine vom natürlichen Ort ausgehende anziehende Wirkung in Betracht gezogen (vgl. Aristoteles 1987, IV, 1, 208b und IV, 8, 216a). Schließlich können mechanistische Erklärungen überwiegen, wobei die Ursache für den Auftrieb des Rauchs, das Gewicht des Gases, nicht mehr in einem absoluten Sinn angegeben wird, sondern zunehmend in Relation zum umgebenden Medium, der Luft, definiert werden kann. Insbesondere ist diese letztere Einsicht dadurch gekennzeichnet, daß die "Leichtigkeit" oder "Schwere" keine innewohnende Tendenz sublunarer Körper mehr ist, sondern Ausdruck der von außen her wirkenden gravitativen Wechselwirkung eines jeden Körpers mit dem Körper der Erde.

Thema 3:   Das Fächerexperiment

Das Experiment wurde wie folgt durchgeführt: Unsere Interviewerin nahm einen Fächer in die Hand und bewegte ihn vor dem Gesicht der Versuchspersonen auf und ab. Anschließend fragte sie nach der Luft, die auf diese Weise in Bewegung versetzt wurde. Sie fragte, was die Probanden fühlen und woher die Luft, der Luftzug, der Wind komme, den sie spürten. Das Experiment wurde je nach unserem Aufenthaltsort entweder im Freien oder in geschlossenen Räumen durchgeführt.[255] Für das Entstehen des Luftzugs hat Piaget in vergleichbaren Experimenten bei Kindern drei Begrün-

---

254 Diese Frage wurde von Piaget nicht systematisch bearbeitet. Sie wurde lediglich in Zusammenhang mit dem ebenfalls mehr kursorisch abgehandelten "freien Fall" gestreift. Vgl. Piaget 1970, S. 103ff, bes. S. 106.

255 Dieses Experiment ist meines Wissens kein Piagetsches Orginalexperiment. Es wurde aber analog zu denen entwickelt, die er zur Untersuchung des Problems der "Luft" angewandt hat. Vgl. Piaget 1970, S. 3f.

dungsmuster gefunden, die in der Entwicklung einander ablösen. Im ersten Stadium lautet die Erklärung, die Luft werde vom Fächer gemacht/erzeugt/produziert. Gleichzeitig jedoch ziehe der Fächer schon vorhandene Luft an. Im zweiten Stadium wird die Luft als ausschließlich vom Fächer produziert erklärt, während die Kinder im dritten Stadium wissen, daß der Fächer die vorhandene Luft lediglich verdrängt, jedoch nicht mehr produziert (vgl. Piaget 1970, S. 18f; Piaget 1985, S. 189). Die beiden ersten Erklärungen sind ersichtlich handlungslogische Erklärungen.

Thema 4:   Der freie Fall eines Steines

In diesem Experiment nahm die Befragerin einen Stein in die Hand und ließ ihn fallen. Anschließend fragte sie, warum der Stein zu Boden gefallen war. Mögliche Erklärungen dieses Sachverhalts lassen sich in zwei unterscheidbare Erklärungsmuster differenzieren: in handlungslogische und mechanistische Erklärungen. Eine handlungslogische Erklärung behauptet, der Stein falle, weil er fallengelassen wurde oder weil er fallen wolle und nichts ihn zurückhalte. Ebenso ist es möglich, das Gewicht als dynamische Kraft zu interpretieren, als Streben eines erdartigen Körpers in Richtung seines "natürlichen" Ortes, so wie dies Aristoteles für die "naturgemäße" Abwärtsbewegung annahm. Ihm zufolge ist die Bewegungskraft und -richtung den Körpern inhärent. Der Stein falle als Folge seiner absoluten Schwere, wobei die Schwere als Qualität verstanden wird. Schwere Körper würden deshalb schneller fallen als leichte (vgl. Aristoteles 1987 IV, 8, 216a). Zu untersuchen ist auch, ob in den Erklärungen die den Körpern inhärente Bewegungsursache durch eine äußere Ursache gestützt wird, durch den Ort, der eine natürliche Anziehungskraft besitze, wie dies Aristoteles als zweiten Pol der Kausalität der Fallbewegung thematisiert (Aristoteles IV, 1, 208b). Auch ist erneut auf damit verbundene finalistische Tendenzen zu achten. Diesen Erklärungen steht die mechanistische Erklärung gegenüber. Die Mechanik erklärt den Fall mit dem Gesetz der allgemeinen Erdanziehungskraft. Alle Masse unterliegt dem Gravitationseinfluß.[256] Eine zweite Frage spürte erneut animistischen Tendenzen nach, indem gefragt wurde, ob der Stein wisse, daß er falle (vgl. Piaget 1981a, S. 145ff).

Thema 5:   Zum Leben und zum Bewegungsbewußtsein von Sonne und Mond
            (A) - Zur Bewegung von Sonne und Mond (B)

Mit den ersten Fragen (A) zu den Gestirnen zielten wir auf auf animistische Tendenzen und Anteile im Denken (vgl. Thema 1b). Wir fragten: "Denken Sie, daß die Sonne lebt"? Wurde die Frage bejaht, dann fragten wir, warum. Auch bei der Ver-

---

256 Vgl. zu den beiden Stadien beim "freien Fall" die allerdings dürftigen Erläuterungen Piagets in Piaget 1970, S. 110f.

neinung wurde nach dem Grund gefragt. Weiter fragten wir, ob die Sonne wisse, daß sie sich bewege und manchmal, ob sie wisse, daß sie scheine. Dieselben Fragen wurden zum Mond gestellt. Alle Erklärungen zu diesem Fragebereich sind auf finalistische Deutungen abzuklopfen. Die Antwort: "Die Sonne scheint, damit die Menschen leben können" wäre beispielsweise eine finalistische, vom Ziel her bestimmte Erklärung.

Die nächsten Fragen (B) betrafen die Bewegungen dieser beiden Gestirne. Wir fragten, warum sich Sonne und Mond bewegen. Hier interessierte uns erneut, inwiefern handlungslogische Erklärungsmuster die Antworten bestimmen (Vgl. Thema 1c).[257]

Thema 6:   Der Wurf

Im Mittelpunkt der Befragung stand die Wurferklärung. Die Interviewerin nahm einen Stein in die Hand und warf ihn. Dann fragte sie: "Können Sie erklären, warum der Stein fliegt?" Wir legten auf die Wurferklärung einen besonderen Wert, weil wir beabsichtigten, sie auch mit der Aristotelischen und impetustheoretischen Wurferklärung zu vergleichen.

Piaget hat in einer Vielzahl von Notationen auf verblüffende Übereinstimmungen zwischen der Psychogenese und der historischen Entwicklung der Bewegungserklärung (ausgehend von Aristoteles bis Newton) aufmerksam gemacht (vgl. Piaget 1984f, S. 64ff; Piaget/Garcia 1989, S. 63ff; Piaget 1975e, S. 184). Er hat sich von Kindern auch den Wurf erklären lassen. Er konnte in den Antworten der Kinder mehrere aufeinanderfolgende Erklärungsstadien unterscheiden (vgl. Piaget 1970, S. 20ff; Piaget 1975d, S. 65ff). Kinder im ersten Stadium erklären, der Stein fliege, weil er geworfen wurde. Im zweiten Stadium wird die Luft, die der Stein beim Fliegen "produziert", als eine, die innere Bewegungsursache genannt. Es ist ein animistisch gefaßter Antrieb. Die innere Kraft wird ergänzt durch die Kraft der äußeren Luft. Sie komme unterstützend hinzu (sie trage den Stein). Das ist das artifizialistische Moment der Erklärung. Diese ursprüngliche Bipolarität geht einher mit dem Finalismus. Piaget stellte fest: "Jede Bewegung wird von einer Ursache - die eine Lebenskraft ist - und von einem Ziel umschlossen, das durch eine doppelte Intention festgelegt ist, sowohl von innen als auch von außen" (Piaget 1975d, S. 66). Im dritten und vierten Stadium erklären die Kinder, das Wurfgeschoß werde zum einen durch die Luft gestoßen, die es beim Voranfliegen verdränge, zum anderen von der Luft geschoben, die von der Hand beim Abwurf angestoßen worden sei. Der animististische und artifizialistische Kraftbegriff verschwinden zugunsten eines substantiellen Kraftbegriffs: Die Kraft geht von den Körpern selbst aus, wird aber nicht übertragen. Wenn ein Körper auf

---

257 Zu den kindlichen Erklärungen der Bewegung von Sonne und Mond und den Stadien vgl. Piaget 1970, S. 73ff.

einen anderen einwirkt, beschränkt sich die Kraft des einen darauf, die Eigenkraft des anderen anzuregen. Diese Erklärung entspricht in etwa der Erklärung Aristoteles'. Seiner Theorie zufolge stimuliert die äußere Kraft der Hand die Eigenkraft der Luft, die ein Projektil fortbewegt, nachdem es die Hand verlassen hat. Die Bewegung setzt also bei Aristoteles zwei Antriebe voraus. Diese Erklärungen sind, so Piaget, die ersten genuin physikalischen Erklärungen (Piaget 1970, S. 263). Sie sind aber noch immer durch die Handlungslogik bestimmt, mit dem Medium als Beweger. Das Trägheitsprinzip ist in diesem Stadium unverständlich. Denn jede Bewegung erfordert eine spezielle Ursache. Die Kraft geht erst zuende, wenn das Ziel erreicht ist. Kurz: Die Bewegung wird dynamistisch-finalistisch gedeutet. Auf der nächsten Stufe der Erklärung fliegt der Stein infolge des ihm zugefügten Schwungs.[258] Erst dann, wenn der Schwung als Beschleunigung verstanden wird, ergibt sich die Trägheit der Bewegung. Und erst dann ist ein mechanistisches Bewegungsverständnis erreicht. Es ist also das Element der Beschleunigung, das dem physikalischen Kraftbegriff entspricht. Ein besonders interessanter Aspekt ist also die Beachtung der Konnotation des verwendeten materialen Kraftbegriffs. Sie kann von unseren Probanden animistisch und artifizialistisch verstanden werden. Sie kann als Bewegungsursache substantiell, als von den Körpern selbst ausgehend und nicht übertragbar begriffen werden. Sie kann im Sinne der Impetustheorie erfaßt werden, indem die Objektbewegung durch die Erhaltung des hinzugefügten Schwung erklärt wird. Sie kann schließlich auch mechanistisch gedeutet werden, indem sie in dem Begriff der Beschleunigung aufgeht, wobei der Bewegungsgrund dann weder im Medium noch im bewegten Gegenstand liegt. Kraft ändert lediglich den Bewegungszustand des Körpers.[259]

Thema 7:   Das Murmelexperiment

Das Murmelexperiment thematisiert die Bewegungsübertragung durch unbewegte Zwischenglieder. Eine Kugel trifft auf die erste einer Reihe ruhender Kugeln, von denen sich die letzte in Bewegung setzt. Nach der Demonstration haben wir gefragt, warum die letzte Kugel weggerollt ist.[260]

   Es können mit Piaget vier aufeinanderfolgende Stadien der Erklärung unterschieden werden. Kinder in der Anfangsphase glauben an innere bewegende Kräfte. Die

---

258 Auch der Schwung kann handlungslogisch verstanden werden, etwa indem er das Projektil von außen schiebt. Er übt dann dieselbe Funktion aus, wie die Luft.

259 Zu den Kindervorstellungen über Kraft und Bewegung vgl. Piaget 1970, S. 114ff sowie die 1950 publizierte, stärker formalisierte und mehr auf die vorwissenschaftlichen Formen des Kraftbegriffs abhebende zusammenfassende Darstellung in Piaget 1975d, S. 63ff.

260 Zu diesem von Piaget vielfach beschriebenen Experiment, den dazu unterschiedenen Stadien der Erklärung und den Hinweisen auf Analogien zur historischen Entwicklung der Bewegungserklärung vgl. Piaget 1984f, S. 64ff.

letzte Murmel bewege sich selbständig, aus eigener Kraft weg. In der zweiten Phase wird zwar die innere bewegende Kraft eliminiert, jedoch ein vermittelnder Schwung noch nicht unterschieden. Die aktive Kugel wird dadurch zum Ursprung einer "Gesamtwirkung", die sich wie folgt darstellt: Zunächst gibt es einen von Geschwindigkeit (v) und Masse (m1) abhängigen Impuls (p=m1v). Die Bewegung der aktiven Murmel überträgt sich mit der Geschwindigkeit (v) auf die erste passive Kugel, die der aktiven Kugel Widerstand in Form des Gewichts (m2) entgegensetzt und sie zum Anhalten bringt. Die getroffene passive Kugel muß sich bewegen, wenn sie den Impuls erhält, weil dieser Impuls (p=m2v) nicht von einem innerhalb der Gesamtwirkung (mvs) durchlaufenen Weg (s) zu trennen ist. Er wird sukzessive weitergegeben. Das widerspricht zwar dem Augenschein, da die passiven Murmeln unbewegt bleiben. Der Komplex (mvs) hält sich aber in seiner Undifferenziertheit so hartnäckig, daß die Kinder zu sehen glauben, wie sich die Zwischenglieder bewegen, die in Wirklichkeit unbeweglich an ihrer Stelle bleiben. Dieser Impuls mit vermuteter Ortsveränderung setzt sich dann immer weiter fort, bis hin zur letzten Kugel. Diese bewegt sich als einzige weg, da nichts mehr ihr Widerstand entgegensetzt. Es wird deutlich, daß dieses Konzept einer "Gesamtwirkung" (mvs) auf der Unmöglichkeit beruht, sich eine mittelbare Übertragung vorzustellen, weshalb diese durch aufeinanderfolgende unmittelbare Übertragungen ersetzt wird, durch die sich die Bewegung Schritt für Schritt fortpflanzen soll. Auf der dritten Stufe wird erklärt, die aktive Murmel habe durch ihre Kraft einen Schwung weitergegeben, der durch die passiven Kugeln hindurchlaufe und die Bewegung der letzten auslöse. Die Wirkung der aktiven Kugel, dann allmählich der Impuls, rufen eine Bewegung der passiven Kugel nur unter der Bedingung hervor, daß sie ihr Schwung geben. Der Schwung bildet also das notwendige Verbindungsglied zwischen dem Impuls und der aufgenommenen Bewegung. Viele Kinder glauben, daß sich der von einem auf das folgende Zwischenglied übertragene Schwung addiere. Der letzten Kugel kommt dann ein Gesamtschwung zugute, der größer ist als der, den die erste der passiven Kugeln erhalten hat. Desgleichen denken andere, daß sich die Schwünge infolge von Widerständen abschwächen, durch eine Art Verausgabung abnehmen würden. Kurz: Schwung entsteht aus Kraft und erzeugt Bewegung; d.h. Kraft, Bewegung und Schwung werden unterschieden, sind aber noch nicht in ein kohärentes und stabiles System integrierbar. Bildete der Schwung während der dritten Phase die Ursache für die Bewegung, wird zuletzt allmählich der Schwung als ein Aspekt der Geschwindigkeit, als deren Steigerung begriffen, was auf den Begriff der Beschleunigung hinzielt. Der Schwung ist nicht mehr ein die Bewegung erzeugender gesonderter Kausalfaktor. Die Kraft wird zu einer Funktion der Beschleunigung. Die nunmehr vollkommen nach innen verlegte Übertragung der Bewegung läßt keine kumulativen Effekte oder

Einbußen mehr zu. Dies ist ein Hinweis auf die Erhaltung der Bewegungsmenge oder kinetischen Energie.[261]

Zum Abschluß wird in der verkürzten Form einer tabellarischen Übersicht das Untersuchungsdesign mit den sieben Themen, den dreizehn Fragen und dem dabei verfolgten Erkenntnisinteresse präsentiert (Tabelle IV).

---

261 Vgl. dazu das Kapitel "Psychogenesis and Pre-Newtonian Physics", eine mit zusätzlichen Erklärungen angereicherte Erweiterung des Aufsatzes "Die historische Entwicklung und die Psychogenese des Impetus-Begriffs" (1984f), in Piaget/Garcia 1989, S. 63ff.

Tabelle IV: Übersicht über die Themen, die Fragestellungen und das Erkenntnisinteresse

Die 7 Themen	Die 13 Fragen	Das Erkenntnisinteresse
I. Zur Wolkenbewegung/zum Ursprung von Wind und Wolken/zum Bewußtsein von Wolken	(1) Warum bewegen sich die Wolken? (2) Woher kommen/wodurch entstehen die Wolken? (3) Woher kommt/wodurch entsteht der Wind? (4) Wissen die Wolken, daß sie sich bewegen?	(1-4): Bestimmen handlungslogische Strukturen die Erklärungen? (2/3): Lassen sich artifizialistische Erklärungen feststellen? (4): Lassen sich animistische Erklärungen feststellen?
II. Das Aufsteigen des Rauches	(5) Warum steigt der Rauch nach oben?	(5): Bestimmen handlungslogische Strukturen die Erklärungen?
III. Das Fächerexperiment	(6) Woher kommt die Luft, die durch das Bewegen des Fächers vor dem Gesicht zu spüren ist?	(6): Bestimmen handlungslogische Strukturen die Erklärungen?
IV. Der freie Fall	(7) Warum fällt ein Stein beim Loslassen zu Boden? (8) Weiß der Stein, daß er fällt?	(7): Bestimmen handlungslogische Strukturen die Erklärungen? Läßt sich das teleologische Erklärungsmuster Aristoteles' oder der Impetustheorie nachweisen? (8): Lassen sich animistische Deutungen feststellen?
V. Zur Bewegung von Sonne und Mond/Zum Leben und Bewußtsein von Sonne und Mond	(9) Warum und wodurch bewegen sich Sonne und Mond? (10) Leben Sonne und Mond? (11) Wissen Sonne und Mond um ihre Bewegung?	(9): Bestimmen handlungslogische Strukturen die Erklärungen? (10/11): Lassen sich animistische Deutungen feststellen?
VI. Der Wurf	(12) Warum fliegt ein Stein, der geworfen wurde, einige Zeit und fällt dann herunter?	(12): Bestimmen handlungslogische Strukturen die Erklärungen? Läßt sich das Aristotelische oder das impetustheoretische Erklärungsmuster nachweisen?
VII. Das Murmelexperiment	(13) Eine Murmel trifft auf eine Reihe ruhender Murmeln, von denen sich die letzte in Bewegung setzt. Warum ist sie weggerollt?	(13): Bestimmen handlungslogische Strukturen die Erklärungen? Läßt sich das Aristotelische oder das impetustheoretische Erklärungsmuster nachweisen?

5. Erhebungsmethode und die Datenerhebung

5.1 Zur Methode der Datenerhebung in der genetischen Psychologie: Das "klinische Interview"

Besteht die Absicht, die Strukturen der Kausalität zu untersuchen, dann ist es sinnvoll, die Methoden der Datenerhebung darauf auszurichten. Ausgehend von unseren Untersuchungsfragen haben wir uns für die genetische Methode der Befragung entschieden. In Anlehnung an Piagets "klinischer Methode"[262] wurden mündliche Interviews durchgeführt. Bevor ich unsere im Vergleich zu der Genfer Schule etwas modifizierte Form der Datenerhebung erläutern werde (5.3), sollen an dieser Stelle zunächst die Grundlagen der genetischen Erhebungsmethode kritisch erörtert und das Verfahren der "klinischen Methode" vorgestellt werden. Danach wird auf einige Probleme eingegangen, die mit der Verwendung der klinischen Methode im Kulturvergleich verbunden sind (5.2).

Piaget war der Auffassung, daß nur empirisch-experimentelle Verfahren psychologische Aussagen begründen können, die spekulative philosophische Introspektion und Reflexion als Verifizierungsverfahren nicht ausreichen (vgl. Piaget 1985, S. 23). Mit dem Ziel, die dem Denken zugrundeliegenden Strukturen transparent zu machen, begründete er sein methodisches Vorgehen, das sich in wesentlichen Eigenheiten von den gängigen Verfahren der Datengewinnung in der Psychologie abhebt und vor allem durch den weitgehenden Verzicht auf statistische Verfahren gekennzeichnet ist.[263] Seine Methoden lassen sich zwar als experimentell charakterisieren, sie sind aber in der Regel nicht quantifizierend.[264] In der Tat beschränkt sich die Verwendung von "Statistik" in seiner Forschungspraxis auf Häufigkeitsverteilungen.[265] Sofern sie angegeben werden, dienen sie dazu, den Vorwurf zu entkräften, zufällige Einzelbeobachtungen und -analysen unzulässig zu generalisieren. Piagets Kernmethode der Datengewinnung ist die Befragung, das "klinische Interview." Sie wird manchmal

---

262 Zur "klinischen Methode" vgl. Piagets Einleitung in Piaget 1981a, S. 13ff. Die Einleitung vermittelt zudem einen guten Einblick in Piagets methodenkritische Reflexionen. Hier und in dem 1947 geschriebenen Vorwort (1972a) zur dritten Auflage des bereits 1924 erschienen Bandes "Urteil und Denkprozeß des Kindes" finden sich seine ausführlichsten Auseinandersetzungen mit methodologischen Fragen.

263 Dieser Umstand erklärt wohl auch die Skepsis, mit der bis heute mancherorts Piagets Forschungsergebnissen begegnet wird, insbesondere von denen, die exakte empirische Forschung mit der Quantifizierung der Daten verbinden.

264 Ließ er sich, selten genug und mit spürbarem Widerwillen, dennoch auf Statistiken ein, so aus Gründen, die ihm von außen auferlegt wurden. Einerseits fühlte er sich bemüßigt, der Kritik vorzubeugen, aufgrund von zehn oder zwanzig individuellen Fällen Werke geschrieben und Theorien konstruiert zu haben (vgl. Piaget/Inhelder 1973, Bd. 1, S. 17), andererseits wurde er genötigt, möglichen Einsprüchen gegenüber seinen Ergebnissen - als Folge der zunehmenden Kontrollen durch Replikationsstudien - frühzeitig zu begegnen, indem er seine Behauptungen durch zusätzliche statistische Angaben untermauerte und durch Gegenproben überprüfte (vgl. Piaget/Inhelder 1979, S. 9f).

265 Vgl. Katzenbach, der die Methoden der genetischen Psychologie ausführlich diskutiert. Katzenbach 1992, S. 117ff.

durch Beobachtungsdaten und Experimente ergänzt. Die eingesetzten Techniken variieren, abhängig von Fragestellung, untersuchten Gegenstandsbereichen und den jeweiligen Altersgruppen.[266]

Der Prozeß der Datengewinnung sieht wie folgt aus: Es werden im Vorfeld bestimmte empirisch zu überprüfende Probleme aufgeworfen und dazu Hypothesen aufgestellt. Anschließend werden diese Hypothesen an den Reaktionen der Probanden überprüft, die im "klinischen Interview" ausgelöst wurden. In der Befragungssituation trifft ein Interviewer in einer dyadischen Konstellation auf einen Befragten. Die Praxis des klinischen Interviews ist eine wechselseitig determinierte Interaktionssituation zwischen den Beteiligten, mit einer Reihe von Fragen seitens des Interviewers und Antworten durch die entsprechende Versuchsperson. Kennzeichnend für diese Methode der Befragung ist die offene Strukturierung des Interviewverlaufs und das Fehlen jeglicher Formen von standardisierten Elementen. Es wird nur der allgemeine Rahmen der Befragung vorgegeben, nicht jedoch, in welcher Form die Informationen eingeholt werden. Während der Gesprächsführung läßt sich der Interviewer zu Fragevariationen und weiteren Fragen anregen, unmittelbar durch die vorausgegangenen verbalen Reaktionen der Probanden, mittelbar durch sein theoretisches Hintergrundwissen. Dies führt dazu, daß sich der Dialog mit jedem Individuum anders gestaltet. Darüber hinaus wird vom Interviewer ein hohes Maß an Flexibilität und Einfühlungsvermögen verlangt, die wohl am ehesten in der Person und der Erfahrung Piagets selbst verbürgt waren und die von vergleichsweise unerfahrenen, wenn auch geschulten Interviewern nur annähernd erreicht werden (vgl. Buggle 1985, S. 44ff). Charakteristisch für diese subtile Befragungsmethode ist auch, daß besonderen Wert gelegt wird auf die Begründungen der Antworten. Nur anhand der Begründungen lassen sich die individuell vorhandenen kognitiven Strukturen und Kompetenzen der Versuchspersonen erschließen.

Die Notwendigkeit des klinischen Vorgehens wird von Piaget damit begründet, daß standardisierte Fragen und Tests die Gefahr beinhalten, die Richtung des Denkens zu verfälschen, insofern sie suggestiv wirken oder in ihrer Formulierung Elemente beinhalten, die den Probanden überfordern könnten. Zudem bleiben individuelle Eigenarten im Antwort- und Begründungsverhalten unberücksichtigt und lassen die gewonnenen Ergebnisse keine Rückschlüsse auf den Entstehungszusammenhang des Denkens und das Denken selbst zu. Deshalb sind Tests, die auf standardisierten Fragen basieren, ungeeignet. Testergebnisse sind, so Piaget und Inhelder, als Resultate geistiger Aktivitäten zu interpretieren, die nicht unbedingt die psychologischen Operationen selbst berühren (vgl. Piaget/Inhelder 1947, S. 401).

---

266 Das klinische Interview wurde von Piaget hauptsächlich in den zwanziger und dreißiger Jahren eingesetzt. Diese Befragungstechnik wurde später um die "kritische Methode" ergänzt und schließlich durch sie ersetzt. Sie blieb zwar dem Prinzip des freien Gespräches treu, fügte dem aber den praktisch-handelnden Umgang mit konkretem Material hinzu, um dem Handlungscharakter der Erkenntnis gerecht zu werden.

Beide haben sich darum wiederholt - und meines Erachtens völlig berechtigt - gegen die in den Replikationsstudien wie auch im Kulturvergleich geläufige, aber fragwürdige Umwandlung klinischer Befragungstechniken in standardisierte und deverbalisierte Tests nach Art der Intelligenztests gewehrt (Kamera/Easley 1977, S. 26ff). Andererseits läßt die alternative Variante der reinen Beobachtung und bloßen Registrierung der spontanen Antworten ohne klärende Zwischenfragen nur einen Teil dessen erfahren, was ein Individuum wirklich denkt. Deshalb sind weder starre Experimentiertechnik noch die reine Beobachtung und Registrierung spontaner sprachlicher Äußerungen ausreichend. Beide bleiben an der Oberfläche und liefern keine Aufschlüsse über die dahinter verborgenen Mechanismen des Denkens.[267] Entsprechend dem methodischen Vorgehen differieren oft auch die erzielten Befunde. Insbesondere Laurendeau und Pinard, die die frühen in der Tradition Piagets stehenden Nachfolgeuntersuchungen zum Kausalitätsverständnis auch unter methodologischen Gesichtspunkten prüften, konnten zeigen, daß die Ergebnisse der Arbeiten, welche die Resultate der Genfer Schule nicht bestätigen, wesentlich auf die Benutzung divergenter Untersuchungsmethoden zurückzuführen sind (vgl. Laurendeau/Pinard 1962, S. 23ff).

Neben unbestreitbaren Vorteilen hat diese nicht-standardisierte Befragungsmethode auch ihre Grenzen. In der Interviewmethode liegen eine Reihe von Fehlerquellen, die schon Piaget nicht verschwiegen hat. So ist der Interviewer nicht davor gefeit, Suggestivfragen zu stellen und bestimmte Antworten zu provozieren. Um den Einfluß dieser Fehlerquelle zu kontrollieren verlangte Piaget die oben bereits erwähnte Form der Tiefenexploration, das Insistieren auf Begründungen, die Wiederholung von Fragen und die Formulierung von Gegenvorschlägen. Damit soll die Unterscheidung von wesentlichen Überzeugungen und zufällig fabulierten Verlegenheitslösungen ermöglicht werden (Piaget 1981a, S. 26ff). Diese Kontrollmöglichkeiten werden jedoch nicht nur von den Piaget gegenüber besonders kritisch eingestellten Vertretern standardisierter Methoden als unbefriedigend erachtet, sondern auch von einigen in seiner Tradition stehenden Autoren bemängelt.[268] Weiterhin wird kritisiert, daß die Untersuchungsberichte, die von Piaget und methodisch ähnlich orientierten Forschern vorgelegt wurden, vielfach keine genaue Wertung hinsichtlich der Absicherung der mitgeteilten Ergebnisse erlauben. So wurde schon von Piaget - und wird auch heute noch - auf sehr schmaler Stichprobenbasis gearbeitet. Dies

---

267 Trotz eines gewissen Verständnisses für die Kritik an seinen Methoden vertrat Piaget auch noch in den siebziger Jahren diese Sichtweise auf das Vorgehen in der Befragung. Er ging sogar so weit, bestimmte, seine eigenen Untersuchungen nicht bestätigende Ergebnisse, etwa die von Almy et al. (1966) festgestellte Regression in einigen Gebieten der Entwicklung, auf die Anwendung einer standardisierten Befragungsmethode zurückzuführen. Vgl. Piagets methodenkritische Bemerkungen im Vorwort zu Almy/Chittenden/Miller 1966.

268 Zur Kritik aus der Tradition Piagets vgl. für viele Hoppe/Schmid-Schönbein/Seiler 1977, S. 110ff.

gilt inbesondere für den sensomotorischen Bereich.[269] Kritisiert wird in diesem Zusammenhang auch, daß in vielen Untersuchungen Piagets Angaben über den Stichprobenumfang, das Vorgehen bei der Stichprobenauswahl und die Daten über die Zusammensetzung der Stichprobe sowie bedeutsame Charakteristika der Versuchspersonen fehlen. Ein methodischer Mangel besteht meines Erachtens auch darin, daß die aufgestellten Hypothesen nicht am Gesamt des Untersuchungsmaterials aus einer Stichprobe überprüft werden, sondern allein das Auffinden sogenannter "typischer" oder einer größeren Zahl "passender" Beispiele Nachweis genug ist, es deshalb keiner zusätzlichen Erfassung und Auswertung des Befragungsmaterials bedarf.[270] Quantitative Einschätzungen, etwa zum Ausmaß von Variabilität oder Invarianz von Antworten und Begründungen oder auch nur zu der Anzahl an Personen, die in einer Stichprobe für ein bestimmtes Erklärungsmuster einstehen, sind deshalb nicht möglich und die Replikationsstudien diesbezüglich kaum mit den Orginaluntersuchungen zu vergleichen. Die unkommentierte und fast ausschließliche Anwendung von Querschnitt-Untersuchungen zur Erfassung der Entwicklung und das Fehlen von Längsschnittuntersuchungen wird ebenso kritisiert und ist wohl nicht zuletzt auf Piagets geringes Interesse an Versuchsdesigns zurückzuführen.[271]

5.2   *Die klinische Methode in der kulturvergleichenden Forschung*

Die Heterogenität der Resultate in der kulturvergleichenden Forschung im Sinne Piagets ist auch auf die Unterschätzung oder Nichtbeachtung der methodischen Schwierigkeiten zurückzuführen, die bei einem solchen Vergleich prinzipiell entstehen. Dies gilt insbesondere für die erste Phase der Anwendung und Überprüfung der Theorie Piagets in der Feldforschung. Für diese Zeit zwischen Ende der sechziger und siebziger Jahre ist ein geringes methodisches Bewußtsein festzustellen. In diesen älteren Studien beschränkte man sich darauf, die Genfer Tests auf fremde Kulturen zu übertragen. In den letzten Jahren allerdings werden Methodenprobleme stärker thematisiert (vgl. Wassmann 1988, S. 21f u. 31ff).

Dasen zufolge bietet die "klinische Methode" den Vorteil, für die kulturvergleichende Forschung attraktiv zu sein, weil sie, worin ihm zuzustimmen ist, jeder kulturellen Situation angepaßt werden kann (vgl. Dasen 1972, S. 24). Wie die Praxis des Kulturvergleichs zeigt, ist die Anwendung dieser Befragungsmethode in fremden

---

269 Diese Tatsache hat Brainerd zu dem völlig überzogenen Urteil verleitet, die Forschungsergebnisse Piagets seien "as little more than pilot data by most psychologists' standards". Vgl. Brainerd 1978, S. 39f.

270 Dies gilt auch für Piagets Untersuchungen zur Kausalitätsentwicklung. Vgl. Piaget 1970 und die knapp einhundert referierten Untersuchungen in Piaget/Garcia 1974.

271 Zu den Mängeln in den methodischen Grundlagen und den Kritikpunkten an der klinischen Befragung vgl. Trautner 1991, S. 222f u. Hoppe/Schmid-Schönbein/Seiler 1977, S. 110ff.

Kulturen jedoch nicht ganz unproblematisch. Von den zuvor schon angesprochenen Problemen einmal abgesehen, ergeben sich erhebliche zusätzliche Probleme. Sie reichen von der mangelnden Vertrautheit mit dem ethnologischen Hintergrund der untersuchten Kultur, über die fehlende Erfahrung in der Technik der Befragung, der mißbräuchlichen Umwandlung der "klinischen" Vorgehensweise in non-verbale Tests bis hin zur eingeschränkten Kommunikation aufgrund unvollkommener Fremdsprachenkenntnisse.[272] Deshalb bedarf die Anwendung des klinischen Interviews im Kulturvergleich zusätzlicher Voraussetzungen, die aber in der Praxis oft nur schwer einzulösen sind.[273] In Kenntnis der kulturvergleichenden Resultate, zumindest denen, die bis Anfang der siebziger Jahre publiziert wurden, erkannte schon Piaget die Problematik und war dementsprechend vorsichtig bei der Bewertung der Ergebnisse (vgl. Piaget 1984c, S. 120ff). Er wies deshalb immer wieder auf die methodischen Schwierigkeiten in der Durchführung von kulturvergleichenden Studien hin und warnte vor unsystematischen und ungenauen Untersuchungen: "Solche Forschungen sind aber schwierig durchzuführen, denn sie setzen eine gute psychologische Ausbildung in den Techniken der operativen Prüfung (mit freiem Gespräch und nicht durch Standardisierung in der Art der Tests: nicht alle Psychologen haben diese Ausbildung), aber ebenso auch ausreichende ethnographische Kenntnisse und eine vollständige Beherrschung der Eingeborenensprache voraus. Uns sind nur wenige Versuche dieser Art bekannt" (Piaget 1980a, S. 112).[274]

Bei der Sichtung der vorliegenden kulturvergleichenden Arbeiten und Replikationsstudien, die in der Tradition Piagets durchgeführt wurden, zeigte sich ein bemerkenswerter methodischer Unterschied darin, ob und wie die klinische Methode angewandt wurde. In einigen Arbeiten wurde gänzlich auf sie verzichtet, in anderen fand sie nur in einem sehr eingeschränkten Sinne Anwendung, indem nur Ja/Nein-Antworten, nicht aber Begründungen erfragt wurden. Doch verbleiben die Erkenntnisse, die durch solch ein unbefriedigendes und defizitäres Verfahren, das den Intentionen Piagets widerspricht, entgegen den Behauptungen der Forscher an der Oberfläche. Sie lassen keine wirklichen Aussagen über zugrundeliegende Denkstrukturen zu. Von bestimmten Häufigkeitsverteilungen abgesehen, besitzen solche Ergebnisse kaum einen Erklärungswert. Die Gründe für die Anwendung einer derartigen Befragungstechnik reichen vom fehlenden Verständnis von Piagets grundsätzlicher

---

272 Vor dem Hintergrund dieser Probleme bezeichnen Dasen und Heron den methodologischen Stand in der kulturvergleichenden Forschung als noch unbefriedigend, obwohl inzwischen zunehmend mehr in der klinischen Gesprächsführung kompetente Psychologen aus nicht-westlichen Gesellschaften Untersuchungen in ihren Herkunftsländern durchführen. Vgl. Dasen/Heron 1981, S. 319.

273 Vom Sprachproblem ist selbst Dasen nicht ganz verschont geblieben, wie seine Untersuchungen bei den australischen Aborigines zeigen. Er fand weder einen geeigneten Dolmetscher, noch war er selbst in der Lage, die Interviews in der Sprache der Aborigines durchzuführen. Er mußte deshalb auf die englische Sprache zurückgreifen und wegen der großen Verständigungsprobleme eigens eine zusätzliche Klassifikationsrubrik einführen. Vgl. Dasen 1974, S. 390.

274 Vgl. auch seine diesbezüglichen Bemerkungen im Gespräch mit Bringuier 1989, S. 33f.

Fragestellung bis hin zur mangelhaften Beherrschung der klinischen Gesprächsführung, im Kulturvergleich oft ergänzt durch die fehlenden oder nur spärlich vorhandenen Sprachkenntnisse der Versuchsleiter.[275]

In anderen komparativen Arbeiten wurde, wie bei uns auch, entschieden Wert auf die verbalen Erklärungen gelegt. Nur diese Befragungsvariante ermöglicht die Überprüfung der Denk- und Erklärungsstrukturen. Sie kann auch im Vergleich zu der zuvor genannten Vorgehensweise zu nachweislich unterschiedlichen Ergebnissen führen (vgl. Laurendeau/Pinard 1962, S. 23ff). Eines von vielen Beispielen aus unserer Untersuchung soll diesen Sachverhalt verdeutlichen: Versuchsperson 16, ein 35jähriger Mann, wurde gefragt: *Denken sie, daß die Sonne lebt*? Seine Antwort: *Die Sonne ist nicht lebendig*. Diese Antwort würde im Schema des Ja/Nein Vorgehens eindeutig der Kategorie "nicht-animistisch" zugeordnet werden. Daß hier aber größte Vorsicht geboten ist zeigen die Fortsetzung des Dialogs und die Begründung: *Warum denken sie das?* Antwort: *Aber eigentlich ist sie schon lebendig, weil sie nämlich scheint. Also, mit lebendig meine ich, so wie die Natur die Erde als lebendig schuf. Ich weiß nicht, wie die Sonne etwas gibt, sie gibt Licht und ist zu Asche geworden, so etwa wie eine Wüste. Wir können sehen, daß sie lebt. Sie ist lebendig.* Frage: *Du meinst, weil sie scheint, lebt sie?* Antwort: *Natürlich, weil sie nützlich ist.* Diese Begründung verdeutlicht, daß die Erklärung anders einzuschätzen ist, als es das Ja/Nein Schema nahelegt. An diesem Beispiel wird auch erkennbar, wie nötig es ist, Begründungen zu erfragen.

5.3   Das methodische Vorgehen bei der Datenerhebung

Die von uns verwendete, auf Piaget zurückgehende Methode der Befragung wurde zum Zwecke der Untersuchung modifiziert. Sie wurde stärker systematisiert und teilweise ergänzt um die für heutige Untersuchungs- und Befragungsmaßstäbe auffälligsten Defizite und gröbsten Mängel zu eliminieren.

Wir sind mit Buggle der Meinung, daß, "ohne die Vorteile der 'klinischen' Methode opfern zu müssen, wesentlich mehr an Standardisierung und intersubjektiv kontrollierbarer und kontrollierter Auswertung möglich" ist (Buggle 1985, S. 47). Dazu kann schon der Prozeß der Datenerhebung beitragen, indem standardisierte Elemente in das Interviewverfahren eingebaut werden. Den allgemeinen Grundsätzen von Piagets "klinischer Methode" folgend, wurden mündliche Interviews durchgeführt, wobei wir eine Reihe semistrukturierter Fragen benutzten, die es uns

---

275 Mit entsprechenden Belegen siehe Wassmann 1988, S. 37.

erlaubten, den Vorstellungen der Probanden nachzugehen. Die Interviewten erhielten somit die gleichen Chancen zur Präsentation ihres Denkens.[276]

Wir erstellten einen schriftlichen Interviewerleitfaden in dem für jeden Untersuchungsbereich eine Reihe von Ausgangsfragen (siehe Kapitel 4.2) mit zusätzlichen Nachfragevorschlägen formuliert waren. Die vorgegebenen Ausgangsfragen - die Reihenfolge der einzelnen Themen wurde über die Untersuchung hinweg konstant gehalten - wurden allen Probanden gestellt. Allerdings blieb es den Interviewerinnen, zwei türkische Studentinnen mit guten deutschen und türkischen Sprachkenntnissen, überlassen, sie in freier Formulierung zu behandeln.[277] Diese standardisierten Fragen und die darauf von den Probanten gegebenen Antworten nennen wir die "strukturierte Phase" des Interviews. Oftmals ergab schon diese Interviewphase strukturell analysierbare Antworten. Häufig jedoch mußten die Interviewerinnen eine zweite, die "offene Phase" anschließen. Diese bestand aus Fragen, die die Interviewerinnen selbständig und spontan im Verlauf des Interviews formulieren mußten, um die Probanden zu Begründungen für ihre Vorstellungen oder deren weitere Erläuterung anzuregen. Diese Vertiefung der Antworten durch die Modifikation und Ergänzung der Fragen blieb ganz dem Geschick der Interviewerinnen anheimgestellt. Dies verlangt eine Interviewführung, die die Aussagen der Interviewten immer wieder auf deren Begründungsstruktur hin befragt und bei mangelnder Explikation Sondierungsfragen stellt. Nur so sind die Kausalvorstellungen der Probanden ans Licht zu bringen.[278]

Um einen möglichst reibungslosen Ablauf der Interviews zu gewährleisten sollten sich die Interviewerinnen ausschließlich auf die Befragung konzentrieren. Bei unserer Untersuchung konnten sie sich uneingeschränkt der Gesprächsführung widmen, indem die Gespräche mit Hilfe eines Tonbandgerätes aufgezeichnet wurden und eine zweite Person die benötigten Materialien bereitstellte und sie von der Bedienung der Tonbandgeräte sowie in der Kontrolle der Aufnahme entlastete. Ebensowenig mußten sie die Fragen und die erhaltenen Antworten unmittelbar übersetzen.[279]

---

276 Diese Variante ist auch in der neueren entwicklungspsychologischen Forschung weitgehend üblich: Selman und Kohlberg haben dieses Befragungsverfahren dergestalt praktiziert, daß alle Probanden mit identischen Ausgangsfragen konfrontiert wurden. Zu der Methodik des semistrukturierten Interviews vgl. Selman 1984, S. 86 u. S. 94ff sowie Colby/Kohlberg 1987. Kohlberg ging bei der Erhebung von Moralinterviews sogar soweit, präzise Fragestellungen beinhaltende Nachfragekataloge vorzugeben. Dies ist allerdings ein zu hoher Grad an Standardisierung.

277 Da ich als Versuchsleiter der türkischen Sprache nicht mächtig bin, wurde wie in vielen anderen Studien auch mit Interviewern gearbeitet, die zuvor einer intensiven Schulung in der klinischen Gesprächsführung unterzogen worden waren. Stellvertretend für Untersuchungen, in denen mit Interviewern gearbeitet wurde, die in der Gesprächsführung eigenständig waren, sei die von Bovet genannt, einem Mitglied von Piagets eigenem Team. Vgl. Bovet 1974, S. 315.

278 Bei jeder Antwort ist die Frage nach der Begründung "der wichtigste Teil der Befragung", so Piaget. Siehe Piaget 1981a, S. 145.

279 Diese Variante praktizierte de Lemnos. Er hat mit einem Dolmetscher gearbeitet, der die Fragen und Antworten direkt übersetzte. Vgl. De Lemnos 1974, S. 369.

Der der kulturvergleichenden Kognitionsforschung gegenüber häufig erhobene Vorwurf, die verwendeten Meßinstrumente seien kulturfremd, kann in unserem Falle als ausgeschlossen gelten. Wie schon aus dem oben vorgestellten Untersuchungsdesign zu ersehen ist, haben wir weder kulturfremde Instrumente noch kulturfremdes Material verwendet. Die Gefahr eines systematischen Meßfehlers durch unfaire Meßinstrumente mit einem kulturellen Bias ist deshalb als gering zu veranschlagen.[280]

Ob das von uns angestrebte Ziel erreicht wurde, immer eine vertrauensfördernde Atmosphäre und Befragungssituation zu schaffen, in der die Befragten zum einen auf ihrem höchsten Kompetenzniveau argumentieren und zum anderen möglichst zwanglos und offen antworten und reagieren können, läßt sich methodisch nicht hinreichend klären. Allerdings hatten wir in keiner Weise den Eindruck, daß die Testsituation, die Fremdheit der Interviewerinnen - die schon dadurch begrenzt war, daß sie der untersuchten Kultur selbst entstammten - oder die Fragen jemanden eingeschüchtert haben. Einzig die Tatsache, daß die Antworten während der Anwesenheit von nicht-türkischen Fremden gegeben werden mußten, hat bei einigen Probanden zu Verunsicherungen geführt. Sie waren aber mit dem Hinweis auf die fehlenden türkischen Sprachkenntnisse recht schnell behoben.

Für die Durchführung der Interviews standen uns zwei Interviewerinnen zur Verfügung. Eine weibliche Interviewerin wurde von uns in der Vorbereitungsphase schon deshalb eingeplant, weil eine Befragung weiblicher Versuchspersonen in der türkischen Dorfgesellschaft, bedingt durch die rigide Trennung der Geschlechter, eine weibliche Interviewerin erforderlich macht.[281] In der Feldphase stellte sich dann jedoch heraus, daß für die Interviews mit Männern ein männlicher Interviewer von Vorteil gewesen wäre. Da uns aber kein geeigneter Interviewer zur Verfügung stand, wurden auch die Männer von unseren Interviewerinnen befragt. Dies führte dazu, daß einige Männer sich überhaupt weigerten, an den Interviews teilzunehmen bzw. ihr Wissen von einer Frau abfragen zu lassen. Andere hatten merkbare Schwierigkeiten den Interviewerinnen gegenüber. Sie befürchteten den "gebildeten" Frauen gegenüber als ungebildet und unwissend zu erscheinen, oder sie hatten Angst, bei Unsicherheiten ertappt zu werden. Die genannten Reaktionen sind wohl hauptsächlich darauf zurückzuführen, daß in dörflichen Kleinbauernfamilien traditionell der Mann die dominante Figur ist, die vieles alleine entscheidet und es damit keine Grundlage gibt für ein gleichberechtigtes Gespräch mit einer Frau (vgl. Planck 1972, S. 238).[282] Typisch und dazu passend war auch, daß die Männer über die Teilnahme oder Nicht-

---

280 Auch Ember ist grundsätzlich der Ansicht, daß systematische Meßfehler bei Aufgaben zum Kausalitätsdenken eher auszuschließen sind. Vgl. Ember 1984, S. 123.

281 Auch Schiffauer berichtet, daß es ihm in der streng nach Geschlechtern getrennten Dorfgesellschaft von Subay nur ausnahmsweise möglich war, mit Frauen zu reden. Vgl. Schiffauer 1987, S. 10.

282 Anmerkenswert ist, daß die beschriebene Problematik in dem städtischen Gecekondu weniger auffällig war.

Teilnahme der Ehefrauen am Interview bestimmten. Des öfteren wurden die Frauen von ihnen vorgeschickt. Anschließend erkundigten sie sich, wie das Interview verlaufen sei und ob die Fragen beantwortet werden könnten. Davon machten sie dann die eigene Teilnahme abhängig. Wurde die Frage von den Frauen bejaht, dann wurde dies oft als Herausforderung begriffen, es auch und womöglich besser zu können. Wenn Unsicherheiten im Vordergrund standen, dann wurde die Mitarbeit des öfteren versagt.[283] Kurz: Während die Interviews mit den Frauen in sehr entspannter Atmosphäre stattfanden, streßfrei waren und sich kommunikativ gestalteten, traf für die Interviews mit den Männern manchmal eher das Gegenteil zu. Der dadurch provozierte Verdacht, die uns gegebenen Antworten würden unter solchen Bedingungen den kognitiven Stand der Entwicklung nicht zutreffend wiedergeben, läßt sich durch folgende Überlegung ausräumen: Da man über kognitive Strukturen nicht verfügen kann, ist es in einer stressigen Interviewsituation allenfalls möglich, daß die Befragten nicht auf ihrem höchsten Kompetenzniveau argumentieren. Die Erklärungen wären aber für unser entwicklungslogisches Interesse nicht wertlos, denn auch solche Aussagen müßten sich entlang der prognostizierten Entwicklungslinie verorten lassen, falls unsere diesbezügliche These zutreffen sollte.

Das aus der kulturvergleichenden Literatur bekannte Phänomen, daß viele der untersuchten Versuchspersonen aus Populationen traditionaler Gesellschaften große Schwierigkeiten haben bzw. nicht in der Lage sind, ihre eigenen Gedanken in Worte zu fassen, wodurch ein Dialog im Piagetschen Sinne unmöglich wird, mag zwar richtig sein (vgl. Greenfield 1984, S. 96ff), trifft in unserem Fall aber nicht zu. Es konnten auf alle Fragen plausible Antworten gegeben werden, wenn auch nicht immer in sehr differenzierter Form.

6. Die Methode der Datenauswertung

Viele qualitativ angelegte Forschungsprojekte leiden, wie Aufenanger bemerkt, unter einem Berg von erhobenem Material, dessen Ausmaße oft erst dann bewußt werden, wenn es an die Auswertung der Daten geht (Aufenanger 1991, S. 35f). Dieser Sachverhalt entsteht häufig deshalb, weil der methodische Ansatz qualitativer Verfahren meist auf die Phase der Datenerhebung zentriert ist, die Probleme der Umsetzung in eine qualitative Auswertung und der damit verbundene enorme zeitliche Aufwand aber nicht gesehen oder falsch eingeschätzt werden. Fatale Konsequenz sind dann oft unsystematische, im Vergleich zum Erhebungsaufwand wenig exakte Auswertungen. Oft kommt die fehlende Transparenz des Auswertungsverfahrens hinzu. In manchen Untersuchungen bleibt es der Phantasie des Lesers überlas-

---

283 Es versteht sich, daß die Interviewerinnen in solchen Situationen natürlich darauf achteten, daß nichts von unseren Fragen besprochen wurde.

sen nachzuvollziehen, über welche konkreten Schritte der oder die Autoren zu ihren Ergebnissen gelangt sind. Um den Auswertungs- und Interpretationsprozeß für den Leser plausibel und nachvollziehbar zu gestalten, wird im folgenden das Auswertungsverfahren formal beschrieben und werden die Einzelschritte der Auswertung offengelegt.

Grundsätzlich gilt, daß es innerhalb der qualitativen Sozialforschung keinen Konsens über eine bestimmte anzuwendende Auswertungs-, Analyse- und Interpretationsmethode gibt. Vielmehr wird angestrebt, dem jeweiligen Forschungsvorhaben eine an Thema und Erhebungsmethode orientierte Auswertungsmethode auf den Leib zu schneidern. Das gilt auch für die Auswertung der durch klinische Tiefeninterviews erzeugten Daten. Demzufolge besteht der erste Schritt der Auswertung in der Entwicklung einer Auswertungsmethode, die den spezifischen Anforderungen des Forschungsprojekts angepaßt ist.[284] Orientieren werde ich mich vornehmlich an der von Lamnek skizzierten, von mir teilweise modifizierten, eher pragmatisch gehaltenen allgemeinen methodischen Handlungsanweisung, welche zwar eine generelle Struktur vorzeichnet, gleichwohl aber offen ist für gegenstandsadäquate Modifikationen (vgl. Lamnek 1989, S. 104ff).

In der qualitativen Methodologie wird grob zwischen dem interpretativ-explikativen und dem interpretativ-reduktiven Auswertungsverfahren unterschieden. Angesichts der Fülle des Materials und vor dem Hintergrund der Tatsache, daß nicht alle Äußerungen der Probanden für das Forschungsinteresse gleichermaßen relevant sind, scheint die zweite Variante sinnvoll. Generell kann der Prozeß der Datenauswertung unterteilt werden in die Phase der Datenaufbereitung, die Phase der Datendarstellung und die Phase der Datenanalyse mit den interpretierenden Schlußfolgerungen. Das interpretativ-reduktive Vorgehen, das der Auswertung und Datenanalyse zugrundeliegt, läßt sich über die folgenden Schritte beschreiben:

Schritt 1: Datenaufbereitung - Die Transkription

Die Datenaufbereitung begann mit der Transkription aller aufgezeichneten verbalen Fragen und Antwortreaktionen. Das umfangreiche Material, welches im Orginal auf Tonbandcassetten vorliegt, wurde von zwei türkischen Übersetzerinnen abgehört und zuerst handschriftlich in türkischer Sprache niedergeschrieben, um eine Dokumentation sämtlicher Informationen zu gewährleisten. Anschließend wurden die Transkripte nochmals mit der Bandaufnahme verglichen und schließlich ins Deutsche übertragen. Abschließend wurden die deutschen Übersetzungen auf Datenträgern erfaßt und ge-

---

284 Aufgrund des fehlenden Konsenses Konsequenzen zu ziehen und eigene Auswertungsmethoden zu entwickeln empfiehlt Lamnek. Vgl. Lamnek 1989, S. 107 u. S. 111. Einen praxisorientierten Einblick in die angedeutete Heterogenität methodologischer Ansätze zur Analyse qualitativer Daten bietet eine neuere Aufsatzsammlung von Hoffmeyer-Zlotnik 1992.

speichert.[285] Für die Transkription wurde auf ein aufwendiges Notationssystem verzichtet. Während alle gesprochenen Sätze wortwörtlich wiedergegeben und inhaltlich vollständig transkribiert sind, wurden die nonverbalen und parasprachlichen Aspekte des Gesprächs unberücksichtigt gelassen und auch nicht zum Gegenstand der späteren Interpretation gemacht. Da das Interesse nicht auf eine konversationsanalytische Auswertung zielte, sondern auf das Aufdecken von Tiefenstrukturen ausgerichtet war und darauf fokussierte, welche expliziten und impliziten Sinngehalte unsere Interviewpartner zur Sprache brachten, hielten wir dieses Verfahren für legitim. Die Vorteile dieser Beschränkung bestehen in der leichteren Handhabung des Materials, die Nachteile ergeben sich aus der Verfremdung einer lebendigen Interaktion zu einem eher statischen Text, dessen Dynamik durch die entsprechende Lesart höchst subjektiv wiederbelebt wird.

Schritt 2: Datenaufbereitung - Die Strukturierung der Rohdaten

Im zweiten Schritt, der Datenaufbereitung, oder, wenn man will, im ersten Schritt der Analyse wurde das Sichten und die Organisation der Daten nach thematischen Schwerpunkten vorgenommen. Dies ist nicht losgelöst von Fragestellung, Untersuchungsgegenstand und den erhobenen Inhalten möglich. In unserem Fall kam die Strukturierung des Materials dadurch zustande, daß für jedes einzelne inhaltliche Thema eine ordnende Klassifikation der Daten vorgenommen wurde. Die Strukturierung erfolgte im Rückgriff auf jene 13 Leitfragen, die während der Konzeptionsphase der Erhebung in den Mittelpunkt gestellt worden waren (siehe Tabelle IV). Diese erste Strukturierung des in seinem Urzustand umfangreichen und teilweise unübersichtlichen Rohmaterials war deshalb von zentraler Bedeutung, weil sie gleichsam eine Art Ariadne-Faden durch das Labyrinth des umfänglichen Materials legte und die Basis der weiteren, darauf aufbauenden Analyseschritte bildete. Ziel und Ergebnis waren einerseits eine Konzentration des Materials, andererseits das Ausscheiden der für die Fragestellung unwesentlichen Anteile der Interviews. Die Notwendigkeit der Datenkonzentration bewirkt immer aber auch eine Transformation der Daten und kann - das darf dabei nicht übersehen werden - zu Informationsverlusten und subjektiv bedingten Verzerrungen führen.

Die Textaufbereitung in dieser Phase der Auswertung war eine Kombination mehrerer Teilschritte. Zunächst wurde der manifeste Inhalt der vorliegenden Interviewtexte strukturiert, indem - geleitet von dem Interesse an den kausalen Erklärungen - die wesentlichen Passagen mit Erklärungen hervorgehoben wurden. An-

---

285 Die mühsame, umfangreiche und zeitraubende Arbeit der Transkription und Übersetzung wurde teilweise von Fatma Kuru, zum größten Teil jedoch von Sevil Mahmardgazioglu übernommen. Von den Schreibarbeiten und der Eingabe der Texte in den PC entlastet wurde der Verfasser dieser Arbeit von Brigitta Kunz. Bei den Genannten möchte ich mich auch an dieser Stelle nochmals für die geleistete Arbeit bedanken.

schließend wurden die Kernsätze aus dem Transkript entnommen. Dadurch entstand ein stark gekürzter, auf das Wesentliche konzentrierter und die Reihenfolge der einzelnen Statements berücksichtigender Text. Dadurch wurde das umfangreiche Material gestrafft und die Übersicht erleichtert. Zur Verdeutlichung soll die Vorgehensweise an einem Beispiel illustriert werden. Es geht dabei um die Erklärung der Fallbewegung. Es wurde gefragt: "Warum fällt ein Stein zu Boden?" Ein zweiter, damit verbundener Fragenkomplex zielte auf animistische Tendenzen in der Erklärung. Es wurde gefragt: "Weiß der Stein, daß er fällt?" Die Erklärungen der Vp 7 sehen in der auf Erklärungen reduzierten Darstellungsform wie folgt aus:[286]

a. Die Gründe für den freien Fall (Frage 7):
...weil du ihn losläßt, weil er sich im luftleeren Raum befindet (A1). Weil er schwer ist (A2). ...weil er schwer ist, zieht ihn die Luft nicht hoch, deshalb fällt er herunter (A3).
b. Der Stein ist sich seines Falls bewußt/nicht-bewußt (Frage 8):
Was soll er wissen, was soll er antworten (A1). Nein, er weiß es nicht (A2). Der Stein ist doch kein Mensch, der Stein ist doch leblos (A3).

Die positiven Effekte dieser Vorgehensweise sind: Erstens wurden die Erklärungen der Befragten herausgehoben und am Gesprächsverlauf orientiert in eine übersichtliche Reihenfolge gebracht. Zweitens wurde die semantisch/inhaltliche Spannbreite der jeweiligen kausalen Ausführungen deutlich. Drittens wurden Mehrfachnennungen, Widersprüche, ausweichende Antworten und tendenzielle Antwortverweigerungen erfaßt.

Auf diese Weise komprimiert, liefert diese systematische Erfassung der "facts" den gesamten relevanten Informationsgehalt eines Interviews, gegliedert nach den einzelnen Fragen. Über diese Reduktion wird, das ist der Vorteil des Verfahrens, der Gehalt der Erklärungen deutlich und werden gleichzeitig die signifikantesten Erklärungen herausgefiltert. Diese Erklärungen sind die Basis für die nachfolgende, tiefer ansetzende, analytische Interpretation.

Schritt 3: Datenanalyse - Die Einzel- und Strukturanalyse entlang der Fragen

Unser Forschungsinteresse zielt auf die Rekonstruktion von Tiefenstrukturen, eine Strategie, die in der Praxis schwierig durchzuführen ist. In der Auswertung muß deshalb zwischen den (uns weniger interessierenden) Oberflächenderivaten - etwa der Güte und der inhaltlichen Ausgestaltung der Kausalerklärungen - und den Tiefenstrukturen unterschieden werden, die den Erklärungen zugrundeliegen. Letztere prä-

---

286 Mehrere Antworten einer Versuchsperson auf eine Frage werden im Text folgendermaßen notiert: (A1), (A2), (A3) usw.

determinieren in ihrer Umsetzung die ausformulierten inhaltlichen Deutungen. Die Dimension der Tiefenstruktur wird dabei als eine eigene Realitätsebene verstanden, der eine deutungsgenerierende Funktion zukommt.[287]

In diesem Teilschritt wurden - für jedes Individuum und jedes Thema - die kausalen Aussagen und Begründungen einer Strukturanalyse unterzogen und kommentiert. Sofern vorhanden, wurden die Besonderheiten herausgearbeitet und angemerkt. Das Ziel dieses Arbeitsschrittes war das Vergleichbarmachen der verschiedenen Erklärungen anhand der typischen Charakteristika. Diese Analyse erfolgte - soweit möglich - entlang der von Piaget für die Ontogenese ausgewiesenen, stufenförmig angeordneten Erklärungsmuster. Dadurch konnten später die kausalen Erklärungsmuster bei jeder einzelnen Frage miteinander verglichen werden.[288]

Schritt 4: Die Kontrolle

Da die Auswertung der Interviewprotokolle als reduktive angelegt war, sind Fehlinterpretationen natürlich nicht auszuschließen. Deshalb wurden als zusätzliche Kontrolle die analysierten Befunde und die daran anknüpfenden Interpretationen immer wieder mit den umfangreichen Orginaltexten verglichen.

Schritt 5: Datenanalyse - Die generalisierende Analyse

In dieser Phase war die Analyse darauf ausgerichtet, interindividuelle Generalisierungen zu erreichen. Im ersten Schritt wurde versucht, Gemeinsamkeiten und Unterschiede in den kausalen Argumentationen zu entdecken. Das dabei anvisierte Ziel war: Typen oder Muster von Begründungen und Erklärungen herauszufiltern, die für eine bestimmte Anzahl von Individuen symptomatisch sind. Ich nenne sie "Begründungstypen" und "Erklärungstypen". Anschließend wurden die Häufigkeiten der einzelnen Erklärungsmuster festgestellt. Danach wurden diese "Typen" zu Grundtendenzen zusammengefaßt. Das heißt, die verschiedenen Erklärungstypen wurden daraufhin untersucht, ob sie dem handlungslogischen oder funktional-relationalen Grundmuster des Kausalverstehens zugeordnet werden können bzw. das Strukturmerkmal des Animismus aufweisen oder nicht. Die daraus sich ergebenden Zusammenstellungen werden im nachfolgenden Ergebniskapitel in Form von Tabellen präsentiert.

---

287 Zur Systematisierung der aktuellen Forschungsvielfalt in den qualitativen Methoden der Sozialwissenschaften und zu den Ansätzen mit dem Anspruch, eine "Rekonstruktion von Tiefenstrukturen" zu leisten, vgl. Lüders/Reichertz 1986, S. 90ff.

288 Zusätzlich können die kausalen Erklärungen der Befragten mit den Variablen Geschlecht und Schulbildung in Beziehung gebracht und auch unter diesen Gesichtspunkten interpretiert werden. Das ist hier jedoch nicht beabsichtigt.

III. Die Ergebnisse der Befragung - Die Kausalerklärungen und ihr strukturlogisches Fundament

1. Zur Präsentation der Ergebnisse

Bevor in diesem Kapitel die Ergebnisse der Auswertung präsentiert und diskutiert werden, sind noch kurz einige Hinweise zum Vorgehen und zur Darstellung angebracht.

Das gesamte vorliegende Datenmaterial wurde systematisch ausgewertet. Da wir uns für eine an den einzelnen Untersuchungsfragen orientierte Auswertungsvariante entschieden hatten, waren insgesamt 13 Fragestellungen zu bearbeiten. Die Auswertung des Interviewmaterials zur Fächerbewegung (Thema 3/Frage 6) war mit Schwierigkeiten verbunden. Aus den Antworten wurde nicht immer ersichtlich, ob die Probanden dachten, daß vorhandene Luft durch den Fächer bewegt oder erst durch ihn erzeugt werde. Um dies zu klären, wäre es hilfreich gewesen, wenn die Interviewerinnen nachgefragt hätten, ob die Luft nicht schon vor der Bewegung im Raum vorhanden sei, was aber in der Regel versäumt wurde. Deshalb wurde auf die Auswertung dieser Fragestellung verzichtet. Entsprechend ergaben sich 12 kleine Einzeluntersuchungen. Die Ergebnisse dieser Teiluntersuchungen werden bei manchen Fragestellungen seperat vorgestellt, teilweise aber auch in Blöcke zusammengezogen. So werden die vier Fragen zum Animismus (Frage 4, 8, 10, 11 aus Tabelle IV) ebenso wie die Fragen zur Wolkenbewegung, Wolkenentstehung und Windentstehung (Frage 1, 2, 3 aus Tabelle IV) jeweils zusammen behandelt.

Die Darstellung erfolgt in der Regel über vier Schritte: Zuerst wird kurz die Frage-stellung erläutert, danach wird das Ergebnis vorgestellt. Im Anschluß daran erfolgt die Diskussion und Interpretation bevor am Schluß jeder Teiluntersuchung ein kurzes Resümee gezogen wird. Für die Ergebnispräsentation wurden - der besseren Übersicht wegen - zu jeder Fragestellung dreispaltige Tabellen erstellt, in welchen die wesentlichen Ergebnisse der Analyse dargestellt werden. In der ersten Spalte stehen die interpretativ gewonnenen strukturellen Grundmuster und Strukturmerkmale, die den jeweiligen Erklärungen zugrunde lagen. Die zweite Spalte der Tabellen führen die semantischen Erklärungstypen auf, die dritte Spalte gibt die Anzahl der Versuchspersonen an, die den jeweiligen Erklärungstypen zugeordnet wurden. Die Zeilenunterteilung der Tabellen erfolgte dabei nach den differenten Strukturmustern und Strukturmerkmalen der Erklärungen. Sie pendeln in der Regel zwischen handlungslogischen und funktional-relationalen bzw. zwischen animistischen und nichtanimistischen Erklärungsmustern usw.

Der Bezug zum Ausgangsmaterial wird in den Diskussionsteilen hergestellt. Die herauspräparierten Typen kausaler Erklärungsmuster werden - unter Bezugnahme auf konkrete Einzelfälle und typische Zitate - dargestellt, interpretiert und diskutiert, um so die Grundstrukturen der Erklärungen transparent zu machen. Dazu werden die dargestellten semantischen Erklärungstypen auf die ihnen zugrundeliegende Struktur hin befragt und diskutiert. Es wird geprüft, ob und inwiefern die artikulierten Vorstellungen durch handlungslogische Erklärungsstrukturen geprägt sind. Die Zitate haben dabei zum einen die Funktion der Veranschaulichung, zum andern dienen sie als Belege für die vorgenommene Klassifizierung der Versuchspersonen. Die gewonnenen Erklärungsmuster beim Wurf und beim freien Fall werden darüber hinaus mit den Erklärungsmustern von Aristoteles und der Impetustheorie verglichen. Dabei wird insbesondere geprüft werden, ob die teleologischen Erklärungsmuster, die sich für die historischen Gesellschaften feststellen ließen, identisch sind mit denen, die wir in der ländlichen Türkei gefunden haben.

Nach der Präsentation und Diskussion der wesentlichen Einzelergebnisse aus den sieben untersuchten Themenfeldern erfolgt eine abschließende Gesamtzusammenfassung der Teiluntersuchungen (10). Zum Schluß (die Evaluation der Ausgangsthesen) werden die Eingangs der Arbeit aufgeworfenen Untersuchungsfragen der Beantwortung zugeführt. Dabei wird zu prüfen sein,

a. ob die Ergebnisse dieser Studie die theoretisch begründete These einer strukturellen Verlaufslogik in der Entwicklung der Kausalität empirisch belegen,
b. wie weit sich die Mitglieder der untersuchten Population auf der postulierten virtuellen Entwicklungslinie im Kausalverständnis vorgeschoben haben,
c. welche kausalen Erklärungsmuster und Strukturmerkmale auf dem derzeitigen Entwicklungsstand im Kausalitätsverständnis vorherrschen und
d. ob die Erklärungen des Wurfs und freien Falls mit denen übereinstimmen, die aus der Antike oder dem Mittelalter bekannt sind.

Abschließend ist zu fragen, ob die Ergebnisse geeignet sind, die Thesen der historisch-genetischen Theorie zu bestätigen oder sie in Frage zu stellen.

2. Anmerkungen zur Qualität des Datenmaterials

Auch im Hinblick auf die Qualität des vorliegenden Datenmaterials sind einige Anmerkungen nötig. Wer Piagets Methode der Datenerhebung mittels der Technik der klinischen Befragung kennt, weiß, daß es bei der Gewinnung von qualitativ gutem

Datenmaterial vor allem auf das Geschick und die Erfahrung der Interviewer ankommt, um auswertbare Antworten zu erhalten. Dies gilt besonders dann, wenn man nicht selbst die Befragung durchführt. Die Interviewer müssen sich auf jeden Probanden einstellen, die je unterschiedliche Interviewsituation intuitiv richtig erfassen und zum richtigen Zeitpunkt die richtigen Fragen stellen, ohne den Befragten bestimmte Antworten suggestiv nahezulegen.

Trotz einer entsprechenden Interviewerschulung konnte dies von unseren "unprofessionellen" Befragerinnen nicht erwartet werden. Aufgrund der mangelnden Professionalität haben sich, wie die Protokolle zeigen, immer wieder suggestive Fragen in den Gesprächsverlauf eingeschoben, insbesondere dann, wenn unsere Probanden auf die Fragen eher einsilbig reagierten und die Interviewerinnen versuchten, das Gespräch erneut in Gang zu bringen. Auch zeigte sich bei der Durchsicht der Protokolle, daß in einzelnen Fällen die Befragung in anderer Weise hätte fortgesetzt werden können, wie dies unsere Interviewerinnen getan hatten. Hinzu kommt ein zum Teil ungeschicktes Nachfrageverhalten. Manchmal kam es sogar vor, daß Interviewerinnen und Probanden einfach aneinander vorbei geredet hatten. Auch finden sich im Datenmaterial vereinzelt Erklärungen, die schlicht unverständlich sind.

Nicht unproblematisch erscheinen des weiteren manche Erklärungen selbst und auch manche Verschriftlichungen des Gesprochenen. So finden sich in den Texten Überlegungen, die manchmal nur in Halbsätzen angedeutet und dann wieder verworfen wurden, um später erneut verwendet zu werden. Zudem ist nicht immer klar, wie das Gesagte gemeint ist. Die manchmal chaotischen Erklärungen und Gedanken bei einigen Probanden adäquat zu verschriftlichen war nach Angaben der Übersetzerin ebenfalls äußerst schwierig. Alle diese "verständlichen" Mängel zeigen sich gelegentlich auch in den zitierten Interviewpassagen.

3. Die Untersuchung zum Animismus bei Erwachsenen

Mit dem Begriff Animismus bezeichnet Piaget die von Kindern leblosen physikalischen Objekten zugeschriebenen Merkmale, die nach unserem Verständnis nur Lebewesen zueigen sind, wie "Leben" und/oder "psychische Qualitäten" wie Bewußtsein und Wollen (vgl. Piaget 1981a, S. 145ff.).[289] Der Animismus ist eine

---

289 Die von Piaget und anderen in der ersten Hälfte unseres Jahrhunderts noch festgestellten animistischen und artifizialistischen Anteile in der Naturerklärung werden heute bei Kindern unserer technisierten Gesellschaft immer früher abgebaut oder in schwächerer Form entwickelt, wie neuere Kinderreplikationsstudien zeigen. Vgl. Buggle/Westermann-Duttlinger 1987, S. 13 u. Hagleitner 1983, S. 264f. Auch Dux hat dies jüngst in einer Untersuchung in Deutschland bestätigt. Vgl. Dux/Kumari 1994, S. 457f. Das mag auch dadurch bedingt sein, daß schon die Kausalfragen der drei- bis fünfjährigen in Alltagsgesprächen von Eltern zunehmend mehr mechanistisch beantwortet werden. Vgl. Callanan/Oakes 1992, S. 213ff.

Ausprägung in der Denkstruktur, der strukturlogisch notwendig am Anfang der ontogenetischen kognitiven Entwicklung steht und in historisch frühen Gesellschaften ebenso wie in einfachen Kulturen der Gegenwart noch das Denken der Erwachsenen bestimmt.[290]

Uns interessierte, ob der Animismus noch im Denken einfacher türkischer Dorfbewohner verbreitet ist. Um dies abzuklären stellten wir vier Fragen: Wir fragten, ob die Wolken wissen, daß sie sich bewegen (Thema 1/Frage 4), ob ein fallender Stein weiß, daß er fällt (Thema 4/Frage 8), ob Sonne und Mond leben (Thema 5/Frage 10) und ob sie sich ihrer Bewegung bewußt sind (Thema 5/Frage 11). Wir konzentrierten uns bei der Untersuchung mehr auf den Aspekt des "psychischen Animismus"[291] und gingen weniger der Frage nach, in welchem Ausmaß unbelebten bewegten Objekten Leben zuerkannt wird. Wir gingen davon aus, daß, wenn überhaupt animistische Tendenzen vorhanden sind, sie zum einen eher in Form psychischer Qualitäten zuerkannt und zum anderen am ehesten bei bewegten Objekten manifest werden würden. Deshalb bezogen sich drei der vier Fragen auf das Bewußtsein der Bewegung. Die Auswertung der Interviews bestand in einer quantitativen Auszählung animistischer und nichtanimistischer Antworten und in einer qualitativen Analyse der Begründungen.

3.1 Das Ergebnis der Befragung zum Bewegungsbewußtsein der Wolken

Die Antworten und Begründungen auf die Frage, ob sich die Wolken ihrer Bewegung bewußt seien, zeigt die nachfolgende Tabelle:

---

290 Für historische Gesellschaften vgl. Frankfort et al. (1981), S. 47. Für gegenwärtige Gesellschaften vgl. Oesterdiekhoff 1992, S. 158ff.
291 Der Begriff "psychischer Animismus" wurde von Buggle und Westermann-Duttlinger übernommen. Vgl. Buggle/Westermann-Duttlinger 1987, S. 5.

Tabelle V: Zusammenstellung der Erklärungen auf die Frage, ob sich die Wolken ihrer Bewegung bewußt seien, differenziert nach dem Strukturmerkmal des Animismus, nach den Begründungstypen und nach der Verteilung der Vp (N=61)

Strukturmuster und Strukturmerkmale	Begründungstypen	N
	nicht gefragt	*1*
	Frage war nicht beantwortbar (ich weiß es nicht; das weiß nur Gott; ich habe nicht mit ihnen geredet)	*5*
I. animistische Deutungen (z.T. mit finalistischen und artifizialistischen Anteilen)	*(1) die Wolken sind sich ihrer Bewegung bewußt*	23
	(a) nach einer Begründung wurde nicht gefragt	12
	(b) bewußt ja, können aber nicht denken	1
	(c) weil ich es gelesen habe	1
	(d) weil Gott sie bewegt	1
	(e) weil sie sich selbst bewegen	5
	(f) weil sonst das Leben nicht weitergegangen wäre; weil es sonst nicht regnen würde	2
	(g) in Analogie zum Menschen	1
II. nichtanimistische Deutungen	*(2) die Wolken besitzen kein Bewußtsein der Bewegung*	32
	(a) nach einer Begründung wurde nicht gefragt	13
	(b) weil sie nicht leben; weil sie keine Menschen sind; weil es ein Naturereignis ist	14
	(c) weil der Wind sie bewegt; sie nicht wissen woher der Wind kommt	3
	(d) weil Gott sie bewegt (Artifizialismus)	2

Ein Blick auf die quantitative Verteilung der Antworten zeigt, daß immerhin die unerwartet hohe Zahl von 23 der 60 dazu befragten Dörfler, also etwas mehr als ein Drittel der Befragten (38%), diesen physikalischen Gebilden ein Bewußtsein ihrer Bewegung unterstellen. 32 Versuchspersonen (53%) gaben an, daß die Wolken kein Bewußtsein besäßen, eine Person wurde nicht befragt und fünf weitere Personen sahen sich außerstande, die Frage zu beantworten. Ihre Begründungen dafür reichten von: *Ich habe mit ihnen nicht geredet, weiß ich nicht* (Vp 15), bis zu der Antwort: *Das kann ich nicht wissen, Gott weiß das* (Vp 62).[292]

Sehen wir uns nun die Begründungen der animistischen und nichtanimistischen Antworten genauer an. In der Gruppe der Animisten wurden 12 Personen nicht nach einer Begründung gefragt (a). Auf die Frage *Wissen die Wolken, daß sie sich bewegen?* wurde in der Regel die Antwort gegeben: *Sie wissen das* (Vp 32). Die

---

292 Alle aus den schriftlichen Transkripten entnommenen wörtlichen Frage- und Antwortpassagen sind im vorliegenden Text durch einen anderen Schrifttyp kenntlich gemacht.

Interviewerinnen gingen dann - ohne nach den Gründen dafür zu fragen - zur nächsten Frage über.

Das Kriterium der Bewegung wurde von sechs Personen als Grund der Bewußtheit angeführt (Begründung d und e). Eine Versuchsperson begründete ihre Antwort artifizialistisch und nahm Gott als Beweger in Anspruch: *Natürlich wissen sie es. Gott bewegt sie* (Vp 40). Fünf Personen rekurrierten auf die Eigenbewegung der Wolken als Begründung. *Sie müßten es wissen, denn manchmal ändern sie sich, sie bleiben nicht immer in gleicher Form. Manchmal sehen wir, wie sie sich ganz schnell bewegen und sich versammeln, manchmal bleiben sie eben still, demnach müßten sie es wissen* (Vp 11). Das letzte Beispiel zeigt deutlich, wie die Zuschreibung von Bewußtsein als Folge der objekteigenen intentionalen Handlungen entsteht. Weil die Wolken sich bewegen, wissen sie auch, daß sie sich bewegen.

Der Vertreter der Begründung (b) war der Ansicht, daß die Wolken zwar Bewußtsein haben, aber nicht denken können. Vp 3 war der Meinung: *Sicherlich wissen die Wolken, daß sie sich bewegen.* Sie kam dann aber über die Nachfrage *Können sie wohl denken?* in große Schwierigkeiten. Sie wurde unsicher, ob sie ihnen auch Denken zuordnen solle. Dies wurde schließlich verneint mit dem artifizialistischen Hinweis: *Aber es gibt auf jeden Fall etwas, das sie lenkt, auch die Wolken werden sicherlich von jemandem gelenkt.* Die Ansicht, die Wolken seien sich ihrer Bewegung bewußt, wurde aber gleichwohl aufrechterhalten, und zwar auf Grund ihrer Bewegung und Aktivität. Dies ist eine Unterscheidung, wie sie andere Versuchspersonen in Bezug auf Tiere treffen. Auch ihnen wird zugestanden, um ihre Bewegung zu wissen, obwohl ihnen das Denken nach Art des Menschen abgesprochen wird.

Zwei weitere Probanden (Begründung f) begründeten ihre animistische Antwort finalistisch. *Natürlich wissen sie es. Sonst hätte das Leben nicht weiter gehen können* (Vp 37). *Wenn sie es nicht wissen, regnet es nicht* (Vp 58). Interessant auch die Begründung (g). Vp 9 meint, die Wolken *gleiten von selbst* und *sie wissen genau, in welche Richtung sie sich bewegen*. Ihre Begründung dafür: *So, wie wir uns kennen oder etwas wissen, haben auch sie dementsprechend ein System und wissen es.* Hier wird nicht nur in den Kategorien der menschlichen Intentionalität und des menschlichen Handelns gedacht, sondern auch semantisch expliziert.

13 der 32 Nichtanimisten, die den Wolken kein Bewußtsein ihrer Bewegung attribuieren, wurden nicht nach einer Begründung gefragt (a). 14 Personen gaben eine richtige Begründung, indem sie auf die fehlenden Merkmale des Lebens verwiesen (b). Entweder, indem sie einfach feststellen, daß die Wolken *nicht leben*, oder indem sie feststellen, daß die Wolkenbewegung *ein Naturereignis ist*.

Fünf weitere Probanden begründeten das bei den Wolken nicht vorhandene Bewußtsein ihrer Bewegung auffällig. Sie verwiesen ausnahmslos auf die externe Verursachung der Bewegung und sahen darin den Grund für das fehlende Bewußtsein (Begründung c, d). Drei davon meinten, die Wolken *bewegen sich durch den Wind und durch den Luftzug, deswegen wissen sie nicht, wo sie hingehen* (Vp 22). Zwei weitere argumentierten nach demselben Muster, wobei der Wind als Beweger ausgetauscht und durch Gott ersetzt wurde. Die beiden letzteren Personen begründeten ihre Antwort also artifizialistisch.

In allen fünf Antworten ist nicht so sehr das Fehlen des Animismus bemerkenswert, sondern die Struktur der Erklärung. Es sind Begründungen, die - wie das obige Beispiel in seiner Formulierung deutlich zeigt - selbst bei der Verneinung der Bewußtheit an der Struktur der Handlung orientiert bleiben und nur handlungslogisch zu verstehen sind. Wolken sind, was völlig richtig ist, in den Augen dieser Versuchspersonen physikalische Objekte. Die pure Konstatierung dieses Fakts alleine reicht ihnen aber als Erklärung anscheinend nicht aus. Es ist für sie keine zufriedenstellende Erklärung. Wenn das Fehlen der Bewußtheit und damit das Fehlen der Intentionalität behauptet wird, bedarf es natürlich einer anderen Erklärung der Bewegung. Die Ursache wird deshalb in einem externen Lenker lokalisiert, der sie entsprechend manipuliert. Dies kann eine artifizialistisch gefaßte Ursache (Gott) sein oder eine natürliche Ursache (Wind). Kurz: Das eingeführte handlungslogische Moment dient sowohl zur Erklärung der Bewegung bei den Wolken als auch zur Rechtfertigung ihres fehlenden Bewußtseins.

3.2 *Das Ergebnis der Befragung zum Bewußtsein des Steins beim Fall*

Die Antworten der 61 Probanden auf die Frage, ob der aus der Hand fallende Stein wisse, daß er herunterfalle, sehen wie folgt aus:

Tabelle VI: Zusammenstellung der Erklärungen auf die Frage, ob der aus der Hand fallende Stein wisse, daß er herunterfalle, differenziert nach dem Strukturmerkmal des Animismus, nach den Begründungstypen und nach der Verteilung der Vp (N=61)

Strukturmuster und Strukturmerkmale	Erklärungstypen	N
	nicht gefragt	*1*
I. animistische Deutungen	*(1) der Stein ist sich des Falls bewußt*	*7*
	(a) ohne Begründung	2
	(b) wurde von Gott so geschaffen	1
	(c) weil er Schmerzen spürt	1
	(d) weil er fällt (er lebt aber nicht)	3
	(e) *unsicher, ob Bewußtsein vorhanden*	*1*
II. nichtanimistische Deutungen	*(2) kein Bewußtsein des Falls*	*52*
	(a) ohne Begründung	3
	(b) weil er leblos ist	44
	(c) weil er nicht sprechen kann	2
	(d) weil er nicht von selbst fällt, der Mensch ihn fallen läßt	2
	(e) weil dies von Gott so geschaffen wurde (Artifizialismus)	1

Fallende Steine, als vertraute, nur vom Menschen manipulierbare und zu keiner Eigenbewegung fähige Objekte, scheinen insgesamt eher nichtanimistische Reaktionsweisen auf sich zu ziehen. Die Mehrzahl der 60 Befragten, insgesamt 52 Versuchspersonen, das sind 86% unserer Population, attestierten dem Stein kein Bewußtsein des Fallens. Der Grund dafür wurde primär in seiner Leblosigkeit gesehen. Er wurde insgesamt in 44 Antworten angeführt (2b). Drei Erklärungen blieben unbegründet (2a). In zwei Fällen wurde das Unvermögen zu sprechen genannt (2c): *Wie kann er das wissen, er kann nicht sprechen, er hat keine Angst* (Vp 23). In dieser Begründung zeigt sich noch die Nähe zum Animismus. Zweimal wurde in der Begründung auf das menschliche Handeln verwiesen (2d), also ein indispensabler Begleitumstand als Begründung genannt: *Von selbst kann er nicht herunterfallen, ein Mensch muß ihn bewegen, deswegen kann er das nicht wissen* (Vp 22). Einmal fiel die Erklärung artifizialistisch aus (2e): *Auch das wurde vom Herrgott so geschaffen* (Vp 5). In den beiden zuletzt genannten Beispielen ist die Argumentation noch deutlich am Muster der Handlung orientiert.

Insgesamt sieben Personen deuteten den Vorgang animistisch. Sie waren der Ansicht, daß der Stein wisse, daß er falle. Das sind etwas über 11% der Befragten. Bei insgesamt zwei Personen blieben diese Antworten unbegründet (1a). Die Begründungen der sechs übrigen Personen sehen folgendermaßen aus: Eine Probandin gab eine artifizialistische Begründung ab (1b): *Auch er kann es wissen, warum denn nicht, es kommt von Gott, Gott hat alles geschaffen* (Vp 1). Eine weitere Person anthropomorphisierte den Stein (1c). *Wenn er herunterfällt, verspürt er natürlich Schmerzen, demnach muß er es wissen. Wenn er lebendig ist, weiß er es* (Vp 8). Drei Personen waren der Ansicht, weil er falle, wisse er, daß er falle, ohne daß ihm aber Leben zugesprochen wurde (1d).

Eine Versuchsperson wurde nicht befragt, eine weitere schwankte in ihrer Einschätzung (1e). Zum einen sagte sie: *Wie kann er es wissen*, zum andern wurde gesagt: *Wahrscheinlich weiß er, daß er nach unten fällt, wenn seine Zeit kommt* (Vp 56). Auf Grund der letzten Antwort wurde sie in die Rubrik der "Animisten" aufgenommen.

3.3   Das Ergebnis der Befragung zum Leben von Sonne und Mond

Unsere nächste Frage galt den Gestirnen Sonne und Mond. Wir wollten wissen, ob sie als belebt oder unbelebt gedeutet werden, und was die Gründe dafür sind.

Bekannt ist, daß, zumindest im Denken der Kinder, der Animismus sich bei scheinbar eigenbewegten Körpern am längsten hält. Sonne und Mond, die tatsächlich die einzigen Körper sind, deren Bewegung ebenso spontan wie diejenige der Tiere zu sein scheint, werden am längsten als belebt und mit Bewußtsein ausgestattet gedeutet. Allein schon deshalb wollten wir wissen, wie unsere erwachsenen türkischen Probanden diese Objekte verstehen - als lebende oder als anorganische Materie. Für den gesunden Menschenverstand der Erwachsenen unserer technisierten Gesellschaften gibt es zweierlei Kriterien für die Unterscheidung von Leben/Nichtleben. Zum einen die Tatsache, daß lebendige Körper geboren werden, sich entwickeln und sterben, zum andern das Trägheitsprinzip, demzufolge ein physikalischer Körper nur über die Bewegung verfügt, die er erhalten hat, ein Lebewesen dagegen Bewegung schafft (vgl. Piaget 1981a, S. 162ff).

Die Antworten auf die Frage, ob Sonne und Mond leben würden oder leblos seien, inklusive der Begründung für die jeweilige Deutung, liefert die nachfolgende Tabelle.

Tabelle VII: Zusammenstellung der Erklärungen auf die Frage, ob die Gestirne Sonne und Mond leben würden, differenziert nach dem Strukturmerkmal des Animismus, nach den Begründungstypen und nach der Verteilung der Vp (N=61)

Strukturmuster und Strukturmerkmale	Begründungen	N
	nicht gefragt	*0*
I. animistische Deutungen	*(1) Sonne und Mond leben* Gründe (teilweise Mehrfachnennungen):	*34*
	(a) ohne Begründung	5
	(b) sonst könnten die Menschen nicht leben	9
	(c) weil sie sich bewegen	17
	(d) weil sie Aufgaben zu erfüllen haben	2
	(e) weil Gott es will	1
	(f) um uns warm zu geben	7
	(g) weil die Erde lebt und sie Ähnlichkeit mit der Erde haben	7
	(h) weil sie wie Menschen sind	1
	(i) weil sie ernährt werden müssen	1
II. beginnender Dezentrierungsprozeß	*(2) Sonne und Mond leben, aber nicht wie Menschen*	*8*
	(3) die Sonne lebt, der Mond ist leblos	*3*
III. nichtanimistische Deutungen	*(4) Sonne und Mond sind leblos* die Gründe (teilweise Mehrfachnennungen):	*16*
	(a) nach einer Begründung wurde nicht gefragt oder sie konnte nicht gegeben werden	6
	(b) weil sie nicht denken können	2
	(c) weil sie Objekte sind	8
	(d) weil sie keinen inneren Antrieb haben	1
	(e) weil Menschen auf dem Mond waren und dies festgestellt haben	1

Zunächst ist festzustellen, daß hinsichtlich des Animismus in dieser Frage bei den Erwachsenen drei unterscheidbare Entwicklungsstadien anzutreffen waren: ein Stadium des ungebrochenen Animismus, ein Übergangsstadium mit beginnender Dezentrierung und ein Stadium, in dem der Animismus verschwunden ist. 34 Erwachsene, das sind 55% der Befragten, staffierten beide Gestirne mit Leben aus. Bei 11 Personen - das sind 18 % der Interviewten - war ein beginnender Dezentrierungsprozeß auszumachen. 16 Personen, also nur 26% der Interviewten, erachteten Sonne und Mond als leblos. Im Hinblick auf die Gestirne scheint der Animismus im Denken dieser Menschen noch sehr verbreitet zu sein, wie die 73% der

Befragten überzeugend beweisen, die beide Planeten nicht eindeutig als leblos bezeichneten.

Sieht man sich die Begründungen (a) bis (i) genauer an (einzelne Probanden führen mehrere davon an; fünf Personen (a) gaben keine Begründungen), so erkennt man auf den ersten Blick die ganze Palette der von Piaget bei Kindern festgestellten Ausdrucksformen des Animismus (vgl. Piaget 1981a, S. 145ff).

Das Leben der Planeten wird vielfach mit Aktivität verbunden und am Kriterium der Bewegung festgemacht, wie die Begründungen (c) zeigen. *Wenn sie (die Sonne) nicht lebendig wäre, würde sie sich nicht bewegen* (Vp 54). Die Sonne lebt, *weil sie am Morgen aufgeht* (Vp 19). Der Mond lebt, *er kommt jeden Tag* (Vp 44, 47). Kurz: Weil die Objekte sich bewegen, leben sie.

Die Begründungen (b, f) sind vornehmlich finalistisch ausgerichtet. Einige Antworten sind zwar auf der semantischen Ebene durchaus funktional angelegt, von ihrer Argumentationsstruktur her aber deutlich finalistisch, wie die folgenden beiden Begründungen zeigen. *Wenn die Sonne nicht gelebt hätte, hätten wir auch nicht gelebt. Ohne Sonne würde nichts existieren*, deshalb lebt sie (Vp 21). Die Sonne lebt, weil *sie die Wärme des Wetters beeinflußt* (Vp 32). Auch das Leben der Bäume wird manchmal von der Erklärungsstruktur her finalistisch erläutert. Bäume leben, weil *sie Früchte tragen* (Vp 5). Der Effekt ist der Grund des Lebens.

Ein weiteres Argument für die Unterstellung von "Leben" ist moralisch verpflichtender Art (d). Die Sonne *lebt bestimmt, da sie uns Wärme gibt. Sie befindet sich am Himmel und erfüllt ihre Aufgabe, so wie ein Mensch es auch tut* (Vp 4). Auch wird auf die Analogie zum Menschen hingewiesen (h, i). Die Sonne lebt, *weil sie wie ein Mensch ist* (Vp 9).

Interessant ist die Begründung (g). Hier spielt das Moment der Partizipation, das auf der Merkmalsähnlichkeit beruht, eine Rolle. *Weil unsere Erde lebt, lebt auch die Sonne.* Der Mond *lebt, weil er Ähnlichkeit mit der Erde hat* (Vp 64). Weil die Erde lebt, und die Sonne und der Mond mit ihr vergleichbare Objekte sind, müssen auch sie leben. In diesem Zusammenhang tauchte sogar ein Beispiel für magisches Denken und magische Beeinflussung auf. So berichtete Vp 11 von einer Sonnenfinsternis, die sie in ihrer Jugend erlebt habe: *Wir waren unterwegs zum Garten, ich war in ihrem Alter. Da kam etwas herangezogen, eine schwarze Wolke, eine schwarze Wolke. Sie ist ganz langsam in die Sonne, und ganz langsam hat es sich etwas verfinstert, und die Sonne wurde dabei ganz verdeckt. Dann, nach einiger Zeit haben Dorfbewohner mit einem Gewehr oder einer Pistole geschossen, ich weiß nicht, sie haben etwas gemacht, damit die Sonne von der Wolke befreit werde. Später wurde sie langsam, Stück für Stück befreit, bis sie wieder in normalem Zustand war.*

Daß sich die Ausdrucksformen des Animismus nicht mit denen des Artifizialismus wiedersprechen müssen, zeigt sich darin, daß einige der 34 Animisten den Ursprung der Gestirne auf die göttliche Fabrikation zurückführen. Diese seien sozusagen Gottes Erfüllungsgehilfen, sie ermöglichten Leben und seien wichtig zum Nutzen des

Menschen, weil sie diesen mit Wärme und Licht versorgten. In den Worten von Vp 17: *Kann es ohne Licht gehen?*

Bei der Gruppe der sich in einem Übergangsstadium befindlichen Probanden (Ergebnisgruppe 2 und 3) sind zwar gewisse Dezentrierungsprozesse zu verzeichnen, eine klare Differenz zwischen Leben und Nicht-Leben scheint aber noch nicht ausgebildet zu sein. Hier erhebt sich die Frage, welches das Kriterium für "Leben" ist. Zum einen wurde gesagt, daß Sonne und Mond nur in den Momenten lebten, in denen sie sich bewegten, nicht aber, wenn sie ruhten (Vp 6; 8;). *Wenn die Sonne nicht aufgeht* oder abends untergegangen sei, dann sei sie leblos. Zum andern wurde zwar Leben am Kriterium der Eigenbewegung festgemacht, gleichzeitig jedoch betont, daß beide Gestirne *aber nicht wie Lebewesen* oder Menschen lebten, was meistens jedoch nicht näher spezifiziert werden konnte (Vp 28). Auf das entscheidende Kriterium des Lebens, auf den Prozeß von Geburt, Wachsen und Sterben wurde in diesem Zusammenhang jedoch nicht hingewiesen, obwohl bei unserer Zusatzfrage, ob Bäume leben - sie wurde fast ausnahmslos bejaht - sehr oft als Begründung auf den Wachstumsprozeß verwiesen wurde. Im ersteren Fall scheint die Zentrierung auf die Eigenbewegung so stark, daß dieses Kriterium nicht zur Unterscheidung herangezogen wird.

Interessant ist, daß selbst der Einfluß des Fernsehens nicht unbedingt zur Verdrängung des Animismus führen muß. Dort wird zwar immer wieder behauptet, *Sonne und Mond seien ein Globus* und damit leblos, aber trotz dieser Kenntnis war Vp 41 der Überzeugung, daß der Mond lebe. *Sicher lebt er, sonst hätte er uns kein Licht gegeben.*

Wieder andere (Ergebnisgruppe 3) waren zwar der Meinung, daß die Sonne lebe, weil sie nützlich sei, behaupten aber, daß der Mond nicht lebe, weil er nur von der Sonne geblendet werde, *also nicht selbst scheint* (Vp 12; 16;). Auch hier zeigt sich erneut, daß Leben mit Aktivität und Handlung verbunden wird. Treten diese Merkmale nicht auf, dann wird kein Leben zugesprochen.

Die Nicht-Animisten, die behaupten, Sonne und Mond seien leblos, begründen ihre Meinung wie folgt: Erstens mit der Klassifizierung als Objekte (c), zweitens mit dem fehlenden Denkvermögen (b), drittens mit dem fehlenden Antrieb (d) und viertens mit der Tatsache, daß Menschen auf dem Mond waren und dies zweifelsfrei festgestellt haben (e).

3.4 Das Ergebnis der Befragung zum Bewegungsbewußtsein von Sonne und Mond

Zusätzlich zur Frage, ob die Gestirne leben würden, fragten wir, ob Sonne und Mond wüßten, daß sie sich bewegen und ob die Sonne wisse, daß sie scheint.

Vor dem Hintergrund der 73% der Befragten, die den Mond und die Sonne nicht eindeutig als leblos erachten, stellt sich die Frage, ob dieser Trend auch hinsichtlich der Zuschreibung von Bewußtsein bestätigt wird. Ferner ist von Interesse, ob die Gestirne wie Menschen mit Bewußtsein ausgestattet werden oder ob ihnen nur Leben zugesprochen wird. Fallen Leben und Bewußtsein zusammen oder wird zwischen Leben und Bewußtsein differenziert? Wie die Frage beantwortet wurde und wie die Erklärungen aussehen, zeigt die nachfolgende Tabelle.

Tabelle VIII: Zusammenstellung der Erklärungen auf die Frage, ob Sonne und Mond sich ihrer Bewegung bewußt seien oder überhaupt Bewußtsein besitzen würden, differenziert nach dem Strukturmerkmal des Animismus, nach den Begründungstypen und nach der Verteilung der Vp (N=61)

Strukturmuster und Strukturmerkmale	Begründungstypen	N
	nicht gefragt	*0*
I. animistische Deutungen	*(1) Sonne und Mond sind sich ihrer Bewegungen bewußt*	*30*
	(a) ohne Begründung	13
	(b) wurde von Gott so geschaffen	1
	(c) weil sie leben, sich bewegen, scheinen, aktiv sind	15
	(d) weil sie um ihre gegenseitigen Aktivitäten wissen (wenn die Sonne untergeht, dann geht der Mond auf)	1
II. beginnender Dezentrierungsprozeß	*(2) unsicher, ob bewußt*	*4*
	(a) sie haben zwar kein Bewußtsein der Bewegung, wissen aber trotzdem, daß sie scheinen	4
III. nichtanimistische Deutungen	*(3) Sonne und Mond haben kein Bewußtsein ihrer Bewegung*	*27*
	(a) ohne Begründung	10
	(b) weil der innere Antrieb fehlt	1
	(c) weil es keine Menschen sind	3
	(d) weil sie keinen Verstand/kein Gedächtnis besitzen	4
	(e) weil sie leblos sind	9

Das Ergebnis bestätigt erwartungsgemäß den animistischen Trend aus der vorherigen Frage. 30 Probanden, das sind 49% der Befragten, schrieben beiden Planeten ein Bewußtsein ihrer Bewegung zu oder meinten, die Sonne wisse, daß sie scheine. Für sie sind die Planeten analog den Menschen definiert. Sie leben und besitzen Bewußtsein (fünf Personen waren sogar der Meinung, daß selbst die Bäume, weil sie lebten, sich ihrer Bewegung bewußt seien). Vier Personen, etwas mehr als 6% der befragten Probanden, zeigten gewisse Dezentrierungseffekte. Sie glaubten zwar nicht an ein Bewußtsein der Bewegung, waren aber der Ansicht, daß Sonne und Mond wüßten, daß sie scheinen. Nur 27 Versuchspersonen, das sind 44% der Interviewten, argumentierten eindeutig nichtanimistisch.

Während nur 16 Personen oder 26% der Befragten (siehe Tabelle VII) die Ansicht vertraten, daß Sonne und Mond leblose Objekte seien, nahmen 27 Personen, also 44% der Befragten an, den Gestirnen fehle Bewußtsein. 11 Probanden differenzierten zwischen Leben und Bewußtsein. Sonne und Mond wurden zwar als lebend betrachtet, ein Bewußtsein wurde ihnen aber abgesprochen - sie wurden also analog zu Tieren eingestuft. Als Beleg dafür eine längere Interviewsequenz:

> F: *Lebt die Sonne?* A: *Ob die Sonne lebt? Ja, sie lebt bestimmt, da sie uns Wärme gibt. Sie befindet sich am Himmel und erfüllt ihre Aufgabe, so wie ein Mensch es auch tut.* F: *Lebt der Mond?* A: *Auch der Mond lebt eigentlich, weil er seine Aufgabe kennt und in der Nacht aufsteigt. Warum steigt er nicht am Tag auf? Siehst du, er geht nur in der Nacht auf, also muß er leben. Weil auch er ein Ziel und eine Aufgabe hat, geht er nachts auf.* F: *Wissen sie, daß sie sich bewegen?* A: *Sie können es nicht wissen. Wenn Allah ihnen einen Verstand gegeben hätte, könnten sie es wissen. Aber auf diese Weise nicht.* F: *Aber du hast gesagt, sie sind lebendig.* A: *Sie sind zwar lebendig, haben aber keinen Verstand.* F: *Weiß die Sonne, daß sie scheint?* A: *Sie kann nicht wissen, daß sie scheint.* F: *Das weiß sie auch nicht?* A: *Das ist ihre Aufgabe, sie hat nur die Aufgabe, für Licht und Wärme zu sorgen.* F: *Kann sie es wissen, wenn es ihre Aufgabe ist, oder macht die Sonne es unwissend?* A: *Ich meine, sie macht es unwissend* (Vp 4).

Leben wird mit Bewegung verbunden, dabei finalistisch ausgedeutet und mit moralischer Notwendigkeit versehen. Die finale Kausalität setzt eine effiziente Kausalität in Form einer dem Gegenstand immanenten Kraft voraus, die in Richtung des Ziels strebt. Es zeigt sich einmal mehr, daß zwischen der physikalischen Kausalität und der psychologischen und intentionellen Konnexion noch nicht genügend differenziert wird. Bewußtsein wird Sonne und Mond aber abgesprochen, obwohl die eingangs verwendete Formulierung: *Weil er* (der Mond) *seine Aufgabe kennt*, auf das Gegenteil schließen läßt. Bemerkenswert ist auch der Verweis auf den Menschen.

Von den 30 Animisten gaben 13 keine Begründung für ihre Meinung (1a). Das entscheidende Kriterium für die Zuschreibung von Bewußtsein war erwartungsgemäß das Moment der Bewegung und Aktivität. Auch wenn manchmal zuerst gesagt wurde, *ich weiß es nicht*, ob sie Bewußtsein besitzen, antwortete die Mehrzahl von 15 Probanden auf Nachfrage mit ja und begründete diese Sicht durch die Aktivität der Planeten - manchmal sogar in Analogie zum menschlichen Handeln (1c). Einige Beispiele:

> ...*da die Sonne alle Menschen wärmt und der Mond nachts scheint, sage ich mir, daß sie es wissen* (Vp 9). *Sie weiß es, sie ist so glücklich, da sie Tausende von Jahren am Leben ist* (Vp 15). *Wir bewegen uns mit unserer Kraft. Sie bewegen sich genau so. Wir wissen es. Sie wissen es auch, wahrscheinlich* (Vp 47). *Sie wissen es. Sie steigen von der einen Seite auf und gehen auf der anderen Seite unter* (Vp 48).

220

Eine Versuchsperson (1b) deutete die Zuschreibung von Bewußtsein artifizialistisch. Sie war der Meinung: *Auch sie* (Sonne und Mond) *wurden von Gott geschaffen, haben etwas und können es natürlich wissen* (daß sie sich bewegen). *Sie sind auch auf der Welt, und Gott schuf sie* (Vp 1).

Interessant ist die Begründung von Versuchsperson 19 (1d). Auf die Frage *Wissen Sonne und Mond, daß sie sich bewegen?* antwortete sie, *sie wissen es.* Auf die Frage *Woher weißt du das?* antwortete sie, *wenn die eine untergeht, kommt der andere.* Zudem war sie noch der Meinung, daß *die Sonne weiß, daß sie scheint.* Die Erklärung kann so verstanden werden, daß sie der Ansicht ist, Sonne und Mond wüßten jeweils um die Aktivitäten des andern. Die Sonne benötige Bewußtsein um zu wissen, in welchem Moment sie auf- oder unterzugehen habe, ebenso der Mond.

Vier Probanden waren der Meinung, daß beide zwar nicht wüßten, daß sie sich bewegten, wohl aber, daß sie scheinen würden (2a). Die übrigen 27 Personen sprachen den Planeten jedes Bewußtsein ab. Zehn davon ohne Begründung (3a), die andern mit der Begründung, daß der innere Antrieb fehle (3b), sie keine Menschen seien (3c), sie kein Gedächtnis oder Verstand hätten (3d) und schließlich mit dem Verweis, daß sie leblos seien (3e).

3.5 Zusammenfassung

Die scheinbar eigenbewegten Wolken als zwar vertraute, aber nicht im Nahbereich befindliche und deshalb nicht manipulierbare physikalische Objekte zogen - so das doch überraschende Ergebnis - bei den befragten Dorfbewohnern noch starke animistische Deutungen auf sich. In 23 Antworten, die immerhin 38% der Befragten repräsentieren, wurde den Wolken ein Bewegungsbewußtsein unterstellt.

Auch die Gestirne werden von über 55% der Versuchspersonen eindeutig mit den von Kindern bekannten Begründungen als lebend klassifiziert. Im Vordergrund der Begründungen steht dabei das Kriterium der Eigenbewegung. Hinzu kommt eine Gruppe von 18% der Befragten, die sich - da klare Kriterien für das Leben nicht entwickelt sind - in ihrer Einschätzung als äußerst unsicher erwiesen. Insgesamt betrachteten also etwas mehr als 73% der Befragten die beiden Planeten nicht als tote Materie. Lediglich 26% der Probanden begriffen die Planeten eindeutig als leblose Objekte. Dies ist ein weiterer überzeugender Beweis dafür, daß der Animismus im Denken der Erwachsenen in der türkischen Dorfgesellschaft noch weit verbreitet ist. Die Ergebnisse zu der Frage nach dem Bewußtsein bzw. Nichtbewußtsein von Sonne und Mond korrelieren mit denen zum Leben. Die dort gestellte Diagnose eines weit verbreiteten Animismus wird eindrücklich bestätigt. Immerhin 49% der Probanden unserer Stichprobe schrieben den Gestirnen ein Bewußtsein über ihre Bewegung zu, und nur 44% waren vom Gegenteil überzeugt. Etwa 6% der Probanden zeigten gewisse Dezentrierungseffekte. Sie waren der Meinung, Sonne und Mond wüßten zwar, daß sie scheinen, sie glauben aber nicht, daß sie um ihre eigene Bewegung wüßten.

Selbst ein fallender Stein wurde nicht durchgängig als bloßes physikalisches Objekt begriffen. Immerhin noch etwas mehr als 11% der dazu Befragten sprachen dem Stein menschliche Intentionalität und Eigenschaften zu.

Während in Studien über Kinder in industrialisierten Gesellschaften festgestellt wird, daß die Zuschreibung psychischer Eigenschaften an externe physikalische Objekte mit zunehmendem Alter zugunsten einer differenzierteren Bewußtwerdung der Eigenschaften des Lebendigen verschwindet, kommen in der türkischen Dorfgesellschaft animistische Tendenzen im erwachsenen Denken vielfach noch ungebrochen zur Geltung, wie die eindrücklichen Animismusraten von 38% (Bewegungsbewußtsein der Wolken), 73% (Sonne und Mond leben), 49% (Bewegungsbewußtsein der Planeten) und 11% (Fallbewußtsein des Steines) eindeutig nachweisen.

4. Die Kausalität der Wolkenbewegung und die Ursachen der Wind- und Wolkenentstehung

Das Phänomen der Bewegung und die Bewegungserklärung stehen in diesem und den nachfolgenden Kapiteln im Mittelpunkt. Die Bewegung gehört zu dem Bereich der physikalischen Außenweltsvorgänge, der in der heutigen Physik in das Gebiet der theoretischen Mechanik fällt. Die realen Bewegungsvorgänge in der Außenwelt können - zumindest wissenschaftlich - auf zwei verschiedene Weisen betrachtet werden. Zum einen akausal und beschreibend, zum andern kausal und erklärend. Das Erkennen, Messen und Darstellen von Bewegungen der Körper, ohne nach den Ursachen und Kräften zu fragen, ist in der Physik die Aufgabe der Kinematik. Steht die Bewegungsverursachung im Mittelpunkt, werden also Bewegungsvorgänge von Körpern auf einwirkende Kräfte zurückgeführt, so fällt dies in das zweite Teilgebiet der Mechanik, der Dynamik. In unserem Zusammenhang ist vor allem der dynamische Aspekt der Bewegung, die Kausalität der Bewegung von Interesse. Uns interessiert, wie Mitglieder der ländlichen türkischen Dorfbevölkerung die Bewegung erklären. Dabei sind wir wenig an der Güte der Erklärungen interessiert. Unser Interesse konzentriert sich primär auf die Strukturen der Erklärungen.

Im folgenden Themenblock werden die Ergebnisse von drei miteinander zusammenhängenden Untersuchungsfragen besprochen: Im Mittelpunkt der ersten Fragestellung stand die Dynamik der Wolkenbewegung. Wir fragten, weshalb sich die Wolken bewegen (Thema 1/Frage 1). Mit dieser Frage sollten die Grundstrukturen der Kausalerklärungen ans Licht gebracht und festgestellt werden, ob sie strukturell handlungslogisch-subjektivistisch oder funktional-relational aufgebaut sind. In diesem Zusammenhang untersuchten wir auch die Vorstellungen über den Ursprung der

Dinge. Die beiden folgenden Fragen nach der Entstehung des Windes (Thema 1/Frage 3) und nach der Entstehung der Wolken (Thema1/Frage 2) dienten der Überprüfung, ob eine frühe Ausdrucksform des handlungslogischen Erklärungsschemas, der Artifizialismus, festzustellen ist. Geklärt werden sollte dabei auch, ob die bei Kindern vorzufindenden Stufen des Artifizialismus bei unseren Probanden wiederzufinden sind. Werden die physikalischen Objekte noch direkt von Gott oder den Menschen fabriziert, oder findet ein depersonalisierter Artifizialismus darin seinen Ausdruck, daß zwar der Ursprung der Dinge in die Natur selbst verlegt wird, der Natur jedoch artifizialistische Züge zugeschrieben werden? Wird die Natur also teleologisch (dynamistisch-finalistisch) gedeutet, oder finden sich schon mechanistische Erklärungen?

4.1   Das Ergebnis der Befragung zu den Ursachen der Wolkenbewegung

Die nachfolgende Ergebnisübersicht in Tabelle IX vermittelt die von den 61 von uns befragten Probanden angeführten kausalen Ursachen der Wolkenbewegung.

223

Tabelle IX: Zusammenstellung der Erklärungen zu der Frage nach der Ursache der Wolkenbewegung, differenziert nach den Strukturmustern und -merkmalen, den Erklärungstypen und der Verteilung der Vp (N=61)

Strukturmuster und Strukturmerkmale	Erklärungstypen	N
	Frage ist nicht beantwortbar ich weiß es nicht	4
I. von der Struktur der Handlungslogik gepräg-te Kausalerklärungen, umgesetzt in artifizia-listische, dynamistische und finalistische Erklä-rungstypen (primär auf göttlichem Eingreifen und Handeln beruhend)	(1) *externer, personifizierter Beweger* (Gott bewegt die Wolken)	1
	(2) *Doppelantrieb: externer, personifizierter Beweger und interne, intentionale Eigenbewegung* (Gott bewegt die Wolken; sie bewegen sich auch selbst)	1
	(3) *zielgerichtete Aktivitäten eines externen, personifizierten Bewegers* (Finalismus) (Gott bewegt die Wolken, damit es regnen kann)	6
	(4) *schwankend zwischen einem externen, personifizierten Beweger und einem physikalischen Beweger* (sowohl Gott und der Wind bewegen die Wolken)	2
II. von der Struktur der Handlungslogik gepräg-te, ohne Zuhilfenahme externer personaler Agenzien auskommende Kausalerklärungen (vorwiegend finalistisch-dynamistische Erklärun-gen)	(5) *externe physikalische Objekte als Beweger* (die Sonne bewegt die Wolken)	1
	(6) *Doppelantrieb: Kombination von Stoß- und Ziehkräften externer physikalischer Beweger* (Wind stößt und Luft zieht)	2
	(7) *externer physikalischer Beweger in Verbindung mit einer finalistischen Begründung* (der Wind bewegt die Wolken, damit es regnen kann)	7
	(8) *externer physikalischer Beweger und intentionale Ei-genbewegung* (der Wind bewegt die Wolken, sie bewegen sich aber auch von selbst)	4
III. Ansätze mechanisti-scher Kausalerklärungen	(9) *externer physikalischer Beweger und Ansätze, den Me-chanismus der Bewegung zu erklären* (Erddrehung verur-sacht Wind, welcher die Wolken bewegt)	4
IV. externer physikali-scher Beweger Wind (Sonderfall)	(10) *externer physikalischer Beweger* (der Wind bewegt die Wolken)	29

Die Ergebnisse sind eindeutig. Aus den 57 Antworten auf die Frage nach den Ursachen der Wolkenbewegung - vier der befragten 61 Personen sahen sich überhaupt außerstande, eine Erklärung abzugeben - sind eine Reihe unterschiedlicher Erklärungstypen herauszufiltern. In ihnen lassen sich drei kausale Erklärungsmuster mit je spezifischen Strukturmerkmalen erkennen, die entwicklungslogisch aufeinander aufbauen.

Zwei davon sind eindeutig von der Handlungslogik dominiert, wie die Erklärungsgruppen (1) bis (8) zeigen. In den Ergebnisgruppen (1) bis (4), sie umfassen insgesamt zehn Personen, sind die handlungslogischen Erklärungen artifizialistisch, dynamistisch und finalistisch ausgedeutet. Bei diesen 17% der Befragten ist eine angeführte Bewegungsursache auffällig: Bei der Wolkenbewegung hat immer ein externer personifizierter Beweger seine Hand im Spiel, Gott. In den Ergebnisgruppen (5) bis (8) ist zwar weiterhin die Handlungslogik das dominante Erklärungsmuster, im Unterschied zu den ersten vier Erklärungstypen wird jedoch der personalistisch gefaßte Beweger eliminiert. Es sind naturimmanente Erklärungen, die aber von der Struktur her weiterhin finalistisch und dynamistisch ausgedeutet werden. Selbst der kausative Einfluß von anderen Himmelskörpern auf die Wolkenbewegung wird nicht ausgeschlossen (physikalischer Artifizialismus). Insgesamt 14 Personen, das sind weitere 24% der Interviewten, sind diesem Strukturmuster zuzuordnen. Zusammen sind also etwas über 41% der Erklärungen weitgehend am Muster der Handlung orientiert.

Bei den vier Probanden der Ergebnisgruppe (9) sind zumindest mechanistische Versatzstücke in den Erklärungen nachzuweisen, die auf rudimentärem Schulwissen basieren. Sie versuchen den Mechanismus des Vorgangs zu erklären. Aber selbst in diesen Fällen ist zu konstatieren, daß die den anderen Erklärungen unterliegende Struktur noch durchschlägt. Die Handlung bildet auch hier - mehr oder weniger deutlich - das strukturelle Grundmuster der Erklärung, wie nachher zu zeigen sein wird.

Die von uns erwartete "natürliche" Erklärung, der Wind, wurde in 29 Antworten angeführt (Ergebnisgruppe 10). Bei diesen Antworten ist nicht ohne weiteres klar, welche Struktur sich in ihnen zum Ausdruck bringt (vordergründig sind sie zumindest nicht mechanistisch). Deshalb werden diese Erklärungen anschließend mit Hilfe einer zweiten Frage - woher der Wind kommt - weiter differenziert werden, mit dem Ziel, auch sie auf die ihnen zugrundeliegende Struktur hin zu prüfen.

Im folgenden werden die einzelnen Erklärungstypen anhand von Beispielen diskutiert. Die Versuchsperson der Ergebnisgruppe (1) sah die Wolken von Gott geschaffen und lebend. Auf die Frage *Kannst du mir erklären, warum sie sich bewegen?* antwortete sie zunächst: *Um zu gehen, sicherlich.* An späterer Stelle dann: *Der Herrgott schiebt sie, wer denn sonst, mein Kind. Meinst du, die Wolke bewegt sich von selbst? Das ist eine Sache von Gott* (Vp 5). In dieser Erklärung sieht man deutlich das handlungslogische Moment. In der Erklärungsstruktur der Handlungslogik ist der Ausgangspunkt der Erklärung das zu erklärende Geschehen, hier die Bewegung der Wolken. Von ihm aus wird auf den Anfang zurückgefragt und nach der Ursache des Ereignisses gesucht. Die Ursache wird hier - gut artifizialistisch - in Gott lokalisiert, von dessen Willen oder Handlung (unübersehbar im Verb *schieben*) die Wolken in Bewegung gesetzt werden. Die Handlung nimmt in einem Subjekt ihren Anfang. Mit dem Rückgriff auf den Ursprung des Geschehens ist erklärt, was zu erklären ist. Oft wird in den Erklärungen noch das Ziel mit in den

Anfang hineingenommen. Die Bewegungsaufnahme, das *Gehen*, ist der vermittelnde Zwischenschritt zur Erreichung eines nicht eigens genannten Ziels.

Bei Vp 1, die Vertreterin der Ergebnisgruppe (2), kommt zum personalistisch gefaßten externen Beweger, der zum einen die Wolken direkt bewegt, zum andern ihnen *Kraft* für die Bewegung gibt - womit auch hier ein vermittelndes Element eingebaut wird - die intentionale Eigenbewegung hinzu, ein intern lokalisierter dynamistischer Antrieb: *Genau wie Menschen sich bewegen, bewegen sie sich auch.*

In den Antworten der sechs Personen der Ergebnisgruppe (3) wird zum einen der Finalismus mit dem Artifizialismus auf eine spezifische Weise handlungslogisch verknüpft. Gott bewegt die Wolken zielgerichtet, *für die Erde. Wegen Schnee, Regen - wenn es nicht weht, nicht regnet, was wird die Welt machen*, wie es Vp 34 formuliert. Das Ziel ist dabei im Ursache-Pol, im göttlichen Plan, schon mitenthalten. Zum andern wird das finalistische Moment unabhängig vom Wolkenbeweger *Gott* eingeführt. Dabei ist auffällig, daß der Effekt auf der Wirkungs-Seite als kausaler Grund begriffen wird. *Warum bewegen sich die Wolken?* Antwort: *Weil es regnen wird* (Vp 34); *sie bereiten sich für den Regen vor* (Vp 42). Auch diese Erklärungen sind auf der Folie der Handlungslogik verständlich. Sie sind verständlich und logisch deshalb, weil im menschlichen Handeln das verfolgte Ziel der Grund ist, weshalb etwas unternommen wird.

In der Ergebnisgruppe (4), sie besteht aus zwei Probanden, wird zum einen Gott, der *sie lenkt* (Vp 10), und zum andern der Wind als Ursache der Wolkenbewegung genannt. Beide kausalen Bewegungsgründe stehen unvermittelt nebeneinander, ohne daß darin irgendwelche Widersprüche gesehen werden.

Bei den Probanden der Ergebnisgruppen (5) bis (8) ist der personifizierte externe Beweger Gott in den Erklärungen verschwunden. An seine Stelle treten physikalische Beweger. Der physikalische Artifizialismus tritt sozusagen das Erbe des personalen Artifizialismus an. Das heißt, die kausalen Ursachen werden in die Natur verlegt. Hinzu kommt - als ein zweiter Antrieb - die Deutung der Wolkenbewegung als intentionale Selbstbewegung mit finalistischer Ausrichtung. Beide Momente treten verstärkt auf. Die Wolken stehen als Handelnde da. Die den Erklärungen zugrundeliegende Handlungslogik in ihrer finalistisch-dynamistischen Ausprägung ist somit keineswegs eliminiert.

Die Person der Ergebnisgruppe (5), Vp 32, verortet den kausalen Grund der Bewegung nicht im Wind, sondern in anderen externen physikalischen Objekten und Vorgängen. Sonne und Wetter sind wirkmächtig, sie können handeln und die Wolken bewegen. F: *Warum bewegen sich die Wolken?* A1: *Durch die Sonne* (die Sonne ist lebendig). F: *Manchmal gehen die Wolken in die eine, manchmal in die andere Richtung. Warum?* A2: *Sie gehen durch die Sonne, durch das Wetter* (die Sonne ist auch die Ursache dafür, daß der Mond lebt, wie die Versuchsperson an anderer Stelle erklärt). Diese Erklärung ist vermutlich nicht mechanistisch gemeint, sondern kaum anders als handlungslogisch zu verstehen. Strukturell ebenso denken die zwei

Probanden der Ergebnisgruppe (6). Sie behaupten eine Kombination von externen Stoß- und Ziehkräften sei für die Bewegung verantwortlich. Die Luft *zieht* und *stößt*, der Wind *schiebt*. Die Beispiele:

Warum bewegen sich die Wolken? A1: *Wegen der Anziehungskraft der Luft, glaube ich.* F: *Wie bewegen sie sich?* A2: *Im allgemeinen bewegen sie sich in die Richtung, in die der Wind sie schiebt.* F: *Manchmal gehen sie schnell, manchmal langsam. Warum?* A3. *Wenn das Wetter kalt ist, bewegen sie sich schnell. Wenn nicht, sind sie normal* (Vp 21). *Warum bewegen sich die Wolken?* A1: *Durch die Stoßkraft der Luft.* A2: *Weil sie von einer Kraft geschoben werden.* Und vielleicht durch die *Erdanziehungskraft.* Die Schnelligkeit der Bewegung hängt von der Wetterlage, *von der Wärme und Kälte ab,* denn *bei regnerischem Wetter bewegen sich die Wolken schneller, bei sonnigem, normalen Wetter verhalten sie sich ruhig* (Vp 6).

Die sieben Probanden der Ergebnisgruppe (7) sehen im *Wind* die Bewegungsursache. Alle Begründungen zeigen dabei unverkennbar eine finalistische Ausrichtung. Ein Beispiel: *Warum bewegen sich die Wolken?* A: *Damit es regnen kann* (Vp 22). Der Regen ist der Grund dafür, daß sich die Wolken bewegen.

In der Ergebnisgruppe (8) wird neben dem Wind als externer physikalischer Bewegungsursache ein Eigenantrieb der Wolken behauptet. Alle vier Vertreter dieser Gruppe glauben, *sie gleiten von selbst* (Vp 9), *bewegen sich von selbst* (Vp 54), haben *eigene Bewegungen* und *fliegen von selbst* (Vp 64). In einer andern Formulierung: *Wer soll es veranlassen? Die Wolken machen es eben* (Vp 8).

Die beiden Ausdrucksformen des Finalismus und Dynamismus in der Ergebnisgruppe (7) zeigen die Ursache-Zielfixierung, die typisch ist für das handlungslogische Erklärungsmuster. Der Prozeß als solcher kommt nicht in den Blick, wie dies etwa bei den mit mechanistischen Versatzstücken durchsetzten Erklärungen der Fall ist. Dort, in der Ergebnisgruppe (9) - es waren die Personen mit der formal höchsten Schulbildung - wird die Bewegung der Wolken auf die Temperaturveränderung der Luft und die Erddrehung (Vp 2) oder auf Klimaänderungen zurückgeführt (Vp 37). Aber auch hier noch wird in der Deutung auf die Struktur der Handlunglogik zurückgegriffen, wie das folgende Beispiel verdeutlicht:

A1: *Der Wind hat eine Anziehungskraft. Der Wind zieht die Wolken, dann verschwinden sie.* A2: *Es gibt kalte und warme Luftschichten. Die kalte Schicht zieht die Wolken von der warmen Schicht und schiebt die Wolken in eine Richtung. Diese Wolken werden vom Wind nicht von hinten geschoben, das habe ich entdeckt, sondern von vorne gezogen.* A3: *Wenn diese Anziehung schnell ist, bewegen sich die Wolken schnell. Wenn das Wetter kalt ist, wenn die Nächte länger werden und es kalt wird, regnet es hier. Wenn die Nächte kürzer werden und es warm wird, regnet es hier wenig. Das bedeutet, wenn es kalt ist, verlieren die Wolken viel Wasser, und das Warme kann nicht genügend Anziehung haben.* A4: *Die Anziehung der Kälteschicht an die Wärmeschicht ist der Wind. Die Erde hat zwei, sogar vier Wärmepole. Zwei davon sind am Nordpol. Der Äquator ist warm* (Vp 61).

Das Beispiel zeigt deutlich, welche Mühe es bereitet, von der handlungslogischen Erklärungsstruktur loszukommen. Die spontane Antwort 1 ist noch völlig von dieser

Struktur determiniert. Sie läßt eigentlich keine an der Frage nach dem Wie orientierten, mechanistischen und relationalen Erklärungsversuche erwarten, wie sie in den anschließenden Ausführungen erfolgen. Die weiteren Erklärungen, daß der Wind durch die ungleichmäßige Erwärmung der Luft entsteht, könnte man auf den ersten Blick als mechanistische interpretieren. Doch eine solche würde folgendermaßen argumentieren: Wird Luft erwärmt, dehnt sie sich aus und steigt. Am Erdboden strömt schwere Kaltluft nach. An dieser Luftzirkulation hängt die Wolkenbewegung. Der Vorgang wird aber - natürlich auch sprachlich bedingt[293] - von Vp 61 ganz und gar nach dem Muster der Handlung beschrieben, wie schon die häufige Benutzung der Begriffe *Anziehung, ziehen, schieben* verdeutlicht. Zumindest in der Sprache noch hält sich die Handlungslogik durch (auch in unserer Gesellschaft werden viele physikalische Vorgänge im Alltag handlungslogisch erklärt). Kurz: Es ist eine mit vielen physikalischen Versatzstücken durchsetzte handlungslogische Erklärung. Um zu wirklich mechanistischen Erklärungen zu gelangen, scheint eine systematische schulische Bildung unabdingbar zu sein. Das in der Schule erworbene, zeitlich weit zurückliegende rudimentäre physikalische Wissen unserer Versuchspersonen hat auf alle Fälle nicht ausgereicht, um handlungslogische Erklärungsmuster wirklich durch mechanistische zu ersetzen.

Kommen wir nun zum Sonderfall der Erklärungsgruppe (10). Daß der Wind als häufigste Ursache der Wolkenbewegung genannt wird, war naheliegend. Er ist im Alltagsverständnis die natürliche Ursache der Wolkenbewegung (nach wissenschaftlichen Kriterien ist diese Erklärung allerdings ungenügend). Viele Erwachsene in unserer Kultur würden den Vorgang spontan auf die gleiche Weise erklären, ihre Meinung vielleicht aber bei genauerem Nachfragen mechanistisch präzisieren. Da wir schon im Vorfeld der Untersuchung mit dieser Antwort gerechnet hatten, wurde Vorsorge getroffen. Es war vorgesehen, alle Probanden mit derartigen Erklärungen nach der Entstehung des Windes zu fragen. Mit Ausnahme von zwei Versuchspersonen (Vp 14, 30) wurden alle 29 Personen, die mit dem Wind als Agens der Wolkenbewegung argumentierten, nach der Windentstehung befragt. Hierdurch sollte geklärt werden, ob diese Erklärungen auf der subjektivischen Logik beruhen oder schon die Einsicht in den funktionalen Entstehungszusammenhang erkennen lassen. Allein auf der Basis der Antwort: *Der Wind bewegt die Wolken*, läßt sich die Frage nicht hinreichend klären. Selbst die Benutzung des Verbs *schieben* kann mehr der Sprache geschuldet sein, als daß es tatsächlich so gemeint ist. Sicher verweist die Benutzung des Verbs *schieben* oder anderer sinnverwandter Ausdrücke auf die handlungslogische Herkunft, ihre Anwendung ist aber ohne weiteren Kontext kein

---

293 Das subjektivische Schema als kognitive Grundstruktur ist in die Grammatik der Sprache eingebaut. Genetisch ist die subjektivische Struktur der Grammatik über die Ausbildung der Handlungslogik in der frühen Ontogenese entstanden. Vgl. dazu Dux 1982, S. 98ff.

ausreichendes Kriterium für die Attestierung eines subjektivischen Kausalverständnisses.

Die entscheidende Frage ist also, ob diese 27 Versuchspersonen ihre "natürlichen" Erklärungen mechanistisch präzisieren oder ob nicht doch das im Untergrund bereitliegende subjektivische Erklärungsmuster aktiviert wird, da das physikalische Konstanzwissen begrenzt ist. In diesem Zusammenhang ist auch die Frage von weiterem Interesse, ob die von Piaget bei Kindern entdeckten zirkulären Erklärungen auftauchen, die besagen, daß die Wolken den Wind produzieren, welcher umgekehrt wiederum die Wolken bewegt (vgl. Piaget 1970, S. 61 u. S. 69ff), ein Erklärungsschema, das auch aus der Geschichte als sogenannte Antiperistasistheorie bestens bekannt ist.[294] Platons Antiperistasistheorie schreibt dem Luftmedium, durch das ein Projektil geschleudert wird, eine zirkuläre, um das Projektil herumlaufende Bewegung zu, durch die das Medium die Rolle eines permanent stoßenden aktiven Bewegers übernimmt (vgl. Platon 1992, 79b-80c). Antworten auf beide Fragen liefert die Tabelle X.

Tabelle X: Erklärungen der 29 Probanden zum Ursprung des Windes, die auf die Frage nach der Wolkenbewegung den Wind als Ursache angaben, differenziert nach Strukturmustern und -merkmalen, nach den Erklärungstypen und der Verteilung der Vp (N=29)

Strukturmuster und Strukturmerkmale	Erklärungstypen	N
	nicht gefragt	2
	Frage ist nicht beantwortbar	
	(ich weiß es nicht)	9
I. strukturell hand-lungslogisch unterlegte Kausalerklärungen, artifizialistisch und dy-namistisch ausgedeutet (2 bis 5 naturimmanente Windentstehung)	(1) *der Wind wurde von Gott geschaffen*	7
	(2) *der Wind entsteht an einem bestimmten Ort* (Erde und Meer setzen ihn aus sich heraus)	3
	(3) *der Ursprung des Windes ist das Wetter*	1
	(4) *der Ursprung des Windes ist die Luft* (Wind wird von der Luft produziert)	3
	(5) *der Ursprung des Windes ist die Wolkenbewegung*	1
II. Versuche me-chanistischer, funk-tional-relationaler Kau-salerklärungen	(6) *Versuche einer physikalischen Erklärung* (Zusammenspiel von Hoch- und Tiefdruck oder Kalt- und Warmluft, Erddrehung)	3

Zu den vier Versuchspersonen, die die Wolkenbewegung mechanistisch zu erklären versuchten (Tabelle IX, Erklärungsgruppe 9), kommen aus der Gruppe der 29 Perso-

---

294 Der Begriff Antiperistasis geht auf Aristoteles zurück, der diesen Begriff in seiner Erörterung der Wurftheorien verwendet, diese Erklärungsvariante aber für sich dort eher verwirft. Vgl. Aristoteles 1987, IV, 8.

nen, die in der ersten Frage den Wind als Ursache der Wolkenbewegung ansahen, nochmals drei Probanden hinzu, die zumindest versuchten, genuin physikalisch zu argumentieren, indem sie etwa das Zusammenspiel von Hoch- und Tiefdruck für die Windentstehung verantwortlich machten. Es sind dies die Probanden der Erklärungsgruppe (6).[295]

Abgesehen von den zwei nicht Befragten und den neun Dörflern, die die Frage nicht beantworten konnten, zeigt sich, daß die 15 Personen der Ergebnisgruppen (1) bis (5), also die Mehrheit, artifizialistisch und handlungslogisch argumentierten. Kurz: Was diesen und den vorherigen Fragebereich (Wolkenbewegung) betrifft, ist allenfalls sieben Personen ein rudimentäres mechanistisches Kausalverständnis zuzusprechen. Bei allen anderen dominierte mehr oder weniger deutlich das subjektivische, ursprungslogische Kausalschema als Erklärungsmuster, mit all den damit verbundenen Strukturmerkmalen.

Kandidaten für eine "zirkuläre" Erklärung waren indessen rar, wie die Ergebnisgruppe (5) ausweist. Lediglich Vp 18 hielt es für möglich, *daß die Wolken den Wind verursachen*, wobei umgekehrt, der Wind sie wiederum *schiebt*.

4.2 *Das Ergebnis der Befragung zu den Ursachen der Windentstehung*

Insgesamt 49 unserer 61 Versuchspersonen wurden zu den Ursachen der Windentstehung befragt.[296] Das Ergebnis sieht im Überblick wie folgt aus:

---

295 Wir haben über diese 29 Probanden hinaus weitere 20 Personen zu der Entstehung des Windes befragt (siehe dazu Tabelle XI). Diese Befragung brachte keine zusätzlichen Kandidaten für die Gruppe der "Prozeßorientierten" (die Probanden dieser Tabelle sind in der nachfolgenden, alle befragten Versuchspersonen umfassenden Tabelle XI integriert). Die Diskussion der Erklärungstypen erfolgt im nächsten Kapitel.

296 Die Frage nach dem Ursprung und der Entstehung des Windes wurde nicht systematisch gestellt. Daher rührt der geringere Umfang der dazu befragten Population.

Tabelle XI: Zusammenstellung der Erklärungen auf die Frage, woher der Wind komme, differenziert nach den Strukturmustern und -merkmalen, den Erklärungstypen und der Verteilung der Vp (N=49)

Strukturmuster und Strukturmerkmale	Erklärungstypen	N
	Frage nicht beantwortbar (ich weiß es nicht)	13
I. strukturell hand-lungslogische Kausal-erklärungen a. offen artifizialistisch ausgedeutet (1 und 2)	(1) *Windentstehung wird auf göttliche Fabrikation zurückge-führt*	14
	(2) *göttliche Fabrikation vermischt mit anderen Ursprüngen* (Luft, Wolkenbewegung, Selbstentstehung, Ort)	2
b. in die Natur verlegter Artifizialismus (3 bis 7)	(3) *der Wind entsteht an einem bestimmten Ort* (Erde, Meer)	4
	(4) *der Ursprung des Windes ist das Wetter*	1
	(5) *der Ursprung des Windes ist die Luft* (entsteht aus/in der Luft; wie, bleibt meist unklar)	6
	(6) *der Ursprung des Windes ist die Wolkenbewegung*	4
	(7) *der Ursprung des Windes ist die Bewegung der Bäume*	1
II. Versuche me-chanistischer, funk-tional-relationaler Kausalerklärungen	(8) *Versuche einer mechanischen Erklärung* (Zusammenspiel von Hoch- und Tiefdruck oder Kalt- und Warmluft, Erddrehung)	4

Zunächst ist festzuhalten, daß im Vergleich zu der Frage nach der Ursache der Wolkenbewegung die Frage nach der Herkunft des Windes das eindeutig schwieriger zu erklärende physikalische Phänomen ist. Das liegt daran, daß nicht ohne weiteres ersichtlich ist, wie der Wind zustandekommt. Diese Tatsache findet ihren Ausdruck darin, daß insgesamt 13 Personen keine Erklärung abgeben konnten. Allerdings wurde nicht auf einer Erklärung insistiert, wenn die Antwort: *Ich weiß es nicht*, gegeben wurde.

Die Antworten der übrigen 36 Versuchspersonen lassen acht verschiedene Erklärungsmuster erkennen, die zwei unterschiedlichen Strukturniveaus zuzuordnen sind, wie aus Tabelle XI zu erkennen ist. Im weitesten Sinne ursprungslogische artifizialistische Erklärungen wurden von 32 Probanden artikuliert, das entspricht etwa 65% der dazu Befragten 49 Probanden (die Ergebnisgruppen 1 bis 7). Vier Personen versuchten, einen mechanistischen Erklärungsansatz zu liefern (Ergebnisgruppe 8). Die subjektivisch-handlungslogischen Erklärungen können grob weiter differenziert werden in solche, in denen ein personalistisch gefaßter Verursacher die Hauptrolle spielt (Ergebnisgruppe 1; zum Teil auch Ergebnisgruppe 2) und solche, die der Natur selbst artifizialistische Kräfte zuschreiben (Ergebnisgruppen 3 bis 7). Beide Gruppen bestehen aus jeweils 16 Personen, die zu gleichen Anteilen je 32% der Befragten repräsentieren.

Im folgenden werden die einzelnen Erklärungsgruppen diskutiert. Die 14 Personen der Ergebnisgruppe (1) sahen den Wind ausnahmslos durch Gott geschaffen. Einige Beispiele:

> F: *Nun was meinst du, woher kommt der Wind, wie entsteht er?* A: *Auch der Wind wurde von Gott ge-schaffen. Die Luft, das Wasser und den Wind schuf Gott* (Vp 10). A: *Ein Ereignis, das durch Gott kommt.* F: *Wie erzeugt Gott den Wind?* A: *Es hat etwas mit dem Klima zu tun. So wie Frühling, Herbst, Sommer und Winter ist, genauso ist es auch mit dem Wind* (Vp 15). *Gott erschafft alles. Von Gott* (Vp 20). A: *Von Gott. Niemand von uns kann ihn machen* (Vp 43). A: *Ihn schuf Gott. Wie man sagt, er hat Engel mit Namen..., vier Engel. ...der andere Engel macht den Wind* (Vp 25). A: *Wir sagen, daß Gott ihn macht* (Vp 44). A: *Er kommt. Ein großer Atem von Gott. Wenn wir pusten, können wir nur das Ofenfeuer anfachen. Atem von Gott* (Vp 57). A: *Von Gott. Er kommt vom Meer, von weit her, das ist die Arbeit von Gott* (Vp 58). A: *Der Wind wurde von Gott erschaffen, von wem sonst* (Vp 62).

Daß dies handlungslogisch-artifizialistische Erklärungen sind, bedarf keiner weiteren Erläuterung. Die Verben *machen* und *schaffen* sind in dieser Hinsicht signifikant. Wo sicheres Wissen fehlt und keine andere Erklärung in Sicht ist, wird in letzter Instanz auf einen subjektivischen "Macher" rekurriert. Wenn ein physikalisches Phänomen auf seinen Ursprung, in diesem Fall auf den handlungsmächtigen Gott, zurückgeführt werden kann, dann ist es befriedigend erklärt. Der physikalische Entstehungsprozeß des Windes ist deshalb kein Thema. Dies wird auch bei der Ergebnisgruppe (2) deutlich, in der neben Gott andere Ursprünge des Windes thematisiert wurden.

> F: *Woher kommt der Wind?* A1: *Der Wind kommt von der kühlen Luft.* F: *Woher kommt die kühle Luft?* A2: *Soviel weiß ich nicht. Wenn ein kalter Wind weht, kommt er eben von hochliegenden Gebieten... Von sehr hohen Gegenden, von Gebirgen kommt der Wind.* A3: *Der Wind kommt von Gott... Ob er durch die Wolken entsteht....* A4: *Der Wind entsteht von selbst* (Vp 8).

Diese Versuchsperson war auf der Suche nach dem Ursprung der Windentstehung. Sie konnte sich nicht entscheiden, wo der Ursprung zu lokalisieren sei. Ihre Erklärungen wechselten zwischen naturimmanenten schöpferischen Ursprüngen (A1/A2) und klarem Artifizialismus (A3). Gott und das Moment der Selbstschöpfung wurden von der Person nur widerwillig ins Spiel gebracht, und zwar dann, als sie nichts anderes mehr vorzubringen wußte. Also auch hier wird das Phänomen Wind nicht in seinem Entstehungsprozeß begriffen, sondern die Ursache an einem bestimmten Ausgangspunkt gesucht. Diese Person argumentiert ursprungslogisch und nicht prozeßorientiert.

Die Ergebnisgruppen (3) bis (7) sind durch den Abbau des personalistisch gefaßten Artifizialismus gekennzeichnet. Die fünf Versuchspersonen der Ergebnisgruppe (3) legten die Ursprünge in die Natur, lokalisierten den Ursprung an einem bestimmten Ort, der ihn handlungslogisch aus sich heraussetzt.

F: *Woher kommt der Wind?* A: *Aus der Erdoberfläche, was weiß ich, wird Luft herausgezogen oder entsteht Luft... So in etwa wird es sein* (Vp 16). A: *Vermutlich vom Meer. Wir sind* (wohnen) *sehr nahe am Meer ... Wenn wir nach K. gehen* (ins Landesinnere), *es gibt dort keinen Wind* (Vp 59). A: *Irgendwie wenn Durchzug ist, könnte Wind entstehen.* F: *Was heißt das genau?* A: *Wenn das Fenster oder die Tür auf ist ... Oder von einer Erdspalte her, daß dort vielleicht der Wind herauskommt, könnte ich mir vorstellen. Wenn unter der Erde was brodelt, dann muß es nach oben, dann kann auch Wind entstehen.* F: *Was ist das, was da in der Erde brodelt?* A: *Das ist meistens ein Vulkan, daß das nach oben kommt braucht es Druck, daß es irgendwie rauskommt, das ist wie beim Wasserkessel auch* (Vp 63).

Hier ist also die Natur Erbin von Gott. Sie erzeugt den Wind (deutlich bei Vp 16). Vp 59 ist der Meinung, daß es im Landesinnern - im Gegensatz zu meeresnahen Gebieten - keinen Wind gibt. Eine inhaltlich andere, aber strukturell ähnliche Erklärung findet sich bei Vp 63. Nachdem sich die Erklärung mit Hilfe des *Durchzugs* nicht näher erläutern ließ, fand sie als Erklärung für die Entstehung des Windes ein Geschehen in der Erde. In der Erde brodelt etwas (erhitzt sich etwas), das durch den Druck nach oben gelangt. Der Vorgang ist vergleichbar mit einem Wasserkessel, der erhitzt wird. Aus letzterem steigt, wie man weiß, bei Erhitzung Dampf, der sich nach oben bewegt und verflüchtigt. Analog wurde die Entstehung des Windes gedeutet. Neu ist - im Vergleich zum vorherigen Beispiel - der Versuch, den Entstehungsprozeß zu thematisieren.

Die Vp der Ergebnisgruppe (4) antwortete auf die Frage nach der Windentstehung: *Wenn das Wetter schlechter wird, entsteht der Wind* (Vp 26).[297] Die Ursache wurde hier zwar nicht mehr in einem bestimmten festen Ort lokalisiert, aber weiterhin im Rekurs auf den Anfang gesucht. Hinter der Aussage steht die Erfahrung, daß mit schlechtem Wetter oft Winde oder Stürme verbunden sind. Daher ist es durchaus verständlich, daß zwischen zwei in Wirklichkeit nicht zwangsläufig miteinander verbundenen physikalischen Sachverhalten, die aber nahezu parallel auftreten, eine synkretistische oder partizipative kausale Verbindung konstruiert wird. Die Verbindung zwischen Wetterveränderung und Windentstehung wird so konstruiert, daß das erstere das letztere hervorbringt. Die partizipative Verbindung beruht auf der noch mangelhaften Dissoziation zwischen logischen und kausalen Relationen und einem damit verbundenen transduktiven Schluß: Die in Einzelfällen logisch mögliche Relation wird zu einer den Phänomenen zugeschriebenen gültigen kausalen Relation verallgemeinert (vgl. Piaget 1981a, S. 134f).

Die vier Probanden der Ergebnisgruppe (5) waren der Ansicht, daß der Wind aus der Wolkenbewegung entstehe. Der Ansicht, er entstehe aus der Bewegung der Bäume bzw. der Wolken, waren die Vp der Ergebnisgruppe (6). Die Beispiele:

F: *Woher kommt der Wind?* A: *Durch die Bäume* (Vp 64). A: *Es kann sein, daß die Wolken den Wind verursachen* (Vp 18). *...wie es manchmal den Südwestwind und den Sandwind gibt, der je nach Wolkenbewegung entsteht ...* (Vp 4). F: *Wie entsteht die Luft?* A: *Sie kommt auch von den Wolken* (Vp 34).

---

297 Identische Antworten finden sich bei den von Piaget untersuchten Kindern. Vgl. Piaget 1970, S. 45.

Alle diese Versuchspersonen waren umgekehrt der Meinung, der Wind bewege die Wolken und Bäume. In den Erklärungen wurden einfach die Effekte des Windes als kausale Gründe dafür angeführt, daß er entsteht. Auch diese Antworten sind eine Konsequenz der subjektivischen Handlungslogik. Gemäß dieser Logik werden die Effekte einer Handlung mit der causa direkt verbunden gedacht. Der Wind entsteht aus der Bewegung der Bäume, und die Bäume bewegen sich infolge des Windes. Hier spielen somit animistische Spontanität und feste dynamistische und materielle partizipative Verbindungen, die zwischen Wind, Wolkenbewegung und Bewegung der Bäume hergestellt werden, eine wesentliche Rolle.

Weitere sechs Probanden der Ergebnisgruppe (7) ließen den Wind aus der Luft entstehen, wie die folgenden Beispiele zeigen.

F: *Woher kommt der Wind?* A: *Der Wind kommt durch die Luftschicht.* F: *Dadurch entsteht er?* A: *Dadurch entsteht er. Durch die kalte Luftschicht* (Vp 21). A: *Aus der Luft selbstverständlich. Weil es nah ist zur Atmosphäre, ist diese Bewegung viel* (Vp 36). A1: *Von der Luft kommt er.* A2: *Der Wind entsteht in der Luft* (Vp 49).

Bei diesen Erklärungen bleibt unklar, wie die Windentstehung vor sich geht. Es sieht so aus, als ob zum einen scheinbar die Luftschicht den Wind erzeugt (Vp 21) und zum anderen der Wind aus der Luft oder aus sich selbst heraus entsteht (Vp 36), wobei beide sich dank der ihnen innewohnenden Kraft selbst in Bewegung setzen. Soviel zumindest scheint klar: Das Handlungsmuster, das der Erklärung zugrundeliegt, wurde nirgendwo sichtbar eliminiert, wie dies im Gegensatz dazu bei den vier Personen der Ergebnisgruppe (8) der Fall ist. Dort nämlich wird der Versuch gemacht, funktionale Erklärungen zu geben. Jetzt hat die Windentstehung zum einen mit *Hoch- und Tiefdruck zu tun* (Vp 31), mit *dem Positionswechsel der Luft, dem Wechsel von kalter und warmer Luft* (Vp 45). Zum andern wird die Verursachung des Windes gar mit der *Drehung der Erde* zusammengebracht - im Sinne der Windablenkung durch die Coriolis-Kraft - und zwar so, daß mit und durch deren Rotation, deren *Geschwindigkeit* (Vp 51), wie dieser Proband meint, der Wind entsteht. Dies sind Versuche physikalischer Kausalerklärungen. Sie beruhen auf dem funktional-relationalen Erklärungsmuster, dem zum handlungslogischen Muster oppositionellen Paradigma der Naturerklärung. Hier werden nirgends handelnde Agenzien als kausale Ursachen in Anspruch genommen.

4.3 Das Ergebnis der Befragung zu den Ursachen der Wolkenentstehung

Das Ergebnis der Befragung zeigt die Tabelle XII.

Tabelle XII: Zusammenstellung der Erklärungen auf die Frage nach der Entstehung der Wolken, differenziert nach den Strukturmustern und -merkmalen, den Erklärungstypen und der Verteilung der Vp (N=61)

Strukturmuster und Strukturmerkmale	Erklärungstypen	N
	nicht gefragt	2
	Frage nicht beantwortbar (ich weiß es nicht)	3
I. strukturell hand-lungslogisch unterlegte Kausalerklärungen (Ursprungslogik)	(1) *Wolkenentstehung wird auf göttliche Fabrikation zu-rückgeführt*	3
	(2) *Wolkenentstehung ist künstlichen Ursprungs* (Rauch; kochendes Wasser)	7
	(3) *beides, göttliche Erschaffung und künstlicher Ursprung*	1
a. mehr oder weniger artifizialistisch ausgedeu-tet (1 bis 4)	(4) *Vermischung von göttlicher/künstlicher Erschaffung und natürlichen Vorgängen* (von Gott geschaffen; entstehen aus dem Rauch; bilden sich aus dem Nebel)	13
b. in die Natur verlegter Artifizialismus (5 und 6), finalistisch ausgedeutet (6)	(5) *Wolken entstehen an einem ganz bestimmten Ort* (Erdumgebung)	1
	(6) *Wolken erzeugen sich selbst und entstehen aus einem natürlichen Vorgang* (sie bilden sich selbst und entstehen aus Dämpfen)	1
II. natürliche Erklä-rungen	(7) *wird durch einen natürlichen Vorgang erklärt* (sie entste-hen aus Dämpfen, Feuchtigkeit, Schnee)	25
III. Versuche me-chanistischer Kausal-erklärungen	(8) *Versuche einer physikalischen Erklärung* (mit der Thema-tisierung des "wie")	5

Von den 61 Probanden wurden zwei nicht zum Ursprung der Wolken befragt. Drei weitere konnten die Frage nicht beantworten. Die übrigen 56 Antworten lassen acht verschiedene Erklärungstypen erkennen, die zwei unterschiedlichen Strukturmustern der Erklärung zugeordnet werden können. 24 Personen (Ergebnisgruppen 1 bis 4) boten strukturell handlungslogisch unterlegte Kausalerklärungen, die offen artifizia-listisch ausgedeutet wurden. Die Wolken wurden von dieser Teilklientel als von Gott gemacht oder als künstlich erzeugt begriffen. Erklärungen mit Verweis auf naturimmanente Dynamiken oder Selbstentstehung wurden von zwei Personen formu-liert (Ergebnisgruppen 5 und 6). Diese 26 Probanden repräsentieren 44% der 59 befragten Versuchspersonen. Knapp unter fünfzig Prozent der Befragten erklären die Wolkenentstehung artifizialistisch. Natürliche Erklärungen gaben 25 Interviewte zu Protokoll (Ergebnisgruppe 7). Fünf Probanden äußerten Erklärungsversuche physikalisch-mechanistischer Art (Ergebnisgruppe 8).

Im folgenden werden, um unnötige Wiederholungen zur vorherigen Frage zu vermeiden, einige wenige Beispiele aus den Interviewprotokollen herausgenommen und stellvertretend für die Ergebnisgruppen diskutiert.

Drei Personen (Ergebnisgruppe 1) waren der Meinung, daß Gott die Wolken schaffe. *Die Wolken kommen und entstehen mit Gottes Befehl*, wie Vp 38 sagte. Dies ist eine durch und durch artifizialistische Deutung, wobei Gott als Handelnder namhaft gemacht wird. Die Erklärungen der Ergebnisgruppe (2), sie umfaßt sieben Personen, kennzeichnet ein indirekterer, gemilderter Artifizialismus.[298] Die Wolken - sie werden fast immer als lebendig und bewußt betrachtet - haben einen artifizialistischen Ursprung (keinen natürlichen Ursprung), aber sie bilden sich durch einen natürlichen Vorgang. Meist entstehen sie aus Rauch, der von Menschen verursacht wird (Vp 19, 28). Aber auch aus Umweltschmutz: *Sie sind aus Umweltschmutz* gemacht, wie Vp 48 sagte. Einmal entstehen sie sogar aus dem Dampf des kochenden Wassers. *Wasser kocht auf dem Ofen, aus dem Dampf werden Wolken, aus dem Rauch des Feuers werden Wolken*, wie Vp 55 meinte. Die Person der Ergebnisgruppe (3) sagte zum einen, die Wolken entstehen *vielleicht aus Rauch*, zum anderen: *Von diesem Berg kommen sie, von Gott*. Die zuletzt zitierte Antwort ist ersichtlich eine artifizialistische Erklärung.

Die 13 Probanden der Ergebnisgruppe (4) schwankten in ihrer Sichtweise. Zum einen waren sie der Ansicht, die Wolken seien göttlichen oder künstlichen Ursprungs (aus von Menschen verursachten Dämpfen entstanden), zum andern glaubten sie, daß sie auf natürliche Weise, unabhängig vom Menschen entstehen würden. Ein typisches Beispiel:

F: *Woher kommen die Wolken?* A1: *Die Wolken kommen von Gott.* F: *Kannst du das erklären? Warum kommen sie von Gott?* A: *Unser Gott schuf sie so, alles auf dieser Erde schuf er.* An späterer Stelle: A2: *Ob sie sich wohl aus Nebel bilden oder aus der Luftverschmutzung? Mein Kopf kapiert das nicht.* F: *Egal, sage nur was du denkst, sei entspannt.* A: *Ich kann euch nicht antworten. Ob das wohl aus Nebel entsteht, der von Gott kommt?* F: *Sind sie aus einem bestimmten Material?* A3: *Es kann aus einem Material sein, von den Fabriken, vom Rauch kann es sein, oder nicht?* (Vp 1).

Hier ist eine ganze Palette an Erklärungen versammelt. Zunächst wird die Wolkenentstehung - übrigens auch die Entstehung von Regen und Luft - auf einen göttlichen Ursprung zurückgeführt (A1), eine artifizialistische Antwort, die der subjektivischen Ursprungslogik entspringt. Danach bilden sie sich vielleicht aus dem Nebel (A2), wären damit auf natürliche Weise entstanden (obwohl der Nebel selbst wieder göttlichen Ursprungs ist), und schließlich wurde auch eine künstliche Entstehung durch Luftverschmutzung (A2) und Rauch (A3) nicht ausgeschlossen. Auch Vp 3 vermischt ihren Artifizialismus mit einem eindeutigen Teil an natürlicher Erklärung. Nachdem der Proband zuerst die Meinung vertrat, die Wolken, die aus *Luftbläschen und aus*

---

298 Zum gemilderten Artifizialismus vgl. Piaget 1981a, S. 240f.

Feuchtigkeit von der Erdoberfläche beständen, entwickelten sich aus Dämpfen, die sich an der Erdoberfläche bildeten und durch die Wärme nach oben stiegen, verblüffte er im weiteren Verlauf des Interviews mit der folgenden Erklärung:

> *Die Erde, der Himmel sind Dinge, die nicht plötzlich entstanden sind. Auf jeden Fall hat hier jemand seine Hand im Spiel gehabt. Jemand hat von sich etwas hinzugefügt, daher kommen wahrscheinlich die Wolken. Seien es die Wolken am Himmel, sei es der Regen, der Schnee, jedenfalls werden sie von jemand geführt. Ich glaube, daß Gott sie führt.*

Während in allen bisherigen Erklärungsgruppen die göttliche Fabrikation eine mehr oder weniger große Rolle spielte, ist dieses Moment bei den zwei Personen der Erklärungsgruppen (5 und 6) verschwunden. Bei Vp 11 wurde der Artifizialismus auf die Natur übertragen. Sie lokalisierte die Wolkenentstehung an einem unbestimmten Ort in der *Erdumgebung*. Vp 14 hingegen argumentierte finalistisch vom Ziel her, wobei Ursache und Effekt verdreht wurden: *Sie entstehen von selbst, es gibt schlechtes Wetter, es entstehen Nebel und Wind, dann siehst du, wie von hier und dort die Wolken kommen und sich von selbst bilden.* An späterer Stelle wird dann noch behauptet, daß sie *aus Dampf* entstehen würden.

Die 25 Personen der Ergebnisgruppe (7) sahen die Wolken durch einen natürlichen Vorgang entstehen. Sie bilden sich aus Dämpfen an der Erdoberfläche, sie entstehen aus verdampfendem Meerwasser (sie sind nicht künstlich erzeugt, wie in den Beispielen der Ergebnisgruppe 2), sie entwickeln sich aus der Feuchtigkeit oder dem Schnee. Das heißt aber nicht, daß diese Personen in jeder Hinsicht frei von artifizialistischem Gedankengut wären, sondern nur, daß dieser Vorgang auf natürliche Weise erklärt wurde. Offen bleibt auch, ob diese Erklärungen handlungslogisch gemeint sind. Einige Formulierungen legen es zumindest nahe.

Die fünf Personen der Ergebnisgruppe (8) zeigten Ansätze mechanistischer Erklärungen. Sie versuchten den Entstehungsprozeß, das "Wie" des Vorgangs zu beschreiben. Wolken entstehen *aus dem Verdampfen der Gewässer und Flüsse. Sie entstehen, wenn Dampf mit der kalten Atmosphäre zusammentrifft*, wie Vp 45 sagte.

4.4   Zusammenfassung

Es hat sich gezeigt, daß viele Erklärungen zur Wolkenbewegung handlungslogisch fundiert sind. In 17% der Antworten wird sogar durchgängig auf die Eingriffskausalität Gottes rekurriert. Weitere 24% der Begründungen sind zwar von letzterem frei, der Vorgang selbst wird aber weiterhin handlungslogisch und finalistisch gedeutet. Auch bei den Personen, die den Wind als Beweger ansehen und das Geschehen "natürlich" erklären, zeigt sich, daß zumindest der größere Teil davon die Windentstehung artifizialistisch deutet. Sogar bei den wenigen Probanden, die über beide Geschehen prozeßorientiert berichten und zum Teil mechanistische Elemente - aus dem aus der Schulzeit erinnerten Wissen - in die Deutung einfließen lassen, ist noch deutlich das handlungslogische Fundament zu erkennen. Diese Bruchstücke werden teilweise einfach mit dem handlungslogischen Grundmuster verwoben. Harte mechanistische Erklärungen sind nicht zu finden.

Es bestätigt sich also hier schon unsere These, daß in einer agrarischen Gesellschaft mit wenig ausdifferenzierter Sozialstruktur und Ökonomie, die zudem mit einfachster Technik auszukommen hat, die kausalen Erklärungsmuster, zumindest für den handlungsfernen Bereich des Naturgeschehens, nicht notwendig bis zum Niveau des mechanistischen funktional-relationalen Erklärungsmusters vorangetrieben werden müssen. Mit dem subjektivischen Erklärungsmuster liegt für Vorgänge jenseits des praktischen und routinisierten Alltagswissens ein nicht minder effizientes Erklärungs- und Deutungsschema bereit. Mehr noch, die in der Kindheit erworbenen Kausalstrukturen sind bei diesen Erwachsenen entwicklungslogisch nicht über einen Stand fortentwickelt worden, wie er sich bei fünf bis zehnjährigen Kindern in unserer Gesellschaft als ontogenetisches Durchgangsstadium zeigt, wie vor allem die noch zahlreichen animistischen und artifizialistischen Deutungen zeigen. Selbst die bei Erwachsenen im Vergleich zu Kindern vermuteten, inhaltlich reicher ausgestalteten Deutungen des Bewegungsvorgangs finden wenig Anhalt am Material. Es gibt viele bis ins Detail gehende Übereinstimmungen mit den kindlichen Erklärungen, die Piaget und Laurendeau/Pinard beschrieben haben (vgl. Piaget 1970, S. 60ff u. Laurendeau/Pinard 1962, S. 182ff).

Auch hinsichtlich der Windentstehung sind die von der Struktur der Handlungslogik diktierten Erklärungen eindeutig dominant. Das Strukturmerkmal des Artifizialismus ist bei über der Hälfte der Befragten absolut vorherrschend (64%). Bei 16 Personen, das sind 32% der dazu Befragten, tritt ein harter personalistisch gefaßter Artifizialismus in Erscheinung, bei weiteren 16 Probanden, also nochmals 32% der Interviewten, wird der Artifizialismus in abgeschwächter Form im weitesten Sinne in die Natur verlegt; sie tritt als handelnd und wirkmächtig auf. Lediglich bei vier Interviewten konnten funktionale Erklärungsversuche festgestellt werden. Hinsichtlich der Genese der Kausalität ist interessant, daß viele Erklärungen der Erwachsenen bis ins wörtliche gehende inhaltliche Übereinstimmungen mit den Erklärungen aufweisen, die Piaget in den zwanziger Jahren bei Kindern im Alter von vier bis neun Jahren gefunden hatte (vgl. Piaget 1970, S. 33ff). Die These, daß das erwachsene Kausalverständnis unter den Bedingungen einer einfachen agrarischen Gesellschaft das Kausalverständnis von Kindern in Industriegesellschaften strukturell nicht überbieten muß, sondern daß es dort vielmehr als Endstadium anzutreffen ist, wird zumindest bei dieser Fragestellung bestätigt.

Auch in den Erklärungen zur Entstehung der Wolken sind bei 26 Probanden, das entspricht 44% der Befragten, eindeutig artifizialistische Anteile im Denken nachzuweisen. Etwa 50% der Befragten erklären den Vorgang auf natürliche Weise.

Der im Vergleich zur Windentstehung geringere Prozentsatz artifizialistischer Antworten wird dadurch verständlich, daß die Wolkenentstehung leichter zu erklären ist. Verblüffend sind wiederum die vielen inhaltlichen Übereinstimmungen zu Piagets Kindererklärungen (vgl. Piaget 1981a, S. 238ff).

Die Ursache der Phänomene wird nicht im "Wie" der physischen Verwirklichung gesucht, sondern in der Absicht am Ausgangspunkt. Die Absicht ist vor allem artifizialistischer Natur. Sie wird den Produzenten der Gegenstände zugeschrieben. Objekte werden begriffen als "gemacht für" und mit dem Verweis "gemacht von" auf einen unhintergehbaren Ursprung zurückgeführt, der sie aus sich heraussetzt (vgl. Piaget 1981a, S. 281f u. S. 284). Artifizialistische Erklärungen sind ursprungslogische Erklärungen, die das Vorhandensein der Objekte und physikalischen Phänomene mit dem Verweis auf ihren Ursprung zu erklären und begründen suchen, einem Ursprung, in dem als unentfaltete Potentialität bereitliegt, was daraus hervorgeht und aus der Anschauung bekannt ist.

5. Die Kausalität der Bewegung von Sonne und Mond

Die Frage, wodurch sich Sonne und Mond bewegen, ist im Vergleich zur Frage nach der Wolkenbewegung recht schwierig zu beantworten. Während für die Wolkenbewegung ein plausibler Verursacher, der Wind, recht schnell zu finden ist, ist bei den Gestirnen ein solcher nicht ohne weiteres auszumachen. Deshalb ist zu erwarten, daß die Bewegungsursache einerseits in die Himmelskörper selbst verlegt wird oder daß sie andererseits Gott zugeschrieben wird. Vor dem Hintergrund des verbreiteten Animismus sind bezüglich der Bewegung von Sonne und Mond eine Vielzahl an nichtmechanistischen Kausalerklärungen vorstellbar. Wie die Erklärungen tatsächlich aussehen, zeigt die nachfolgende Tabelle XIII.

Tabelle XIII: Zusammenstellung der Erklärungen auf die Frage, wodurch sich Sonne und Mond bewegten, differenziert nach den Strukturmustern und -merkmalen, den Erklärungstypen und der Verteilung der Vp (N=34)[299]

Strukturmuster und Strukturmerkmale	Erklärungstypen	N
	unverständlich	1
I. strukturell hand-lungslogische Kausal-erklärungen a. artifizialistisch und animistisch ausgedeutet (1 bis 4)	(1) Planeten werden extern von Gott bewegt (Artifizialismus)	13
	(2) Planeten bewegen sich aus moralischer Notwendigkeit	1
	(3) Planeten werden von einer externen Kraft bewegt oder bewegen sich von selbst (sie leben)	1
	(4) Planeten (sie leben) bewegen sich aus eigener Kraft (Ani-mismus)	10
b. ohne animistische und artifizialistische Ausdeu-tung	(5) Planeten werden von der Luft bewegt (geschoben)	2
II. Versuche einer me-chanistischen Kausaler-klärung	(6) es wird versucht, die Bewegung der Planeten in Relation zueinander zu sehen	6

Von den 34 Befragten antworteten auf die Frage nach der Planetenbewegung 27 (Er-gebnisgruppen 1 bis 5) unter Zuhilfenahme nichtphysikalischer Erklärungsmuster. D.h. 79% der Befragten orientierten sich in ihren Erklärungen an der Struktur der Handlung. Dabei griffen die 25 Vertreter der Ergebnisgruppe 1 bis 4 (73%) durch-wegs auf animistische oder artifizialistische Deutungen zurück. Bei den zwei Probanden der Ergebnisgruppe 5 waren diese beiden Strukturmerkmale ver-schwunden, ohne daß jedoch das Handlungsmuster in den Erklärungen eliminiert war. Sechs Probanden (Ergebnisgruppe 6) versuchten, den Bewegungsvorgang rein physikalisch auszulegen, was auch ansatzweise gelang.

13 Probanden waren der Ansicht, beide Planeten würden extern durch Gott gelenkt und bewegt (1). Im folgenden einige Beispiele für diese handlungslogisch-artifizialis-tischen Bewegungserklärungen:

Es gibt bestimmt jemanden (sie meint Gott), *der sie lenkt* (Vp 2). *Gott bewegt sie* (Vp 37). *Die Sonne und der Mond können sich allein nicht bewegen. Kannst du das machen oder ich? Nein. Gott macht das* (Vp 40). *Die Natur hat sicherlich ein System, das die Bewegungen kontrolliert, das Aufgehen, das Untergehen, das Klarwerden. Es gibt offensichtlich einen Lenker* (Vp 3).

Dies sind handlunglogische Erklärungen, die artifizialistisch ausgedeutet werden. Während die Versuchspersonen 2, 37 und 40 Gott als direkte Bewegungsursache aus-

---

299 Die geringe Zahl der dazu Befragten erklärt sich dadurch, daß diese Frage von unseren Interviewe-rinnen wiederholt vergessen wurde.

machten, wobei Vp 37 die Eigenbewegung explizit ablehnte, war bei Vp 3 nicht ohne weiteres klar, wer die Gestirne bewegt. Im Gegensatz zu den anderen Erklärungen wurde auf ein naturimmanentes Steuerungssystem hingewiesen. Die Erklärung kann zum einen so verstanden werden, daß der *Lenker* das Natursystem sei, wobei dann die Natur teleologisch gedeutet würde, oder zum anderen so, daß Gott der *Lenker* sei, der das ganze Natursystem steuere, was eine artifizialistische Variante darstellen würde. Ein Beweger wurde aber auf jeden Fall angenommen.

Vp 1 der Ergebnisgruppe (2) nannte zwar keinen direkten Beweger, meinte aber, die Sonne *wandert, soweit sie gehen soll.* Die Bewegung der Sonne (die von Gott geschaffen worden sei und lebe) wird also nicht physikalisch gedeutet. Sie sei zu ihrer Bewegung moralisch obligiert. Vp 57 der Ergebnisgruppe (3) sah für die Bewegung zwei mögliche Ursachen. Ihrer Meinung nach kann sie durch einen externen oder einen internen Antrieb verursacht sein. Sie entschied sich aber für keine der beiden Varianten. *Wenn eine Kraft nicht hilft,* bewegten sie sich eben selbst. *Gott hat es so gemacht. Er hat solche Regeln.* Gott habe also bestens vorgesorgt, daß die Gestirne sich bewegten. Das Moment der Selbstbewegung wird besonders dann verständlich, wenn man weiß, daß die beiden Planeten als lebend gesehen werden.

Die 10 Probanden der Ergebnisgruppe (4) waren der Meinung, daß die beiden Gestirne sich von selbst bewegten. Diese Deutung fußt darauf, daß die Planeten von allen Probanden als lebend und mit Bewußtsein ausgestattet verstanden wurden, wodurch erklärbar wird, weshalb sie sich bewegen. Die Bewegung wurde also animistisch gedeutet.

Die zwei Probanden der Ergebnisgruppe (5) sahen die Himmelskörper durch die Luft in Bewegung gesetzt. *Die Sonne und der Mond machen Runden. Wahrscheinlich können sie das nicht machen, wenn die Luft nicht hilft. Die Luft schiebt* (Vp 58). *Durch eine Kraft bewegen sie sich. Wie ein Wind. Diese Kraft hat mit der Luft zu tun* (Vp 64). Hier wird in dem (die Planeten umgebenden) Medium der Beweger gesehen. Die Bewegungsursache sei eine Handlung der Luft. Kurz: Beides sind handlungslogische Erklärungen, die aber ohne die Zuhilfenahme personalistisch gefaßter Eingriffsmächte auskommen. Das handelnde Agens ist die Luft, die *schiebt.* Beide Personen repräsentieren ein Kausalverständnis, welches animistische und artifizialistische Deutungsmuster abgelegt hat.

Die Erklärungen der Ergebnisgruppe (6) waren auf dem Niveau des Alltagswissens funktional. Bei diesen Probanden stand der Prozeß der Bewegung im Mittelpunkt. Es wurde versucht, den Vorgang naturimmanent und funktional zu beschreiben. Die sechs Versuchspersonen versuchten, die Bewegung in Relation zur Erdbewegung mechanistisch zu deuten. Die Planeten wurden von ihnen in diesem Zusammenhang als leblose tote Materie begriffen. *Der Mond bewegt sich, weil sich die Erde um die Sonnenachse dreht, deshalb ist er in Bewegung. Aber die Sonne bleibt reglos an derselben Stelle* (Vp 16). Die oben erwähnten Elemente einer nichtphysikalischen Erklärung sind hier vollständig eliminiert. Es wurde kein Beweger thematisiert.

Als Fazit ist festzuhalten: Die Bewegung der Himmelskörper wurde von den dazu Befragten zum großen Teil unter Zuhilfenahme nichtphysikalischer Erklärungsmomente gedeutet. Es sind Erklärungen, die in ihrer Struktur von der Handlungslogik determiniert sind und überwiegend artifizialistisch und animistisch ausgedeutet wurden (73%). Erklärungen, in denen diese beiden Strukturmerkmale überwunden, die Handlungslogik aber noch ungebrochen in Geltung ist, wurden von zwei Versuchspersonen artikuliert (6%). Nur sechs Personen gelang eine physikalische Deutung der Bewegung. Damit liegt das Ergebnis durchaus auf der Linie des bisher Festgestellten.

In den folgenden Abschnitten zu Bewegungsvorgängen im Nahbereich der Menschen wird die Frage sein, ob auch für die Bewegung des aufsteigenden Rauches, für den freien Fall, den Wurf und das Murmelexperiment handlungslogische Kausalerklärungen nachzuweisen sind und ob auch dort in einer ähnlichen Größenordnung animistische und artifizialistische Ausdeutungen vorherrschen.

6. Die Kausalität der Aufwärtsbewegung des Rauches

6.1   Das Ergebnis der Befragung

Die Erklärungen zu der Frage, warum der Rauch nach oben steige, zeigten, daß dies für unsere Probanden ein alles andere als leicht zu erklärendes Phänomen darstellte. Viele der Befragten waren etwas irritiert, daß wir uns mit der Antwort: *Ich weiß es nicht*, oder *es ist eben so*, nicht zufriedengeben wollten und weiterhin hartnäckig nach einer Erklärung für diesen Sachverhalt forschten. Die Versuchspersonen waren zwar grundsätzlich bereit, uns Auskunft zu geben, aber sie entschuldigten sich manchmal geradezu dafür, daß sie sich diese Fragen so nie gestellt hatten und uns folglich nur ungenau Auskunft geben konnten. Nichtsdestotrotz bemühten sich alle Teilnehmer, nach einer kausalen Erklärung für diesen Bewegungsvorgang zu suchen. Die Erklärungen der 61 Probanden auf die Frage, warum der Rauch des Feuers nach oben steige, werden in der nachfolgenden Übersicht dargestellt.

Tabelle XIV: Zusammenstellung der Erklärungen auf die Frage, warum der Rauch nach oben steige, differenziert nach den Strukturmustern und -merkmalen, den Erklärungstypen und der Verteilung der Vp (N=61)

Strukturmuster und Strukturmerkmale	Erklärungstypen	N
	Frage war nicht beantwortbar	*4*
I. strukturell hand-lungslogische Kausal-erklärungen (Struktur liegt offen)	(1) *der Verweis auf die Tatsache selbst* ("es ist eben so")	*4*
	(2) *der Rauch steigt infolge äußerer Anziehungskräfte*	*21*
	- die Luft zieht, saugt	20
	- der Schornstein zieht	1
	(3) *der Rauch steigt infolge äußerer Antriebskräfte* (Antrieb, Abstoß, Druck, Hebekraft)	*19*
	- des Windes	10
	- des Feuers	4
	- der Luft	3
	- der Erde	2
	(4) *der Rauch steigt infolge einer inneren Antriebskraft*	*1*
	(5) *Bipolarität äußerer und innerer Antriebskräfte und fehlen-de Wirkung der Erdanziehungskraft*	*2*
	(6) *innerer Antrieb und wegen der Eigenschaft Leichtigkeit*	*2*
	(7) *äußere Anziehungs- und Antriebskräfte, Leichtigkeit und Einfluß des oben befindlichen Vakuums*	*1*
		3
II. relationaler Erklä-rungsansatz	(8) *der Rauch steigt, weil er leichter als Luft ist* (Versuch der Relationierung)	*4*

Wie nicht anders zu erwarten, finden sich die zwei kausalen Strukturmuster der Erklärung wieder, allerdings mit einem auffallend deutlichen Übergewicht der handlungslogischen Vorstellungen. Beide strukturellen Grundmuster finden ihren Ausdruck in insgesamt acht verschiedenen Erklärungstypen, von denen nur der letzte nicht von der Handlungslogik beherrscht wird. In allen anderen Erklärungen berufen sich die Probanden auf externe und interne Bewegungsmotoren.

21 Personen brachten das Aufsteigen des Rauchs monokausal mit äußeren Anziehungskräften in Verbindung (2), 19 Befragte führten das Aufsteigen ebenso monokausal auf äußere Antriebskräfte zurück (3). Eine dem Rauch eigene innere Antriebskraft wurde als ausschließliche kausale Ursache einmal zum Ausdruck gebracht (4). Weitere vier Versuchspersonen sahen eine Bipolarität äußerer und innerer dynamischer Kräfte am Werk, wobei in zwei Fällen zusätzlich auf das Fehlen der Erdanziehungskraft aufmerksam gemacht wurde (5). Die Eigenschaft der Leichtigkeit als nichtrelationale absolute Größe und Ursache der Aufwärtsbewegung kam erstmals bei einer Versuchsperson in der Erklärungshypothese (6) zum Tragen, wobei eine

dem Rauch inhärente Fähigkeit, sich zu bewegen, seine eigene Antriebsdynamik aber nicht geleugnet wurde. Multikausale Ursachen - sie reichen von äußeren Antriebs- und Anziehungskräften über die Eigenschaft der Leichtigkeit bis hin zum Einfluß des Vakuums - wurden von drei Probanden in die Überlegungen einbezogen und für den Auftrieb verantwortlich gemacht (7). Eine durchaus physikalische Erklärung wurde nur von den 4 Versuchspersonen der Ergebnisgruppe (8) in Erwägung gezogen, wobei eine davon die Relation der Leichtigkeit nur ansatzweise erkannte, immerhin drei aber die Relation zur Luft herstellten.

6.2   Das Handlungsmuster als Grundstruktur der Bewegungserklärung

Vier Versuchspersonen sahen sich außerstande, für den aufsteigenden Rauch eine plausible Erklärung zu finden. *Ich weiß es nicht*, so lautete ihre stereotype Antwort. Selbst beharrliches Nachfragen förderte keine Erklärungen zutage. Auch vier weitere Personen wußten auf Anhieb keine Erklärung (1). Auf Nachfrage erfolgte aber in drei Fällen, als eine Art Erklärung im weitesten Sinne, der Verweis auf den Vorgang als solchen: *Es ist eben so.* Einmal wurde gesagt: *Es ist eine Sache der Natur*, daß der Rauch aufsteige (Vp 31). Typisch für diese Ergebnisgruppe ist die Erklärung von Vp 1, einer 43jährigen Hausfrau mit einem Jahr Schulbildung:

> F: *Warum steigt der Rauch nach oben, wie erklärst Du Dir das?* A: *Der Rauch entsteht und steigt nach oben.* F: *Aber warum steigt der Rauch nach oben?* A: *Also, der Rauch steigt mit dem "Ding"* (bleibt unklar) *in die Luft. Die entstehenden Dinge gehen in die Luft.* F: *Welche Dinge?* A: *Der Schmutz vom Rauch geht in die Luft und dort... Die Luft wird deshalb so neblig, also, es bildet sich der Nebel. Eben so, was weiß ich...* F: *Warum kann er* (der Rauch) *nicht immer unten bleiben?* A: *Er bleibt eben nicht unten. Der Rauch steigt immer nach oben. Ob die Verschmutzung der Luft wohl daher kommt, die schmutzigen Dinge wohl dadurch verursacht werden? Es ist eben so.*

Als Ursache der Bewegung ist der schiere Verweis auf die Tatsache selbst, so scheint es, Erklärung genug. Die Antworten der Ergebnisgruppe (1) erinnern stark an die der griechischen Vorsokratiker (von 600 bis etwa 430 v. Chr.), die den Beginn des natur- wissenschaftlichen Denkens markieren, besonders an die Atomisten Leukipp und De- mokrit, die zwar die immerwährende Bewegung der Atome postulierten, sich jedoch, wie schon Aristoteles kritisierte, "über die Bewegung der Dinge aber, woher sie ihren Ursprung nimmt oder wie sie vor sich geht", nicht weiter viel Gedanken machten.[300] Alles Geschehen fand ihrer Ansicht nach naturnotwendig statt und besagte somit nichts anderes, als daß der Zwang dieser Notwendigkeit prinzipiell unergründlich ist. Oder wie unsere Probanden sagten: *Es ist eben so.*

---

300 Dieses Zitat und einige weitere Aristoteleszitate mit vergleichbarer Stoßrichtung finden sich in Capelle 1968, S. 297f.

Für eine Analyse sind diejenigen Personen interessanter, welche explizit Ursachen zur Erklärung dieses Bewegungsvorgangs anführten. Alle weiteren Erklärungen für das Aufsteigen des Rauchs beruhen auf dem von Aristoteles formulierten Axiom, daß jede Bewegung einen Beweger erfordert (mit Ausnahme von Ergebnisgruppe 8). Zwei Antriebe sind Aristoteles zufolge denkbar: Entweder wohne der Motor den sich bewegenden Körpern selbst inne, wie dies auch tatsächlich in den Ergebnisgruppen (4) bis (6) angesprochen wurde, allerdings zusammen mit anderen Antriebskräften, oder der Rauch werde über einen unmittelbaren Kontakt und direkten Anstoß seitens eines externen "Motors" in Bewegung versetzt, wie dies insbesondere von der Ergebnisgruppe (3) gedacht wurde, die den Rauch ausnahmslos durch Antriebskräfte bewegt sah. Allerdings sind aber auch Erklärungen vorzufinden, die in irgendeiner Form eine Anziehung durch den "natürlichen Ort" oder die dort vorhandenen Körper voraussetzen (2), Erklärungen, die, wie wir wissen, Aristoteles auch nicht fern lagen und im Buch IV seiner Physikvorlesung angeführt sind. Kurz: Die Anziehung, ähnlich einem Magneten, ist für diese Probanden nicht ausgeschlossen.

Als weitere Erklärungstypen gibt es Verbindungen aus den beiden genannten Prinzipien. Besonders deutlich kommen sie in den Ergebnisgruppen (5) und (7) zum Ausdruck. Im folgenden werden Belege für die einzelnen Erklärungstypen angeführt und diskutiert.

Der Rauch steige auf infolge äußerer Anziehungskräfte (2): A1: *Der Rauch muß entstehen, damit das Feuer brennt. Wenn kein Feuer brennt, entsteht doch kein Rauch. Weil etwas brennt, ja natürlich, weil etwas brennt. Wenn etwas nicht brennt, würde kein Rauch aufsteigen.* A2: *Die Luft kann ihn ins Freie rausziehen, wie kann er sonst anders heraus* (aus einem Raum). A3: *Er steigt zum Himmel, der Himmel zieht ihn an sich* (Vp 5). *Die Luft zieht ihn hoch* (Vp 7). *Ich glaube durch die Anziehungskraft der Luft* (Vp 20). *Wegen der Anziehungskraft der Luft* (Vp 21, 22). *Die Luft saugt ihn auf* (Vp 48). *Weil der Schornstein ihn zieht, geht er nach oben* (Vp 49).

Der Rauch steige auf infolge äußerer Antriebskräfte (3): *Der Wind veranlaßt, daß er aufsteigt* (Vp 13). *Der Wind nimmt ihn nach oben mit* (Vp 23). *Wahrscheinlich schiebt ihn der Wind* (Vp 62). *Wegen der Schnelligkeit des Feuers wahrscheinlich* (Vp 44). *Weil wir ein Feuer machen, darum* (Vp 46, 50). *Wenn es keinen Druck der Erde gäbe, würde der Rauch auch nach unten gehen* (Vp 51).

Diese Antworten zeigen, wie das dynamische Geschehen in der Außenwelt von nahezu zwei Dritteln unserer Probanden wahrgenommen wird: offen handlungslogisch. Die Verben *ziehen, saugen* und *drücken* bringen dies unmißverständlich zum Ausdruck. Ebenso erkennbar ist die Handlungsstruktur in der Formulierung: *Weil wir ein Feuer machen,* steige der Rauch, oder in der Wendung: *Der Wind nimmt ihn mit.* Die Bewegung wird durch ein in Kategorien des Subjekthaften gefaßtes Aktionszentrum verursacht, indem der Widerstand des physikalischen Stoffes durch einen intentional gerichteten Einsatz von Kraft überwunden wird. Diese bewegungsverursachenden Agenzien können zum einen Menschen sein, die etwa das Feuer und damit den Rauch machen, zum andern natürliche physikalische Objekte, die von außen angreifen (*Der*

Wind schiebt den Rauch). Darüber hinaus kann der Rauch selbst bewegungserzeugende innere Kräfte besitzen, wie wir noch sehen werden. Selbst notwendige, aber nicht ursächliche Randbedingungen eines Ereignisses werden in solchen Zusammenhängen als kausale Ursachen genannt. *Der Rauch steigt hoch, weil wir ein Feuer machen.* Das Gesamt der geschehensrelevanten Bedingungen wird nicht oder nur unzureichend reflektiert. Mit der Identifizierung der Primär-causa - zum einen der externe Beweger Wind, der in vielen Fällen als Antrieb fungiert, zum andern das Phänomen der "oben" befindlichen Luft, von der eine Anziehungskraft ausgehe - ist dann auch eine zufriedenstellende Erklärung gefunden.

Sind keine ursächlichen externen Beweger, Menschen oder Objekte, und keine externen Anziehungskräfte auszumachen, bietet die Folie der Handlungslogik eine weitere Variante der Erklärung. Sieht man einmal vom Mittel der magischen Beeinflussung ab, bleibt handlungslogisch noch die Möglichkeit der intentionalen Selbstbewegung, indem die ursächlichen Wirkungszentren in die sich bewegenden Objekte selbst verlagert werden. Wenn eine äußere Ursache für das Aufsteigen des Rauchs nicht auszumachen ist oder als Erklärung nicht befriedigt, liegt es handlungslogisch auf der Hand, daß der kausale Antrieb auch in der Eigenschaft des Stoffes selbst gesucht werden kann, was auch von einigen Versuchspersonen in den Ergebnisgruppen (4) bis (7) ausdrücklich erwähnt wurde. Insgesamt scheint dieses Moment bei unseren Probanden aber eher von nachgeordneter Bedeutung zu sein. Denn fast immer wurden in diesem Zusammenhang, manchmal sogar an entscheidender Stelle, auch die bisher bekannten kausalen Ursachen genannt. Hierfür einige Belege, wobei die Dimension der Eigenbewegung in Hochzeichen gesetzt wurde:

Ergebnisgruppe 4: F: *Warum steigt er nach oben? Können Sie das erklären?* A: *Weil der Rauch eine "sich leicht verflüchtigende Sache" ist* (Vp 36).

Ergebnisgruppe 5: F: *Warum steigt der Rauch auf?* A1: *Ob die Luft wohl den Rauch hoch zieht, oder ob er "von selbst" aufsteigt?* F: *Warum kann der Rauch nicht nach unten gehen?* A2: *Weil die Luft ihn nach oben hebt/zieht* (Vp 11). F: *Nun, warum steigt der Rauch nach oben?* A: *Der Grund, warum er aufsteigt, ist, weil die Luft ihn hochzieht, durch das Vakuum, nicht wahr. Oder "er bestimmt seine Richtung" und wird nach oben hochgezogen. Er kann nicht unten bleiben, weil er gezwungenermaßen durch die Lufteinflüsse nach oben steigt, d.h. gezogen wird. Wenn er von der Erdanziehungskraft beeinflußt würde, dann würde er nach unten gehen und nicht nach oben* (Vp 16).

Ergebnisgruppe 6: F: *Nun, kannst du erklären, warum er aufsteigt?* A1: *Da es ein Vakuum gibt, steigt er auf. Weil er kein Gewicht hat, kann es sein.* F: *Nun, kann der Rauch anstatt nach oben auch nach unten gehen?* A2: *Das kann er nicht, weil er "zum Verfliegen befähigt" ist* (Vp 14).

Ergebnisgruppe 7: *Weil er leicht ist.* F: *Kann der Rauch auch unten bleiben?* A: *Natürlich kann er. Er "hält sich irgendwie fest". Zum Beispiel in unserem Haus kann er sich an den Kleidern festhalten* (Vp 39).

Man sieht erneut: Nicht der Entstehungsprozeß wird thematisiert, sondern der Ursprung des Geschehens wird gesucht. Mit anderen Worten, die Annahme, daß etwas *zieht* oder *drückt*, wird nicht über naturimmanente Austausch- und Wechselverhältnisse oder Kräftewirkungen und -beziehungen verständlich gemacht, sondern über ein äußerliches monokausales Kraftmodell, das sich am Muster der Handlung orientiert. Wie erklärt sich dabei das Moment der Selbstbewegung? Wie wir aus den Fragen zum Animismus wissen, hatte ein Teil unserer Versuchspersonen im Hinblick auf bewegte Naturobjekte erhebliche Schwierigkeiten in der Unterscheidung von Psychischem und Physischem, zwischen Geist und Materie, Stoff und Kraft, weshalb auch zahlreiche Körper, die für uns leblose und tote Materie darstellen, mit Leben und Bewußtsein ausgestattet werden. Und weil diese Unterscheidungen nicht differenziert genug vorgenommen werden, erscheinen Dinge oder Körper gleichzeitig mit materiellen und intentionellen Eigenschaften und Kräften ausgestattet, wobei die letzteren - wird nach expliziten Erklärungen für die Bewegung gefragt - diese durchaus hervorrufen können. In einem Denken, in dem Stoff und Kraft noch völlig ungeschieden sind, in dem die Materie ohne weiteres als mit Kräften ausgestattet und damit der Bewegung und Wandlung fähig gilt, gehört eben diese Bewegung zum innersten Wesen der Dinge, das ja eben durch sein Wesen das Geschehen begreiflich machen soll. Wenn die Bewegung keine außerstoffliche Ursache hat, sondern eine Eigenschaft des Stoffes selbst ist, dann bedarf es ja keines besonderen Faktors, der als erstes Bewegendes wirkt. Das Problem der Bewegung ist damit auf einfache Weise gelöst und erklärt. Das Ziel einer Handlung und die Möglichkeit der Verwirklichung sind stets als Potenz in den Ursprung der Dinge mit hineingenommen, um hernach subsumtionslogisch freigesetzt zu werden. Die Bedingungen des Prozesses selbst kommen dabei überhaupt nicht in den Blick. Kurz: Es ist eine mögliche Art und Weise, sich die Bewegung verständlich zu machen, allerdings eine, die zur mechanistisch-funktionalen Erklärung konträr ist.

Als Fazit ist festzuhalten: Sowohl durch die Quantität der Erklärungen als auch anhand der Strukturanalyse konnte nachgewiesen werden, daß bei 49 Versuchspersonen (80%) die Struktur der Kausalerklärung am Muster der Handlung orientiert ist. Dieser Prozentsatz läge sicher noch höher, würden die Personen ohne Begründung einbezogen werden, bei denen auch nicht im Ansatz ein physikalisches Verständnis des Bewegungsvorgangs zu erkennen ist. Auch zeigte sich erneut, daß relationale und mechanistische Kausalerklärungen, zumindest was diesen Gegenstandsbereich betrifft, nur einen vernachlässigbar geringen Anteil ausmachen. Die Erklärungen der zuvor genannten 49 Probanden folgen dabei dem Aristotelischen Axiom, daß alles, was sich bewege, von etwas bewegt werde. Sowohl interne wie externe Antriebskräfte sind als Bewegungsursache auszumachen. Selbst die äußere Anziehungskraft des Ortes ist nachweisbar. Leichte Dinge würden nach oben gezogen. Diese Erklärungen gründen auf dem Muster der Handlung. In der Handlungslogik wird vom vorfindlichen Ereignis ausgegangen und in einer Art Rückgriff eine Ursache gesucht, die es aus sich herausgesetzt hat. Der Ursprung wird dabei im Schema eines handelnden Agens gedacht. Die Agenzien brauchen nicht anthropomorphisiert zu werden. Ist eine solche anfängliche Ursache für das Ereignis gefunden, dann ist es erklärt.

7. Die Kausalität der Fallbewegung

7.1   Das Ergebnis der Befragung

Gegenstand der folgenden Teiluntersuchung zum physikalischen Kausalitätsverständnis ist die Fallbewegung; in der heutigen Physik wird sie mit Hilfe des Gravitationsgesetzes erklärt (Thema 4/Frage 7). Durch die Erklärung der Fallbewegung eines Steins sollte geprüft werden, wie unsere Probanden die Ursache des freien Falls verstehen und begründen, handlungslogisch oder mechanistisch. Gehen die Befragten vom modernen mechanistischen Konzept der Gravitation bzw. der gegenseitigen Anziehung aus, oder wird analog der aristotelischen (oder mittelalterlichen) Bewegungslehre argumentiert? Wie erinnerlich, hat Aristoteles für die natürliche Bewegung zum einen die Eigenkraft der Körper verantwortlich gemacht - schwere Körper strebten nach unten - zum anderen diese Bewegung durch die Kraft des Ortes unterstützt gesehen. Dabei wird freilich angenommen, daß - insofern solche Erklärungen vorkommen - dies in einer weniger systematischen, elaborierten und reflektierten Form geschieht, als dies bei den Naturphilosophen der Fall war.

Es war nicht einfach, die Erklärungstypen bei der Fallbewegung herauszufiltern. In vielen Erklärungen wurden sehr heterogene Ursachen angesprochen. Als Erklärungstyp festgelegt wurden deshalb die Erklärungen, die im entsprechenden Protokoll dominant waren. Die zusätzlichen Erklärungen sind aber ebenfalls festgehalten, auch wenn sich dadurch viele Überschneidungen ergeben.

Tabelle XV: Zusammenstellung der Erklärungen zum freien Fall des Steines, differenziert nach den Strukturmustern und -merkmalen, den Erklärungstypen und der Verteilung der Vp (N=61)

Strukturmuster und Strukturmerkmale	Erklärungstypen	N
	ich weiß es nicht	2
I. von der Struktur der Handlungslogik geprägte Kausalerklärungen (1 bis 6)	*der Stein fällt,*	
	(1) *weil deine Hände zittern*	1
	(2) *weil du ihn fallengelassen hast*	4
	- und weil Gott es so eingerichtet hat	3
	- und weil er sich nirgends halten kann	2
	- und weil er schwer ist	3
	(3) *auf Grund der Schwere*	9
	- und weil er sich nirgends halten kann	4
	- und weil ihn die Luft nach unten drückt	2
	(4) *weil er aus Erde besteht*	1
	(5) *weil sein natürlicher Ort unten ist*	
	- und weil Gott es so eingerichtet hat	1
	- und weil er schwer ist und sich nicht halten kann	1
	(6) *weil er keine Kraft hat, und weil dies von Gott so eingerichtet wurde*	1
II. strukturell handlungslogisch unterlegte, in der Semantik mit physikalischen Anteilen durchsetzte Erklärungen	(7) *auf Grund der Erdanziehungskraft*	
	- und weil er "oben" nicht festliegt und wegen der Leere	1
	- und weil er schwer ist	6
	- und weil die Anziehung der Luft schwächer oder nicht vorhanden ist	3
III. Versuche mechanistischer Erklärungen	(8) *nur auf Grund der Erdanziehungskraft* (ohne den Grund der Schwere)	
	a. ohne weitere Erklärung	13
	b. mit Erklärungsversuchen zur Erdanziehungskraft	4

Allen Probanden war klar, daß ein Stein zu Boden fällt, wenn man ihn losläßt. Welche Ursachen werden für das besagte physikalische Problem verantwortlich gemacht? Zwei der 61 Befragten wußten auf die Frage keine Antwort. Die Explikationen der übrigen 59 Interviewten zeigten erneut, daß zur Deutung dieses Sachverhalts die Handlungslogik das dominierende Interpretationsschema abgibt. Das physikalisch-mechanistische Erklärungsmuster bleibt wiederum deutlich unterrepräsentiert. Insbesondere die ersten sechs der festgestellten Erklärungstypen sind strukturell vom subjektivischen Erklärungsmuster geformt. Die Probanden der Ergebnisgruppe (8) dagegen beriefen sich ausschließlich auf die Erdanziehungskraft.

Die erste und unmittelbare Antwort, mit der viele Probanden das Gravitationsproblem zu erklären suchten, ist handlungslogisch völlig plausibel und hinsichtlich des zugrundeliegenden Problems eine ausgesprochen pragmatische Lösung. So verwiesen vor allem die Probanden der Ergebnisgruppe (2), die wohl alle die Erdanziehung nicht kannten, spontan auf die Intention des Handelnden. Der Stein fällt, *weil du ihn losläßt* (Vp 49). In den Worten von Vp 47: *Wohin soll er sonst gehen? Wenn man mich auch losläßt, falle ich auch nach unten. Du läßt ihn los, er fällt nach unten.* Diese beiden und zwei weitere Interviewte brachten auch auf die Nachfragen keine zusätzlichen Argumente, beließen es bei dieser Erklärung. Diesem Muster ist auch die Antwort von Vp 32 zuzuordnen, die, weil sie die kausale Ursache präziser faßt - *Weil deine Hände zittern, fällt er herunter* - seperat in der Ergebnisgruppe (1) ausgewiesen wurde. Diese Antworten sind vor allem dann verständlich, wenn man sich die innere Struktur der Handlungslogik vor Augen führt. In ihr wird ein Vorgang willentlich in Bewegung gesetzt. Ist der Verursacher identifiziert, dann ist das Geschehen auch erklärt. Wir haben diese Erklärungen deshalb der Handlungslogik zugeschlagen, weil die Probanden es dabei bewenden ließen.

Weitere Versuchspersonen der Ergebnisgruppe (2) ergänzten im Verlaufe des Gesprächs die Primär-causa: *Du hast ihn fallengelassen,* durch die Hinzunahme zusätzlicher Ursachen. Dreimal wurde auf die Frage: *Warum fallen alle Steine herunter,* gesagt: *Das kommt durch Gott* (Vp 1, 23, 50). Der Vorgang kann letztlich also nur artifizialistisch gedeutet werden, physikalische Ursachen kommen dabei nicht in den Sinn. Auch das ist handlungslogisch verständlich. "Gott" ist die letzte unhintergehbare Ursache dafür, daß etwas so ist, wie es ist. Die Welt konvergiert auf Gott. Zweimal wird auf den fehlenden Halt hingewiesen, was handlungslogisch ebenfalls völlig korrekt ist. *Beim Öffnen der Hand hat der Stein keinen Halt und fällt somit herunter.* Später: *Alle Steine können nicht herunterfallen, nur die Steine, mit denen man sich auseinandersetzt* (in die Hand nimmt und hochhebt) *fallen herunter,* wie Vp 5 und mit ähnlicher Argumentation auch Vp 42 sagte. Drei Personen (Vp 7, 30, 54) verfielen schließlich auf das Argument der "Schwere": *Weil er schwer ist, zieht ihn die Luft nicht hoch, deshalb fällt er herunter* (Vp 7).

Die "Schwere" stellt in der Ergebnisgruppe (3) die zentrale kausale Ursache der Fallbewegung dar. Insgesamt 15 Versuchspersonen sahen in ihr die Primär-causa des freien Falls. Neun Personen beriefen sich auf sie, ohne daß zusätzliche Gründe angeführt wurden, viermal wurde noch zusätzlich der fehlende Halt genannt, je einmal der Einfluß des Vakuums und der Druck der Luft. Hierfür einige Beispiele:

Warum fällt der Stein herunter? *Weil er ein schwerer Gegenstand ist, fällt er herunter. Es gibt verschiedene Steine. Wenn wir z.B. diesen Stein ins Meer werfen, würde er auf dem Wasser bleiben, weil er leicht ist. Ist es klar? Aber der schwere Stein würde auf den Grund fallen* (Vp 17). *Wegen seinem*

Gewicht fällt er nach unten. Er kann nicht fliegen (Vp 55). *Weil er schwer ist, kann er nicht in der Luft bleiben* (Vp 64). *Es gibt in der Luft nichts, was ihn festhalten könnte. Es gibt nur den Wind. Aber er kann es nicht tun. Der Stein fällt herunter. Er hat kein Ding, um in der Luft zu bleiben. Wenn es irgendeine elektronische Sache wäre, könnte er in der Luft bleiben. Das Flugzeug hat einen Motor, der Stein hat keinen* (Vp 25). *Er ist schwer. Es gibt nichts, das ihn hält* (Vp 34). *Er fällt nach unten, er hat keinen Arm. Sie sind schwer, fallen nach unten, wenn du sie losläßt. Er hat keinen Platz, wo er sich halten kann. Wenn du den Stein wirfst, fällt er nach unten. Niemand hält ihn. Niemand gibt ihm Kraft. Wenn du den Stein losläßt, fällt er nach unten. Aber ein Vogel hat Flügel, er fliegt* (Vp 58). *Weil er schwer ist, fällt er herunter, wie Obst. Sie sind ja nicht fest. Wenn man sie losläßt, fallen sie natürlich herunter* (Vp 59). *Weil sie schwer sind, können sie nicht in der Luft bleiben. Durch Luftdruck, weil er in der Luft ist, fällt er herunter* (Vp 28). *Ohne irgendwelchen Druck kann der Stein sich nicht bewegen. Das ist doch klar. Ein Mensch kann bestimmen, denken, was er machen will. Ob er gehen will oder bleiben will, kann er sich denken. Das ist es* (Vp 37).

Auf den ersten Blick zu erkennen und sehr klar fördern die physikalischen Kausalerklärungen der Dörfler ihre handlungslogische Genese zutage. Aussagen wie: *Weil ihm die nötige Kraft fehlt*, er *nicht fliegen kann* oder weil ihm organische Eigenschaften fehlen, *er hat keinen Arm (kein "Ding")*, deshalb *kann er sich nicht halten*, sprechen eine deutliche Sprache. Dem Stein wird, wenn auch negativ formuliert, eine Art inneres Handlungszentrum zugedacht. Während in den genannten Beispielen aus der Perspektive des Steines argumentiert wird, betonen andere dagegen - nach dem gleichen Muster - mehr die Seite des Mediums. *Es gibt in der Luft nichts, was ihn festhalten könnte* (Vp 25). Oder, wie in einer andern Variante gesagt wurde, die Bewegung nach unten bedürfe zusätzlicher äußerer Unterstützung: *Ohne irgendwelchen Druck/Luftdruck kann der Stein sich nicht bewegen.* Sogar die Analogie zur Intentionalität des Menschen wird hergestellt. *Das ist es* will sagen, die Absicht sei die Voraussetzung der Bewegung (Vp 37).

Die eigentliche causa der Fallbewegung aber wurde in der Schwere gesehen. Sie wird dabei in allen Fällen als eine körperimmanente Größe verstanden. Die Schwere ist also nicht wie in der mechanistischen Sichtweise eine Kraft, die von außen her auf den Körper ausgeübt wird, sondern ein inneres Bewegungsprinzip, daß in engstem Zusammenhang mit der Natur des Körpers steht (die gegenseitige Anziehung von Körper und Erde wurde von diesen Probanden nie thematisiert).[301] Das Gewicht des Steines, seine Schwere, wird wie bei Aristoteles als naturgegebene gerichtete Qualität verstanden, welche die Abwärtsbewegung verursache. Umgekehrt verursache dann die Leichtigkeit, daß manche Steine auf dem Wasser schwimmen, wie Vp 17 meinte. Das innere Bewegungsprinzip kann durch äußere Faktoren, wie den Luftdruck, noch verstärkt werden.

In Erklärungstyp (5) nun wurde in aller Deutlichkeit das zweite, für die Fallbewegung klassische Argument des Aristoteles zum Ausdruck gebracht, das Streben nach dem angestammten natürlichen Ort. Der Aussage, der Stein *kann sich nicht*

---

301 Auch in unserer Kultur meinen natürlich viele, der Stein falle, weil er schwer sei.

halten, er ist schwer, schob Vp 57 die folgende weitere Begründung nach: *Gott hat die Steine auf die Erde gelegt*, was nichts anderes heißt, als daß ihr natürlicher Ort unten, auf der Erde sei. Noch genauer und nachdrücklicher wurde dies von Vp 8 betont. Hier die relevanten Auszüge aus dem Interview:

> F: *Fällt nur dieser Stein herunter, oder fallen alle Steine herunter?* A: *Also mein Kind, Steine fallen immer herunter.* F: *Du sagst sie fallen immer herunter. Warum ist das so?* A: *Wie, warum ist das so! Der Stein fällt auf seinen Platz. Letztendlich ist dort unten sein Platz, auch der Schornstein hat seinen Platz.* F: *Aber warum ist das so?* A: *Woher soll ich das wissen, was verstehe ich davon. Gott schuf es so.* F: *Weiß der Stein, daß er fällt?* A: *Der Stein fällt, natürlich weiß er, daß er fällt, er läßt an seinem Ort sein Gewicht fallen.*

Deutlicher als hier kann das "Streben" nach dem natürlichen Ort nicht zum Ausdruck gebracht werden. Das Moment der Intentionalität und Finalität ist in der Formulierung: *Er läßt an seinem Ort sein Gewicht fallen* exakt auf den Punkt gebracht.

Ähnlich, aber mit einem partizipativen Einschlag, formulierte Vp 61, welche die Ergebnisgruppe (4) repräsentiert: *Weil er aus Erde besteht, fällt er herunter. Alle Steine fallen herunter, weil sie aus Erde bestehen.* Hier ist die Identität der beiden Substanzen der Grund für das Herunterfallen. Alles Erdhafte, wozu auch der Stein gehöre, habe seinen natürlichen Ort eben unten. Dorthin ziehe es den Stein. Er falle aus seiner "unnatürlichen" Lage, wenn alle den Fall verhindernden Einflüße aus dem Wege geräumt seien.

Auch die Erklärung der Vp 56, sie vertrat als einzige den Erklärungtyp (6), ist deutlich handlungslogisch strukturiert. Der Grund, warum der Stein fällt, wird in seiner fehlenden Kraft gesehen. Diese Sicht ist in ein artifizialistisches Weltbild integriert. Er fällt, *weil er keine Kraft hat. Du hast Kraft, du kannst den Stein holen. Schau, ich kann meinen Arm oben halten. Gott hat es so geschaffen. Ich habe Kraft, ich kann es. Er hat keine Kraft, er hat keine Hände und Arme.*

Obwohl die Vertreter der Ergebnisgruppe (7) durchaus von der Erdanziehungskraft gehört hatten, trafen wir bei ihnen keineswegs auf ein vollständig dezentriertes, irreversibles naturwissenschaftlich-physikalisches Weltbild. In den Antworten findet sich beides, physikalische und handlungslogische Erklärungsmuster. Die Argumentation ist instabil und je nach Fragesituation fällt die Erklärung nach dem einen oder anderen Muster aus. Hier einige Beispiele, die, wie unschwer zu erkennen ist, teilweise noch von der Struktur der Handlung determiniert sind:

> *Weil die Erdanziehungskraft wirkt und die Steine dagegen keinen Widerstand leisten können, weil sie schwer sind* (Vp 15). *Durch die Anziehungskraft der Erde. Wegen ihrer Größe* (Vp 20). *Es gibt die Anziehungskraft der Erde, sagt man. Alle Gegenstände fallen herunter. Wenn es keine Luft gäbe, würden sie nicht herunterfallen. Weil es die Luft gibt und weil der Stein schwer ist, fällt er herunter* (Vp 41).

Das physikalische Gesetz der Erdanziehungskraft wird noch nicht allein für die Fall-bewegung verantwortlich gemacht. Neben der Gravitationskraft ist für Vp 20 die irrelevante Eigenschaft der *Größe* des Steines als weiterer kausaler Faktor ausschlaggebend. Bei Vp 41 scheint selbst der Luft eine gewisse - interpretativ aber schwer einschätzbare - Bedeutung zuzukommen. Auch Vp 15 argumentierte handlungslogisch. Das Gewicht verhindere, daß der Stein der Erdanziehung Wider-stand leisten könne. Stein und Erdanziehung werden gewissermaßen als Akteure eines ungleichen Duells begriffen. Ungleich deshalb, weil der Stein durch die Eigenschaft der Schwere gehandicapt sei. Man ist geneigt den Gedanken fortzusetzen und zu sagen, ein leichtes Objekt hätte hier die ungleich besseren Chancen, Widerstand zu leisten. Kurz: Die Erklärungen der Ergebnisgruppe (7) könnte man insgesamt charak-terisieren als semantisch durchaus mit physikalischen Anteilen durchsetzte, strukturell aber noch immer von der Handlungslogik bestimmte Deutungen. Ersteres kennzeichnet aber eine nicht zu übersehende Differenz zu den Antworttypen (1) bis (6).

Die 17 Probanden der letzten Gruppe (8) argumentierten ausnahmslos mit der Erd-anziehungskraft. Das Moment der Schwere als innere Bewegungstendenz spielte in diesen Antworten keinerlei Rolle mehr. Einige der Befragten konnten sich noch schwach daran erinnern, daß das Gesetz in der Schule behandelt wurde. Ob und wie es verstanden wurde, muß dabei in 13 Fällen völlig offen bleiben, da die Inter-viewerinnen es beim Benennen dieses Stichwortes beließen. In vier Interviews sind Versuche zu verzeichnen, nähere Erläuterungen zu geben. So sagte Vp 2: *Wegen der Erdanziehungskraft. Wir hatten die Erdanziehungskraft in der Schule, aber ich habe es vergessen. Wenn sich die Erde eben dreht, entsteht Erdanziehungskraft, so können hochgeworfene Stoffe nach einer Weile wieder von ihr angezogen werden. Mit geringerer Geschwindigkeit fallen sie wieder zu Boden.* Interessanter sind andere Momente: Für Vp 10 ist das Schweben der Astronauten auf dem Mond nur ein *Zeichen* für den dort *fehlenden* Einfluß der Anziehungskraft. Vp 4 erkannte gar eine Differenz zwischen einer naturwissenschaftlichen und religiösen Deutung. Beide Varianten werden am Beispiel der Verursachung des Erdbebens erläutert.

7.3 Das dominante kausale Erklärungsmuster und der Vergleich mit der Aristotelischen Fallerklärung

Als Fazit ist festzuhalten: Von den 61 Versuchspersonen erklärten 32, also über 52% der Befragten, die Fallbewegung ausschließlich über das Strukturmuster der Handlungslogik. Physikalische Interpretamente kamen in diesen Deutungen nicht zum Tragen. 10 Probanden, nochmals 16%, kannten zwar den Begriff der Erdan-ziehungskraft, führten in den Erklärungen aber ebenfalls handlungslogische Elemente und Ursachen mit. Die übrigen Personen beriefen sich auf das Gravitationsgesetz (in zwei Fällen konnte keine Antwort gegeben werden). Insgesamt bestätigt dieses Ergebnis den bisher feststellbaren Trend aus den vorherigen Themenbereichen. Es bestätigt sich damit aber auch, daß illiterate oder allenfalls gering alphabetisierte einfache Bauern und Hausfrauen vielfach nur Erklärungen zustandebringen, die strukturell nicht über jene hinausweisen, die bestens aus der Erforschung der kindlichen Kognition bekannt sind (vgl. Piaget 1970, S. 103ff).

Welche Ausformungen des strukturellen Grundmusters sind in den Erklärungen darüber hinaus feststellbar? Vier Fakten sind auffällig:

a. Die Tendenz, physikalische Größen (Kraft, Gewicht) im Gegensatz zum Wechselwirkungs- und Systemdenken des neuzeitlichen physikalischen Weltbildes als körperimmanente Eigenschaften zu betrachten.
b. Tendenziell ist in den Erklärungen eine deutliche Verursacher-Fixierung festzustellen (auf den Akteur, der den Stein fallen läßt). Entscheidend ist das "Warum" und nicht das "Wie" eines Geschehens. Die Orientierung am vermeintlichen Verursacher verhindert, daß der Prozeß als solcher wahrgenommen wird und in den Erklärungen Berücksichtigung findet.
c. Die Tendenz, eine Kraft nur in Richtung der Bewegung zu suchen oder anzunehmen, um das Vorhandensein von Bewegung zu erklären: Wenn ein Körper sich bewegt, muß nach diesem Muster in Richtung der Bewegung eine Kraft wirken. Ist keine äußere Kraft erkennbar, wird eine innere Kraft (Schwere) gesucht oder konstruiert, die als Ursache der Bewegung verantwortlich gemacht wird.
d. In Analogie zu lebensweltlichen Vorgängen werden physikalischen Prozessen vermeintliche Ziele und Zwecke unterstellt (das Erreichen des natürlichen Ortes) und bei der Deutung der Vorgänge berücksichtigt.

Vergleichen wir nun die Aristotelische Deutung der Fallbewegung mit den Deutungen durch unsere Protagonisten. Aristoteles' Erklärung der Fallbewegung, so eine unserer Eingangsthesen, ist als eine Umsetzung der Handlungsstruktur zu verstehen. Aristoteles bringt das spontane Fallen mancher Körper nach dem Loslassen mit der Qualität "schwer" in Zusammenhang. Er sieht in der Schwere ein inneres Bewegungsprinzip, das in engem Zusammenhang mit der Natur des Körpers steht. Das Gewicht, so kann man sagen, ist die causa der Fallbewegung. Schwere und Leichtigkeit sind also nichts anderes als Eigenschaften, nach denen sich alle Körper einteilen lassen, insofern diese sich von selbst nach unten oder oben bewegen.

Analog zu Aristoteles machten knapp 41% der Interviewten unserer Stichprobe die Schwere, das Gewicht, für die Fallbewegung verantwortlich. Sie wird dabei verstanden als eine objektinhärente und nach unten, zur Erde gerichtete bewegungerzeugende Eigenschaft. Diese Antworten sind klar und eindeutig in 25 Interviews nachzuweisen. Zweimal wurde zudem explizit auf die Bedeutung des Ortes hingewiesen, ein Fakt, der auch beim Stagiriten Erwähnung findet. Die von uns Befragten brachten allerdings das Moment der Schwere mit einer Reihe von weiteren Ursachen zusammen, die so bei Aristoteles nicht zu finden sind.

Meine Annahme, die der Bewegungserklärung Aristoteles' und die vielen seiner mittelalterlichen Epigonen zugrundeliegende Kausalvorstellung sei strukturell handlungslogischer Natur und die damit verbundene Anschlußthese, diese Handlungslogik sei ein ontogenetisch universal verbreitetes frühes Erklärungsmuster, über das physikalische Vorgänge in der Außenwelt gedeutet werden, das insbesondere auch den kognitiven Entwicklungsstand der Außenweltschemata bei Erwachsenen in einfachen agrarischen Gesellschaften kennzeichnet, finden durch die Antworten zur Fallbewegung eine eindrückliche empirische Bestätigung. Die aus der Geschichte der Physik bekannten Deutungen und die unserer Versuchspersonen zeigen strukturell wie inhaltlich weitgehend Übereinstimmungen. Der Unterschied besteht lediglich darin, daß die Versuchspersonen unserer Studie weniger systematisch argumentieren als die für ihre Zeit hochgebildeten Naturphilosophen, denen zudem der tradierte Wissensbestand ihrer Epoche bekannt war. Woher die Übereinstimmungen rühren, ist nach allem, was erörtert wurde, nicht zweifelhaft: Den einen wie den anderen Deutungen der Bewegung liegt die gleiche Struktur der Erklärung zugrunde. Erst veränderte ökonomische, technische sowie sozialstrukturelle Rahmenbedingungen, wie sie insbesondere in den Industriegesellschaften vorzufinden sind, bewirken, daß das pristine Erklärungsmuster zunehmend durch das funktional-relationale Deutungsparadigma ersetzt wird. Und umgekehrt scheint auch der Schluß unabweisbar, daß die kausalen Frühformen bei vielen der von uns Befragten ein derzeit noch kaum zu überbietendes strukturelles Endstadium der Entwicklung darstellen.

8. Die Kausalität der Projektilbewegung

8.1 Probleme der Interpretation

Gegenstand dieser sechsten Teiluntersuchung zum physikalischen Kausalitätsverständnis ist die Projektilbewegung. Sie wird in der heutigen Physik mit Hilfe der Newtonschen Gesetze erklärt. Am Beispiel des anschaulichen Wurfs eines Steins sollte geklärt werden, wie unsere Probanden die Ursache des freien Flugs verstehen und begründen.

Vor dem Hintergrund der Untersuchung und Analyse der Erklärungen des freien Falls und der dort aufgezeigten geringen Zahl an mechanistischen Erklärungen ist zu erwarten, daß auch das ungleich komplexere Geschehen des Wurfs kaum mechanistisch erklärt werden kann. Wir erwarten also nicht, daß auf einen mechanistischen Bedingungszusammenhang rekurriert wird, sondern die Erklärungen des Ereignisses auf einem prä-newtonschen Verständnis des Geschehens basieren. Es ist weiter zu erwarten, daß die Interpretationen dem Strukturmuster der Handlung folgen und handlungslogisch zu verstehen sind.

Im Mittelpunkt steht die Frage, warum der Stein fliegt, nachdem er die Hand verlassen hat. Gehen die Befragten dabei von einem modernen mechanistischen Konzept der Trägheit aus, oder wird analog der handlungslogisch unterlegten Aristotelischen Theorie oder mittelalterlichen Impetuslehre argumentiert?

Den Grund, die Deutung der Projektilbewegung in das Repertoire der Untersuchungen zum physikalischen Kausalverständnis aufzunehmen, habe ich bereits genannt: Unsere Absicht ist, die Deutungen unserer Klientel mit denen zu vergleichen, die uns aus der Geschichte der klassischen Physik überliefert sind. Erklärtes Ziel ist es insbesondere, herauszufinden, ob in unserer Stichprobe Aristotelische und/oder impetustheoretische Vorstellungen anzutreffen sind. Da wir davon ausgehen, daß die teleologische Aristotelische Bewegungserklärung ebenso wie die der Impetustheorie von den ontogenetisch entwickelten Erklärungsstrukturen bewirkt sind, ist zu erwarten, daß sie auch in anderen vergleichbar entwickelten Gesellschaften als Erklärungen vorzufinden sind.

Bekanntlich nimmt Aristoteles an, daß das Projektil seinen Bewegungszustand infolge des Einflusses eines über die Dauer der Bewegung permanent vorhandenen externen Bewegers, der Luft, verändere, gemäß dem Satz "alles Bewegte wird von etwas bewegt", eine Vorstellung, die auf dem Prinzip der "Berührungskausalität" basiert, während im Sinne der Impetustheorie das Geschoß seine Flugbahn aufgrund einer ihm vom Beweger übertragenen Kraft fortsetze, so daß man vom Prinzip der "Übertragungskausalität" sprechen kann.

Sichtet man das vorhandene Datenmaterial zur Wurfproblematik, so muß bedauerlicherweise festgestellt werden, daß etliche Antworten eine solche Zuordnung nicht erlauben. Schon nach der ersten Durchsicht der Interviews mußten wir feststellen, daß unsere Interviewerinnen es häufig versäumt hatten, bei Nennung der Kraft oder des Schwunges als Ursache der Bewegung, nach deren Wirkungsweise zu fragen, insbesondere wie sie auf das Projektil wirken oder wo sie ansetzen bzw. bleiben, nachdem es die Hand verlassen hat. Auch da, wo auf die Luft zurückgegriffen wurde, ist häufig versäumt worden zu fragen, wie denn die Luft den Stein bewegt. Stattdessen gaben sie sich diverse Male mit den ersten spontanen Deutungen zufrieden. Diese Auskünfte sahen in der Regel wie folgt aus: Der Stein fliegt, *weil du ihn geworfen hast. Durch deine Kraft ist der Stein geflogen*, oder in einer anderen Variante: *Durch den Schwung, den du dem Stein gibst, ist er geflogen*. Mit diesen Antworten sahen viele unserer Probanden den Vorgang verständlicherweise schon ausreichend erklärt, leider allzu oft auch unsere Interviewerinnen.

Solche Deutungen sind natürlich für eine differenzierte Analyse außerordentlich spärlich und vor allen Dingen mit Blick auf den angestrebten Vergleich unzureichend, besonders dann, wenn auch aus dem übrigen Interviewmaterial zu diesem Thema keine weiteren Informationen zu extrahieren sind.

Abgesehen davon, daß die Auslegungen trotz alledem versteh- und erklärbar sind, sie zudem über die Struktur der Primär-Kausalität Auskunft geben, wie weiter unten gezeigt werden wird, muß jedoch die Antwort auf die Frage, wie der Schwung oder die Kraft auf das Flugobjekt wirken, impetustheoretisch oder aristotelisch, oft völlig offen bleiben. Auch die Aussage: *Weil du ihn geworfen hast*, kann unterschiedlich gemeint sein. Sie kann jede der potentiellen Erklärungsvarianten beinhalten. Es könnte sich selbst eine mechanistische Sichtweise dahinter verbergen.

Bei solchen Antworten, die tendenziell erwartbar waren, galt eigentlich die vorab festgelegte Vorgabe, immer möglichst auch noch den "Wirkmechanismus" der Kraft oder des Schwungs zu erfragen. Dies sollte durch die explizite und stereotype Nachfrage: *Weshalb fliegt der Stein aber noch, nachdem er die Hand verlassen hat?* geschehen. Dadurch wäre auch feststellbar gewesen, ob das Medium Luft als Antriebskraft auszuschließen ist oder aber sie nicht doch als eine zwischen Primärbeweger und Geschoß vermittelnde Bewegungsursache angesehen wird. Diese gezielte Nachfrage ist aber nur in den wenigsten Fällen erfolgt. Ergo können die angesprochenen Erklärungen - sie sind in der Ergebnisdarstellung gesondert ausgewiesen - weder auf den genauen "Wirkmechanismus" hin analysiert, noch für den Vergleich herangezogen werden.

Gleichwohl hat sich aber herausgestellt, daß diesen Äußerungen, werden die betreffenden Interviewprotokolle im ganzen betrachtet, keineswegs mechanistische Vorstellungen zugrunde liegen. Es gibt in diesen Interviews keinen einzigen Anhaltspunkt dafür, daß naturimmanente physikalische Funktionszusammenhänge in den Blick rücken oder thematisiert würden. Newtonsche und postnewtonsche Erklärungen sind also mit Sicherheit auszuschließen. Das Gegenteil ist der Fall: Auch diese Aussagen lassen, wie alsbald gezeigt werden wird, die zugrundeliegende Handlungsstruktur erkennen, die die Antworten bestimmt.

Auch ein weiterer Punkt ist in diesem Zusammenhang von vorneherein klarzustellen: Wäre in mancher Hinsicht flexibler und damit sicherlich erfolgreicher nachgefragt worden, hätte sich lediglich ein Teilergebnis in der Gesamtverteilung verschieben können. Es würden sich in der Verteilung "nur" die Anteile zwischen jenen vergrößern bzw. verkleinern, die entweder äußere bewegende Kräfte, seien es die Luft oder ein Schwung bzw. eine Kraft, die an der Objektaußenseite wirkt ansetzen, oder jenen, die nach dem Prinzip der Übertragungskausalität denken. Doch mechanistische Vorstellungen sind in diesen Deutungen keineswegs zu identifizieren.

Wenn nicht klar erkennbar wurde, wie eine Antwort gemeint war, haben wir zumindest die Möglichkeit der Kausalerklärung im Sinne der Übertragungskausalität in Rechnung gestellt. Demzufolge wurden diese Probanden seperat ausgewiesen und diskutiert.

8.2 Das Ergebnis zur Projektilbewegung - Die Erklärungen auf die Frage, warum ein geworfener Stein fliege

In der nachstehenden Tabelle XVII findet sich die Verteilung der 61 befragten Probanden auf die verschiedenen vorgefundenen Erklärungstypen.

Tabelle XVI: Zusammenstellung der Erklärungen auf die Frage, warum ein Stein fliege, differenziert nach den Strukturmustern und -merkmalen, den Erklärungstypen und der Verteilung der Vp (N=61)

Strukturmuster und Strukturmerkmale	Erklärungstypen	N
I. von der Struktur der Handlungslogik geprägte Erklärungen	*(A) der Stein fliegt, weil er geworfen wurde*	*17*
	1. ohne weitere Erläuterung	2
	2. wobei auf Nachfrage in allgemeiner Form auf die Kraft oder den Schwung verwiesen wird, die auf den Stein wirken (wie sie wirken, bleibt unklar)	13
	2.1. wobei außerdem (zu 2.) auf die innere Kraft des Projektils aufmerksam gemacht wird	1
	2.2. wobei daneben (zu 2.) weitere externe "helfende" Kräfte hinzutreten (Wind/Gott)	1
	(B) Kraft oder Schwung, die während des Flugs auf den Stein wirken, sind die Ursache der Flugbewegung	*15*
	1. ohne nähere Erläuterung, wie sie wirken	13
	1.1. wobei außerdem (zu 1.) auf die innere Kraft des Projektils aufmerksam gemacht wird	2
	(C) Kraft oder Schwung wirken als externe Antriebe von außen auf das Projektil	*8*
	1. ausschließlich	5
	2. wobei daneben weitere externe "helfende" Kräfte hinzutreten (Wind)	3
	(D) Erklärungen, in denen neben anderem auf den aktiven Beitrag des Mediums Luft zurückgegriffen wird	*20*
	1. Kraft und Schwung wirken als externe Antriebe von außen; hinzu kommt die aktive Unterstützung der Luft	15
	2. wobei außerdem (zu 1.) auf die innere Kraft des Projektils aufmerksam gemacht wird	2
	3. wobei daneben (zu 1.) weitere externe Kräfte hinzutreten (Wind)	2
	4. wobei außerdem (zu 1.) interne und externe Kräfte (Wind) einen Beitrag leisten	1
	(E) die Projektilbewegung erfolgt durch Kraftübertragung auf das Projektil	*1*

In 26 der 61 Interviews wurde nur ganz allgemein auf bewegungserzeugende Kräfte hingewiesen (A 2/B 1). Darüber hinaus konnten sechs Personen identifiziert werden, die die Bewegung des Projektils zwar nicht ausschließlich, aber doch auch durch wurfkörperimmanente Kräfte mitverursacht sahen (A 2.1/B 1.1/D 2/D 4). Weitere sieben Probanden vermuteten eine aktive Mitwirkung des externen physikalischen Faktors Wind (A 2.2/C 2/D 3/D4), eine Versuchsperson sah den Flug gar durch Gott mitbestimmt (A 2.2). Zudem wurde von 20 Probanden bei der Erklärung des Wurfs auf das Medium Luft zurückgegriffen (D). Zum einen geschah dies, indem das Medium als Beweger, der unmittelbar auf das Bewegte einwirkt, in Erscheinung trat, zum andern, indem es von unten auf den fliegenden Stein drückt oder ihn stützt. Nimmt man noch die acht Versuchspersonen hinzu, die das Geschoß durch die direkt von außen wirksam werdenden Größen Schwung oder Kraft bewegt sahen (C), also die Bewegung nach dem gleichen Grundmodell verursacht sehen, so ist zu konstatieren, daß insgesamt 28 Interviewte (knapp 46%) den Wurf nach dem Vorbild des Aristoteles erklären. Was sich nicht von selbst bewege, so hat er bekanntlich erklärt, werde von etwas anderem bewegt (Aristoteles 1988, VIII, 10, 266b).

Im folgenden sollen die verschiedenen Erklärungen anhand einiger Beispiele detaillierter erläutert und interpretiert werden, wobei auch bisher unberücksichtigt gebliebene Deutungen wie etwa die Abschwungbewegung des Steines mit einbezogen und analysiert werden. Hier ist es nicht mehr entscheidend, wie typisch oder verbreitet die festgestellten Prozesse sind. Vielmehr sollen die allgemeinen Strukturmuster in den Erklärungen herauspräpariert werden.

8.3   Die Diskussion

8.3.1   Die Handlung als Primärursache

Die kausale Ursache, die zumindest von den 17 Versuchspersonen der Gruppe (A) als die primäre angegeben wurde, ist eindeutig die Handlung. Das manifestiert sich in der immer wieder verwendeten Satzaussage, der Stein fliegt, *weil du ihn geworfen hast*.[302] Freilich beließen es viele Befragte nicht bloß bei der angeführten Erklärung, sondern schoben auf Nachfrage noch andere Gründe nach, meist den Schwung oder die Kraft. Dazu aber später. Die obige Erklärung ist jedoch keineswegs, wie vielleicht erwartet wird, auf die Gruppe allein beschränkt, sondern wurde darüber hinaus auch von zahlreichen anderen Probanden im Verlauf der Gespräche in Erwägung gezogen.

Sehen wir uns ein Beispiel aus der Ergebnisgruppe (A 1) an. Sie besteht aus zwei Personen (Vp 23, 34), für die kennzeichnend ist, daß sie weder ihre Äußerung spezifizierten, noch weitere Ursachen nannten und schon gar nicht einen differenzierteren Ursache-Bedingungs-Komplex erwähnten. Beide beantworteten die Frage nach dem

---

302 So argumentieren auch die jüngsten von Piaget befragten Kinder der präoperativen Entwicklungsstufe. Vgl. Piaget 1975d, S. 67.

Flug des Steines kurzerhand mit der Antwort: *Weil du ihn geworfen hast*. Die Interviewsequenz:

> F: *Wenn ich diesen Stein werfe, fliegt er eine Zeitlang und fällt dann herunter. Warum?* A: *Du hast ihn geworfen.* F: *Kann er von selbst fliegen?* A: *Nein.* F: *Hilft ihm irgend etwas beim Fliegen?* A: *Nein.* F: *Dieser Stein ist bis dahin geflogen. Warum ist er nicht auf dem Weg in der Mitte heruntergefallen?* A: *Du hast ihn bis "dorthin" geworfen.* F: *Wenn ich das nicht will...* A: *...dann geht er nicht* (Vp 34).

Offensichtlich beschränkte sich bei dieser Versuchsperson die Erklärung wie auch bei Vp 23 darauf, daß die Handlung von einem Willen in Bewegung gesetzt wurde, dem Willen des Werfers. Das gilt auch für alle anderen Personen der Gruppe (A). Explizit wurde im Beispiel die Hilfe einer anderen Einflußgröße verneint. Vp 23 überlegte zwar kurze Zeit ernsthaft, ob Gottes Hilfe mit im Spiel sein könnte, wenn der Stein fliegt, verneinte dies aber schließlich.

In der angeführten Sequenz ist klar zu erkennen, warum die Versuchsperson es bei der handlungslogischen Erklärung beläßt. Für sie ist nämlich das Ziel der Handlung schon in die Absicht des Werfers integriert. In der causa, so kann man sagen, ist das Ziel bereits enthalten. Der Stein kann deshalb nicht auf der Hälfte der zurückgelegten Flugbahn herunterfallen, da er ja bis *dorthin*, also bis zum Ziel "zu gehen hat" bzw. geworfen wird. Ähnlich argumentiert Vp 23 auf die Frage, warum er nicht bis "hierhin" (das meint weiter) geflogen sei. *Wenn du wolltest, könntest du ihn bis hierhin werfen. Du hast ihn eben dorthin geworfen, wohin du wolltest.* Auf die Frage: *Warum fällt er nicht dorthin, wo der Sack steht?* fand sich bei Vp 30 eine besonders offene und eindrückliche Formulierung für das intentionale Moment: *Du "richtest" ihn bis dahin.* Andere Antworten enthielten den intentionalen Faktor eher versteckt. Typisch ist etwa die Antwort von Vp 49 auf die Frage, ob der Stein auch weiterfliegen könnte: *Deine Kraft reicht ihm nur bis dahin. Wenn du ihn schnell geworfen hättest, würde er weiter weg gehen.* Man muß auch in dieser Deutung das intentionale Moment sehen; die Absicht, den Stein weiter zu werfen, ist die stillschweigende Voraussetzung der Erklärung.

Der Stein fliegt, solange die ursprüngliche Handlung andauert. Sie ist einmalig und findet ihr Ende im Ziel, sie ist auf das Ziel "ausgerichtet". Folglich müßte das Projektil nicht besser beschleunigt werden, um weiter zu fliegen, sondern, wie Vp 23 andeutete, der Wurf wiederholt werden.

Mit diesen Antworten war für die Probanden der ganze Vorgang zufriedenstellend erklärt. Dabei wird einmal mehr deutlich, daß die zielgerichtete Intention maßgebend ist und nicht der zugrundeliegende Mechanismus. Die Deutungen sind von ihrer Struktur her erkennbar finalistisch ausgerichtet. Die Zwischenglieder der Handlungsabfolge in der Erklärung zu berücksichtigen kommt ihnen deshalb nicht in den Sinn. Der Vorgang ist in den Willen des Handelnden eingeholt, sehr schön zu sehen übrigens in der Vervollständigung des von der Interviewerin angefangenen

Schlußsatzes (Vp 34). Kurz: Wille und Ziel sind in derartigen Interpretationen kurzgeschlossen (Für diesen Tatbestand gibt es in den Protokollen noch zahlreiche weitere Beispiele).

8.3.2 Die Kraft als direkte Ursache der Bewegung

13 (A 2) der 17 Versuchspersonen der Ergebnisgruppe (A) rekurrierten erst bei den Nachfragen auf die kausativen Aktionszentren Kraft (oft verwendet) oder Schwung (seltener gebraucht), die durch die Wurfbewegung auf den Stein "wirken". Dies geschah bei den 13 Personen aber nur sehr allgemein. Implizit wird jedoch öfters gesagt, Bewegung könne nur durch Kraft aufrecherhalten werden. Es bleibt aber unklar, wo sich die Kraft oder der Schwung während des Fluges genau befinden, wie sie wirken, ob mit der Kraft eine "äußere" Antriebskraft gemeint ist, wie bei Aristoteles, oder eine "übertragene" Kraft, wie bei der Impetustheorie. Letzteres bleibt auch für die 13 Personen der Ergebnisgruppe (B 1) offen, die aber im Unterschied zu den zuvor genannten Probanden sofort auf die Kraft oder seltener den Schwung als Beweger tippten. Die exakte Wirkweise beider wurde auch hier leider nicht erfragt und kann daher nicht analysiert werden.

Sehr gut lassen sich der Kraftbegriff dieser Versuchspersonen wie auch die bei ihnen bestehende Vorstellung, die Kraft oder der Schwung wirkten direkt auf den bewegten Körper ein, rekonstruieren und belegen. Kraft wird als eine dem Kraftausübenden innewohnende Potenz oder Qualität verstanden. Sie wird als eine unkörperliche, subjekthaft gefaßte handlungsmächtige Substanz begriffen und vorgestellt, die aber nicht identisch ist mit dem "Träger" oder Gegenstand selbst, in oder an dem sie sich befindet. Wenn ein Vorgang erklärt werden muß, dessen Ursache unklar erscheint, weil man sie nicht wahrnehmen kann (wie etwa bei der Aufrechterhaltung der Flugbewegung des Projektils, nachdem es die Hand verlassen hat), ist besonders die Kraft, gerade weil sie von Dingen abgelöst gedacht werden kann, prädestiniert für die Rolle des handelnden Bewegers. Selbstverständlich kommt dafür auch das Medium Luft in Betracht. Sofern sie genannt wird, agiert die Luft aber, im Gegensatz zu der in dieser Hinsicht unbestimmten "Kraft", fraglos von außen. De facto wird sie auch zum Teil als Beweger herangezogen, wie wir nachher noch sehen werden.

Bei den hier zu erörternden Erklärungen der Wurfbewegung ist aber die Kraft die Ursache der Bewegung, der Täter hinter dem Tun. Dabei ist es völlig sekundär, ob sie nun hinter dem Projektil von außen ansetzt oder aber als Impetus übertragen wird. Entscheidend ist vielmehr, daß sie als direkt wirkend begriffen wird. Das läßt sich dadurch belegen, daß es in den Texten nicht den geringsten Anhalt für eine Differenzierung von Kraft und Schwung gibt, z.B. daß aus der Kraft Schwung entstehe, welcher wiederum die Bewegung bewirke. Kraft, Schwung, Schnelligkeit und dergleichen Größen mehr wirken unmittelbar und nicht mittelbar.

Kurz: Kraft, im Sinne einer "Gesamtwirkung", in der viele Ursachenkomponenten undifferenziert versammelt sind, erzeugt Bewegung (K → B). Vermutlich agierten sie deshalb von außen auf das Projektil, ohne daß es allerdings explizit gesagt wird. Die Hauptakteure Kraft oder Schwung, beide werden oft synonym verwendet, sind in der Regel die direkten Ursachen, Ursprung der Bewegung.

Zudem ist bemerkenswert, daß oft die Größe der Kraft mit der Endgeschwindigkeit des Projektils korrespondiert und nie mit dem Vorgang der Beschleunigung. *Je kräftiger du ihn wirfst*, sagt etwa Vp 28, *desto schneller geht er*. In der Formulierung von Vp 22: *Wenn dein Wurf stark ist, fliegt er schnell*. Die Geschwindigkeit sei proportional zur Kraft. Dergleichen wird von vielen Probanden implizit zwischen Ruhe und Bewegung qualitativ unterschieden, wobei die Ruhe als der natürliche Zustand eines Körpers gilt. Beides sind absolute und keine relativen Begriffe, da der Trägheitsbegriff fehlt.

Die der Kraft zugeschriebene Handlungsmächtigkeit manifestiert sich in den Statements, in denen behauptet wird, die Kraft verhindere, daß der Stein auf halbem Weg herunterfalle (z.B.: Vp 8, 25, 30). Sie wird demzufolge als eine aktive, handelnde Kraft verstanden.

Die Kraft ist eine Art vitale Aktivität ohne Bewußtsein, die von den bewegenden Körpern selbst ausgeht und sich in der Bewegung (und nicht in der Beschleunigung) manifestiert. Sie korrespondiert zudem mit dem Endresultat, nicht aber mit dem eigentlichen Vermittlungsprozeß, der Beschleunigung: In 10 der hier verhandelten 25 Interviews wurden, analog zu den weiter oben angesprochenen Anschauungen, die Intention des Werfers und das Bestimmungsziel des Wurfs direkt verbunden gedacht. Äußerungen, die zur Vorstellung der Kraft als einer Relation zwischen Teilen eines Systems im Sinne der physikalischen Dynamik tendieren, sind in den hier zu besprechenden Interviews an keiner Stelle zu verzeichnen.

In den folgenden kurzen Auszügen wird deutlich, daß die Kraft ursprünglich anthropozentrisch im Werfer verortet wird, daß sie aktiv und zielgerichtet ist und zudem direkt als Beweger auftritt. Es zeigt sich, die Lage oder den Ort verändern bedeutet, Kraft bekommen zu haben.

Die Kraft deiner Hand hat ihn geworfen, bis dahin (Vp 8). Wenn du ihm Kraft gibst, geht er weg (Vp 30). Durch deine Kraft fliegt er (Vp 38). Es gibt die Kraft deiner Hand (Vp 54). Durch deine Kraft fliegt er (Vp 62). Wenn er näher fallen soll, muß man ihn sachte, nicht kräftig, sondern leichter werfen, dann fällt er nicht so weit (Vp 16). Er fällt (nahe) herunter, weil deine Kraft wenig ist (Vp 40). Durch deine Kraft fliegt er. Du gibst ihm diese Kraft (Vp 42). Du hast ihm die Kraft deines Armes gegeben (Vp 57). Du wirfst ihn, wohin deine Kraft ihn bringen kann (Vp 59).

In den zitierten Passagen ist die Vorstellung ersichtlich, daß die Kraft unmittelbar auf das Projektil wirke. Bei Vp 8 findet sich zudem deutlich die Aktivität der Kraft ausgedrückt, ebenso deutlich ist das Ende der Bewegung in die Intention des Bewegers eingebunden. Vp 40 hängt wohl dem Modell nach, Kraft sei proportional der Entfernung, was bedeutet, viel Kraft = große Entfernung, wenig Kraft = kleine Entfernung. Von Beschleunigung ist keine Rede, auch nicht bei Vp 16.

Viele unserer Versuchspersonen denken den Zusammenhang von Kraft und Bewegung so, als ob Kraft Bewegung erzeuge (keine Kraft = keine Bewegung). Die Vorstellung, daß Kraft zur Beschleunigung führe (keine Kraft = keine Beschleunigung), ist ihnen hingegen fremd. Zudem korrespondiert bei ihnen die Größe der Kraft mit der Endgeschwindigkeit des Projektils, nicht mit dem Beschleunigungsvorgang.

8.3.3   Die Kraft als außen am Projektil ansetzender Beweger

Während in den oben behandelten Interviews die genaue Lokalisierung der Kraft in der Flugphase nicht möglich war, kann sie in den im folgenden zu diskutierenden acht Protokollen als von außen auf das Projektil wirkend rekonstruiert werden. Sie wird von den acht Versuchspersonen als ausschließlicher Beweger gesehen. Aber auch bei den "Medientheoretikern", die an späterer Stelle besprochen werden, findet sich dieses Modell wieder, wenn auch dort die Kraft teilweise durch den Beweger Luft ersetzt wird.

Die zitierten acht Probanden denken wie Aristoteles: Was bewegt wird, muß durch den Kontakt zwischen Beweger und Bewegtem bewegt werden. Während bei Aristoteles das Medium Luft der Beweger ist, tritt bei unseren Probanden an ihre Stelle die Kraft, die *stößt, drückt* oder *schiebt*:

> F: *Können sie erklären, warum der Stein fliegt?* A: *Natürlich. Du wirfst ihn mit einem Druck, er fliegt mit deinem Druck, den du ihm beim Werfen gibst, nach vorn, und wenn der Druck nachläßt fällt er herunter* (Vp 11). F: *Warum fällt der Stein bis dorthin und nicht in der Mitte schon herunter?* A: *Es hängt von der Stoßkraft ab* (Vp 15). F: *Warum ist der Stein bis dorthin geflogen?* A: *Das richtet sich nach der Kraft. Wenn sie ihm noch mehr Kraft geben, wird er noch länger in der Luft bleiben. Wenn du schneller wirfst, fliegt er noch länger, wenn du langsammer wirfst, fliegt er..., d.h., es gibt eine schiebende Kraft* (Vp 17). *Die Kraft schiebt ihn* (Vp 18). *Mit Ihrem Wurf entsteht eine Stoßkraft, diese hält eine Weile an, nach dem nachlassen fällt er* (Vp 45). *Du wirfst ihn, du gibst ihm einen Druck* (Vp 61).

Diesen Erklärungen liegt die Überlegung zugrunde, daß die Kraft nach dem Abwurf in irgend einer Weise weiterwirke. Die dabei verwendeten Begriffe Druck, Stoß und das Verb *schieben* verweisen auf eine extern am Projektil ansetzende Kraft, die es vorantreibt, *nach vorn* bringt, auch wenn der Kontakt zum Werfer schon verloren ist, mithin also auf das Aristotelische Wurftheorem. Die Kraft handelt stellvertretend für den während des Flugs nicht mehr am Projektil partizipierenden Werfer. Sie wird als mit dem Wurfkörper weiter in Kontakt stehend gedacht.

8.3.4 Der Wind als möglicher Beweger oder Bewegungsunterstützer

Schließen wir den Beweger Luft aus, griffen immerhin noch acht unserer 61 Versuchspersonen bei der Erklärung der Flugbewegung auf weitere externe kausative Aktionszentren, zumeist auf den Wind, zurück, die die Bewegung "mitbewirken" würden. Nur in Ausnahmefällen wurden sie aber alleine für die Bewegung verantwortlich gemacht.

So meinte Vp 32, daß der Stein sich im Flug ausschließlich durch den Wind bewege. *Durch den Wind fliegt er*, erklärte sie. Wie kommt es, daß bei diesem speziellen Problem eine als Erklärung so unwahrscheinlich anmutende physikalische Größe, wie der Wind, als causa der Flugbewegung herangezogen wird? Als Antwort ist hier einmal mehr auf die innere Logik der Handlungsstruktur zu verweisen, die geradezu mechanisch Anwendung findet. Das gestellte Problem zu lösen, wenn die causa als Handlung gedacht wird, heißt, herauszufinden, wer als unmittelbar am Projektil angreifender Beweger in Frage kommt (zumindest dann, wenn die Alternative "Selbstbewegung" noch unwahrscheinlicher ist). Wer den Kontakt zum Wurfobjekt hat, hat es auch bewegt. Der Wind ist dafür ein geeigneter Kandidat, wenn anderes nicht auf der Hand liegt. Ob die Erklärung überhaupt eine gewisse Plausibilität besitzt, wird nicht überprüft. Es reicht, einen möglichen Beweger zu nennen; damit ist die Sache erklärt.

Vp 39 sah den Stein zuvörderst durch die menschliche Kraft bewegt. Auf Nachfrage sagte sie dann aber: *Es kann auch der Wind sein. Wie hilft ihm der Wind? Der Wind kann die Bäume und die Steine umwehen.* Auch hier wurde als eine denkbare Alternative der Wind ins Spiel gebracht. Denkbar insofern, als er Kraft genug habe, Bäume umzuwehen, es folglich für ihn ein leichtes sein müsse, auch das Projektil weiterzubewegen. In etwa so könnte man die indirekte Antwort auf die gestellte Frage deuten. In die gleiche Richtung argumentierte Vp 41: *Der Wind könnte ihn auch schieben*, überlegte er neben seinen Aussagen: *Die Luft läßt ihn nicht los*, und er fliege aufgrund eines ihm vom Menschen gegebenen *Drucks*. Dies sind drei Ausprägungsvarianten des handlungslogischen Erklärungsmusters.

Eine andere Variante präsentierte Vp 61. Sie meinte zuerst: Der Stein fliege, weil *du ihn wirfst. Du gibst ihm einen Druck.* An späterer Stelle dann: *Der Stein kann auch durch Anziehung fliegen, wie die Wolken. (...) Für die Wolken haben wir gesagt, daß das Wärmegebiet sie zieht. Aber es kann das gleiche auch mit einem Druck passieren.* Hier kommt also noch das Moment der *Anziehung* hinzu, wobei für den Stein - im Gegensatz zu den Wolken - offen bleibt, wer oder was diese Anziehung bewirken soll. Möglicherweise wurde das Beispiel aber auch nur zu Vergleichszwecken herangezogen. Das Handlungsmuster, auf das es ankommt, tritt aber auch hier deutlich zu Tage.

Ein letztes Beispiel mit einer im Ansatz artifizialistischen Deutung soll diesen Block abschließen. Eine Probandin, Vp 1, zog die Möglichkeit in Betracht, nachdem sie wieder und wieder nach dem Grund befragt wurde, warum der Stein nach einer Weile herunterfalle, daß *es von Gott so bestimmt ist*, daß er nicht weiterfliege. Damit spielte sie den im handlungslogischen Erklärungsschema letzten "ursprungslogischen" Trumpf aus, hinter den weiter zurückzufragen nicht mehr geht, mit und in dem alles erklärt scheint: Gottes Wille. Daneben behauptete sie auch, er fliege, weil er geworfen worden sei, und schließlich, weil er mit Kraft geworfen worden sei. Interessant ist auch ihre primäre Wurferklärung, in der die Distanz des Wurfs und der Zielort in den Willen des Werfers eingeholt werden, womit für sie, hätte es die "penetranten" Nachfragen unsererseits nicht gegeben, die Frage auch erklärt gewesen wäre. Die Deutung ist finalistisch strukturiert:

> F: *Wenn ich diesen Stein werfe, fliegt er eine gewisse Zeit und fällt dann herunter, während er vorhin, beim Loslassen, sofort zu Boden fiel. Warum ist das so?* A: *Er geht, wie weit er gehen soll.* F: *Wenn man ihn wirft, warum fliegt er und fällt nicht gleich herunter?* A: *Er geht, wohin er gehen muß.*

Doch kommen wir nun zu einem oppositionellen Erklärungsmuster, in dem geschoß- inhärente Kräfte für die Aufrechterhaltung der Projektilbewegung eine gewisse Rolle spielen.

8.3.5   Wurfkörperimmanente Kräfte als Mitbeweger: Die Vorstellung des doppelten Antriebs

Die im folgenden zu diskutierenden Erklärungen sind durch die Aristotelische Theorie von zwei bewegenden Kräften gekennzeichnet, die neben einer äußeren Ursache für die Bewegung eine endogene Kraft des bewegten Körpers annimmt. In sechs der 61 Interviews zur Wurfbewegung, also bei knapp 10 % aller Befragten, finden sich Erklärungen, die wurfkörperimmanente Kräfte für den Flug des Projektils mitverantwortlich machen.

Vp 7 erklärte, der Stein fliege durch die Kraft, die er vom Werfer erhalte. Auf die Anschlußfrage, warum er nicht sofort herunterfalle, wenn man ihn loslasse, antwortete sie: *Er (der Stein) produziert "seine" Kraft in diese Richtung, dort versiegt seine Kraft, und er fällt herunter*. Deutlich erkennbar ist die innere Kraft, die finalistisch gedeutet wird. Der Stein setzt seine Kraft aktiv und zielgerichtet ein. Zur Kontrolle wurde nochmals gefragt: *Fliegt der Stein von selbst, oder gibt es eine Kraft, die ihm dabei hilft?* Gleichzeitig wurde, da in diesem Falle ein Stein nicht greifbar war, ein zerknäultes Papier geworfen. Die Antwort: *Ja eben, das Papier hilft mit*. Besser kann die innere Kraft kaum zum Ausdruck gebracht werden.

Vp 13 glaubte, der Stein bewege sich durch den Wurf und mit Hilfe der Luft vor- wärts, um dann fortzufahren *und ein wenig von selbst ist er auch geflogen*. Vp 28 ant- wortete spontan: *Er fliegt durch seinen eigenen Schwung*. Die Interviewerin, die es genauer wissen wollte, fragte nochmals nach. Dabei bot sie in der Frage, etwas suggestiv, eine alternative Erklärungsmöglichkeit an. *Fliegt er durch seinen eigenen Schwung, oder gibt es eine andere Kraft?* Ohne das Angebot aufzugreifen, blieb der Proband bei seiner Vorstellung der Selbstbewegung und antwortete: *Jetzt, wenn er auf dem Boden ist, geht er durch seine eigene Kraft.* Zumindest für die Ausrollbewegung glaubte er also seine Sichtweise aufrechterhalten zu können. Später wurde dann erklärt, daß der Stein vom Werfer die Kraft erhalte, die im Verlaufe der Wurfbewegung *zu Ende geht.*

Eine andere Probandin, Vp 52, meinte, der Stein fliege, *weil Du ihn geworfen hast, darum.* Als sie dann darauf angesprochen wurde, ob dazu Kraft vonnöten sei, bejahte sie und sagte: *Diese Kraft "nimmt" er von dir.* Auch hier zeigt sich die Verbindung von äußerer Kraft und endogener Aktivität des Projektils, das Kraft *nimmt.* Besonders aufschlußreich ist Vp 5. Hier der relevante Auszug aus dem Interview.

F: *Wenn ich diesen Stein in die Hand nehme und ihn werfe, fliegt er eine zeitlang und fällt dann herunter. Warum fällt er nicht sofort herunter und fliegt stattdessen bis dorthin?* A: *Wegen des Abstandes. Beträgt die geworfene Entfernung etwa ein bis zwei Meter. Er fliegt je nach Entfernung.* F: *Woher kennt dieser Stein die Entfernung?* A: *Er kennt sie von deinem Arm.* F: *Kenne ich sie?* A: *Er kennt sie von deinem Wurf. Wenn ich einen Stein werfe, fliegt er mit dieser Geschwindigkeit bis zum Hof.*

Danach griff sie dann noch auf die Luft als Beweger zurück, später verwies sie auf die Kraft. In letzterem Zusammenhang wurde auch die Bewegung definiert: *Bewegung heißt Kraft, mein Kind.*

Diese Bewegungserklärung ist ein Konglomerat aus finalistischen oder anthropomorphistischen Vorstellungen, angereichert mit den Wirkkräften der äußeren Beweger Luft und Kraft. Der Stein falle nicht sofort herunter, weil er ja einen *Abstand* zu überwinden habe. Hierbei gibt das Ziel den Grund für die Bewegung an. Um ans Ziel zu gelangen, muß der Stein zudem wissen, welche Entfernung er dabei zurücklegen muß, was er vom Arm des Werfers erfährt. Es wurde also ganz aus der Perspektive des Steines heraus argumentiert.

8.3.6   Das Medium als Beweger

Kommen wir nun zu den 20 Probanden, sie repräsentieren ein Drittel unserer untersuchten Population, die bei der Wurferklärung neben anderem auch auf das Medium Luft zurückgriffen (D).

Zuerst einmal ist festzuhalten: Von den 20 Probanden nannten nur zwei spontan und aus eigenem Antrieb die Luft als Beweger. Die übrigen 18 verwiesen anfänglich auf die Handlung: *Weil du ihn geworfen hast,* oder auf die Kraft/den Schwung/die

Schnelligkeit: *Weil du ihn kräftig geworfen hast*, wie größtenteils gesagt wurde. Die Luft kam erst nach diesen Deutungen ins Spiel.

Auf welche Weise wurde die Luft nun zur Erklärung des Geschehens herangezogen? Sieben Personen führten sie nur ganz allgemein an, indem sie erklärten, *ohne die Luft könnte der Stein nicht fliegen* (a). Wie die Luft den Stein bewegt, wurde nicht gesagt, meistens auch nicht gefragt. Einmal wurde erklärt, die Luft gebe dem Stein Kraft, damit er fliegen könne (b). Fünf Interviewte meinten, die Luft wirke im Sinne einer Hebe- oder Tragekraft (c). Sie *trägt* den Stein während seines Flugs, wurde erläutert. *Die Luft läßt den Stein nicht los*, vermutete eine Versuchsperson (d). Ein weiterer Proband entfaltete die Antiperistasisvorstellung (e). Er erklärte, der von dem Stein produzierte *eigene Wind stößt ihn weg*. Fünf Versuchspersonen äußerten explizit, die durch die Hand oder Wurfbewegung verdrängte Luft bewege den Stein nach vorne (f). Sie entwickelten damit im Prinzip genau jene Vorstellung, die Aristoteles im 10. Kapitel von Buch VIII seiner Physikvorlesung über die Natur darlegte, allerdings in sehr einfacher Form (vgl. Aristoteles 1988, VIII, 10, 267a).

Sehen wir uns einige Beispiele für die genannten Erklärungen näher an, zuerst solche, in denen nur sehr allgemein auf die Luft rekurriert wurde (a): Vp 6 sah den Stein zuerst durch die *Stoßkraft* bewegt. Später wurde die Vermutung geäußert, daß *eine Anziehungskraft vorhanden sein* müsse, die verhindere, daß der Stein falle. Auf die Frage: *Wenn es die Luft nicht gäbe, könnte der Stein dann fliegen?*, wurde geantwortet: *Nein, er kann nicht fliegen. Warum? Wenn es die Luft nicht gäbe, gäbe es überhaupt nichts*. Eine Erklärung, die sich um die Auseinanderlegung der Wirkweise drückt. Zuletzt wurde dann wieder die äußere bewegende Kraft als Erklärung in Anspruch genommen: *Die ganze Kraft ist auf ihn gelagert*. Vp 51 erklärte: *Er kann nur mit der Luft fliegen*. Vp 56 sah einen Verbund von Kräften agieren. Ihre Erläuterungen kulminierten in dem Satz: *Wenn er mit deiner Schnelligkeit und mit der Schnelligkeit der Luft und mit dem Wind fliegt, kann er bis dorthin fliegen*. Deutlich sind die drei Kräfte als äußere, aktiv handelnde Beweger zu identifizieren.

Kommen wir zum Erklärungsmuster (b), einer spezifischeren Variante des vorherigen Musters. Vp 47 meinte, der Stein fliege, weil er geworfen worden sei. Dann sagte sie: *Wenn du ihn schneller wirfst, fliegt er wahrscheinlich mit der Luft. Hilft die Luft?*, wurde weitergefragt. Die Antwort: *Sie hilft*. Die nächste Frage lautete: *Was macht die Luft mit dem Stein?* Antwort: *Sie gibt ihm eine Kraft ...* Mehr war allerdings nicht zu erfahren.

Insgesamt fünf Personen spielten nicht auf die Antriebsfunktion der Luft an, sondern vermuteten in ihr eher einen von unten wirkenden "Stützer" des Projektils (c). Vp 2, die zuerst sagte, der Stein erhalte vom Werfer eine *Geschwindigkeit, die fähig ist*, den Widerstand *der Gase, des Luftdrucks zu überwinden*, erklärte weiter: *Wenn es die Luft nicht gäbe, könnte er nicht fliegen, weil es die Erdanziehungskraft gibt. Er würde wieder herunterfallen, wenn die Luft nicht vorhanden wäre.* Frage: *Nun, wie hilft die Luft dem Stein beim Fliegen?* Antwort: *Sie kann helfen, weil sie eine Hebekraft besitzt.* Dies ist eine von der Struktur her handlungslogische Deutung, die auf der inhaltlichen Ebene mit halbverdautem physikalischem Wissen angereichert ist. Diese Gymnasiastin, eine derjenigen Personen mit dem formal höchsten Bildungsabschluß in unserer Population, wußte um die Erdanziehungskraft, *die alles nach unten zieht.* Da der Stein aber eine Weile fliegt, mußte es für sie etwas geben, daß seinen Fall verhindert. Dieses "etwas" fand sie in der *Hebekraft* der Luft.

Auch Vp 4, die ebenfalls das Gymnasium absolviert hatte, erklärte, ohne Luft könne der Stein nicht fliegen. Die Begründung lautete:

> *Da er sich die Luft durchschneidend nach vorne bewegt. Wenn der Stein nämlich die Luft aufspaltet, ist die Luft sehr leistungsfähig. Wir bemerken es zwar nicht, aber die Luft befindet sich in einem dicken Schichtzustand. Während der Stein fliegt, durchbricht er die Luft, und wenn er das tut, wenn er in der Mitte vorbeifliegt, hebt ihn die Luft. Die Luft hebt ihn ein wenig und zusammen mit der Geschwindigkeit, die wir dazugeben, halbiert sich die Kraft. Wenn die Geschwindigkeit ganz nachläßt, fällt er herunter. Wenn es die Luft nicht gäbe, könnte der Stein nicht fliegen.*

Auch hier ist implizit einiges physikalisches Wissen vorhanden (der Widerstand, der die Kraft halbiert?), das handlungslogisch ausgedeutet wird. Auch Vp 12 erklärte, *die Luft hilft ihm, daß er nicht herunterfällt.* Desgleichen meinte Vp 20: *Die Luft hat etwas, die Luft trägt.* Vp 27 schloß nicht aus, daß es neben der Kraft des Wurfes möglich sei, daß der durch die Armbewegung hervorgerufene Luftzug ihn tragen könne.

Neben dem *Druck* durch den Werfer auf das Projektil und dem Wind, der ihn *schiebt,* vermutete Vp 41 zunächst, *daß die Luft den Stein nicht losläßt* (d). Hier ist also im Vergleich zu den vorherigen Deutungen das oppositionelle Prinzip, die Anziehungskraft der Luft am Werk, die als äußerer Akteur handelnd auftritt.

Eine Person entwickelte neben anderen Erklärungen auch das Prinzip der Antiperistasistheorie (e). Vp 9 war zuerst ganz sicher, daß der Stein durch die *Windgeschwindigkeit* bewegt werde. In der Fortsetzung des Gesprächs wurde dann aber erklärt:

> *Der Wind und unsere Kraft, der Wind und unsere Kraft. Sie vermischt sich mit dem Wind und der eigene Wind stößt ihn weg ... (...) Mit unserer Kraft könnte er fliegen, mit unserer Kraft könnte er natürlich fliegen, wir werfen ihn und mit dem entstandenen Wind könnte es gehen. (...) Draußen hilft der Wind dem Stein beim Fliegen, aber in einem Raum fliegt er mit unserer Kraft. Natürlich, da hier im Zimmer kein Wind weht, fliegt er mit unserer Kraft, hier gibt es keinen Wind, hier gibt es nur unsere Kraft. D.h. der Stein ist aus "eigener" Kraft dorthin gefallen. Aber wenn wir im Freien wären, würde der Wind ihm helfen, noch weiter zu fliegen. Ich weiß nicht, aber ich denke, daß es so ist.*

Neben der feinen Unterscheidung der Ursachen der Projektilbewegung im Raum und im Freien wird die Vorstellung entfaltet, ein äußerer Beweger, die Mischung aus Wind und Kraft und die vom Geschoß selbst produzierte Luft/Wind brächten den

Stein vorwärts.[303] Auch die für die nachstehenden Erklärungen bedeutsame Vorstellung des Mediums als Beweger ist implizit vorhanden. Die Aussage: *Mit dem entstandenen Wind könnte es gehen*, läßt sich zumindest dahingehend deuten. Selbst innere bewegende Kräfte sind nicht ganz auszuschließen, wie etwa die Formulierung *mit eigener Kraft ist er dorthin gefallen* vorführt.

Die letzte Gruppe von Erklärungen führte explizit das Medium als Beweger ein: Vp 14 erklärte, der Stein bewege sich durch den Schwung nach vorne und *durch einen ganz leichten Wind*. Die selten in dieser Präzision gestellte Anschlußfrage lautete: *Können sie es näher erklären, was macht der Wind/Luft mit dem Stein?* Die Antwort: *Er stößt ihn von hinten etwa so ..., so daß er nach vorne fliegt. Sie werfen ihn, dadurch entsteht der Wind.* Nicht minder deutlich artikulierte Vp 21 was den Stein vorwärtsbewege. Sie erklärte: *Wenn du ihn normal wirfst, da gibt es einen Luftdruck. Das macht etwas wie eine Welle. So ist es ungefähr.* Auch Vp 14 meinte, der Stein *bewegt sich durch den Wurf und ein wenig durch die Luft* nach vorne. Allerdings kommt hinzu: *Ein wenig von selbst ist er auch geflogen.* Vp 64 war der Meinung, der Stein fliege, weil *du ihn mit Kraft geworfen* hast. *Die Luft hilft ihm nur ein bißchen.* F: *Ohne Luft könnte der Stein nicht fliegen?* A: *Nein.* F: *Du meinst die Luft hilft ihm?* Ja. F: *Wie hilft die Luft ihm? Ich weiß nicht genau.* F: *Wie könnte es sein?* A: *Wenn es hierbei (Armbewegung) einen Wind gäbe, zum Beispiel.*

Alle diese Erklärungen lassen sich von der Handlungslogik her verstehen: Handlungslogisch kann etwas nur bewegt werden, wenn ein Kontakt zum Bewegten vorhanden ist. Diese vielfach bewährte Alltagserfahrung wird unbesehen reaktiviert, wenn nichts besseres als Erklärung greifbar bzw. nichts anderes wahrzunehmen ist. Einsichtig ist, daß das einzige Objekt, das im Sinne der Berührungskausalität als Beweger in Betracht kommen kann, das Medium ist, sprich die Luft oder der Wind. Und sie werden bedenkenlos in Anschlag gebracht, ohne zu prüfen, ob dies tatsächlich eine Erklärung sein kann.

8.3.7 Eine Bewegungserklärung nach der Impetustheorie

Bei einer Probandin lassen sich gewisse impetustheoretische Vorstellungen rekonstruieren. In der Erklärung der Projektilbewegung findet sich die Vorstellung, daß Kraft auf das Projektil übertragen werde. Sehen wir uns zuerst die relevanten Auszüge aus dem Interview mit Vp 63 an.

F: *Ich habe eben diesen Stein geworfen. Er fliegt eine Weile und fällt dann herunter. Warum?* A: *Weil die Armschwingung ..., durch den Arm ..., durch den Stoß fliegt er dann, dann zieht ihn die*

303 Entsprechende Erklärungen sind auch von den Kindern bekannt, die Piaget untersucht hat. Vgl. Piaget/Garcia 1974, S. 105ff.

Erdanziehung nach unten. F: So (ein Stein wird fallen gelassen) fällt er sofort herunter, beim Wurf fliegt er. Warum? A: Durch den Wind kann man nicht direkt sagen, da ist ja keiner. Durch unsichtbare Kräfte..., aber hauptsächlich durch den Arm, durch den Schwung vom Arm. F: Wie geht das genau? Wenn der Stein die Hand verlassen hat, hat er ja keinen Kontakt mehr zur Hand. A: Der Schwung halt. (...) Der Schwung, kann ich mir vorstellen, daß das mit dem Willen des Menschen ..., im Gehirn wird praktisch der Armschwung ausgelöst, und so fliegt der Stein dann. Wenn das menschliche Gehirn nicht will, daß derjenige, der den Stein wirft, mit Schwung ..., dann fliegt er auch nicht. F: Was ist das dann, daß wenn der Stein die Hand verläßt, er nicht sofort nach unten fällt? A: Dann hat er irgendwie einen gewissen Schwung noch drinnen. Und wenn der Schwung praktisch weg ist, dann fällt er runter. Da zieht dann auch die Schwerkraft wieder mit. F: Der Schwung ist dann in dem Augenblick, in dem der Stein die Hand verläßt, im Stein? A: Ja, in gewissem Sinne könnte man das so sagen, daß das ein bißchen mit drinnen hängt. F: Wenn das nur ein bißchen ist, was kommt dann deiner Meinung nach noch dazu? A: Der Wind. F: Der Wind? A: Luft, Hauch ..., Wind direkt kann man nicht sagen, es ist ja nicht immer Wind da. F: Was macht der Wind dabei? A: Wind direkt kann man nicht sagen, es pfeift zwar ein bißchen, aber ich würde sagen, vom menschlichen Gehirn aus wird das geleitet.

Die Mühe, eine angemessene Erklärung herauszubringen, ist deutlich erkennbar. Zunächst wird die Ursache in der Stoßbewegung vermutet. Dann wird der Wind als mögliche Ursache ausgeschlossen: *Da ist ja keiner.* Hernach wird über den Umweg *"unsichtbare Kräfte"* auf den vom menschlichen Willen ausgelösten Schwung verwiesen. Auf die Nachfrage, warum der Stein fliege, ohne daß Kontakt zum Beweger bestehe, kommt die entscheidende Antwort: *Dann hat er einen gewissen Schwung noch drinnen,* aber nur *ein bißchen.* Aber selbst diese Antwort stellt die Probandin nicht ganz zufrieden. Denn kurzzeitig wird wieder nach einem unmittelbaren Beweger Ausschau gehalten. Der Wind und die Luft werden als mögliche Beweger genannt, der Wind als Erklärung aber wieder verworfen. Nicht dementiert wird hingegen die Luft als Beweger (diese Erklärung wird auch im weiteren Verlauf des Interviews nicht korrigiert).

Während die unter Punkt drei diskutierten Probanden der Meinung waren, Kraft erzeuge Bewegung (K → B), wurde hier, im Kontrast dazu, der Schwung als Vermittlungsinstanz ins Spiel gebracht, also die impetustheoretische Vorstellung der Übertragungskausalität ausgesprochen. Der Schwung entstehe aus der Kraft und sei seinerseits Ursache der Bewegung (K → S → B). Da der Beschleunigungsbegriff noch fehlt, stellt der Schwung weiterhin einen die Bewegung "erzeugenden", gesonderten Kausalfaktor dar. Auch hier liegt also genau genommen ein handlungslogisches Erklärungsmuster vor, in dem der mittelbar übertragene Schwung die Rolle des handelnden Akteurs einnimmt. Er wird dabei substanzhaft begriffen, wie die Formulierung, *daß "das" ein bißchen mit drinnen hängt,* nahelegt. Das Wörtchen "das" ist in diesem Zusammenhang nur "dinghaft" zu verstehen.

8.3.8 Der Abschwung der Bewegung: Die Erschöpfung der Kraft

Ebenso aussagekräftig wie die Erklärungen zur Bewegungsverursachung sind die Deutungen des Abschwungs.

In der Erklärungsstruktur der Handlungslogik hört eine Handlung auf, wenn sie vom handelnden Akteur nicht mehr fortgesetzt wird, wenn er erschöpft und seine Kraft verbraucht ist. Entsprechend dieser Vorstellung erklärte knapp die Hälfte unserer 61 Probanden die Abschwungbewegung des Projektils. Besonders bemerkenswert ist, daß diese Auslegungen zustandekamen, ohne daß explizit danach gefragt wurde. Es besteht daher Grund zur Vermutung, daß der Anteil derartiger Erklärungen kräftig zugenommen hätte, wäre die Abschwungphase ausdrücklich Gegenstand der Befragung gewesen.

Vp 4 formulierte dezidiert die Erschöpfung der Kraft: *Ich gebe dem Stein die entsprechende Geschwindigkeit, und wenn diese erlahmt, fällt er herunter. Durch deine Kraft fliegt er,* meinte Vp 26. *Wenn deine Kraft nicht mehr ausreicht, dann fällt er,* so die weitere Auslegung. Vp 28 erklärte die Wurfbewegung wie folgt: *Mit deiner Kraft wirfst du ihn. Nachher hat er keinen Schwung mehr, weil deine Kraft zu Ende gegangen ist. Dann fällt er herunter.* Vp 57: *Er fliegt. Er hat Kraft nur bis dort. Dort fällt er nach unten.* Hier wurde das entscheidende Moment nur indirekt verbalisiert. *Wenn deine Kraft aus ist,* erklärte Vp 59 lapidar, *dann fällt er.* Dies war die Standardantwort zur Erklärung der Abschwungbewegung.

Interessant ist eine weitere Deutung der Abschwungbewegung, die mehrere Male zu verzeichnen ist. Besonders prägnant tritt sie bei Vp 3 zutage. Sie erklärte den Wurf wie folgt: *Du gibst ihm eine Stoßkraft. Er konstruiert sich eine Parallele und auf dieser Parallele geht er bis er wieder "schwerer" wird, und beim Langsamerwerden fällt er herunter.* Die etwas zweifelnde Nachfrage der Interviewerin lautete: *Was macht der Stein, bevor er fällt?* Die Antwort betonte nochmals das zuvor schon Gesagte. *Er wird "schwerer", kraftlos.* Etwas später wird der Komparativ noch konkretisiert. *Wenn man ihn wirft, wird er langsamer und beim Herunterfallen wird er schwerer. Wenn der hier ein Kilo wiegt, wiegt er beim Herunterfallen zwei bis drei Kilo.*[304]
Wie ist diese Erklärung zu interpretieren? Warum wird die Steigerungsstufe benützt? Die Bewegung wird in eine horizontale und vertikale Dimension zerlegt. Während die Versuchsperson diese Abfolge in der ersten Deutung noch verwechselt

---

304 Dieser "Irrtum" mit der Schwere läß auch an die bei Fleck zitierten Auszüge aus ärztlichen Schriften des 17. Und 18. Jahrhunderts denken, in denen z.B. folgendes zu lesen ist: "Warum ist ein Mensch nüchtern schwerer als nach dem Essen? Weil durch die Speisen die Geister vermehrt werden, welche wegen ihrer luftigen und feurigen Natur den menschlichen Cörper erleichtern, denn Feuer und Lufft machen insgemein leicht. Dahero ist auch ein fröhlicher Mensch viel leichter, als ein trauriger, weil ein fröhlicher Mensch mit mehreren Geisterlein begabt ist als ein betrübter. Auch ist ein Todter weit schwerer als ein noch Lebendiger; weil dieser voller Geisterlein ist, jener aber derselben beraubt ist".Vgl. Fleck 1994, S. 167f.

hat - der Stein wurde zuerst "schwerer" und dann "langsamer" - wird sie dagegen in der zweiten Antwort richtig gestellt. Beide Bewegungsdimensionen bedürfen für Vp 3 einer je eigenen causa, so läßt sich die dahinterliegende Vorstellung in etwa rekonstruieren. Die Ursache der Vorwärtsbewegung wurde in der äußeren *Stoßkraft* gesehen. Das Ende der Horizontalbewegung beruhe wie bei den Beispielen oben, darauf, daß die Kraft sich erschöpfe, der Stein *kraftlos* werde. Wenn die Kraft völlig verbraucht sei, beginne der "freie" Fall, die vertikale Bewegung. Die causa für die Abwärtsbewegung wird der Substanz des geworfenen Objekts zugeschrieben, der Schwere des Steines. Die Steigerungsform der Eigenschaft "schwer" ist in diesem Zusammenhang wohl zum einen als Abgrenzungskriterium zur Horizontalbewegung zu verstehen, zum andern drückt sich darin vermutlich die dynamische, zielgerichtete Komponente aus. Es ist eine Erklärung, in der ein weiteres auffälliges Deutungsmuster mitschwingt, auf das im folgenden Unterpunkt eingegangen werden soll.

8.3.9 Die fehlende relationale Verknüpfung von horizontaler und vertikaler Bewegung

Ein in den Erklärungen des waagrechten Wurfs auffälliges Phänomen ist die fehlende relationale Verknüpfung der horizontalen und vertikalen Bewegungskomponenten, die während des Fluges immer gemeinsam vorhanden sind. Stattdessen wird ein Modell der schrittweisen Abfolge gewählt.

Etwa ein Drittel der untersuchten Probanden setzt in der Deutung die horizontale Komponente von der vertikalen ab. Sie unterteilen die Bewegung während des Flugs in zwei deutlich unterscheidbare, aufeinanderfolgende Phasen. In der Anfangsperiode wird nur das betrachtet, was beim Wurf als die Horizontalkomponente bezeichnet wird. Der Stein wird dabei ausschließlich in seiner waagrechten Vorwärtsbewegung geschildert, eine Bewegung, die ihrerseits auf die wirkende Kraft zurückgeführt wird. Diese Flugphase halte so lange an, bis die wirkende Kraft verbraucht sei, der Stein dadurch langsamer werde und schließlich seine Vorwärtsbewegung gänzlich erlösche. Von einer gleichzeitigen Abwärtsbewegung ist an dieser Stelle nirgends die Rede. Erst nach Abschluß dieser Flugphase fange die zweite Phase an, die Vertikalbewegung, in der das Projektil zu fallen beginne.

Wenn dein Wurf stark ist, dann fliegt er schnell, dann wird er langsamer, dann fällt er herunter (Vp 22). *Wenn die Schnelligkeit, die du ihm gegeben hast, aus ist, fällt er nach unten. Wenn seine Schnelligkeit aus ist, muß er fallen* (Vp 58). *Wenn deine Kraft aus ist, fällt er* (Vp 59). *Mit deiner Kraft wirfst du ihn. Nachher hat er keine Geschwindigkeit mehr, weil deine Kraft zu Ende gegangen ist. Dann fällt er herunter* (Vp 28).

Mitunter gibt es auch Erklärungen, in denen gesagt wird, die Anziehungskraft der Erde setze erst nach dem Ende der horizontalen Flugphase ein:

F: *Warum fällt der Stein nicht sofort herunter (nachdem er die Hand verlassen hat)?* A: *Weil es da einen Stoß gibt. Bis dieser Stoßdruck abgelaufen ist, fällt er nicht herunter. Erst wenn dieser Druck nachläßt, ist er der Erdanziehungskraft unterworfen und kann herunterfallen* (Vp 12). F: *Warum fliegt der Stein, können Sie das erklären?* A: *Nun, es gibt eine Kraft, die ihn schiebt. Wegen dieser Kraft kann er fliegen. Wenn diese Kraft zu Ende geht, dann gibt es die Anziehungskraft der Erde, dann fällt der Stein herunter* (Vp 24).

Hier wird die Relation Horizontalbewegung und Erdanziehungskraft gesehen und thematisiert. Aber sie wird auf eine spezifische Art und Weise erklärt: Dadurch, daß sie in "eine" lineare Abfolge gebracht wird. Zuerst erfolge die waagrechte Bewegung. Danach, nach dem Versiegen der vorwärtstreibenden Kraft, greife die Erdanziehungskraft an.

Woher rührt dieser Modus der Erklärung, wie ist er zu verstehen? Die Fähigkeit zur Koordination zweier Dimensionen ist eine mental ausgesprochen abstrakte Operation, die, wie wir aus der Entwicklungspsychologie wissen, entscheidend vom Entwicklungsstand der operationalen Kompetenz geprägt ist. Insbesondere bei jüngeren Kindern ist sie nicht vorhanden. Diese "eindimensionalen" Erklärungen sind dem geschuldet, was Dux als "zentrierte Handlungslogik" bezeichnet (vgl. Dux 1989, S. 84ff). In der zentrierten Handlungslogik wird ein komplexes Geschehen immer entlang einer Dimension organisiert und erklärt. Zwei Dimensionen mental zu koordinieren und zu erklären ist innerhalb dieser Logik nicht möglich. Diese Logik zeigte sich auch bei einigen von unseren Probanden. Sie lösten ein so komplexes Geschehen wie den Wurf in zwei Handlungsstränge auf, hier in die Vorwärtsbewegung und in die Abwärtsbewegung. Jede wurde für sich betrachtet. Um über die zentrierte Handlungslogik hinauszugelangen, ist es notwendig, sich von einem Denken entlang der Handlung zu lösen und die beiden Dimensionen abstrakt und systemisch zu koordinieren. Dazu war aber dieser Teil der Probanden nicht fähig.

8.4   Zusammenfassung

Die handlungslogische Struktur der Kausalerklärung ist in allen Deutungen der Wurfbewegung wiederzuerkennen. Ferner ist zu diagnostizieren, daß das finalistische Modell der Wurferklärung Aristoteles', das, wie gezeigt, von der Struktur der Handlung geprägt ist, in der empirischen Überprüfung reproduziert werden konnte. Insbesondere läßt sich dies dadurch belegen, daß etwa ein Drittel unserer Versuchspersonen auf die mediale Erklärung der Wurfbewegung mit der Luft als handelndem Akteur verfällt. Diese Übereinstimmungen der Erklärungen, die nicht von vornherein zu erwarten gewesen waren, legen nahe, daß sie von derselben grundlegenden Struktur bewirkt werden.

Wichtige Teilergebnisse sind: Die Handlung ist in vielen Antworten die Primär-causa der Bewegung. Darüber hinaus wird die Bewegung von einer in der Regel von außen angreifenden Kraft bewirkt gesehen. Kraft erzeugt Bewegung. Sie manifestiert sich nicht in der Beschleunigung. Beides, der Begriff der Beschleunigung und der Begriff der Trägheit, ist im Denken dieser Menschen nicht ausgebildet. Zudem werden externe, unterstützende Hilfsakteure wie der Wind bei der Bewegungsdeutung herangezogen. Verbreitet ist auch das Schema der doppelten Antriebskraft, einer extern ansetzenden Kraft und einer projektilinhärenten bewegungsunterstützenden Eigenkraft, die von dieser äußeren Kraft angeregt werde. Impetustheoretische Vorstellungen konnten nur ein einziges Mal eruiert werden. Bezeichnend sind auch die Vorstellungen zur Abschwungbewegung: Ein von einer äußeren Kraft in Bewegung gesetzter Körper bewege sich nur so lange, wie die bewegungserzeugende und mit dem Wurfobjekt in Kontakt stehende Kraft noch nicht erloschen sei. Außerdem wurde die Gleichzeitigkeit von Vorwärts- und Abwärtsbewegung oft nicht realisiert.

9. Bewegungsübertragung durch unbewegte Zwischenglieder

9.1   Zur Fragestellung

Gegenstand des letzten Fragekomplexes war das Problem der Bewegungsübertragung durch unbewegte Zwischenglieder. Das den Probanden vorgeführte "Murmelexperiment" sah wie folgt aus: Eine Murmel trifft auf eine Reihe ruhender Murmeln, von denen sich die letzte in Bewegung setzt. Vor der Demonstration fragten wir, was geschehen werde. Nach der Demonstration fragten wir, warum die letzte Kugel weggerollt sei.

Anhand dieser experimentellen Situation kann die Genese des Kraftbegriffs demonstriert werden. Insbesondere kann gezeigt werden, wie der Begriff "Schwung", er entstammt dem Kraftbegriff, mental konstruiert und verstanden wird. Piaget konnte mit diesem Experiment bei Kindern vier aufeinanderfolgende Etappen der Begriffsbildung aufzeigen, die sich auf der Ebene der historischen Konstruktion des Begriffs, zwischen den Polen Aristoteles und Newton, wiederfinden lassen.[305]

Das erste Stadium ist durch die Vorstellung zweier, auf ein Ziel ausgerichteter, bewegender Kräfte gekennzeichnet. Als Ursache der Bewegung wird, neben einer äuße-

---

305 Die historischen Rekonstruktionen und Konstruktionen des Begriffs, wie sie von den vormodernen Naturphilosophen vorgenommen wurden, gehen natürlich weit über die psychogenetischen hinaus und erfolgen dort reflektiert und in systematischer Absicht.

ren einwirkenden Kraft, eine endogene, selbsttätige Kraft des bewegten Körpers angenommen (ein Körper "hat" Kraft). Diese körperimmanente Kraft - sie wird als latente Potenz verstanden - werde durch die äußere Kraft aktiviert (die äußere Kraft werde jedoch nicht übertragen). Im Experiment zeigt sich dies darin, daß Kinder erklären, die letzte Kugel setze sich, durch eine Art Ansteckung, aus eigener Kraft in Bewegung.

In der zweiten Periode wird die innere bewegende Kraft eliminiert zugunsten einer äußeren "Gesamtkraft" (Kraft "zum" Bewegen). Sie firmiert unter wechselnden Bezeichnungen. Dabei wird aber nicht zwischen der von außen auf den bewegten Körper einwirkenden Kraft und dem Schwung unterschieden. Kraft verursacht/erzeugt nach dieser Vorstellung unmittelbar Bewegung. Ständig muß sie, als von außen wirkend, zur Aufrechterhaltung der Bewegung präsent sein. Sie werde schließlich im Verlaufe der Bewegung verbraucht (fehlende Erhaltung). Dies erklärt, warum ein Körper zum Stillstand kommt. Kurz: Eine kraftvolle Bewegung kann also eine andere Bewegung initiieren. Diese Konzeption findet sich in Erklärungen, in denen behauptet wird, die Kraft oder der Druck gehe sukzessive von einer passiven Murmel zur nächsten über. Sie wirke äußerlich und fließe nicht durch die unbewegten Glieder hindurch. Deshalb wird von vielen Kindern auch eine vermeintliche Ortsveränderung der mittleren, passiven Murmeln gesehen.

Im nachfolgenden Stadium kommt es zu einer ersten Differenzierung des Kraftbegriffes. Die beginnende Desubstanzialisierung zeigt sich in der Vorstellung, daß der Schwung aus der Kraft entstehe und seinerseits als Ursprung der Bewegung gilt. Kraft, der aus ihr hervorgehende Schwung und die erzielte Bewegung werden auseinandergehalten. Der Schwung steht dabei als Verbindungsglied zwischen dem Impulsgeber und dem bewegten Körper. Er kann also, im Gegensatz zum vorherigen Stadium, übertragen werden. Der Schwung wird aber weiterhin als eine den bewegten Körper "begleitende" Bewegungsursache verstanden, die zur Erhaltung der Bewegung unumgänglich sei. Die Kinder dieser Stufe sind deshalb der Meinung, daß erstens die passiven Kugeln sich nicht bewegten und zweitens der Schwung durch sie hindurch gehe. Die Entäußerung der Kraft - verstanden als eine unkörperliche Bewegungsursache, die auf den bewegten Körper wirke - wurde historisch durch die Impetustheorie formuliert.

Im vierten Stadium schließlich ist der Schwung das Ergebnis der durch Kraft erzeugten Bewegung, mit der Tendenz, in der Beschleunigung zum Ausdruck zu kommen. Er ist ein Aspekt oder eine Folge der Geschwindigkeit. Weder wird die Bewegung durch Kraft erzeugt, noch wird Kraft übertragen. Kraft verändert lediglich den Bewegungszustand, die Geschwindigkeit des Körpers: Der Körper erfährt eine Beschleunigung. Kraft ist nicht mehr die singulare Stärke eines Körpers, sondern eine Relation zwischen zwei Körpern. Übertragen wird nur der Impuls oder die Bewegungsmenge (kinetische Energie) und die Bewegungsrichtung. Kurz: Sie wird als Eigenschaft eines trägen Körpers verstanden, an dem Beschleunigungsarbeit verrichtet wird. Dies manifestiert sich in den experimentbezogenen Erklärungen darin, daß der Antrieb nicht länger als notwendig zur Aufrechterhaltung der Bewegung an sich gesehen wird, sondern allein in der Beschleunigung zum Ausdruck kommt, als positive Änderung der Geschwindigkeit eines trägen Körpers (man braucht Kraft/Energie, um zu beschleunigen). Insofern zur Aufrechterhaltung von Bewegung Kraft erforderlich ist, wird die Ursache hierfür nicht länger in der Bewegung selbst verortet, sondern in den die Bewegung hemmenden äußeren Widerständen von Reibungs- und Gewichtskraft. Historisch gelang es erst dem späten Galilei und insbesondere Newton, die Kraft von allem "Streben" und sonstigen Zügen dieser Art freizumachen.[306]

9.2 Zur vermuteten Reaktion der passiven Kugeln

Die Frage, was geschehen werde, wenn die aktive Murmel auf die inaktiven treffe, hatte meist die Antwort zur Folge, daß *alle Kugeln/Murmeln* wegrollen würden. Dabei war die Vorstellung leitend, daß die aufgewendete Kraft die Bewegung unmittelbar hervorrufe. Differenzierungen zwischen Kraft und Schwung, dergestalt, daß der Beweger der aktiven Kugel Schwung vermache, der seinerseits übertragen werde, waren nirgends zu verzeichnen.

Die kausalen Ursachen für die vermeintliche Bewegungsaufnahme aller passiven Murmeln wurden zum einen in der Intention und Kraft des Bewegers lokalisiert, zum andern in der Kraft der aktiven Kugel: *Wenn sie kräftig an die andern rollt* (Vp 42). Die aus der Handlungslogik bekannte Fixierung auf das Aktionszentrum, den Verursacher und dessen Kraft, war in den Vermutungen vorherrschend. Die inaktiven Körper wurden gegenüber der angreifenden Kraft als chancenlos gesehen. Sie wurden zudem als Behinderung und nicht als Gegenkraft verstanden. In seltenen Fällen wurde die Vermutung geäußert, daß sich die aktive vor die passiven Murmeln lege (Vp 26), weil die letzteren eine Art unüberwindliche *Barriere* darstellen würden und die Kraft der aktiven nicht ausreiche, diese beiseite zu schieben. Nur in Ausnahmefällen, weil sie es selbst schon probiert hatten, wußten die Probanden, daß nur eine Kugel wegrollen würde (Vp 15).

Den zuerst genannten Vermutungen unterliegt eindeutig eine Zentrierung auf die Aktivität und Handlung des "Werfers" oder der aktiven Kugel, deren Kraft den Bewegungswiderstand überwinde. Die letztere basiert auf einer Fixierung auf die passiven Kugeln, deren Widerstand als so groß erachtet wird, daß er die Kraft der aktiven Kugel zum Erliegen bringe. Wo sich das Denken auf die aktive Kugel zentrierte,

---

306 Wie Kutschmann aber zeigen konnte, gibt es auch bei dem Begründer der klassischen Mechanik noch Ambivalenzen zwischen dem modernen funktionalen Begriff der Kraft und den überlieferten substanzhaften Kraftvorstellungen. Vgl. Kutschmann 1983.

wurde das Moment des Widerstands/Gegenkraft vernachlässigt, während bei der Zentrierung auf die passiven Kugeln das Moment des Kraftaufwands bzw. des Schwungs aus dem Blick geriet. Der systemische Bedingungszusammenhang wurde nicht erfaßt. Statt dessen wurden die Systemkomponenten in aktive, handelnde Teile und reagierende passive Teile eingeteilt. Die physikalischen Prozesse der Wechselwirkung der Körper aufeinander - die Stoßpartner stoßen sich gegenseitig - wurden nie thematisiert. Dies erklärt sich dadurch, daß die Kraft als aktiv, die Bewegung erzeugend und nicht als einen Bewegungszustand verändernd begriffen werde. Wird die Kugel mit genügend Kraft/Schwung beschleunigt, dann überwinde sie den - nicht eigens erwähnten - Widerstand, und alle passiven Kugeln würden in Bewegung versetzt. Wenn dagegen die Kraft, die die Körper in Bewegung versetzen soll, nicht groß genug sei, blieben die Körper in Ruhe. Die Kraft müsse ein bestimmtes Maß oder eine bestimmte Schwelle überschreiten, um Bewegung auszulösen. Dabei wird das "Stoßen" der aktiven Kugel als "Bewegung gegen etwas" verstanden. Deshalb ist verständlich, daß die physikalische Vorstellung des Angreifens einer entgegengesetzten weiteren Kraft, wie dies in Newtons drittem Axiom ausgedrückt ist, nicht entsteht. Die Aktivitätsvorstellung von Kraft macht die Subsumption von Trägheit unter den Kraftbegriff unmöglich. Die passiven Körper können den aktiven nicht stoßen, denn diese wurden von ihm ja erst in Bewegung gesetzt. Mit anderen Worten, die vom aktiven Urheber abgeleitete Aktivität kann sich nicht gegen ihn selbst richten. Im folgenden einige Beispiele für das Verursacherdenken:

F: *Wenn ich diese Murmel an die andern Murmeln rolle, was passiert mit denen?* A: *Wenn du kräftig stößt, dann rollen alle aus ihrem Nest davon* (Vp 11). *Wenn sie kräftig an die andern rollt, stößt sie diese drei Murmeln weg* (Vp 42). ... *durch ihre Kraft werden die drei Murmeln wegrollen* (Vp 52). ... *wenn du sie drückst, rollen alle weg* (Vp 55).

Die Vorstellung, Kraft verursache Bewegung, ist offensichtlich, die physikalische Größe Widerstand wird ausgeblendet. Dabei ist der Rückgriff auf die Handlungsstruktur unübersehbar. Das, was vermutlich mit den passiven Murmeln geschehen wird, hängt einzig vom Willen, der Absicht und der Kraft des Werfers oder der Kraft der Kugel ab (Vp 11, 42). Die Formulierung: *Wenn du sie drückst*, zeigt dabei ganz deutlich das personalistische Moment der Anstrengung und bestätigt, daß Kraft noch keinesfalls eine abstrakte physikalische Größe ist. Der Ort der Kraft bleibt in dieser Aussage unbestimmt. Der Beweger oder die der Kugel innewohnende Kraft - insbesondere von Vp 52 wurde sie als eine dem Körper anhaftende Eigenschaft oder Potenz betrachtet - ist die letztlich auslösende causa der Bewegung, nicht aber causa der Beschleunigung oder Geschwindigkeit.

Bei der Zentrierung auf die passiven Kugeln wurde dagegen implizit oder explizit der Widerstand thematisiert. Widerstand wurde dabei nicht im newtonschen Sinne als Kraft interpretiert, sondern als passive Reaktion, bedingt durch die Ruhelage der

Murmeln, verstanden. Ruhe und Bewegung wurden absolut unterschieden und nicht in ein einziges Schema integriert, wie das folgende Beispiel zeigt.

F: Wenn ich diese Murmel an die andern Murmeln rolle, was passiert mit denen? A: Sie bleibt bei denen liegen. F: Wenn ich sie schnell rolle? A: Die drei Murmeln werden wegrollen (Vp 26).

Die erste Antwort beruhte darauf, daß - wie im Alltag - Bewegungswiderstand als natürliche, nicht erklärungsbedürftige Gegebenheit betrachtet wurde. Wo der Widerstand zu groß ist, scheitert der Versuch, einen Gegenstand in Bewegung zu setzen. Dafür gibt es in der Lebenswelt genügend Beispiele, etwa den Versuch, einen schweren Gegenstand zu bewegen. Dieser Erfahrungswert wurde hier wohl einfach übertragen. Entweder reiche die Kraft des Handelnden, den Widerstand zu überwinden, oder eben nicht. Die physikalische Vorstellung, es greife eine entgegengesetzt gleiche, weitere Kraft an, ist unter der Dominanz des Handlungsschemas nicht möglich. Das zeigt sich auch darin, daß viele Probanden auch nach der Demonstration des Versuchs der Meinung waren, daß, würde mehr Kraft aufgewendet, alle Kugeln und nicht nur eine wegrollen würden. Kraft wird als Aktivität gedacht und ist an die Vorstellung des "Überwindens" gekoppelt.

Die Erfassung des Widerstands als Kraft und nicht als passives Hindernis setzt die Anerkennung des Trägheitsprinzips voraus. Dies kann aber weder von der natürlichen Erfahrungswelt abgelesen werden noch ist es kognitiv angelegt, sondern es muß mühsam gelernt werden. Und eben deshalb, weil es nicht bekannt ist, wird erwartet, daß, wie Vp 26 meinte, alle passiven Murmeln davonrollen, sobald die Kraft erhöht wird.

Kraft wird also zum einen als verursachender Auslöser der Aktivität gesehen, zum andern wird der Widerstand der passiven Kugeln unabhängig davon als absolute bewegungshemmende und kräftefreie Ursache verstanden und der Bewegung als solcher entgegengesetzt gedacht. Von einer beide Momente verbindenden Konzeption der relationalen Wechselwirkung der Kräfte von Körpern im Sinne des dritten Newtonschen Axioms, actio = reactio, ist nichts zu sehen. Die erstere Erklärung ist aber eine durchaus logische, wenn auch nicht mechanistische Erklärung, die sich zudem im Alltag scheinbar permanent bewährt.

9.3   Das Ergebnis

Die Antworten und Erklärungstypen der 61 Versuchspersonen für das Auslenken der Murmel sind in der nachfolgenden Tabelle XVII zusammengestellt.

Tabelle XVII: Zusammenstellung der Erklärungen für das Auslenken der letzten Kugel, differenziert nach
                Strukturmustern und -merkmalen, den Erklärungstypen und der Verteilung der Vp (N=61)

Stukturmuster und Strukturmerkmale	Erklärungstypen	N
	nicht auswertbar	*3*
I. von der Struktur der Handlungslogik geprägte Kausalerklärungen	*(1) äußere und innere bewegende Kräfte*	*14*
	(2) Mischformen	6
	(3) nicht genau zuordenbar	2
	(4) Eliminierung der inneren bewegenden Kraft; Schwung wird nicht von Kraft unterschieden; äußere Gesamtkraft wird sukzessive übertragen	*23*
	(5) Mischformen	7
	(6) nicht genau zuordenbar	6
	(7) Kraft und Schwung sind klar geschieden; Schwung läuft durch die passiven Kugeln und ist kausales Bindeglied zwischen äußerer bewegender Kraft und aufgenommener Bewegung	*0*
II. mechanistische Kausalerklärungen	*(8) Schwung ist die Steigerung der Geschwindigkeit und kein Bewegung erzeugender Kausalfaktor; Bewegung wird zur Objekteigenschaft (Trägheitsgesetz)*	*0*

Die kausalen Ursachen für das Auslenken der letzten Kugel, die letztlich alle auf einem recht wenig nuancierten Kraftbegriff basieren, wurden entsprechend den oben erwähnten vier Stadien klassifiziert und ausgezählt. Die genannten Zahlen können aber nur grobe Anhaltspunkte sein, da die offenen Antworten nur schwer zu klassifizieren waren. Recht gut belegen lassen sich aber die Antworten unter den Ziffern (1) und (4). Als "Mischformen" werden solche bezeichnet, in denen Argumentationen des jeweils vorangehenden und des jeweils nachfolgenden Erklärungsmusters vorhanden sind, die Erklärungen also changieren (2 und 5). Die Antworten unter (3) und (6) erlauben keine nähere Zuordnung, da nicht kar ist, wie sie gemeint sind. Dies ist dadurch bedingt, daß die von unseren Interviewerinnen gestellten Nachfragen nicht besonders präzise waren. Die Antworten bewegen sich aber im Umfeld der beiden Nachbarstadien.

In den angeführten kausalen Ursachen manifestieren sich ausschließlich die frühen Formen der Entwicklung des Kraftbegriffes. Es bestätigte sich die Erwartung, daß in den Erklärungen die vierte Stufe, der mechanistische Kraftbegriff, nicht vorzufinden ist (8). Ebensowenig war in den Auskünften das darunterliegende Stadium herauszulesen, das dadurch definiert ist, daß Kraft, Schwung und Bewegung klar geschieden sind (7). Mit einiger Phantasie sind gewisse Ansätze dieses Stadiums bei den sieben Probanden der Gruppe "Mischformen" (5) zu identifizieren wie auch bei einigen der sechs Individuen von Gruppe (6), deren Ausführungen aber mangels genügender

Informationen nicht sicher klassifiziert werden konnten. Die beiden anderen Erklärungsmuster, die auf der Vorstellung basieren, daß Bewegung kausal erzeugt werde, lassen sich in den Antworten ausweisen, wobei auch sie nicht immer in Reinform auftraten. Der ersten Stufe, in der äußere und innere bewegende Kräfte angenommen werden, sind 14 Versuchspersonen zuzuordnen (1). Dem nächsten Stadium, in dem die endogenen Kräfte eliminiert sind, der Schwung aber noch nicht von der Kraft unterschieden wird, gehören 23 Probanden an (4). Daneben existieren Mischformen und schwer zuordenbare Kanditaten.

9.4   Diskussion der Erklärungen für das Auslenken der letzten Kugel

Wie sehen nun die Erklärungen aus, wenn andere als die vermuteten Effekte eintreten? Im folgenden sollen einige der auffälligsten Aspekte der Bewegungsdeutungen diskutiert werden.

Zunächst ist festzuhalten, daß die Verblüffung seitens unserer Versuchspersonen groß war, daß entgegen ihrer Erwartung nur eine Kugel wegrollte. Die Frage, wie das möglich sei, stellte sich geradezu zwangsläufig. Von Vp 15 exakt auf den Punkt gebracht: *Sie werden jetzt fragen, warum sich die letzte getrennt hat.*

Als erstes Ergebnis ist festzustellen, daß die aus den Piagetschen Kinderuntersuchungen bekannten Deutungen, die letzte Murmel bewege sich aus eigenen Stücken fort, bei den befragten Erwachsenen nicht eruiert werden konnten. Diese Art der Selbstbewegung wurde immer demonstrativ abgelehnt. Auffallend ist zweitens, daß in den ersten spontanen Erklärungen von neuem die Fixierung entweder auf den Verursacher oder auf den Effekt auftrat. Knapp die Hälfte unserer Versuchspersonen antwortete auf die Frage: *Warum ist die letzte Murmel weggerollt?*, mit ausschließlichem Blick auf die sich wegbewegende Murmel. Sie waren spontan der Meinung, die Lageveränderung der letzten Murmel sei dadurch bedingt, daß sie auf keinen Widerstand treffe. Das wurde in den folgenden, häufig gebrauchten Wendungen deutlich artikuliert: Die letzte Kugel bewege sich weg, *weil sie vorne steht* oder *sie nichts vor sich hat.*

Wieso wurde so häufig der fehlende Widerstand als "Ursache" der Bewegung betont, der doch nur insofern eine Ursache darstellt, als er ein, wenn auch notwendiger Aspekt, eine Seite des Ereignisses ist? Wieso wurde dieser isolierte Aspekt zudem noch - ohne Berücksichtigung der "primären" Verursachung und der Impulsübertragung über die vermittelnden Zwischenglieder - als ausreichende Erklärung angesehen? Implizit gingen die Probanden von der Annahme aus, die aufgewendete Kraft würde alle Kugeln in Bewegung versetzen (Verursacherfixierung). Da die Unterstellung sich als falsch erwies, wurde der Effekt ins Visier genommen. Die Differenz zwischen den liegengebliebenen und der sich wegbewegenden Kugel wurde nun im fehlenden Widerstand gesehen, darin, daß die passiven sich zwar auch *gerne bewegen möchten* (ein deutlicher Hinweis das subjektivische Aktionszentrum im Innern der Kugeln), wie Vp 3 stellvertretend für viele sagte, sich dabei aber *gegenseitig hindern* (Vp 37). Nur der letzten steht im Unterschied zu den andern kein Hindernis im Weg. Diese Wahrnehmungstatsache steht so sehr im Vordergrund, daß darüber der Prozeß der Vermittlung, die Verbindung zwischen dem Impuls der aktiven und der Bewegung der passiven Kugel vorerst unbeachtet bleibt und in der spontanen Erklärung ausgespart wird. Das die Deutungen kennzeichnende Pendeln zwischen Aktionszentrum und Ziel der Bewegung ist inzwischen ja bestens als Grundmodell der Handlungslogik bekannt. Ihr sind diese Erklärungen, die ohne wirkliche Vermittlungsprozesse zwischen Ursache und Wirkung auskommen, geschuldet.

Selbstverständlich blieb es nicht bei diesen spontanen Auslegungen. Überblickt man das Gesamt der Erklärungen, so fällt auf, daß das Gros unserer Versuchspersonen die Bewegung immer durch einen in Begriffen des Handelns gefaßten, bewegungserzeugenden Kausalfaktor erklärten. Das von unseren Probanden formulierte Verursachungsspektrum für das Auslenken der Kugel reicht dabei von zwei bewegungsverursachenden Kräften einerseits - extern in der aktiven und intern in den passiven lokalisiert - bis hin zur ansatzweise erkennbaren Übertragung des Schwungs im Sinne der Impetustheorie andererseits.

Darüber hinaus ist zudem deutlich erkennbar, daß noch wenig zwischen Schwung, Bewegung und Kraft differenziert wurde, wie die Ergebnisgruppen (1) bis (4) zeigen. Lediglich für die Versuchspersonen der Ergebnisgruppen (5) und (6) gilt, daß Kraft/- Wucht (türkisch: güc) und Schwung/Geschwindigkeit (türkisch: hiz) in etwa unterschieden wurden. Der (vermutlich) unmittelbar übertragene Schwung (synonym wurde auch der Begriff Kraft verwendet) blieb aber immer die kausale Ursache für die Aufnahme der Bewegung:

F: *Warum trennt sich die letzte Murmel von den andern?* A: *Paß mal auf, wenn sie jetzt die eine Murmel wegstoßen, schlägt sie bei den mittleren auf und überträgt der letzten Murmel die Kraft, so daß sie sich fortbewegen kann. ... die mittleren bewegen sich nicht einmal* (Vp 15). A: *Wahrscheinlich wegen der Leitfühigkeit.* F: *Was für eine Leitfühigkeit?* A: *Erstens konnte sie sich nicht bewegen (die erste passive), da sie verhindert wurde, deshalb hat sie die Kraft der nächsten übermittelt, die wurde auch verhindert und gab es der nächsten weiter. Weil die letzte kein Hindernis hatte, konnte sie sich wahrscheinlich bewegen, so in etwa.* F: *Wie sie sich bewegt hat, hast du beantwortet, mit was hat sie sich bewegt?* A: *Mit einer Stoßkraft. Wir können uns einen Steinwurf vorstellen, der etwa auch so ist. Dort bestimmen wir die Geschwindigkeit mit der Hand, während hier, nehmen diese es von den andern auf* (Vp 2). A1: *Mit meiner Kraft hat sie die andern gestoßen.* A2: *Jetzt, die Murmel ist mit der Geschwindigkeit/- Schwung auf die andern getroffen, dann haben die andern von ihr diese Geschwindigkeit/Schwung gekriegt* (Vp 28).

Dies sind die differenziertesten Antworten zur Bewegungserklärung und zur Dynamik der Bewegung. Wenn ich es recht sehe, sind hier beim Kraftbegriff Anfänge eines Dezentrierungsprozesses zu erkennen. Der Kraftbegriff wurde desubstanzialisiert, die Bewegung einer mittelbar oder indirekt übertragenen Kraft bzw. einem Schwung zugeschrieben (Vp 28). Die Zwischenglieder waren, wie Vp 2 meinte, *leitfähig*, was auf eine interne Übertragung schließen ließe. Dabei sollen freilich die Anklänge an das vorherige Stadium, ausgedrückt in der sukzessiven Übermittlung, nicht übersehen werden. Vp 15 formulierte zwar eine Übertragungsvorstellung, war aber wie im vorherigen Stadium der Meinung, daß *Kraft* übertragen werde. Kurz: Kraft und Schwung sind, so scheint es, in diesen Erklärungen zumindest nicht mehr völlig identisch. Zudem wird letzterer nicht mehr direkt übertragen. Mehr und mehr rückt der Bewegungsprozeß in den Mittelpunkt. Bei den obigen Erklärungen ist jedoch - als mögliche intervenierende Variable - das Schulwissen zu berücksichtigen. Vp 2 und 28 gehören zu den wenigen Personen unserer Stichprobe, die den formal "höchsten" Bildungsabschluß besitzen, das "lise" absolviert haben. Vp 15, ein Staatsangestellter für Forstarbeiten, besitzt eine fünfjährige Grundschulausbildung und hat zudem viel mit Technik und Maschinen zu tun.

Der überwiegende Teil der Interviewten sprach jedoch von der Kraft der aktiven Kugel, die sukzessive und äußerlich übertragen werde (4) und die Bewegung auslöse, obendrein manchmal noch von einer mehr oder weniger großen Eigenaktivität der passiven Kugeln, die oft durch die Kraft der aktiven angeregt würde (1) und die Bewegungsaufnahme der letzten positiv fördere. Zum Teil wurden auch beide Erklärungsansätze vermischt (2).

Hier einige Beispiele der Ergebnisgruppe (1), in der die vermutete innere bewegende Kraft deutlich formuliert wird:

F: Warum hat sich die letzte Kugel von den andern getrennt? A1: Sie (die passiven) stoßen sich, sie erzeugen eine Kraft. A2: Wenn man die eine Murmel wegstößt (die aktive), bildet sich Luft, und mit der Kraft von denen in der Mitte wird, sicherlich mit dieser Luft, die letzte wegbefördert. F: Wird die mit der Luft wegbefördert? A3: Oder sie verursacht eine magnetische Kraft, die nicht diese in der Mitte, sondern nur die letzte nach vorne stößt. F: Wie geschieht das eben? A4: Die mittleren bewegen sich zwar nicht, aber wie ich es bereits erwähnte, da sie es möchten, entsteht eine magnetische Kraft. Wenn sie nun auf diese hier stößt, findet hier nunmehr eine Elektrisierung statt. So stößt eine Kraft nur diese auf die andere Seite (Vp 3). A1: Die Geschwindigkeit/Kraft ist zu gering, mein Stoß reicht nicht aus, die mittleren Kugeln werden zusammengedrängt. A2: Weil die Kraft der vorletzten Kugel die letzte abgestoßen hat. A3: Da hier drei Murmeln in einer Reihe geordnet sind und die Kraft dieser Murmel (aktive) nicht ausreichend war, haben die mittleren sich gerührt, d.h., sie haben sich in Bewegung gesetzt und die letzte abgestoßen. A4: Weil drei Murmeln zu schwer sind (für die aktive). Die Kraft der zwei (passiven) schleudert die letzte weg (Vp 5). F: Warum hat sie sich von den andern getrennt? A: Weil sie kraftlos ist. Die sind kräftiger (Vp 11). Die runde Form fördert das auch (Vp 16). Eine Murmel zieht die andere zu sich. Die letzte wird von diesen zwei weggeschoben. Wenn die erste auf die anderen stößt, halten diese Murmeln sich aneinander fest (Vp 25). Sie kann nicht alle lösen. Die andern kommen ihr schwer vor (Vp 48). F: Gibt es eine andere Kraft, die hilft, (daß die letzte weggeht), außer meiner Kraft? A: Die Kraft vom Stoff, die Kraft von der Murmel (Vp 56).

Erkennbar wird hier neben der Einwirkung der ersten Murmel eine den Zwischengliedern inhärente aktive Kraft für die Erzeugung der Bewegung der letzten Kugel in Erwägung gezogen. In einem Fall wird sogar das Liegenbleiben der mittleren Murmeln "aktiv" gestaltet, sie halten *sich aneinander fest* (Vp 25). Vp 3 deutete zuerst zwar eine am Modell der Antiperistasistheorie orientierte Erklärung an (es bilde sich durch den Wurf Luft), verwarf sie aber dann zugunsten der "magnetischen/elektrischen" Krafterzeugung, die dadurch zustandekomme, daß die Zwischenglieder sich bewegen *möchten* - eine semantisch zwar durchaus mit physikalisch-mechanistischen Begriffen und Versatzstücken gespickte Erläuterung, der aber deutlich das Handlungsmuster unterliegt (die inaktiven möchten sich bewegen). Zudem ist in der Erklärung das Moment der Impulserhaltung nicht zu erkennen. Auch Vp 5 registrierte und artikulierte den scheinbar aktiven Anteil der mittleren Kugeln für das Auslenken. Der Grund: Die Kraft der ersten Murmel reiche nicht, deshalb sei eine mehr oder weniger große Eigenaktivität der passiven Kugeln vonnöten. Diese Selbsttätigkeit werde angeregt durch eine vorangehende Aktivität, das Anstoßen seitens der beschleunigten Kugel.

Weitere Varianten der inneren Kraft werden in folgenden Formulierungen erwähnt: Die "passiven" Zwischenglieder könnten sich aktiv *"festhalten"* (Vp 25, 3, 24). Die passiven seien *kräftiger* als die letzte Murmel (Vp 11). Ihre *runde Form* (Vp 16) und *die Kraft vom Stoff* verhinderten, daß sie wegrollten. Hinzu kommt das Wirken von äußeren Einflußfaktoren. Einige Versuchspersonen meinen, die passiven Kugeln würden von außen festgehalten, durch die Seitenbegrenzung der Kugelbahn (Vp 19, 43). Wieder andere, etwa Vp 32, vermuteten gar, daß die letzte Kugel, neben der Kraft der aktiven Murmel von außen zusätzliche Unterstützung erhielte. *Von dieser Unterlage kriegt sie einen Druck.*

Demgegenüber ist in den Erklärungen der Ergebnisgruppe (4) die innere Bewegungskraft verschwunden. Die Bewegung wird jetzt unmittelbar einer von außen einwirkenden Kraft zugeschrieben. Die äußere Gesamtkraft beerbt sozusagen die innere Kraft. Sie wird substanzialisiert gedacht:

Alle werden von der ersten Murmel getroffen. Eine schiebt die andere, sie schiebt die nächste Kugel. So geht es weiter (Vp 20). Durch den Druck (türkisch: tazyik), den sie von den drei Murmeln bekommen hat. Durch den Druck, den sie (die aktive) hat. Sie hat die andere Murmel geschoben, die die andere, so geht es weiter (Vp 26). Diese Murmel, die du herangerollt hast (gibt ihr Kraft). Diese Murmel schiebt die drei Murmeln, und die vorderste Murmel rollt weg (Vp 39). Diese hat diese gestoßen, diese hat diese gestoßen, diese ist weggerollt. Sie gibt die Kraft (die aktive) an diese weiter. Und wenn diese zu dieser kommt, ist hier frei, dann rollt sie los (Vp 44). Weil du sie an die anderen gerollt hast, weil sie die andere Murmel weggestoßen hat. Sie übertragen die Kraft aufeinander (Vp 50). Durch den Druck dieser Murmel rollt sie weg. F: Wie kommt dieser Druck bis dahin? Bewegen sich diese zwei Murmeln überhaupt? A: Natürlich bewegen sie sich (Vp 62).

In diesen Antworten wird einmal mehr das Handlungsmuster transparent, das vorgibt, daß eine von einem Aktionszentrum, dem Werfer, ausgehende Kraft/Energie von außen wirken müsse (unmißverständlich in diesem Zusammenhang das Substantiv *Druck* und das Verb *schiebt*). Keineswegs kann dies als mittelbar oder indirekt übertragen gedacht werden. Viele benannten jedes einzelne Glied der Kette, das *ge-*

schoben wurde. Entgegen jedem Augenschein wurden auch hier, wie bei den sechsjährigen Kindern, die Piaget untersucht hat (vgl. Piaget 1972b, S. 23ff), die Zwischenglieder in Bewegung gesehen.

Abschließend seien noch einige Besonderheiten aufgelistet, die in den diesbezüglichen Interviews ab und an auftauchten. Erstaunlich und aufschlußreich ist, daß viele Probanden selbst nach wiederholter Demonstration des Versuchs bei ihrer ursprünglichen Meinung blieben, alle Murmeln würden davonrollen, hätte der Werfer mehr Kraft aufgewendet (Vp 1, 41, 42, 50). Dies spricht in keiner Weise für eine irgendwie geartete Inferiorität des Denkens, demonstriert aber, wie fern das Verständnis des Trägheitsprinzips noch ist. Beachtenswert ist ferner, daß in einigen Deutungen eine Addition/Kumulation der Kräfte von der aktiven und den passiven Kugeln unterstellt wurde (Vp 4, 5, 9, 17, 26, 52, 57). Einige Probanden gingen auch von einer Verringerung der Kraft aus. Sie waren der Meinung, die passiven Murmeln würden Kräfte aufzehren (Vp 16, 49, 58). Beide Vorstellungen sind auch in der Physikhistorie nicht unbekannt und wurden so von einigen Impetustheoretikern vertreten (Buridan, Oresme). Auch bei den von Piaget untersuchten Kindern sind diese Vorstellungen aufzufinden.[307]

Als Fazit ist festzuhalten: Die Ergebnisse dieser Teiluntersuchung bestätigen erneut das weitgehende Fehlen physikalisch-mechanistischer Erklärungsmuster. Bewegung wird in aller Regel auf das Wirken von substanzhaften Kräften zurückgeführt. In 14 Interviews, das entspricht knapp 23% der Antworten, wurde das Zusammenspiel von äußeren und inneren Kräften als Ursache der Bewegungsaufnahme angesprochen. Knapp 38% unserer Klientel, das sind insgesamt 23 Personen, führten die Bewegung auf Antriebsmotoren zurück, die von außen agieren, Kraft, Druck und dergleichen mehr.

10.   Kompaktdarstellung der Ergebnisse aus den Teiluntersuchungen

Das Kausaldenken der untersuchten erwachsenen türkischen Dorfbewohner ist noch stark von Animismus geprägt. Während in vielen Untersuchungen in industrialisierten Gesellschaften festgestellt wurde, daß Kinder dort die Zuschreibung psychischer Eigenschaften an physikalische Objekte zugunsten eines zunehmend differenzierteren Bewußtseins der Eigenschaften des Lebendigen aufgeben, sind in der türkischen Dorfgesellschaft animistische Tendenzen im erwachsenen Denken zum Teil noch ungebrochen vorhanden. In der Untersuchung konnte der Animismus insbesondere für bewegliche physikalische Objekte belegt werden. Sowohl die Sonne und Mond als auch die Wolken werden vielfach mit Bewegungsbewußtsein ausgestattet. So sprachen 23 Probanden, sie repräsentieren immerhin 38% der Befragten, den Wolken

---

307 Zu den entsprechenden Erklärungen der Kinder und Impetustheoretiker vgl. Piaget 1984f, S. 69.

Intentionalität und Bewußtsein zu. Die Gestirne wurden zu über 55% eindeutig - mit den von Kindern bekannten Begründungen - als lebend klassifiziert. Im Vordergrund der Begründungen stand dabei das Kriterium der Eigenbewegung. Hinzu kommt eine Gruppe von 18% der Befragten, die sich in ihrer Einschätzug als äußerst unsicher erwiesen. Das heißt, 73% der Befragten klassifizierten die beiden Himmelskörper nicht eindeutig als leblose Objekte. Damit korrelieren die Ergebnisse zum Bewußtsein. Immerhin 49% der Probanden schrieben den Gestirnen ein Bewußtsein ihrer Bewegung zu (6% zeigen sich unsicher), und nur 44% waren vom Gegenteil überzeugt. Selbst ein fallender Stein wurde nicht durchgängig als bloßes physikalisches Objekt begriffen. Sieben von 60 Befragten (11%) sprachen dem fallenden Stein menschliche Eigenschaften zu.

Ebenso wie der Animismus sind auch artifizialistische Vorstellungen in der türkischen Dorfbevölkerung noch weit verbreitet. Sowohl bei der Erklärung der Windentstehung wie auch bei der Erklärung der Wolkenentstehung waren viele Antworten vom Artifizialismus geprägt. Selbst in den Deutungen der Bewegungsursache war er nachzuweisen. Insgesamt 16 Personen, das sind 32% der dazu Befragten, erklärten den Wind als von Gott geschaffen. Bei ihnen trat also ein personalistisch gefaßter Artifizialismus in Erscheinung. Bei zehn weiteren Probanden, also nochmals 20% der Interviewten, fand sich der Artifizialismus in abgeschwächter Form. Hier wurde die Natur artifizialistisch gedeutet. Sie trat als handelnd und wirkmächtig auf. Auch in den Erklärungen zur Entstehung der Wolken waren bei 26 Probanden, das entspricht 44% der Befragten, eindeutig artifizialistische Vorstellungen nachzuweisen. Der hier im Vergleich zur Windentstehung etwas geringere Prozentsatz artifizialistischer Antworten wird dadurch verständlich, daß die Wolkenentstehung das eindeutig leichter zu erklärende Phänomen ist. In den Erklärungen beider Phänomene sind viele, bis ins inhaltliche gehende Übereinstimmungen zu Piagets Kinderantworten zu verzeichnen.

In allen Teiluntersuchungen konnte nachgewiesen werden, daß die physikalischen Kausalvorstellungen der befragten Erwachsenen von der Handlungslogik bestimmt wurden. Physikalisch-mechanistische Kausalvorstellungen sind in den Erklärungen zu den untersuchten Gegenstandsbereichen so gut wie nicht festzustellen. Jede Bewegung braucht einen Beweger und/oder eine wirkende Kraft, die sie aufrecht erhält. Ohne einen am bewegten Objekt angreifenden Beweger oder angreifende Wirkkräfte, die auch im Gegenstand selbst verortet werden können, ist Bewegung nicht möglich. Die Bewegung selbst wird in der Struktur der Handlung gedacht. So wurde die Bewegung der Himmelskörper von rund 80% der Befragten handlungslogisch erklärt, wobei das Handlungsmoment vor allem in den artifizialistischen, animistischen und finalistischen Ausdeutungen zum Ausdruck gebracht wurde. Auch die Erklärungen zur Wolkenbewegung basierten auf dem Strukturmuster der Handlung. In 17% der Antworten wurde die Bewegung durchgängig der Eingriffskausalität Gottes zugeschrieben. Weitere 24% der Begründungen waren zwar davon frei, der

Vorgang selbst wurde aber weiterhin dynamistisch und finalistisch gedeutet. 49 Versuchspersonen, das sind etwas mehr als 80% der Interviewten, führten die Aufwärtsbewegung des Rauches auf äußere und innere Antriebskräfte zurück. Bewegung schien also nicht ohne diese denkbar. Ebenso erklärten 32 der 61 Versuchspersonen, also über 52% der Befragten, die Fallbewegung ausschließlich über das Strukturmuster der Handlung. Zehn Probanden, nochmals 16% der Untersuchten, kannten zwar den Begriff der Erdanziehungskraft, aber auch ihre Erklärungen waren noch handlungslogisch strukturiert. Auch die Projektilbewegung wird handlungslogisch erklärt. Die Handlung des Werfenden wurde in vielen Antworten als ausreichende Primär-causa der Bewegung verstanden. Etwa ein Drittel unserer Versuchspersonen identifizierte wie Aristoteles das Medium als Beweger. Die Luft galt ihnen als der handelnde Akteur, der das Projektil vorantreibt oder in seinem Flug von unten unterstützt. Andere Probanden sahen die Bewegung von einer von außen angreifenden Kraft bewirkt. In ihrer Vorstellung erzeugt Kraft Bewegung und nicht Beschleunigung. Der Begriff der Beschleunigung und der Begriff der Trägheit war unbekannt. Zudem wurden externe Helfer, insbesondere der Wind, für die Bewegung mitverantwortlich gemacht. Verbreitet war auch das Schema der doppelten Antriebskraft, einer extern ansetzenden Kraft und einer dem Wurfkörper zugeschriebenen bewegungsunterstützenden Eigenkraft, die durch die äußere Kraft angeregt würde. Impetustheoretische Erklärungen konnten mit einer Ausnahme nicht identifiziert werden. Die Abschwungbewegung erfolge dann, so wurde erklärt, wenn die mit dem Wurfobjekt in Kontakt stehende Kraft erloschen oder verbraucht sei. Das Murmelexperiment bestätigte das Gesagte ebenfalls eindrücklich. Physikalisch-mechanistische Vorstellungen existierten nicht. Bewegung wurde auf das Wirken von substanzhaften Kräften zurückgeführt. In 14 Erklärungen, das entspricht knapp 23% der Antworten, konnten äußere und innere Kräfte als Ursache der Bewegungsaufnahme nachgewiesen werden. Die Kraft als ausschließlich von außen agierende Antriebskraft wurde zusätzlich von beinahe 38% der Befragten als Bewegungsursache verantwortlich gemacht. Die übrigen Erklärungen - mit Ausnahme von 13 Probanden, bei deren Erklärungen das impetustheoretische Moment der Bewegungsübertragung nicht ganz von der Hand zu weisen ist - ließen ebenfalls keine über das äußere Antriebsschema hinausgehenden Erklärungsvarianten erkennen.

Unter den Bedingungen einer Agrargesellschaft, so läßt sich aus dem empirischen Material schlußfolgern, wird die Kausalität also nicht zwangsläufig bis zum Niveau eines mechanistischen Naturverständnisses entwickelt, auch nicht von Erwachsenen. Die Kausalität erreicht bei vielen von diesen Erwachsenen strukturell einen Entwicklungsstand, wie er bei Kindern in unserer Gesellschaft vorzufinden ist und dort als ontogenetisches Durchgangsstadium überwunden wird. Nicht nur ist die subjektivische Grundstruktur manifest, sondern selbst noch die animistischen und artifizialistischen Strukturausprägungen lassen sich auffinden.

Der Kraftbegriff ist noch weitgehend undifferenziert. Kraft wird im Sinne einer allgemeinen Wirkfähigkeit verstanden. Die mangelhafte Unterscheidung von Kraft und Schwung, der aus ersterem resultiert, führt zu der Vorstellung, daß Kraft unmittelbar Bewegung erzeuge. Beschleunigungs- und Trägheitsbegriff stehen mental nicht zur Verfügung. Nur aktive Körper können Kräfte ausüben, passive leisten lediglich Widerstand. Zur Aufrechterhaltung einer Bewegung ist eine resultierende Kraft in Bewegungsrichtung erforderlich.

Im Gegensatz zum System- und Funktionsdenken der modernen Physik werden physikalische Größen wie Kraft und Gewicht als körperbezogene Eigenschaften betrachtet und substanzhaft gedacht.

Die Beschreibung und Erklärung von naturimmanenten Vorgängen orientiert sich primär an den vermeintlichen Verursachern (Verursacherfixierung) oder an den Zielen (Finalismus). Der Prozeß der Vermittlung bleibt weitgehend unbeachtet. Es wird nach Kräften gesucht und nicht der Prozeß beschrieben.

Schließlich ist festzuhalten, daß die Erwachsenen der untersuchten Population in vielen Fragebereichen strukturell die gleichen Erklärungen abgaben wie die Genfer Kinder, die Piaget in den zwanziger Jahren befragte. Die Übereinstimmungen sind aber nicht nur struktureller Art. Sie gehen teilweise bis ins Inhaltliche. Das aber heißt, daß das Kausalverständnis in der türkischen Dorfgesellschaft strukturell nicht weiter entwickelt ist, wie bei den Kindern in modernen Industriegesellschaften.

Schluß: Die Evaluation der Ausgangsthesen

1. Die Ausgangsthesen der Untersuchung

Die Absicht unserer kulturvergleichenden Untersuchung bestand darin, für die historisch-genetische Theorie einen empirischen Beleg zu erbringen. Unsere theoretische Ausgangsthese war, daß die kategorialen Strukturen des Denkens - und damit auch der Kausalität - zu allen Zeiten und in allen Gesellschaften auf gleiche Art und Weise in der frühen Ontogenese begonnen und aufgebaut werden. Deshalb sind die frühen kategorialen Formen universell verbreitet. Weiter wurde angenommen, daß die Weiterentwicklung der Strukturen auf der Ebene der Erwachsenenwelten erfolgt, deren Niveau vom Stand der spezifischen gesellschaftlichen Entwicklung determiniert wird. Demzufolge müssen Strukturen, die in unserer Gesellschaft als ontogenetische Durchgangsstadien existieren, im erwachsenen Denken in historischen Gesellschaften nachzuweisen sein. Ebenso müssen sie aber auch bei Erwachsenen, die im Vergleich zu Industriegesellschaften in sozialstrukturell weniger entwickelten Agrargesellschaften von heute leben, als kognitive Endstadien anzutreffen sein.

Die Überprüfung dieses Theorems wurde am Gegenstand der Vorstellungen zur physikalischen Kausalität vorgenommen. Dazu wurden sowohl die historischen Bewegungserklärungen von Aristoteles und den Impetustheoretikern untersucht (Teil III) als auch die Bewegungserklärungen von türkischen Dorfbewohnern, die über eine Befragung in der Türkei eigens für diese Arbeit erhoben wurden (Teil IV). In die Untersuchung wurde insbesondere die Erklärung des freien Falls und der Wurfbewegung aufgenommen, um die Ergebnisse mit denen zu vergleichen, die wir aus den Textanalysen der physikalischen Schriften von Aristoteles und den Impetustheoretikern gewonnen haben. Wenn sich die Erklärungsstrukturen oder gar die Bewegungskonzepte, die von den Naturphilosophen entwickelt wurden, über die klinischen Interviews in einer anderen Gesellschaft reproduzieren lassen, dann, so nahmen wir an, belegt dies in aller Deutlichkeit die angenommene universale Entwicklungslogik der kognitiven Strukturen. Es wurde prognostiziert, daß - bedingt durch ein vergleichbares gesellschaftliches Entwicklungsniveau im antiken Griechenland und in der agrarischen Türkei der Gegenwart - strukturell ähnliche Bewegungsvorstellungen entwickelt werden, sich daher insbesondere die Bewegungskonzeption

Aristoteles', möglicherweise auch die der Impetustheorie in der Türkei reproduzieren läßt.

2. Der Entwicklungsstand des Kausalverständnisses in der türkischen Dorfgesellschaft

Der Befund ist unzweideutig: In der sozialstrukturell wenig entwickelten Gesellschaft der ländlichen Türkei - hier ist natürlich nicht die gesamte türkische Gesellschaft gemeint - ist die Struktur der Kausalität noch weitgehend durch die Handlungslogik determiniert. Die Handlung ist das Interpretationsmuster, mit dem physikalische Sachverhalte und Ereignisse in der Natur gedeutet werden, vor allem die Bewegung. Ausdruck findet es gewöhnlich in den dynamistischen (Beweger und wirkende Kräfte) und finalistischen Deutungen der Bewegung. Hinzu kommt, daß das Kausalitätsverständnis vielfach sogar - insbesondere bei Bewegungsphänomenen, die sich nicht unmittelbar im menschlichen Nahbereich abspielen (z.B. die Bewegung von Sonne und Mond) - das Stadium des Artifizialismus und Animismus (noch) nicht überwunden hat. Selbst physikalische Objekte (Sonne, Mond und sogar vereinzelt Steine) werden mit Leben und Bewußtsein ausstaffiert. Mechanistische Deutungen, als Ausdruck des alternativen Paradigmas zur Erklärung der besagten Naturereignisse konnten allenfalls rudimentär und nur in vernachlässigbarer Größenordnung eruiert werden.

Darüber hinaus wird die These, daß es eine aus der Ontogenese herausgeführte Entwicklungslogik der kategorialen Außenweltschemata gibt, zum einen dadurch bestätigt, daß die tatsächlich verwendeten kausalen Erklärungsschemata der Erwachsenen alle strukturell in der Linie vom handlungslogischen zum funktional-relationalen Erklärungsmuster zu verorten sind. Es gibt keine grundsätzlich anderen Erklärungsmuster, wie dies etwa kulturrelativistische Positionen nahelegen. Zum zweiten sind die ontogenetischen Strukturen jenes Kausalverständnisses, die bei Kindern unserer Gesellschaften allenfalls als Durchgangsstadien vorzufinden sind und im Verlaufe der Weiterentwicklung überwunden werden - insbesondere animistische, artifizialistische und handlungslogische Erklärungsmuster der Naturdeutung - im Denken der erwachsenen türkischen Dorfbewohner anzutreffen, und zwar als noch weitgehend unüberbietbare Endstadien der Entwicklung. Ausdruck findet dieser Tatbestand in den Antwortmustern unserer Population, die weitgehend mit denen identisch sind, die Piaget bei europäischen Kindern festgestellt hat.

Damit wird allerdings nicht, wie man vielleicht meinen könnte, behauptet, daß die Probanden der Stichprobe mit den Kindern unserer Gesellschaften gleichgesetzt werden könnten, macht doch die Bandbreite einer Kultur der Erfahrungsschatz der Erwachsenen aus und nicht jener der Kinder. Einzig die den Deutungen unterliegenden Strukturen sind in etwa gleichweit entwickelt bzw. von den befragten

Erwachsenen nicht weiterentwickelt worden. Der Befund ist genausowenig dahingehend zu interpretieren, als ob den Befragten ein minderer geistiger Status zugeschrieben werden soll. Richtig ist vielmehr, daß die Erklärungen vor dem Hintergrund der Struktur durchaus logisch sind. Nur wurden in industrialisierten Gesellschaften im Zuge der zunehmenden Herrschaft über die Natur die Struktur wie auch das Wissen weiterentwickelt.

Zwei Faktoren verhindern entscheidend den Abbau handlungslogischer Erklärungsmuster animistischen, artifizialistischen, dynamistischen und finalistischen Zuschnitts zugunsten eines mechanistischen Kausalverständnisses: Zum einen ist dies das Eingebettetsein in eine Welt, in der das Alltagsleben noch dominant mit den organischen Abläufen in der Natur verknüpft ist, die weder wie bei Maschinen in einzelne Teile zerlegt werden können, noch reversibel sind und prinzipiell durch bloße Anschauung kaum zu analysieren sind; zum anderen fehlt der Umgang mit Maschinen, der das Verstehen reversibler sytematischer Prozesse stark erleichtert bzw. fördert.[308] Wir hingegen haben den Vorteil, daß wir in einer Kultur aufwachsen, in der wir Kausalanalysen tagtäglich an Artefakten einüben und dabei deren Mechanik verstehen lernen. "Die Erfahrung mit Maschinen und mit technischen Abläufen im allgemeinen ist grundlegend für die Entwicklung des Verständnisses der Reversibilität und der mechanischen Kausalität insgesamt", wie Hallpike in Anlehnung an Piaget schreibt (Hallpike 1990, S. 505).

3. Die Deutung des freien Falls und Projektilbewegung in der Türkei im Vergleich mit Aristoteles und der Impetustheorie

Unter den Fragen, die wir den Versuchspersonen stellten, waren zwei, auf die wir besonderes Gewicht gelegt hatten. Die Erklärungen des freien Falls und besonders der Wurfbewegung sollten mit den historischen Antworten, die wir aus der Geschichte der Physik kennen, verglichen werden. Hierzu wurden die Erklärung der Wurfbewegung und des freien Falls durch Aristoteles sowie die mittelalterlich-scholastische Impetustheorie herangezogen und analysiert, wobei letztere, von der Übertragung der Bewegungskraft einmal abgesehen, auf dem peripatetischen Grundmodell basiert.

Das Ergebnis der Strukturanalyse bei Aristoteles lautete: Aristoteles' Kausalerklärung der Bewegung beruht augenscheinlich auf der Handlungslogik, einem Strukturmuster, mit dem in jeder frühen Ontogenese Geschehnisse in der Außenwelt erklärt werden. Dies stellte schon Piaget fest, der in seinen Untersuchungen bei Kindern Erklärungen erhielt, die Analogien zu Aristoteles aufwiesen (vgl. Piaget 1970, S. 20ff). Aristoteles' Ausgangsthese bei der Erklärung jeder Bewegung lautet:

---

308 Siehe dazu mein Kapitel über die türkische Dorfgesellschaft und vgl. auch Hallpike 1990, S. 119ff.

Alles, was sich bewegt, muß durch etwas bewegt werden, das in Kontakt mit dem Bewegten steht oder im Bewegten selbst zu verorten ist. Deshalb wird beim Wurf die Luft als Beweger des Projektils installiert, deshalb übernimmt beim freien Fall die körperinhärente "Schwere" die Antriebsfunktion. Kurz: In diesen Erklärungen kommt ein Kausalverständnis zum Ausdruck, das zwar das Stadium des Animismus und Artifizialismus in der Naturdeutung hinter sich gelassen, nicht aber die subjektivische Struktur der Erklärung selbst schon überwunden hat. Die Natur wird finalistisch verstanden.

Die Bewegungsdeutung der Impetustheorie gelangt insofern über die Aristotelische hinaus, als sie den Gegensatz von natürlichen und erzwungenen Bewegungen aufhebt und den externen Beweger Luft durch das Moment der Kraftübertragung ersetzt. Aber analog zu Aristoteles können sich diese Theoretiker Bewegung nicht ohne einen Beweger vorstellen, der im Impetus lokalisiert wird. Ebenso hört gemäß ihrer Vorstellung - und analog zu Aristoteles - die Bewegung auf, wenn der Impetus aufgezehrt ist (so wie bei Aristoteles die Kraft des Bewegers Luft erlahmt). Insofern beruht auch diese Erklärungsvariante auf der Struktur der Handlung.

Das Grundmodell der Aristotelischen Wurfbewegung, die auf der Berührungskausalität basierende mediale Erklärung mit der Luft als handelndem Akteur, konnte bei einem Drittel der von uns befragten Probanden nachgewiesen werden, die etwas komplexere impetustheoretische Übertragungskausalität hingegen nur einmal. Erklärungen, in denen der Wind als unterstützender Beweger beim Flug des Projektils herangezogen wurde, verweisen aber ebenfalls auf das Modell der Berührungskausalität, desgleichen auch jene Erklärungsansätze, die auf eine äußere bewegungserzeugende und -erhaltende Kraft, die schiebt oder drückt, rekurrieren. Auch die implizite These des Stagiriten zum Abschwung, daß eine von einer äußeren Kraft herrührende Bewegung nur so lange andauere, wie die das Wurfobjekt bewegende, mit ihm in Kontakt stehende Kraft fortbestehe, konnte bei knapp der Hälfte unserer Probanden festgestellt werden. Kurz: Alle diese Übereinstimmungen in den Erklärungen zur Projektilbewegung, die nicht von vornherein zu erwarten gewesen waren, legen nahe, daß sie von derselben grundlegenden Struktur bewirkt wurden.

Vergleichen wir die Aristotelische Deutung der Fallbewegung mit den Deutungen der untersuchten Probanden, fällt das Ergebnis noch eindeutiger aus. Wie gezeigt, wurde von Aristoteles das spontane Fallen mancher Körper nach dem Loslassen mit der Qualität des Körpers, seiner "Schwere", in Zusammenhang gebracht. Er sieht in der Schwere ein inneres Bewegungsprinzip, das in engstem Zusammenhang mit der Natur des Körpers steht. Schwere und Leichtigkeit sind substanzhaft vorgestellte Eigenschaften - die Begriffe werden nicht relativ verstanden - und sie sind die Motoren der Fall- oder Steigbewegung. Schwere und Leichtigkeit sind also nichts anderes als Merkmale, nach denen sich alle Körper einteilen lassen, insofern diese sich von selbst nach unten oder oben bewegen.

Analog zu Aristoteles machten knapp 41% der Interviewten die Schwere, das Gewicht, für die Fallbewegung verantwortlich. Sie wird als eine objektinhärente und nach unten, zur Erde gerichtete bewegungsverursachende Eigenschaft verstanden. Diese Antworten sind klar und eindeutig in 25 Interviews nachzuweisen, auch wenn die von uns Befragten das Moment der Schwere mit einer Reihe von weiteren Ursachen zusammenbringen, die so bei Aristoteles nicht zu finden sind. Zweimal wird zudem explizit auf die Bedeutung des Ortes hingewiesen, ein Umstand, der auch beim Stagiriten Relevanz besitzt. Die Erklärungen der Aufwärtsbewegung sehen analog aus. Dort wird vielfach - wie bei Aristoteles - auf die Anziehungskraft des Ortes aufmerksam gemacht. Impetustheoretische Fallerklärungen waren nicht zu verzeichnen.

Alles in allem legt der Vergleich der Bewegungserklärung des Aristoteles mit den Bewegungserklärungen der Versuchspersonen der türkischen Stichprobe überzeugend nahe, daß beide durch die gleiche zugrundeliegende Logik bestimmt sind, durch die Logik der Handlung. Vergleicht man weiter die Erklärungen des Aristoteles und die der türkischen Versuchspersonen mit den Erklärungen der von Piaget und anderen durchgeführten Untersuchungen bei Kindern in industrialisierten Gesellschaften, so kommt man nicht umhin festzustellen, daß die Kausalstrukturen der Erwachsenen in der Verlängerung der ontogenetisch begonnenen Entwicklung gelegen sind, sie sich aber nicht bis zum Niveau eines mechanistischen Naturverständnisses fortentwickelt haben. Daher ist plausibel, daß die Weiterentwicklung der basalen kognitiven Außenweltstrukturen nur dort vorangekommen ist, wo Gesellschaften ihre Herrschaft über die Außenwelt erweitert und ihre Organisationskompetenz gesteigert haben. Insofern finden die Grundannahmen der historisch-genetischen Theorie ihre Bestätigung.

LITERATURVERZEICHNIS

Abadan-Unat, N. (1989): Die Migrationspolitik der Türkei, in: Özak, H./Dagyeli, Y. (Hrsg.): Die Türkei im Umbruch, Frankfurt, S. 161 - 186.

Almy, M./Chittenden, E./Miller, P. (1966): Young children's thinking, New York.

Al-Qazwînî (1988): Die Wunder des Himmels und der Erde (aus dem Arabischen übertragen und bearbeitet von A. Giese), München.

Aristoteles (1967a): Physikvorlesung (übersetzt von H. Wagner), Darmstadt.

Aristoteles (1967b): Vom Himmel - Von der Seele - Von der Dichtkunst (eingeleitet und neu übertragen von O. Gigon), Zürich.

Aristoteles (1987): Aristoteles' Physik. Vorlesung über Natur (übersetzt, mit einer Einleitung und mit Anmerkungen herausgegeben von H. G. Zekl), Halbband 1: Bücher I - IV, Hamburg.

Aristoteles (1988): Aristoteles' Physik. Vorlesung über Natur (übersetzt, mit einer Einleitung und mit Anmerkungen herausgegeben von H. G. Zekl), Halbband 2: Bücher V - VIII, Hamburg.

Ashton, P. M. (1984): Kulturvergleichende Piagetforschung: Eine empirische Perspektive, in: Schöfthaler, T./Goldschmidt, D. (Hrsg.): Soziale Struktur und Vernunft. Jean Piagets Modell entwickelten Denkens in der Diskussion kulturvergleichender Forschung, Frankfurt, S. 75 - 95.

Aufenanger, S. (1991): Qualitative Analyse semi-struktureller Interviews - Ein Werkstattbericht, in: Garz, D./Kraimer, K. (Hrsg.): Qualitativ-empirische Sozialforschung. Konzepte, Methoden, Analysen, Opladen, S. 35 - 59.

Ballweg, J. (1981): Experimenteller und alltagssprachlicher Ursache-Wirkung Begriff, in: Posch, G. (Hrsg.): Kausalität. Neue Texte, Stuttgart, S. 147 - 156.

Bauer, L./Matis, H. (1989): Geburt der Neuzeit. Vom Feudalsystem zur Marktgesellschaft (1988), München.

Beilin, H. (1992): Piaget's enduring contribution to developmental psychology, in: Developmental psychology, Vol. 28, No. 2, S. 191 - 204.

Berger, E. T./Prentice, N. M./Hollenberg, C. K./Korstvedt, A. J./Sperry, B. M. (1969): The development of causal thinking in children with serve psychogenic learning inhibitions, in: Child Development 40, S. 503 - 515.

Berger, P. L./Luckmann, T. (1989): Die gesellschaftliche Konstruktion der Wirklichkeit. Eine Theorie der Wissenssoziologie (1966), Frankfurt.

Berry, J. W. (1966): Temne and Eskimo perceptual skills, in: International Journal of Psychology 1, S. 207 - 229.

Berry, J. W./Poortinga, Y. H./Segall, M. H./Dasen, P. R. (1992): Cross-Cultural Psychology. Research and applications, Cambridge.

Berzonsky, M. D. (1970): Effects of probing children's phenomenistic explanation of cause and effect, in: Developmental psychology 3, S. 407.

Berzonsky, M. D. (1971a): The role of familarity in children's explanations of physical causality, in: Child Development 42, S. 705 - 715.

Berzonsky, M. D. (1971b): Interdependence of Inhelder and Piaget's model of logical thinking, in: Developmental Psychology 4, S. 469 - 476.

Blumenberg, H. (1965): Die kopernikanische Wende, Frankfurt.

Blumenberg, H. (1975): Die Genesis der kopernikanischen Welt, Frankfurt.

Boas, F. (1965): The mind of primitive men (1911), New York.

Bohnsack, R. (1991): Rekonstruktive Sozialforschung. Einführung in Methodologie und Praxis qualitativer Sozialforschung, Opladen.

Borst, A. (1979): Lebensformen im Mittelalter, Frankfurt/Berlin/Wien.

Bose, D. M./Sen, S. M./Subbarayappa, B. V. (1971): A concise history of science in India, Calcutta.

Bovet, M. C. (1974): Cognitive processes among illiterate children and adults, in: Berry, J. W./Dasen, P. R. (Hrsg.): Culture and cognition: Readings in cross-cultural psychology, London, S. 311 - 334.

Bovet, M./Parrat-Dayan, S./Voneche, J. (1986): Causalité et Apprentissage, in: Cahiers de Psychologie Cognitive 6, S. 615 - 631.

Bozyigit-Kirchmann, M. (1986): Einfluß der türkischen Massenmedien in einer unterentwickelten Region Ostanatoliens mit einer Analyse der sozialen Bedingungen und einer Befragung von 262 Personen in Nazimiye, Hamburg (Diss.).

Brainerd, C. J. (1978): Piaget's theory of intelligence, New Jersey.

Breuer, S. (1992): Die Gesellschaft des Verschwindens. Von der Selbstzerstörung der technischen Zivilisation, Hamburg.

Breuer, S. [Rez.] (1993): G. W. Oesterdiekhoff, Traditionales Denken und Modernisierung. Jean Piaget und die Theorie der sozialen Evolution, (Opladen 1992), in: Kölner Zeitschrift für Soziologie und Sozialpsychologie 45, 2, S. 376 - 377.

Bringuier, J. C. (1989): Conversations with Jean Piaget (1980), London.

Brislin, R. W./Baumgardner, S. R. (1971): Non-random sampling of individuals in cross-cultural research, in: Journal of cross-cultural psychology 2, S. 397 - 400.

Bruner, J. S. (1970): Der Prozeß der Erziehung, Düsseldorf.

Bubner, R. (Hrsg.) (1992): Kausalität (Neue Hefte für Philosophie 32/33), Göttingen.

Buck-Morss, S. (1978): Sozio-ökonomische Verzerrungen in Piagets Theorie und ihre Implikationen für interkulturell vergleichende Untersuchungen, in: Riegel, K. F. (Hrsg.): Zur Ontogenese dialektischer Operationen, Frankfurt, S. 53 - 74.

Büchel, W. (1975): Gesellschaftliche Bedingungen der Naturwissenschaft, München.

Buggle, F. (1985): Die Entwicklungspsychologie Jean Piagets, Stuttgart.

Buggle, F./Westermann-Duttlinger, H. (1987): Animismus als alternative Weise des Welterlebens. Theoretische Überlegungen und empirische Forschungsergebnisse (Forschungsbericht Nr. 41 des Psychologischen Instituts der Albert-Ludwigs-Universität Freiburg i. Br.), Freiburg.

Bullock, M. (1981): Puppet play. Children's interpretation of causal questions, University of British Columbia.

Bullock, M. (1985): Causal reasoning and developmental change over the preschool years, in: Human Development 28, S. 169 - 181.

Bullock, M./Gelman, R./Baillargeon, R. (1982): The development of causal reasoning, in: Friedman, W. J. (Hrsg.): The developmental psychology of time, New York, S. 209 - 254.

Bunge, M. (1987): Kausalität. Geschichte und Probleme (1959), Tübingen.

Byrnes, J. P./Gelman, S. A. (1990): Conceptual and linguistic factors in children's memory of causal expressions, in: International Journal of Behavioral Development 13, S. 95 - 117.

Callanan, M. A./Oakes, L. M. (1992): Preschoolers' questions and parents' explanations: causal thinking in every day activity, in: Cognitive development 7, S. 213 - 233.

Capelle, W. (Hrsg.) (1968): Die Vorsokratiker, Stuttgart.

Capra, F.: Wendezeit. Bausteine für ein neues Weltbild, Bern/München.

Carey, S. (1985): Conceptual change in childhood, Cambridge.

Carlson, J. S. (1984): Kulturvergleichende Untersuchungen im Rahmen von Piagets Theorie, in: Steiner, G. (Hrsg.): Entwicklungspsychologie Bd. 2, Weinheim, S. 709 - 728.

Cassirer, E. (1969): Substanzbegriff und Funktionsbegriff. Untersuchungen über die Grundfragen der Erkenntniskritik (1910), Darmstadt.

Chapman, M. (1988): Constructive evolution. Origins and development of Piaget's thought, Cambridge.

Chomsky, N. (1972): Aspekte der Syntax-Theorie, Frankfurt.

Clagett, M. (1979): The science of mechanics in the middle ages, Madison/Wisconsin.

Colby, A./Kohlberg, L. (1987): The measurement of moral judgement, vol. 1: Theoretical foundations and research validation, New York.

Cole, M. (1984): Eine ethnographische Psychology der Kognition, in: Schöfthaler, T./Goldschmidt, D. (Hrsg.): Soziale Struktur und Vernunft. Jean Piagets Modell entwickelten Denkens in der Diskussion kulturvergleichender Forschung, Frankfurt, S. 291 - 310.

Cole, M./Gay, J./Glick, J. A./Sharp, D. W. (1974): The cultural context of learning and thinking. A exploration in experimental anthropology, New York.

Cole, M./Scribner, S. (1974): Culture and thought, New York.

Craemer-Ruegenberg, I. (1993): Das Naturverständnis von Aristoteles, in: Naturauffassungen in Philosophie, Wissenschaft, Technik (herausgegeben von Schäfer, L. und Ströker, E.), Bd. 1, Antike und Mittelalter, Freiburg/München, S. 85 - 106.

Crombie, A. (1977): Von Augustinus bis Galilei - Die Emanzipation der Naturwissenschaft (1959), München.

Crone, P. (1992): Die vorindustrielle Gesellschaft. Eine Strukturanalyse, München.

Damerow, P. (1993): Zum Verhältnis von Ontogenese und Historiogenese des Zahlbegriffs, in: Edelstein, W./Hoppe-Graff, S. (Hrsg.): Die Konstruktion kognitiver Strukturen. Perspektiven einer konstruktivistischen Entwicklungspsychologie, Bern, S. 195 - 259.

Damon, W. (1984): Die soziale Welt des Kindes (1977), Frankfurt.

Dasen, P. R. (1972): Cross-cultural Piagetian research: A summary, in: Journal of cross-cultural psychology, Vol. 3, No. 1, S. 23 - 39.

Dasen, P. R. (1974): The influence of ecology, culture and European contact on cognitive development in Australien Aborigines, in: Berry, W. J./Dasen, P. R. (Hrsg.): Culture and cognition: Readings in cross-cultural psychology, London, S. 381 - 408.

Dasen, P. R. (1977a): Cross-cultural cognitive development: the cultural aspects of Piaget's theory, in: Annals of the New York Academy of Sciences 285, S. 332 - 337.

Dasen, P. R. (Hrsg.) (1977b): Piagetian Psychology. Cross-cultural contributions, New York.

Dasen, P. R. (1984): A cross-cultural study of intelligence: Piaget and the Baoulé, in: International Journal of Psychology 19, S. 407 - 434.

Dasen, P. R. (1988): Between the universal and specific. The contribution of the cross-cultural approach, in: Archives de Psychologie 56, S. 265 - 269.

Dasen, P. R./Heron, A. (1981): Cross-cultural tests of Piaget's theory, in: Triandis, H. C./Heron, A. (Hrsg.): Handbook of cross-cultural psychology, Vol. 4, Boston, S. 295 - 341.

Dasen, P. R./de Ribaupierre, A. (1987): Neo-Piagetian theories: Crosscultural and differential perspectives, in: International Journal of Psychology 22, S. 793 - 832.

Descartes, R. (1978): Von der Methode des richtigen Vernunftgebrauchs und der wissenschaftlichen Forschung (1960), Hamburg.

De Lemnos, M. M. (1974): The development of spatial concepts in Zulu children, in: Berry, J. W./Dasen, P. R. (Hrsg.): Culture and cognition: Readings in cross-cultural psychology, London, S. 367 - 380.

Dennis, W. (1940): Animism and related tendencies in Hopi children, in: Journal of Abnormal and Social Psychology 38, S. 21 - 36.

Dennis, W./Russell, R. W. (1940): Piaget's question applied to Zuni children, in: Child Development 11, S. 181 - 187.

Dijksterhuis, E. (1956): Die Mechanisierung des Weltbildes (1950), Berlin/Göttingen/Heidelberg.

Döbert, R. (1973): Systemtheorie und die Entwicklung religiöser Deutungssysteme. Zur Logik des sozialwissenschaftlichen Funktionalismus, Frankfurt.

Drabkin, I. E. (1938): Notes on the laws of motion in Aristotle, in: American Journal of Philology 59, S. 60 - 84.

Dudek, S. Z./Dyer, G. B. (1972): A longitudinal study of Piaget's developmental stages and the concept of regression, in: Journal of Personality Assessment 36, S. 380 - 389.

Durkheim, E. (1994): Die elementaren Formen des religiösen Lebens, Frankfurt.

Dux, G. (1976): Strukturwandel der Legitimation, Freiburg.

Dux, G. (1982): Die Logik der Weltbilder. Sinnstrukturen im Wandel der Geschichte, Frankfurt.

Dux, G. (1987): Natur - Gesellschaft - Geist. Zur soziologischen Anthropologie der Erkenntnis, in: Archiv für Kulturgeschichte 69, S. 196 - 229.

Dux, G. (1988): Das historische Bewußtsein der Neuzeit, in: Saeculum 39, S. 82 - 95.

Dux, G. (1989): Die Zeit in der Geschichte. Ihre Entwicklungslogik vom Mythos zur Weltzeit. Mit kulturvergleichenden Untersuchungen in Brasilien (J. Mensing), Indien (G. Dux/K. Kälble/J. Meßmer) und Deutschland (B. Kiesel), Frankfurt.

Dux, G. (1990): Denken vom Vorrang der Natur. Die Naturalisierung des Geistes, in: Holz, K. (Hrsg.): Soziologie zwischen Moderne und Postmoderne. Untersuchungen zu Subjekt, Erkenntnis und Moral, Gießen, S. 66 - 81.

Dux, G. (1993): Der Begriff der Religion in der Religionssoziologie, in: Kerber, W. (Hrsg.): Der Begriff der Religion, München, S. 47 - 85.

Dux, G. (1994): Die ontogenetische und historische Entwicklung des Geistes, in: Der Prozeß der Geistesgeschichte. Studien zur ontogenetischen und historischen Entwicklung des Geistes (herausgegeben von G. Dux und U. Wenzel), Frankfurt, S. 173 - 224.

Dux, G./Kumari, V. P. (1994): Studien zur vorindustriellen Kausalität. Untersuchung zur historischen Entwicklungslogik des Geistes, in: Der Prozeß der Geistesgeschichte. Studien zur ontogenetischen und historischen Entwicklung des Geistes (herausgegeben von G. Dux und U. Wenzel), Frankfurt, S. 436 - 471.

Dux, G./Wenzel, U. (Hrsg.) (1994): Der Prozeß der Geistesgeschichte. Studien zur ontogenetischen und historischen Entwicklung des Geistes, Frankfurt.

Eckensberger, L. (1970): Methodenprobleme der kulturvergleichenden Psychologie, Saarbrücken.

Eckensberger, L. (1983): Interkulturelle Vergleiche, in: Silbereisen, R. K./Montada, L. (Hrsg.): Entwicklungspsychologie. Ein Handbuch in Schlüsselbegriffen, München, S. 155 - 163.

Edelstein, W./Keller, M. (Hrsg.) (1982): Perspektivität und Interpretation, Frankfurt.

Eder, K. (1976): Die Entstehung staatlich organisierter Gesellschaften. Ein Beitrag zur Theorie sozialer Evolution, Frankfurt.

Eder, K. (1985): Geschichte als Lernprozeß? Zur Pathogenese politischer Modernität in Deutschland, Frankfurt.

Eimer, M. (1987): Konzepte von Kausalität. Verursachungszusammenhänge und psychologische Begriffsbildung, Bern.

Elias, N. (1984): Über die Zeit. Arbeiten zur Wissenssoziologie II. (herausgegeben von M. Schröter), Frankfurt.

Elias, N. (1987): Die Fischer im Mahlstrom, in: Elias, N.: Engagement und Distanzierung. Arbeiten zur Wissenssoziologie I. (herausgegeben und übersetzt von M. Schröter), Frankfurt, S. 73 - 185.

Ember, C. R. (1984): Kulturvergleichende Kognitionsforschung, in: Schöfthaler, T./ Goldschmidt, D. (Hrsg.): Soziale Struktur und Vernunft. Jean Piagets Modell entwickelten Denkens in der Diskussion kulturvergleichender Forschung, Frankfurt, S. 112 - 134.

Endruweit, G./Trommsdorff, G. (1989): Wörterbuch der Soziologie (3 Bde.), Stuttgart.

Engelkamp, J./Pechman, T. (Hrsg.) (1993): Mentale Repräsentation, Bern.

Evans-Pritchard, E. E. (1978): Hexerei, Orakel und Magie bei den Zande (von E. Gillies gekürzte und eingeleitete Ausgabe, übersetzt von B. Luchesi), Frankfurt.

Fetz, R. L. (1982): Naturdenken beim Kind und bei Aristoteles, in: Tijdschrift voor Filosofie 44, S. 473 - 513.

Fetz, R. L. (1984): Piaget als philosophisches Ereignis, in: Steiner, G. (Hrsg.): Psychologie des 20. Jahrhunderts. Entwicklungspsychologie Bd. 1, Weinheim, S. 27 - 40.

Fischer, K. W./Hand, H. H./Russel, S. (1984): The development of abstractions in adolescence and adulthood, in: Commons, M. L./Richards, F. A./Armon, C. (Eds.): Late adolescent and adult cognitive development. Beyond formal operations, New York, S. 43 - 73.

Flammer, A. (1988): Entwicklungstheorien. Psychologische Theorien der menschlichen Entwicklung, Bern.

Fleck, L. (1994): Entstehung und Entwicklung einer wissenschaftlichen Tatsache: Einführung in die Lehre vom Denkstil und Denkkollektiv (1935), Frankfurt.

Foerster, H. von (1990): Erkenntnistheorien und Selbstorganisation, in: Schmidt, S. J. (Hrsg.): Der Diskurs des radikalen Konstruktivismus, Frankfurt, S. 133 - 158.

Forde, D. (Hrsg.) (1970): Studies in cosmological ideas and social values of african peoples, London.

Foucault, M. (1990): Die Ordnung der Dinge. Eine Archäologie der Humanwissenschaften (1966), Frankfurt.

Frankfort, H./Groenewegen Frankfort, H. A./Wilson, J. A./Jacobsen, T./Irwin, W. A. (1981): Alter Orient - Mythos und Wirklichkeit (1946), Stuttgart.

Franklin, A. (1976): The principle of inertia in the middle ages, Boulder.

Frazer, J. G. (1989): Der Goldene Zweig. Das Geheimnis von Glauben und Sitten der Völker (herausgegeben von B. König), Hamburg.

Furth, H. G. (1981): Intelligenz und Erkennen. Die Grundlagen der genetischen Erkenntnistheorie Piagets (1969), Frankfurt.

Fuson, K. (1976): Piagetian stages in causality: children's answers to why?, in: Elementary School-Journal 77, 2, S. 150 - 158.

Garz, D./Kraimer, K. (1991): Qualitativ-empirische Sozialforschung im Aufbruch, in: Garz, D./Kraimer, K. (Hrsg.): Qualitativ-empirische Sozialforschung. Konzepte, Methoden, Analysen, Opladen, S. 1 - 33.

Gellner, E. (1993): Pflug, Schwert und Buch. Grundlinien der Menschheitsgeschichte (1988), München.

Gelman, R. (1978): Cognitive development, in: Annual Review of Psychology 29, S. 297 - 332.

Gelman, R./Baillargeon, R. (1983): A review of some Piagetian concepts, in: Flavell, H. J./Markman, E. M. (Hrsg.): Handbook of child psychology: Vol. III. Cognitive development, New York, S. 167 - 230.

Gelman, R./Bullock, M./Meck, E. (1980): Preschoolers' understanding of simple object transformations, in: Child Development 51, S. 691 - 699.

Gimpel, J. (1980): Die industrielle Revolution des Mittelalters, Zürich.

Glasersfeld, E. von (1987): Wissen, Sprache und Wirklichkeit. Arbeiten zum radikalen Konstruktivismus, Braunschweig.

Glasersfeld, E. von (1996): Radikaler Konstruktivismus. Ideen, Ergebnisse, Probleme, Frankfurt.

Gloy, K. (1995): Das Verständnis der Natur. Bd. 1: Die Geschichte des wissenschaftlichen Denkens, München.

Goulet, J. (1974): Conception of causality and reaction's to strangers, in: Decarie, T. (Hrsg.): The infants reacting to stranger, New York.

Grant, E. (1980): Das physikalische Weltbild des Mittelalters, München/Zürich.

Greenfield, P. M. (1984): Kulturvergleichende Forschung und Piagets Theorie: Paradox und Fortschritt, in: Schöfthaler, T./Goldschmidt, P. (Hrsg.): Soziale Struktur und Vernunft. Jean Piagets Modell entwickelten Denkens in der Diskussion kulturvergleichender Forschung, Frankfurt, S. 96 - 111.

Grossmann, H. (1935): Die gesellschaftlichen Grundlagen der mechanischen Philosophie und die Manufaktur, in: Zeitschrift für Sozialforschung 4, S. 161 - 231.

Grothusen, K. D. (Hrsg./in Verbindung mit dem Südosteuropa-Arbeitskreis der deutschen Forschungsgemeinschaft) (1985): Südosteuropa-Handbuch, Bd. IV, Türkei, Göttingen.

Gurjewitsch, A. J. (1980): Das Weltbild des mittelalterlichen Menschen (1972), München.

Habermas, J. (1982a): Zur Rekonstruktion des historischen Materialismus (1976), Frankfurt.

Habermas, J. (1982b): Theorie des kommunikativen Handelns, Bd. 1 Handlungsrationalität und gesellschaftliche Rationalisierung (1981), Frankfurt.

Haeckel, E. (1874): Anthropogenie oder Entwicklungsgeschichte des Menschen, Leipzig.

Hagleitner, L. (1983): Der sogenannte Animismus beim Kinde, in: Praxis der Kinderpsychologie 32, S. 261 - 266.

Halloun, I. A./Hestenes, D. (1985): Common sense concepts about motion, in: American Journal of Physics 53, S. 1056 - 1065.

Hallpike, C. (1990): Die Grundlagen primitiven Denkens (1986), München.

Harten, H.-C. (1977): Der vernünftige Organismus oder gesellschaftliche Evolution der Vernunft. Zur Gesellschaftstheorie des genetischen Strukturalismus von Piaget, Frankfurt.

Havighurst, R. J./Neugarten, B. L. (1955): American Indian and White children, Chicago.

Hawking, S. W. (1991): Eine kurze Geschichte der Zeit. Die Suche nach der Urkraft des Universums (1988), Hamburg.

Hegel, G. F. W. (1982): Vorlesungen über die Philosophie der Geschichte (Werke 12), Frankfurt.

Heller, B. (1970): Grundbegriffe der Physik im Wandel der Zeit, Braunschweig.

Hericks, U. (1993): Über das Verstehen von Physik. Physikalische Theoriebildung bei Schülern der Sekundarstufe II., Münster/New York.

Hesse, M. B. (1961): Forces and fields. The concept of action at a distance in the history of physics, London.

Heuser-Keßler, M.-L. (1986): Die Produktivität der Natur. Schellings Naturphilosophie und das neue Paradigma der Selbstorganisation in den Naturwissenschaften, Berlin.

Höhfeld, V. (1995): Türkei. Schwellenland der Gegensätze, Gotha.

Hoffmeyer-Zlotnik, J. H. P. (Hrsg.) (1992): Analyse verbaler Daten. Über den Umgang mit qualitativen Daten, Opladen.

Holz, K. (1993): Historisierung der Gesellschaftstheorie. Zur Erkenntniskritik marxistischer und kritischer Theorie (Diss.), Pfaffenweiler.

Honnefelder, L. (1992): Natur-Verhältnisse. Natur als Gegenstand der Wissenschaften. Eine Einführung, in: Natur als Gegenstand der Wissenschaften (herausgegeben von L. Honnefelder), Freiburg/München, S. 9 - 27.

Hoppe, S./Schmid-Schönbein, C./Seiler, T. B. (1977): Entwicklungssequenzen. Theoretische, empirische und methodische Untersuchungen, Implikationen für die Praxis, Bern.

Huang, I. (1943): Children's conception of physical causality: A critical summary, in: The Journal of genetic Psychology 63, S. 71 - 121.

Huang, I./Chen, C. N./Yang, H. H. (1943): Explanation of strange phenomena by chinese children and uneducated adults, in: Huang, I.: Children's conception of physical causality: A critical summary, in: The Journal of genetic Psychology 63, S. 90 - 93.

Huang, I./Lee, W. H. (1945): Experimental analysis of child animism, in: Journal of Genetic Psychology 66, S. 69 - 74.

Hüttenroth, W. (1985): Landwirtschaft, in: Südosteuropa-Handbuch Bd. IV, Türkei (hrsg. von Grothusen, K. D. in Verbindung mit dem Südosteuropa-Arbeitskreis der deutschen Forschungsgemeinschaft), Göttingen, S. 391 - 413.

Hussey, E. (1991): Aristotle's mathematical physics. A reconstruction, in: Judson, L. (Hrsg.): Aristotle's physics. A collection of essays, Oxford, S. 213 - 242.

Ileri, M. (1982): Türkei, in: Steinbach, U./Robert, R. (Hrsg.): Der nahe und mittlere Osten, Bd. 2: Länder analysen, Opladen, S. 421 - 441.

Inhelder, B. (1980): Genetic epistemology and psychology of physical causality, in: Cahiers de la Fondation Archives Jean Piaget 1, S. 27 - 40.

Inhelder, B. (1981): Einige Aspekte von Piagets genetischer Theorie des Erkennens, in: Furth, H. G.: Intelligenz und Erkennen, Frankfurt, S. 44 - 71.

Inhelder, B. (1988): Ein halbes Jahrhundert in der psychogenetischen Werkstatt Genf, in: Schweizerische Zeitschrift für Psychologie 47, S. 71 - 82.

Inhelder, B. (1989): Foreword, in: Piaget, J./Garcia, R.: Psychogenesis and the history of science, New York, S. VII - XI.

Irvine, S. H. (1969): Culture and mental ability, in: New Scientist 42, S. 230 - 231.

Irvine, S. H./Berry, J. W. (1988): The abilities of mankind: A revaluation, in: Irvine, S. H./Berry, J. W. (Hrsg.): Human abilities in cultural context, Cambridge, S. 3 - 60.

Iwawaki, S./Kashima, Y./Hung, K. (Hrsg.) (1992): Innovations in crosscultural psychology, Amsterdam.

Jahoda, G. (1958): Child animism. I.: A critical survey of cross-cultural research, in: The Journal of Social Psychology 47, S. 197 - 212.

Jahoda, G. (1969): Understanding the mechanism of bicycles. A crosscultural study of development change after 13 years, in: International Journal of Psychology 4, S. 103 - 108.

Jammer, M. (1957): Concepts of force. A study in the foundations of dynamics, Cambridge.

Jensen, Ad. E. (1992): Mythos und Kult bei Naturvölkern. Religionswissenschaftliche Betrachtungen (1951), München.

Johnson, C. N./Harris, P. L. (1996): Magic. Special but not excluded, in: Smith, L. (Hrsg.): Critical readings on Piaget, London/New York, S. 244 - 265.

Jonas, H. (1979): Das Prinzip Verantwortung. Versuch einer Ethik für die technologische Zivilisation, Frankfurt.

Kamara, A. I./Easley, J. A. (1977): Is the rate of cognitive development uniform across cultures? - A methodological critique with new evidence from Themne children, in: Dasen, P. R. (Hrsg.): Piagetian psychology. Cross-cultural contributions, New York, S. 26 - 63.

Kanitscheider, B. (1993): Von der mechanistischen Welt zum kreativen Universum. Zu einem neuen philosophischen Verständnis der Natur, Darmstadt.

Katzenbach, D. (1992): Die soziale Konstitution der Vernunft. Erklären, Verstehen und Verständigung bei Piaget, Freud und Habermas, Heidelberg.

Kesselring, T. (1988): Jean Piaget, München.

Kippenberg, H. G./Luchesi, B. (Hrsg.) (1987): Magie. Die sozialwissenschaftliche Kontroverse über das Verstehen fremden Denkens (1978), Frankfurt.

Kiray, M. B./Abadan-Unat, N. (1985): Social structure, in: Südosteuropa-Handbuch Bd. IV, Türkei (hrsg. von Grothusen, K. D. in Verbindung mit dem Südosteuropa-Arbeitskreis der deutschen Forschungsgemeinschaft), Göttingen, S. 496 - 518.

Kitchener, R. F. (1986): Piaget's theory of knowledge. Genetic epistemology and scientific reason, New Haven.

Kleff, H. G. (1987): Islam und Gesellschaft, in: Schmitt, E. (Hrsg.): Türkei. Politik - Ökonomie - Kultur, Berlin, S. 264 - 268.

Klemm, F. (1979): Zur Kulturgeschichte der Technik. Aufsätze und Vorträge 1954 - 1978, München.

Klix, F. (1993): Erwachendes Denken. Geistige Leistungen aus evolutionspsychologischer Sicht, Heidelberg/Berlin/Oxford.

Kohl, K.-H. (1993): Ethnologie - Die Wissenschaft vom kulturell Fremden. Eine Einführung, München.

Kohlberg, L./Gilligan, C. (1971): The adolescent as a philosopher: The discovery of the self in a postconventional world, in: Daedalus 100, S. 1051 - 1086.

Koyre, A. (1980): Von der geschlossenen Welt zum unendlichen Universum, Frankfurt.

Koyre, A. (1988): Galilei - Die Anfänge der neuzeitlichen Wissenschaft (1968), Berlin.

Krafft, F. (1970): Dynamische und statische Betrachtungsweise in der antiken Mechanik, Wiesbaden.

Kramer, F. (1983): Die 'Social anthropology' und das Problem der Darstellung anderer Gesellschaften, in: Kramer, F./Sigrist, C. (Hrsg.): Gesellschaften ohne Staat. Gleichheit und Gegenseitigkeit, Frankfurt, S. 9 - 28.

Krieger, G. (1993): Die Entdeckung des Primats der Methode in der Metaphysik und Physik des Johannes Buridanus, in: Naturauffassungen in Philosophie, Wissenschaft, Technik (herausgegeben von Schäfer, L. und Ströker, E.), Bd. 1, Antike und Mittelalter, Freiburg/München, S. 209 - 249.

Krist, H. (1992): Entwicklung naiver Bewegungskonzepte: Je flacher, desto weiter?, in: Zeitschrift für Entwicklungspsychologie und Pädagogische Psychologie 3, S. 171 - 183.

Krist, H./Wilkening, F. (1993): Repräsentationale Entwicklung, in: Engelkamp, J./ Pechman, T. (Hrsg.): Mentale Repräsentation, Bern, S. 147 - 161.

Kroeber, A. L. (1952): The nature of culture, Chicago.

Krohn, W. (1977): Die 'neue Wissenschaft' der Renaissance, in: Böhme, G./van den Daele, W./Krohn, W.: Experimentelle Philosophie. Ursprünge autonomer Wissenschaftsentwicklung, Frankfurt, S. 13 - 128.

Kübli, F. (1978): Die genetische Epistemologie, in: Inhelder, B./Chipman, H. (Hrsg.): Von der Kinderwelt zur Erkenntnis der Welt, Wiesbaden, S. 13 - 24.

Küchler, M. (1989): Artikel "Stichprobe", in: Endruweit, G./Trommsdorff, G.: Wörterbuch der Soziologie (3 Bde.), Stuttgart, S. 698 - 705.

Kuhn, D./Phelps, H. (1976): The development of children's comprehension of causal direction, in: Child Development 47, S. 248 - 251.

Kuhn, T. S. (1983): Die Struktur wissenschaftlicher Revolutionen (1962), Frankfurt.

Kun, A. (1978): Evidence for preschoolers' understanding of causal direction in extended causal sequences, in: Child Development 49, S. 218 - 222.

Kutschmann, W. (1983): Die Newtonsche Kraft. Metamorphose eines wissenschaftlichen Begriffs, Wiesbaden.

Lamnek, S. (1988): Qualitative Sozialforschung. Band 1: Methodologie, München.

Lamnek, S. (1989): Qualitative Sozialforschung. Band 2: Methoden und Techniken, München.

Langer, J. (1994): Die universale Entwicklung der elementaren logisch-mathematischen und physikalischen Kognition, in: Der Prozeß der Geistesgeschichte. Studien zur ontogenetischen und historischen Entwicklung des Geistes (herausgegeben von G. Dux und U. Wenzel), Frankfurt, S. 119 - 172.

Langgulung, H./Torrance, E. P. (1972): The development in causal thinking of children in Mexico and the United States, in: Journal of cross-cultural psychology 3, S. 315 - 320.

Langgulung, H./Torrance, E. P. (1973): A cross-cultural study of the children's conception of situational causality in India, Western-Samoa, Mexico and the United States, in: Journal of Social Psychology 89, S. 175 - 183.

Laudan, L. (1966): The clock metaphor and probabilism: The impact of Descartes on English methodological thought, 1650-65, in: Annals of Science, Bd. 22, 2, S. 73 - 104.

Laurendeau, M./Pinard, A. (1962): Causal thinking in the child, New York.

Lawick-Goodall, J. van (1979): Wilde Schimpansen. 10 Jahre Verhaltensforschung am Gombe-Strom, Hamburg.

Lefèvre, W. (1978): Naturtheorie und Produktionsweise. Probleme einer materialistischen Wissenschaftsgeschichtsschreibung. Studien zur Genese der neuzeitlichen Naturwissenschaft, Neuwied.

LePan, D. (1989): The cognitive revolution in western culture. Vol. 1: The birth of expectation, London.

Le Roy Ladurie, E. (1983): Montaillou. Ein Dorf vor dem Inquisitor 1294 - 1324, Frankfurt/Berlin/Wien.

Leslie, A. M./Keeble, S. (1987): Do six-month-old infants percieve causality?, in: Cognition 25, S. 265 - 288.

Lesser, R./Paisner, M. (1985): Magical thinking in formal operational adults, in: Human Development 28, S. 57 - 70.

Lévi-Strauss, C. (1973): Das wilde Denken (1962), Frankfurt.

Lévi-Strauss, C. (1994): Die elementaren Strukturen der Verwandtschaft (1949), Frankfurt.

Lévy-Bruhl, L. (1959): Die geistige Welt der Primitiven, Düsseldorf.

Liebing, U./Ohler, P. (1993): Aspekte und Probleme des kognitionspsychologischen Kulturvergleiches, in: Thomas, A. (Hrsg.): Kulturvergleichende Psychologie. Eine Einführung, Göttingen, S. 217 - 258.

Locqueneux, R. (1989): Kurze Geschichte der Physik, Göttingen.

Lonner, W. J./Berry, J. W. (1986): Sampling and surveying, in: Lonner, W. J./Berry, J. W. (Hrsg.): Field methods in cross-cultural research, Beverly Hills, S. 86 - 110.

Loo, H. van der/Reijen, W. van (1992): Modernisierung. Projekt und Paradox, München.

Looft, W. R./Bartz, W. H. (1969): Animism revived, in: Psychological Bulletin 71, S. 1 - 19.

300

Lorenz, K. (1943): Die angeborenen Formen möglicher Erfahrung, in: Zeitschrift für Tierpsychologie 5, S. 235 - 409.

Lüders, C./Reichertz, J. (1986): Wissenschaftliche Praxis ist, wenn alles funktioniert und keiner weiß warum - Bemerkungen zur Entwicklung qualitativer Sozialforschung, in: Sozialwissenschaftliche Literaturrundschau 12, S. 90 - 102.

Lüscher, K./Walter, W. [Sammelbesprechung] (1991): Zeitgemäßes über Zeit, in: Soziologische Revue 1, S. 49 - 54.

Lukes, S. (1987): Zur gesellschaftlichen Determiniertheit von Wahrheit, in: Kippenberg, H. G./Luchesi, B. (Hrsg.): Magie. Die sozialwissenschaftliche Kontroverse über das Verstehen fremden Denkens, Frankfurt, S. 235 - 258.

Lumsden, C. J./Wilson, E. O. (1984): Das Feuer des Prometheus. Wie das menschliche Denken entstand, München.

Luria, A. R. (1971): Towards the problem of the historical nature of psychological processes, in: International Journal of Psychology 6, S. 259 - 272.

Mach, E. (1900): Die Prinzipien der Wärmelehre. Historisch-kritisch entwickelt, Leipzig.

Machamer, P. K. (1978): Aristotle on natural place and natural motion, in: ISIS 69, S. 377 - 387.

Maier, A. (1938): Die Mechanisierung des Weltbildes im 17. Jahrhundert (Forschungen zur Geschichte der Philosophie und der Pädagogik, hrsg. von A. Schneider, Heft 18), Köln/Leipzig.

Maier, A. (1940): Die Impetustheorie der Scholastik, Wien.

Maier, A. (1951): Zwei Grundprobleme der scholastischen Naturphilosophie (Studien zur Naturphilosophie der Spätscholastik II), Rom.

Maier, A. (1958): Zwischen Philosophie und Mechanik (Studien zur Naturphilosophie der Spätscholastik V), Rom.

Makal, M. (1981): Unser Dorf in Anatolien, Berlin.

Malinowski, B. (1983): Magie, Wissenschaft und Religion. Und andere Schriften (1948), Frankfurt.

Mandl, H./Dreher, M./ Kornadt, H.-J. (Hrsg.) (1993): Entwicklung und Denken im kulturellen Kontext, Göttingen.

Mangan, J. (1978): Piaget's theory and cultural differences. The case for value-based modes of cognition, in: Human Development 21, S. 170 - 189.

Manuwald, B. (1985): Die Wurftheorien im Corpus Aristotelicum, in: Wiesner, J. (Hrsg.): Aristoteles - Werk und Wirkung, Bd. 1, Berlin, S. 151 - 167.

Marx, K./Engels, F. (1981): Die deutsche Ideologie. Kritik der neuesten deutschen Philosophie in ihren Repräsentanten Feuerbach, B. Bauer und Stirner, und des deutschen Sozialismus in seinen verschiedenen Propheten (MEW Bd. 3), Berlin.

Mason, S. F. (1974): Geschichte der Naturwissenschaft in der Entwicklung ihrer Denkweisen, Stuttgart.

Maturana, H. R./Varela, F. J. (1987): Der Baum der Erkenntnis. Wie wir die Welt durch unsere Wahrnehmung erschaffen. Die biologischen Wurzeln des menschlichen Erkennens (1984), Bern.

McCloskey, M. (1983a): Intuitive physics, in: Scientific American 248, S. 114 - 138.

McCloskey, M. (1983b): Naive theories of motion, in: Gentner, D./Stevens, A. (Hrsg.): Mental models, New York, S. 299 - 324.

McCloskey, M. (1990): Impetustheorie und Intuition in der Physik, in: Spektrum der Wissenschaft: Newtons Universum - Materialien zur Geschichte des Kraftbegriffs, Heidelberg, S. 18 - 26.

McCloskey, M./Kargon, R. (1988): The meaning and use of historical models in the study of intuitive physics, in: Strauss, S. (Hrsg.): Ontogeny, phylogeny and the historical development, New York, S. 49 - 67 (deut. Übersetz. in Dux/Wenzel, 1994, S. 377 - 404).

McCloskey, M./Kohl, D. (1983): Naive physics. The curvilinear impetus principle and its role in interactions with moving objects, in: Journal of Experimental Psychology: Learning, Memory and Cognition 9, S. 145 - 156.

Mead, M. (1932): An investigation of the thought of primitive children with special reference to animism, in: Journal of the Royal Anthropological Institute of Great Britain and Ireland 62, S. 173 - 190.

301

Mead, M. (1979): Jugend und Sexualität in primitiven Gesellschaften. Bd. 2: Kindheit und Jugend in Neuguinea, München.

Meier, M. G. (1988): Bildung - Eine Chance für das Schwellenland Türkei?, Berlin.

Meinefeld, W. (1995): Realität und Konstruktion. Erkenntnistheoretische Grundlagen einer Methodologie der empirischen Sozialforschung, Opladen.

Mendelson, R./Shultz, T. R. (1976): Covariation and temporal contiguity as principles of causal inference in young children, in: Journal of Experimental Child Psychology 22, S. 408 - 412.

Merton, R. K. (1985): Der soziale und kulturelle Kontext von Wissenschaft, in: Merton, R. K.: Entwicklung und Wandel von Forschungsinteressen. Aufsätze zur Wissenschaftssoziologie, Frankfurt, S. 33 - 58.

Meyer-Abich, K. M. (1984): Wege zum Frieden mit der Natur. Praktische Naturphilosophie für die Umweltpolitik, München/Wien.

Michael, B. (1985): Johannes Buridan: Studien zu seinem Leben, seinen Werken und zur Rezeption seiner Theorien im Europa des späten Mittelalters, 2 Bde., Berlin (Diss.).

Michotte, A. (1982): Die phänomenale Kausalität (Bd. 1 der GW., bearbeitet und herausgegeben von O. Heller und W. Lohr), Bern.

Miller, M. (1986): Kollektive Lernprozesse. Studien zur Grundlegung einer soziologischen Lerntheorie, Frankfurt.

Modgil, S./Modgil, C. (Hrsg.) (1976a): Piagetian Research: Compilation and commentary, Vol. 3: The growth of logic - concrete and formal operations, Windsor.

Modgil, S./Modgil, C. (Hrsg.) (1976b): Piagetian Research: Compilation and commentary, Vol. 8: Cross-cultural studies, Windsor.

Mogar, M. (1960): Children's causal reasoning about natural phenomena, in: Child Development 31, S. 59 - 65.

Müller, U. (1992): Die Entwicklung des Denkens. Entwicklungslogische Modelle in Psychologie und Soziologie, Darmstadt.

Mumford, L. (1980): Mythos der Maschine. Kultur, Technik und Macht, Frankfurt.

Munroe, R. L./Munroe, R. H. (1975): Cross-cultural human development, New York.

Munroe, R. L./Munroe, R. H. (1986): Field work in cross-cultural psychology, in: Lonner, W. J./Berry, J. W. (Hrsg.): Field methods in cross-cultural research, Beverly Hills, S. 111 - 137.

Nass, M. L. (1956): The effect of three variables on children's concepts of physical causality, in: Journal of Abnormal and Social Psychology 53, S. 191 - 196.

Nass, M. L. (1964): The deaf child's conception of physical causality, in: Journal of Abnormal and Social Psychology 69, S. 669 - 673.

Newton, I. (1963): Mathematische Prinzipien der Naturlehre (mit Bemerkungen und Erläuterungen von J. Ph. Wolfers), Darmstadt.

Nicolaisen, B. (1994): Die Konstruktion der sozialen Welt. Piagets Interaktionsmodell und die Entwicklung kognitiver und sozialer Strukturen, Opladen.

Oesterdiekhoff, G. W. (1992): Traditionales Denken und Modernisierung. Jean Piaget und die Theorie der sozialen Evolution, Opladen.

Osaki, S. (1934): On children's causal thought studied from their explanation of strange phenomena, in: Japanese Journal of Psychology 9, S. 681 - 714.

Peluffo, N. (1962): Les notions de conservation et de causalité chez les enfants provenant de différents milieux physiques et socioculturels, in: Archives de Psychologie 38, S. 275 - 291.

Peluffo, N. (1967): Culture and cognitive problems, in: International Journal of Psychology 2, S. 187 - 198.

Petersen, A. (1985): Ehre und Scham. Das Verhältnis der Geschlechter in der Türkei, Berlin.

Piaget, J. (1924): L'expérience humaine et la causalité physique de L. Brunschvicg, in: Journal de Psychologie normale et pathologique 21, S. 586 - 607.

Piaget, J. (1925): De quelques formes primitives de causalité chez l'enfant, in: L'Anneé Psychologique 26, S. 31 - 71.

Piaget, J. (1928): La causalité chez l'enfant, in; British Journal of Psychology 18, S. 276 - 301.

Piaget, J. (1960): Wahrnehmungskonstanzen und Kausalitätswahrnehmung, in: Psychologische Beiträge 5, S. 183 - 231.

Piaget, J. (1970): The child's conception of physical causality (1927), London.

Piaget, J. (1972a): Urteil und Denkprozeß des Kindes (1924), Düsseldorf.

Piaget, J. (1972b): Physical world of the child, in: Physics today 6, S. 23 - 27.

Piaget, J. (1975a): Das Erwachen der Intelligenz beim Kinde (GW. 1) (1936), Stuttgart.

Piaget, J. (1975b): Der Aufbau der Wirklichkeit beim Kinde (GW. 2) (1937), Stuttgart.

Piaget, J. (1975c): Die Entwicklung des Erkennens I. - Das mathematische Denken (GW. 8) (1950), Stuttgart.

Piaget, J. (1975d): Die Entwicklung des Erkennens II. - Das physikalische Denken (GW. 9) (1950), Stuttgart.

Piaget, J. (1975e): Die Entwicklung des Erkennens III. - Das biologische Denken. Das psychologische Denken. Das soziologische Denken (GW. 10) (1950), Stuttgart.

Piaget, J. (1975f): Biologische Anpassung und Psychologie der Intelligenz (1974), Stuttgart.

Piaget, J. (1976a): Die Äquilibration der kognitiven Strukturen (1975), Stuttgart.

Piaget, J. (1976b): Autobiographie, in: Jean Piaget - Werk und Wirkung (herausgegeben von G. Busino), München.

Piaget, J. (1980a): Der Strukturalismus (1968), Stuttgart.

Piaget, J. (1980b): Abriß der genetischen Epistemologie (1970), Stuttgart.

Piaget, J. (1981a): Das Weltbild des Kindes (1926), Frankfurt.

Piaget, J. (1981b): Das moralische Urteil beim Kinde (1932), Frankfurt.

Piaget, J. (1981c): Jean Piaget über Jean Piaget. Sein Werk aus seiner Sicht (1970) (herausgegeben und mit einer Einführung von R. Fatke), München.

Piaget, J. (1983): Biologie und Erkenntnis. Über die Beziehungen zwischen organischen Regulationen und kognitiven Prozessen (1967), Stuttgart.

Piaget, J. (1984a): Psychologie der Intelligenz (1947), Stuttgart.

Piaget, J. (1984b): Sechs psychologische Studien, in: Piaget, J.: Theorien und Methoden der modernen Erziehung (1964), Frankfurt, S. 153 - 277.

Piaget, J. (1984c): Notwendigkeit und Bedeutung der vergleichenden Forschung in der Entwicklungspsychologie (1966), in: Piaget, J.: Probleme der Entwicklungspsychologie. Kleine Schriften, Frankfurt, S. 120 - 134 (wiederabgedruckt in Schöfthaler/Goldschmidt 1984, S. 61 - 74).

Piaget, J. (1984d): Einführung in die genetische Erkenntnistheorie (1970), Frankfurt.

Piaget, J. (1984e): Die intellektuelle Entwicklung im Jugend- und im Erwachsenenalter (1970), in: Schöfthaler, T./Goldschmidt, D. (Hrsg.): Soziale Struktur und Vernunft, Frankfurt, S. 47 - 60.

Piaget, J. (1984f): Die historische Entwicklung und die Psychogenese des Impetusbegriffs (1978), in: Steiner, G. (Hrsg.): Entwicklungspsychologie Bd. 1, Weinheim/Basel, S. 64 - 73.

Piaget, J. (1985): Weisheit und Illusionen der Philosophie (1965), Frankfurt.

Piaget, J. (1990): Nachahmung, Spiel und Traum. Die Entwicklung der Symbolfunktion beim Kinde (1945), Stuttgart.

Piaget, J./Garcia, R. (1974): Understanding causality (1971), New York.

Piaget, J./Garcia, R. (1989): Psychogenesis and the history of science (1983), New York.

Piaget, J./Inhelder, B. (1947): Diagnosis of mental operations and theory of intelligence, in: American Journal of Deficiency 51, S. 401 - 406.

Piaget, J./Inhelder, B. (1973): Die Entwicklung der elementaren logischen Strukturen (1959), 2 Bde., Düsseldorf.

Piaget, J./Inhelder, B. (1979): Die Entwicklung des inneren Bildes beim Kind (1966), Frankfurt.

Piaget, J./Inhelder, B. (1981): Die Psychologie des Kindes (1966), Frankfurt.

Pines, M. (1984): Wie Kinder Ursache und Wirkung verstehen. Warum? Darum!, in: Psychologie heute 5, S. 42 - 48.

Planck, U. (1972): Die ländliche Türkei. Soziologie und Entwicklungstendenzen, Frankfurt.

Planck, U. (1991): Zur sozial-ökonomischen Stellung der Landfrauen in der Türkei, in: Berichte über Landwirtschaft 69, S. 457 - 485.

Plank, H. (1981): Kausalitätsprobleme. Formulierungen und Lösungen philosophischer und psychologischer Kausalitätsprobleme (Diss., Universität Salzburg), Salzburg.

Platon (1992): Timaios (herausgegeben, übersetzt, mit einer Einleitung und mit Anmerkungen versehen von H. G. Zekl), Hamburg.

Pleines, J.-E. (Hrsg.) (1994): Teleologie. Ein philosophisches Problem in Geschichte und Gegenwart, Würzburg.

Poortinga, Y. H./Malpass, R. S. (1986): Making inferences from cross-cultural data, in: Lonner, W. J./Berry, J. W. (Hrsg.): Field methods in cross-cultural research, Beverly Hills, S. 17 - 47.

Posch, G. (Hrsg.) (1981): Kausalität. Neue Texte, Stuttgart.

Prigogine, I./Stengers, I. (1990): Dialog mit der Natur. Neue Wege naturwissenschaftlichen Denkens, München.

Radding, C. M. (1985): A world made by men. Cognition and society, 400 - 1200, Chapel Hill.

Raidl, E. (1985): Schulwesen und Erwachsenenbildung, in: Südosteuropa-Handbuch Bd. IV, Türkei (hrsg. von Grothusen, K. D. in Verbindung mit dem Südosteuropa-Arbeitskreis der deutschen Forschungsgemeinschaft), Göttingen, S. 528 - 548.

Reynolds, T. S. (1990): Mittelalterliche Ursprünge der industriellen Revolution, in: Newton's Universum (mit einem Vorwort von E. Seibold u. einer Einführung von W. Neuser), Heidelberg, S. 28 - 37.

Ritter, J. [ab Bd. 4: und Gründer, K.] (Hrsg.) (1971-1989): Historisches Wörterbuch der Philosophie. Völlig neubearb. Ausg. des "Wörterbuchs der philosophischen Begriffe" von R. Eisler (Bd. 1-7), Darmstadt.

Röttgers, K. [Rezension] (1992): Dux, G.: Die Zeit in der Geschichte. Ihre Entwicklungslogik vom Mythos zur Weltzeit. Mit kulturvergleichenden Untersuchungen in Brasilien (J. Mensing), Indien (G. Dux/K. Kälble/J. Meßmer) und Deutschland (B. Kiesel) (Frankfurt 1989), in: Philosophische Rundschau 39, S. 126 - 132.

Ros, A. (1983): Die genetische Epistemologie Jean Piagets. Resultate und offene Probleme (Philosophische Rundschau, Beiheft 9), Tübingen.

Ros, A. (1994): "Konstruktion" und "Wirklichkeit". Bemerkungen zu den erkenntnistheoretischen Grundannahmen des Radikalen Konstruktivismus, in: Rusch, G./Schmidt, S. J. (Hrsg.): Piaget und der Radikale Konstruktivismus (DELFIN 1994), Frankfurt, S. 176 - 214.

Rudolph, W. (1968): Der kulturelle Relativismus. Eine kritische Analyse einer Grundsatzfragen-Diskussion in der amerikanischen Ethnologie, Berlin.

Russell, R. W. (1940): Studies in animism: II. The development of animism, in: The Journal of Genetic Psychology 50, S. 353 - 356.

Sambursky, S. (1965): Das physikalische Weltbild der Antike, Zürich/Stuttgart.

Sambursky, S. (1975): Der Weg der Physik, Zürich/München.

Sarnowsky, J. (1989): Die aristotelisch-scholastische Theorie der Bewegung. Studien zum Kommentar Alberts von Sachsen zur Physik des Aristoteles, Münster.

Schäfer, L./Ströker, E. (Hrsg.) (1993): Naturauffassungen in Philosophie, Wissenschaft, Technik: Bd. I. Antike und Mittelalter, Freiburg/München.

Schäfer, L./Ströker, E. (Hrsg.) (1994): Naturauffassungen in Philosophie, Wissenschaft, Technik: Bd. II. Renaissance und frühe Neuzeit, Freiburg/München.

Scharlau, I. (1996): Jean Piaget zur Einführung, Hamburg.

Schecker, H. (1985): Das Schülerverständnis zur Mechanik. Eine Untersuchung in der Sekundarstufe II. unter Einbeziehung historischer und wissenschaftstheoretischer Aspekte (Diss.), Bremen.

Schiffauer, W. (1987): Die Bauern von Subay. Das Leben in einem türkischen Dorf, Stuttgart.

Schiffauer, W. [Rezension] (1990): Andrews, P. A. (Hrsg.): Ethnic groups in the republic of Turkey (Wiesbaden 1989), in: Anthropos 85, S. 572 - 573.

Schiffauer, W. (1991): Die Migranten aus Subay. Türken in Deutschland: Eine Ethnographie, Stuttgart.

Schimank, H. (1942): Die geschichtliche Entwicklung des Kraftbegriffs bis zum Aufkommen der Energetik, in: Robert Mayer und das Energieprinzip, Berlin, S. 97 - 148.

Schimank, H. (1955): Aristotelische, scholastische und galileische Physik, in: Physikertag Hamburg (Hauptvorträge 1954), Marbach, S. 1 - 25.

Schmidt, S. J. (1987): Der radikale Konstruktivismus: Ein neues Paradigma im interdisziplinären Diskurs, in: Schmidt, S. J. (Hrsg.): Der Diskurs des radikalen Konstruktivismus, Frankfurt, S. 11 - 88.

Schmitt, E. (Hrsg.) (1987): Türkei. Politik - Ökonomie - Kultur, Berlin.

Schmitt, E. (Hrsg.) (1990): Türkei, Rieden.

Schneider, N. (1991): Die Kosmologie des Franciscus de Marchia. Texte, Quellen und Untersuchungen zur Naturphilosophie des 14. Jahrhunderts, Leiden/New York/Köln.

Schöfthaler, T. (1984): Wissen oder Weisheit? Die kulturelle Relativierung von Piagets Modell formaler Denkoperationen als Problem der Bildungsforschung, in: Schöfthaler, T./Goldschmidt, D. (Hrsg.): Soziale Struktur und Vernunft. Jean Piagets Modell entwickelten Denkens in der Diskussion kulturvergleichender Forschung, Frankfurt, S. 15 - 45.

Schöfthaler, T./Goldschmidt, D. (Hrsg.) (1984): Soziale Struktur und Vernunft. Jean Piagets Modell entwickelten Denkens in der Diskussion kulturvergleichender Forschung, Frankfurt.

Schönberger, R. (1994): Relation als Vergleich. Die Relationslehre des Johannes Buridan im Kontext seines Denkens und der Scholastik, Leiden/New York/Köln.

Scribner, S. (1984): Denkweisen und Sprechweisen. Neue Überlegungen zu Kultur und Logik, in: Schöfthaler, T./Goldschmidt, D. (Hrsg.): Soziale Struktur und Vernunft. Jean Piagets Modell entwickelten Denkens in der Diskussion kulturvergleichender Forschung, Frankfurt, S. 311 - 335.

Seeck, G. A. (1975): Die Theorie des Wurfs, Gleichzeitigkeit und kontinuierliche Bewegung, in: Seeck, G. A. (Hrsg.): Die Naturphilosophie des Aristoteles, Darmstadt, S. 384 - 390.

Segall, M. H./Dasen, P. R./Berry, J. W./Poortinga, Y. H. (1990): Human behavior in global perspective. An introduction to cross-cultural psychology, New York.

Seiffert, H. (1991): Einführung in die Wissenschaftstheorie, Band 2. Geisteswissenschaftliche Methoden: Phänomenologie - Hermeneutik und historische Methode - Dialektik, München.

Seiffert, H./Radnitzky, G. (Hrsg.) (1992): Handlexikon zur Wissenschaftstheorie (1989), München.

Seiler, T. B. (1994): Ist Jean Piagets strukturgenetische Erklärung des Denkens eine konstruktivistische Theorie?, in: Rusch, G./Schmidt, S. J. (Hrsg.): Piaget und der Radikale Konstruktivismus (DELFIN 1994), Frankfurt, S. 43 - 103.

Selman, R. (1984): Die Entwicklung des sozialen Verstehens, Frankfurt.

Sen, F. (1991): Türkei. Land und Leute, München.

Sexton, M. (1983): The development of the understanding of causality in infancy, in: Infant Behavior and Development 6, S. 201 - 210.

Sheldrake, R. (1983): Das schöpferische Universum. Die Theorie des morphogenetischen Feldes, München.

Sheldrake, R. (1990): Das Gedächtnis der Natur. Das Geheimnis der Entstehung der Formen in der Natur, Bern/München/Wien.

Shelton, A. J. (1968): Causality in african thought. Igbo and others, in: Practical Anthropology 15, S. 157 - 169.

Shultz, T. R. (1982): Rules of causal attributions, in: Monographs of the Society for Research, in: Child Development 47, Vol. 7, No. 1, Chicago, S. 1 - 51.

Shultz, T. R./Mendelson, R. (1975): The use of covariation as a principle of causal analysis, in: Child Development 46, S. 394 - 399.

Shultz, T. R./Ravinsky, F. B. (1977): Similarity as a principle of causal inference, in: Child Development 48, S. 1552 - 1558.

Siegler, R. S./Liebert, R. M. (1974): Effects of contiguity, regularity and age on children's causal inferences, in: Development Psychology 10, S. 574 - 579.

Simek, R. (1992): Erde und Kosmos im Mittelalter. Das Weltbild vor Kolumbus, München.

Sodian, B. (1993): Kognitive Entwicklung - Nur Wissensakkumulation?, in: Mandl, H./Dreher, M./Kornadt, H.-J. (Hrsg.): Entwicklung und Denken im kulturellen Kontext, Göttingen, S. 181 - 201.

Sodian, B. (1995): Entwicklung bereichsspezifischen Wissens, in: Oerter, R./Montada, L. (Hrsg.): Entwicklungspsychologie. Ein Lehrbuch (3., vollständig überarbeitete und erweiterte Auflage), Weinheim, S. 622 - 653.

Sorabji, R. R. K. (1988): Johannes Philoponus, in: Krause, G./Müller, G. (Hrsg.): Theologische Realenzyklopädie Bd. 17, Berlin, S. 144 - 150.

Spaemann, R. (1992): Kausalität, in: Seiffert, H./Radnitzky, G. (Hrsg.): Handlexikon zur Wissenschaftstheorie (1989), München, S. 160 - 164.

Speer, A. (1995): Die entdeckte Natur. Untersuchungen zu Begründungsversuchen einer "scientia naturalis" im 12. Jahrhundert, Leiden/New York/Köln.

Spuler-Stegemann, U. (1985): Der Islam, in: Südosteuropa-Handbuch Bd. IV, Türkei (hrsg. von Grothusen, K. D. in Verbindung mit dem Südosteuropa-Arbeitskreis der deutschen Forschungsgemeinschaft), Göttingen, S. 591 - 612.

Strauss, A. L. (1951): The animism controversy: Re-examination of Huang-Lee data, in: Journal of Genetic Psychology 78, S. 105 - 113.

Strauss, S. (Hrsg.) (1988): Ontogeny, Phylogeny, and Historical Development, New York.

Strodtbeck, F. L. (1964): Considerations of meta-method in cross-cultural studies, in: American Anthropologist (Special publication) 66, S. 223 - 229.

Strombach, W. (1964): Der Kraftbegriff. Seine Deutungen von der Antike bis zum Ausgang des 17. Jahrhunderts, in: Philosophia naturalis Bd. 8, Heft 3, S. 307 - 347.

Sutter, T. (1992): Konstruktivismus und Interaktionismus. Zum Problem der Subjekt-Objekt-Differenzierung im genetischen Strukturalismus, in: Kölner Zeitschrift für Soziologie und Sozialpsychologie 44, S. 419 - 435.

Thomas, A. (Hrsg.) (1993): Kulturvergleichende Psychologie. Eine Einführung, Göttingen/Bern/Toronto/Seattle.

Thrupp, S. L. (1983): Das mittelalterliche Gewerbe 1000 - 1500, in: Europäische Wirtschaftsgeschichte (5 Bde.) = The Fontana economic history of Europe/hrsg. von Cipolla, C. M. (Dt. Ausg. hrsg. von Borchardt, K.), Band 1: Mittelalter, Stuttgart/New York, S. 141 - 176.

Trautner, H. M. (1991): Lehrbuch der Entwicklungspsychologie, Bd. 2 Theorien und Befunde, Göttingen.

Ucar, A. (1987): Das Bildungswesen, in: Schmitt, E. (Hrsg.): Türkei. Politik - Ökonomie - Kultur, Berlin, S. 241 - 261.

Uzgiris, J. C. (1984): Development in causal understanding, in: Rovee-Collier, C. (Hrsg.): Advances in infancy research, Vol. 3, S. 130 - 135.

Uzgiris, J. C./Hunt, J. (1975): Assessment in infants: Ordinal scales of psychological development, Urbana.

Vollmer, G. (1985): Was können wir wissen? Band 1: Die Natur der Erkenntnis, Stuttgart.

Voneche, J./Doyle, C. (1989): An analysis of children's explanations of movement, in: Archives de Psychologie 57, S. 123 - 135.

Voort, W. van de (1980): Soziale Interaktion und kognitive Entwicklung. Die Bedeutung der sozialen Interaktion für die Entwicklung der kognitiven Strukturen nach J. Piaget, Frankfurt (Diss.).

Vuyk, R. (1981): Overview and critique of Piaget's genetic epistemology 1965 - 1980 (2 Bde.), London.

Walker, C./Torrance, E. P./Walker, T. S. (1971): A cross-cultural study of the perception of situational causality, in: Journal of cross-cultural psychology 2, S. 401 - 404.

Wassmann, J. (1988): Methodische Probleme kulturvergleichender Untersuchungen im Rahmen von Piagets Theorie der kognitiven Entwicklung - aus der Sicht eines Ethnologen, in: Zeitschrift für Ethnologie 113, S. 21 - 66.

Watt, W. M. (1992): Der Einfluß des Islam auf das europäische Mittelalter (1972), Berlin.

Weisenbacher, U. (1993): Moderne Subjekte zwischen Mythos und Aufklärung: Differenz und offene Rekonstruktion, Pfaffenweiler 1993.

Welsch, W. (1988): Unsere postmoderne Moderne, Weinheim.

Wenzel, U. (1994): Dynamismus und Finalismus. Zur Strukturlogik der Aristotelischen Naturphilosophie, in: Der Prozeß der Geistesgeschichte. Studien zur ontogenetischen und historischen Entwicklung des Geistes (herausgegeben von G. Dux und U. Wenzel), Frankfurt, S. 336 - 374.

Werner, E. E. (1972): Infants around the world, in: Journal of Cross-Cultural-Psychology 3, S. 111 - 134.

Whitaker, R. J. (1983): Aristotle is not dead: Student understanding of trajectory motion, in: American Journal of Physics 51, S. 352 - 357.

White, L. jr. (1968): Die mittelalterliche Technik und der Wandel der Gesellschaft, München.

White, L. jr. (1983): Die Ausbreitung der Technik 500 - 1500, in: Europäische Wirtschaftsgeschichte (5 Bde.) = The Fontana economic history of Europe/hrsg. von Cipolla, C. M. (Dt. Ausg. hrsg. von Borchardt, K.), Band 1: Mittelalter, Stuttgart/New York, S. 91 - 110.

White, P. A. (1992): The anthropomorphic machine: Causal order in nature and the world view of commom sense, in: British Journal of Psychology 83, S. 61 - 96.

Whorf, B. J. (1988): Sprache - Denken - Wirklichkeit. Beiträge zur Metalinguistik und Sprachphilosophie, Reinbek.

Wieland, W. (1992): Die aristotelische Physik. Untersuchungen über die Grundlegung der Naturwissenschaft und die sprachlichen Bedingungen der Prinzipienforschung bei Aristoteles (1962), Göttingen.

Wilson, E. P. (1975): Sociobiology: The new synthesis, Cambridge.

Winch, P. (1974): Die Idee der Sozialwissenschaft und ihr Verhältnis zur Philosophie, Frankfurt.

Winch, P. (1987): Was heißt 'eine primitive Gesellschaft verstehen'? (1964), in: Kippenberg, H. G./Luchesi, B. (Hrsg.): Magie. Die sozialwissenschaftliche Kontroverse über das Verstehen fremden Denkens, Frankfurt, S. 73 - 119.

Wiser, M. (1988): The differentation of heat and temperature. History of science and novice-expert shift, in: Strauss, S. (Hrsg.): Ontogeny, Phylogeny and historical development, New York, S. 28 - 48 (gekürzte deut. Übersetz. in Dux/Wenzel, 1994, S. 405 - 435).

Wober, M. (1984): Zum Verständnis des Kiganda-Intelligenzbegriffs, in: Schöfthaler, T./Goldschmidt, D. (Hrsg.): Soziale Struktur und Vernunft. Jean Piagets Modell entwickelten Denkens in der Diskussion kulturvergleichender Forschung, Frankfurt, S. 226 - 244.

Wolff, M. (1971): Fallgesetz und Massebegriff. Wissenschaftshistorische Untersuchungen zur Kosmologie des Johannes Philoponus, Berlin.

Wolff, M. (1978): Geschichte der Impetustheorie. Untersuchungen zum Ursprung der klassischen Mechanik, Frankfurt.

Wolff, M. (1987): Philoponus and the rise of preclassical dynamics, in: Sorabji, R. R. K. (Hrsg.): Philoponus and the rejection of Aristotelian science, London, S. 84 - 120.

Wolff, M. (1988): Hipparchus and the Stoic theory of motion, in: Barnes, J./Mignucci, M. (Hrsg.): Matter and Metaphysics, Bibliopolis, S. 471 - 545.

Wygotski, L. S. (1993): Denken und Sprechen (1934), Frankfurt.

Zietz, K. (1937): Kindliche Erklärungen für Naturerscheinungen, in: Zeitschrift für Pädagogische Psychologie und Jugendkunde 38, S. 219 - 228.

Zilsel, E. (1976): Die sozialen Ursprünge der neuzeitlichen Wissenschaft, in: Zilsel, E.: Die sozialen Ursprünge der neuzeitlichen Wissenschaft (hrsg. von W. Krohn), Frankfurt, S. 49 - 66.

Zimmermann, F. (1987): Philoponus' Impetus theory in the arabic tradition, in: Sorabji, R. R. K. (Hrsg.): Philoponus and the rejection of Aristotelian science, London, S. 121 - 129.